ESCREVER FICÇÃO

LUIZ ANTONIO DE ASSIS BRASIL

ESCREVER FICÇÃO

UM MANUAL DE CRIAÇÃO LITERÁRIA

COLABORAÇÃO DE
Luís Roberto Amabile

COMPANHIA DAS LETRAS

Copyright © 2019 by Luiz Antonio de Assis Brasil e Silva

Grafia atualizada segundo o Acordo Ortográfico da Língua Portuguesa de 1990, que entrou em vigor no Brasil em 2009.

CAPA E PROJETO GRÁFICO
Elisa von Randow

IMAGEM DE CAPA
Sem título, de Saul Steinberg, 1948.
Tinta sobre papel, 36,19 cm × 28,5 cm. Beinecke Rare Book and Manuscript Library, Universidade Yale. © The Saul Steinberg Foundation/ Artists Rights Society (ARS), Nova York/ AUTVIS, Brasil

PREPARAÇÃO
Ana Alvares

ÍNDICE REMISSIVO
Luciano Marchiori

REVISÃO
Huendel Viana
Clara Diament

Dados Internacionais de Catalogação na Publicação (CIP)
(Câmara Brasileira do Livro, SP, Brasil)

Brasil, Luiz Antonio de Assis
    Escrever ficção : um manual de criação literária / Luiz Antonio de Assis Brasil ; colaboração de Luís Roberto Amabile. — 1ª ed. — São Paulo : Companhia das Letras, 2019.

    Bibliografia
    ISBN 978-85-359-3207-2

    1. Criação (Literária, artística etc.) 2. Estilo literário 3. Ficção — Arte de escrever 4. Narrativas 5. Personagens I. Amabile, Luís Roberto. II. Título.

19-23400   CDD-808.3

Índice para catálogo sistemático:
1. Ficção : Criação literária : Literatura   808.3

Maria Paula C. Riyuzo — Bibliotecária — VSLT-8/7639

6ª reimpressão

Todos os direitos desta edição reservados à
EDITORA SCHWARCZ S.A.
Rua Bandeira Paulista, 702, cj. 32
04532-002 — São Paulo — SP
Telefone: (11) 3707-3500
www.companhiadasletras.com.br
www.blogdacompanhia.com.br
facebook.com/companhiadasletras
instagram.com/companhiadasletras
twitter.com/cialetras

Conversando com a pintora Alice Brueggemann a respeito das dificuldades encontradas pelo artista plástico para impor-se ao público, ela me disse: "Todos passam muitas dificuldades...", e, após um silêncio pensativo: "Mas deve ser muito pior para um escritor". Perguntei-lhe o porquê. A resposta: "Muita competição". E acrescentou: "Afinal, todo mundo escreve, não é mesmo?".

Naquele momento, eu não soube o que dizer.

Este livro, todo ele, talvez seja uma resposta a Alice Brueggemann.

*Dedico este livro aos meus alunos de escrita de ficção.
Há mais de três décadas eles inspiram minhas aulas.*

SUMÁRIO

Não é um prefácio..11

1. Ser ficcionista é exercer nossa humanidade.................13

2. O personagem, o poderoso da história:
   O personagem como irradiador da narrativa.................29

3. Temos muito em comum com Hamlet: A questão
   essencial do personagem e o conflito da narrativa..........92

4. Escrever ficção é tramar: O enredo e a estrutura..........156

5. Aplainando um terreno de intenso trânsito:
   A focalização...208

6. Onde aconteceu isso tudo?: O espaço........................256

7. Personagens desdenham seus relógios de pulso:
   O tempo..286

8. Pequeno tratado da liberdade: O estilo......................323

9. Um guia para conduzir você em meio à selva:
   Roteiro para a escrita de um romance linear................341

Agradecimentos...385

Índice remissivo..387

NÃO É UM PREFÁCIO

Este é um livro imaginado para auxiliar quem deseja escrever textos de ficção. Desse modo, poderá ser lido como um manual — mas também como um percurso de reflexões sobre a escrita. Uma coisa, porém, é certa: ele jamais substituirá a leitura constante de obras literárias, a principal fonte para a formação de um escritor.

Escrever ficção representa as experiências que acumulei em 34 anos ininterruptos de trabalho com a Oficina de Criação Literária da Escola de Humanidades da Pontifícia Universidade Católica do Rio Grande do Sul (PUC-RS) e ainda, nos últimos tempos, no mestrado e no doutorado em escrita criativa do Programa de Pós-Graduação em Letras da mesma universidade. Reproduz, com naturais adaptações, os conteúdos das minhas aulas. É possível, até provável, que apresente ressonâncias de obras especulativas e práticas que li em todo esse tempo.

Embora eu seja professor universitário da área de letras, não citarei teóricos, exceto em um ou dois momentos e alguma nota de rodapé. Minha perspectiva é a de um ficcionista falando para outros ficcionistas.

Neste livro não apresento fórmulas, apenas ferramentas. Cada ficcionista encontrará suas próprias fórmulas, tendo cuidado para não ficar prisioneiro delas.

Tenho bem claro o caráter abreviado desta obra. Cada capítulo poderia resultar num livro inteiro. Foi uma escolha consciente, para dar uma perspectiva genérica, mas — espero — não superficial, dos temas mais relevantes da escrita de ficção.

Por último, um conselho: antes de pensar em sucesso, pense em ser competente. Ser competente não é empecilho para a conquista do Nobel.

L. A. DE A. B.

1.
SER FICCIONISTA É EXERCER NOSSA HUMANIDADE

Como qualquer ser humano, você está sujeito a mil situações na vida, que passam por seu estômago, cérebro, pulmões, espírito, pela torneira que emperra, pelo erro do troco no supermercado, pela perda do celular, pela atenção às pessoas com quem você compartilha a casa e, ainda, pelo problema de decidir-se, antes que seja tarde, a respeito da existência de Deus.

Como você também é ficcionista, terá uma experiência muito pessoal, complexa e elíptica disso tudo. Para o bem e para o mal. O mal é visível: são as frustrações diárias no momento em que abrimos o notebook, é a palavra bizarra que usamos e não sabemos substituir, é a frase torta que não conseguimos endireitar, é o personagem que não convence nem a nós mesmos. Vamos acrescentar a isso as dificuldades para publicar nosso livro e vê-lo nas mãos das pessoas. E a irritação com o crítico que não nos entendeu, ou apenas nos ignorou. E ainda as referências vagas dos amigos que se limitam a dizer, displicentes, cruéis e incompletos, que *adoraram* o nosso livro, ou pior: acharam-no *interessante*. São situações a que estamos sujeitos desde o momento em que escrevemos nossa primeira frase literária.

Tudo isso é verdadeiro. Mas também é verdadeiro que, apesar disso, dedicamos o melhor de nossa capacidade intelectual e afetiva à ficção, e não concebemos a vida sem ela. Por mais que nos aborreçamos diante da tela ou do papel em branco e amaldiçoemos o destino que infligimos a nós mesmos — pois, veja bem, ninguém nos obriga a escrever —, temos certeza de que, se algo de nós ficar imperecível, será apenas nossa literatura, que resistirá ao tempo e ao descaso dos nossos contemporâneos, até que chegue o dia em que ninguém mais se lembrará de nossa existência física — mas nosso nome associado a um livro, esse persistirá, seja no sistema de catalogação de alguma biblioteca perdida do país, seja multiplicado de modo infinito pela web.

O FICCIONISTA, UM SER CURIOSO — EM TODOS OS SENTIDOS

Ficcionista não é apenas quem escreve literatura. O ficcionista tem uma conduta perante a escrita que, em sentido mais amplo, é também uma atitude perante a vida. Se o poeta necessita de muita sensibilidade, muita leitura, muita franqueza, o ficcionista precisa disso e mais: muita vivência.

Quando penso em vivência, lembro-me de imediato de Ernest Hemingway, um homem que esgotou todas as possibilidades da vida. Ele não escreveria *Morte ao entardecer* (1932) se não conhecesse em profundidade as touradas, nem *O velho e o mar* (1952) se não fosse um pescador compulsivo. Enfim: todos os seus livros são uma metonímia de si mesmo — em grau maior do que acontece, via de regra, com todos os ficcionistas. Idem quanto a Charles Bukowski, que encharcou suas narrativas de sexo e álcool. São casos extremos, mas há aqueles mais sutis, como os de Machado de Assis, Marcel Proust ou Jorge Luis Borges, cujas experiências existenciais foram restritas, mas correspondiam ao universo urbano que lhes interessava, aquele de suas ficções. Rachel de Queiroz, com *O quinze* (1930), nos ensina muito mais sobre a terrível seca nordestina de 1915 do que os livros de história ou geografia; assim acontece com o preconceito racial, tratado por Lima Barreto em *Recordações do escrivão Isaías Caminha* (1909). Uma ideia feita, discutível, que chama a atenção por sua radicalidade, diz que se pode ser poeta aos vinte anos, mas romancista apenas depois dos quarenta. É uma frase, claro, que a prática da vida literária não confirma, mas que tem o valor de evidenciar a necessidade de *vivência* do ficcionista naquilo que é objeto de sua narrativa.

A escrita de ficção pressupõe o conhecimento de circunstâncias extraliterárias. Mas isso não significa acumular dados na memória, armazená-los num computador ou registrá-los num caderno de anotações. É preciso integrar esses conhecimentos e, do resultado, deduzir coisas diferentes do que sua mera adição.

O ficcionista será um curioso, aquele indiscreto que quer saber mais e mais sobre qualquer assunto. Saber por saber, num primeiro momento. Chegará a hora em que, de modo desconcertante, tudo isso ressurgirá numa narrativa. Lembro-me de um episódio que me aconteceu durante um acampamento. Eu tinha, se muito, dezoito anos. Meu colega de barraca já era universitário. Estudava biologia e estava destinado a ser um cientista renomado na área. Numa noite, vi-o lendo um livro de genética. Ante meu interesse, mostrou-me uma página complexa, com uma planilha reticulada, cheia de símbolos alfanuméricos, que logo me explicou tratar-se de uma tabela genética. Muito interessante, pensei, e enchi meu colega de perguntas. Ele julgou que seria melhor que eu fosse ao laboratório de uma turma de que ele era monitor. Passei uma tarde lá, e aprendi muito. Jamais poderia pensar que, trinta anos depois, um personagem de um livro meu seria geneticista, e que trabalhava naquele mesmo laboratório.

Assim, uma única narrativa poderá abordar elementos da sociologia, da psicologia, do comércio, da indústria, da mecânica, da astronomia, da biofísica, da engenharia, e de mais o que inventarmos. Um policial, uma médica, um gerente de circo, uma diretora de multinacional, um jornalista, são pessoas que devem conhecer muito de tudo, por causa de seus respectivos trabalhos. Isso não quer dizer que possam escrever uma narrativa ficcional. Alguns conseguem: Rubem Fonseca, ex-policial; Moacyr Scliar, médico de saúde pública; a jornalista Rachel de Queiroz. Para atingir esse grau de competência, temos de levar em conta a necessidade de juntar tudo para criar histórias e, ao mesmo tempo, saber como transformar essas histórias em literatura.

Quanto ao quesito conhecer o mundo, por fugir ao âmbito do literário, não terei muito a dizer neste livro e, muito menos, a aconselhar — exceto o que pode ser depreendido nas entrelinhas e se resume naquilo que as pessoas chamam de "cultura geral".[1]

Mas escrever ficção não é "só tudo isso". É tudo isso e mais: é também ter envolvimento epidérmico, psíquico, pessoal e emocional com a história. A dor que sofre o personagem será sentida por quem o criou. O mesmo com a alegria ou a felicidade. Não tenho particular predileção pelo romantismo, do qual poucas obras sobrevivem.[2] Algo que não se pode negar, contudo, é a fusão do sentimento do ficcionis-

---

[1] Uso essa expressão com ressalvas, e apenas porque é consagrada; ela apresenta uma contradição interna. Quem sabe o "geral", sabe de modo rudimentar e, portanto, está sujeito a equívocos. Eu preferiria dizer "cultura integrada", porque pressupõe um conhecimento em que as diferentes disciplinas compõem um todo.

[2] E isso vale tanto para o romantismo europeu como para o brasileiro. O exagero no melodrama, o mau gosto nas imagens e situações apunhalaram de morte alguns romances que poderiam ser lidos até hoje.

ta com a narrativa e, mais de perto, com o destino dos personagens. Essa conduta, no decorrer do tempo, ganhou notáveis patamares estéticos e de sobriedade literária, suficientes para seduzir o leitor que já não aceita o sentimentalismo, mas que, ainda assim, procura personagens que vivam emoções com as quais é possível identificar-se. É o primeiro passo para o leitor[3] aderir ao texto.

O FATOR HUMANO

Por sua expressividade e sentido conotativo, destino aqui um tópico ao que chamo de *fator humano*, que repete o título do célebre romance de espionagem de Graham Greene.

Não direi algo novo, entretanto. A novidade fica à conta do lugar onde está essa reflexão: aqui, neste livro *técnico*. Nunca, ou quase nunca, os manuais de escrita criativa consideram a *humanidade* do ficcionista como algo que interfere decisivamente em seu trabalho. Limitam-se a tratar dos assuntos estratégicos da escrita, focando-se no texto.

Por vezes sou confrontado com uma situação complexa e, quase sempre, constrangedora, manifestada quando um ficcionista não consegue lidar com certas realidades emocionais em seu texto. E aqui entramos no terreno das impossibilidades humanas que — eis o ponto — o ficcionista encara como um travamento de natureza literária. Esse erro de interpretação leva à morte prematura de algumas carreiras bastante promissoras.

Tenho um exemplo em que isso não aconteceu: Amanda, uma jovem escritora criativa, não acertava a mão numa novela, que acabou largando pelo meio, voltando a escrever contos. Quando perguntei pela novela, ela fez um não com a cabeça: "Continua parada. Acho que não sou romancista, mesmo. Meu negócio é o conto". Até aí nada de particular — muitas pessoas se identificam mais com um ou outro gênero —,

---

3 Neste livro, tenho utilizado o termo "leitor" para designar a pessoa que lerá nossas ficções — alguém que se aproxima de nós em termos de formação escolar, gostos, conhecimento do mundo, condição sociocultural, emoções, valores. Significará também, conforme o contexto, a pessoa disponível para ler qualquer narrativa dentro de um padrão de conhecimento médio. Isso muda se você quiser escrever para um público específico, como o público infantil ou juvenil, o que implica conhecimentos da psicologia infantil e adolescente.

mas me ocorreu perguntar em que momento a novela fora abandonada. Em vez de responder, ela me pediu para retomar o material. Passado um dia, me mandou o texto. Era pouco, umas quarenta páginas. Tratava-se de um drama familiar que envolvia drogas e o fim de um casamento. Depois, numa conversa por e-mail, fiz a minha pergunta de sempre: por que ela desejava escrever aquela história? Ela não sabia bem o porquê. Tinha namorado, amava-o, uma relação de quase quatro anos, e nenhum deles tivera curiosidade de experimentar drogas. Os pais e irmãos dela viviam bem. Sobre o tema da novela, ela o conhecia por ouvir dizer, pela leitura de sites noticiosos e por um ou outro caso que presenciara. Voltei ao texto. A novela estacionara no momento em que a esposa entra em casa e descobre o marido com outra. Escrevi para Amanda e perguntei por que não seguia, já que vinha bem. "Não sei como continuar", ela disse. "Minha praia é mesmo o conto."

Entendi logo que o problema de Amanda não era de natureza literária. Detivera-se na cena de sexo, que, por algum motivo, não soubera como tratar de maneira adequada. Quando a encontrei, disse-lhe que uma boa ideia seria deixar aquela cena para depois e ir em frente. Dessa vez, ela me escutou. "Nem que seja por exercício", eu disse. Funcionou. Amanda logo estava trabalhando com muita energia. Estranhei que não me pedisse para ler o resultado. Apenas me escreveu que tinha terminado o texto e negociava a publicação com uma boa editora. Quando o livro saiu, ela me mandou um exemplar autografado. Claro, fiz o que você está imaginando: fui à passagem que talvez tivesse causado o problema. Não estava mais lá. Procurei ver se estava noutro lugar do livro. Não. A novela foi bem acolhida pela crítica e recebeu indicação para um prêmio anual de renome. Não ganhou, mas nem sei se Amanda queria isso. A seguir, eu a vi consolidar uma carreira. A cena, aquela, perdeu-se por aí. Por que se perdeu? Não saberemos. Só posso dizer que foi um fato que passou ao largo da literatura.

Uma das atividades que proponho em sala de aula é discutir, em forma de seminário, a ficção de um aluno que se propôs a isso. O seminário consiste em responder a uma série de questões referentes ao texto, e a turma é dividida em dois pequenos grupos: um trata do conteúdo; o outro, da linguagem. Por inúmeras vezes, percebo que o grupo do conteúdo usa um bom tempo discutindo questões que não são literárias, sobre a integridade psicológica do personagem e suas relações com os outros. Ora, para isso, não é necessário nenhum conhecimento de literatura, mas sim da natureza humana. No decorrer deste livro, você verá momentos em que a questão humana é trazida ao assunto, mas seria recomendável que você, antes de pensar em abandonar a escrita do seu livro — ou, até, a literatura —, pense no que o preocupa e que pode estar interferindo no seu processo criativo.

A ATITUDE DO FICCIONISTA

A atitude do ficcionista compreende, além da vivência e do conhecimento, um constante olhar de dúvida. Será que tudo é o que parece? Quando uma pessoa diz algo, pode estar pensando o oposto. Se alguém faz uma maldade ou um gesto solidário, pode não ser livre para fazer diferente. O ficcionista deve ser aberto à aventura que existe em penetrar nos motivos das ações próprias e alheias — e também à aventura de criá-los.

A atitude do ficcionista pressupõe a ousadia da invenção.[4] Todo ficcionista é uma divindade criadora em eterno deslumbramento perante o mundo que gerou, perante as mulheres e os homens cujas ações comanda. O ficcionista, por isso, é aquele que, em meio ao tumulto do dia ou a uma festa aborrecida à noite, quer logo correr para casa, a fim de penetrar nesse universo, o único em que ele é livre, devendo prestar contas apenas à integridade da própria criação.

A atitude do ficcionista também é a de quem sabe que, ao inventar, está sempre se reportando à realidade. Às vezes, ao criar situações imaginárias, vividas por pessoas imaginárias, fala mais do real do que qualquer texto científico. Não por outro motivo que o dr. Freud, em célebre carta ao colega médico e ficcionista Arthur Schnitzler, disse-lhe que, ao deixar-se absorver "por suas belas criações", parecia encontrar, sob a superfície artística, as mesmas suposições antecipadas, os interesses e conclusões que reconhecia como seus. "Fica-me a impressão de que o senhor sabe por intuição — na verdade, a partir de uma sofisticada auto-observação — tudo que tenho descoberto em outras pessoas por

---

4 Do latim *in* + *venire*, "ir em direção a". Uma etimologia reveladora.

meio de laborioso trabalho."[5] Em resumo: Freud reconhecia a precedência da ficção sobre a ciência. Ao ler *Fuga para a escuridão* (1931), em que vemos representado o processo de degradação mental de um homem a partir da visão interna de si mesmo, convencemo-nos de que o mestre da Bergstrasse sabia bem do que falava ao elogiar Schnitzler.

A atitude do ficcionista, entretanto, deve ser de constante suspeita em relação a suas próprias criações. Não é demais perguntar-se, antes de começar um conto, uma novela ou um romance: "Serei eu a melhor pessoa para escrever *esta* história?". Se a resposta for negativa, então procure uma história que lhe diga respeito, uma que se imponha a você, que não o deixe em paz até que seja escrita. Não estou falando de estilo, mas de *temática*. Se observarmos as narrativas sob esse aspecto, veremos que elas, desejável e inevitavelmente, trazem a marca de quem as criou. O melhor é escrever sobre o que conhecemos a partir de nossas vivências e infatigáveis leituras. Se for sobre um assunto que nos seja alheio, precisamos fazer com que deixe de sê-lo, o que implica muita pesquisa — e ela pode transparecer demais na narrativa, tirando o frescor de sua ficcionalidade. Tomemos cuidado para não encaixar à força toda a pesquisa no texto. Assim procedendo, a narrativa resultará convincente.

A atitude do ficcionista requer disciplina. Um ficcionista escrevendo representa o momento mais solitário e completo que alguém pode conceber. Aconteça o que acontecer à sua volta, os personagens estarão sempre ali, à espera de serem abastecidos com aquilo que ele tem de melhor: a palavra. O ficcionista não pode ser condescendente consigo mesmo. O leitor merece o melhor, e esse melhor é uma narrativa que ele leia com encanto (mesmo que retrate realidades cruéis), que nao o aborreça com erros elementares de composição, personagens que não lhe dizem nada ou um enredo que vai para cá e para lá e não chega a lugar algum.

Mas como dominar essa matéria — a palavra em ação — para escrever uma narrativa? Como transpor uma ideia, que sempre terá algo de difuso, grandioso, para um texto concreto, que depois será posto num livro com capa, ficha catalográfica e código de barras?

---

5 Arthur Schnitzler, *Contos de amor e morte*. Trad. de George Bernard Sperber. São Paulo: Companhia das Letras, 1987.

A resposta não pode ser outra: com competência artesanal.

João Leite, amigo açoriano-português, técnico de manutenção de aeronaves, me disse algo simples de sua profissão: o passageiro deve ir de um ponto a outro do mapa sem perceber que viajou. Os funcionários da empresa aérea devem trabalhar para que ele não leve na lembrança que esteve durante horas metido num charuto de metal pendurado a 40 mil pés de altitude. Essa sensação só é obtida mediante um conjunto de providências tecnológicas concatenadas e invisíveis. Sob pena de arranhão na imagem da empresa, não pode haver falha.

Transpondo para a narrativa ficcional: o leitor deve estabelecer uma ponte direta com os personagens e a história. Claro que existem diversos tipos de leitor, diria mesmo que há leitores para todo tipo de obra literária, mas o leitor descompromissado, digamos, o que lê "apenas" por prazer, não deve perceber o esforço de quem escreveu a narrativa, nem os artifícios utilizados para atingir o resultado final. Se percebe esse labor, perde a cota de prazer que esperava encontrar ao abrir o livro — exceto se pensarmos agora noutra categoria de leitores, a daqueles que se comprazem em saber como as coisas funcionam e admiram, por exemplo, o *making-of* de filmes.

Outra pergunta que deve ser feita quando damos por terminada a narrativa: "Isto é o melhor que posso escrever, no momento?". Se sim, a narrativa está pronta. Se não, tenho de retomá-la desde o princípio. Vale mais revê-la agora do que depois, quando já está publicada e não nos pertence. Lembre-se: uma vez que decidimos ser ficcionistas, assumimos o compromisso de fazer o nosso melhor. E isso não tem nada a ver com talento.

A PROPÓSITO: E O TALENTO?

No campo literário, nunca vi palavra tão vazia. É possível que você já tenha gastado muito tempo pensando nela. Julgo, inclusive, que ela foi criada para atormentar as pessoas, pois gera inumeráveis pseudoproblemas: "Não tenho talento", ou "Cláudia tem mais talento do que eu", ou "Cláudia diz que tenho talento, mas não consigo enxergar onde ele possa estar". É tão cínico quanto falso dizer essas coisas. Nem os ficcionistas estão de acordo a respeito do tema, e preferem desconversar.

Gustav Aschenbach, personagem central de *A morte em Veneza* (1912), entendia seu talento como uma exótica e pouca satisfação consigo mesmo.[6] Haruki Murakami diz, em *Romancista como vocação* (2017): "Para isso [escrever romances incessantemente], como eu já disse, é preciso algo como uma competência especial. Acho que *talento* não seja exatamente a palavra". Já Balzac, em *Béatrix* (1839), divertia-se com toda essa discussão inútil: "Os tolos querem passar por pessoas de espírito, as pessoas de espírito querem ser pessoas de talento, as pessoas de talento querem ser pessoas de gênio".

Ademais, costumamos atribuir talento apenas às pessoas que se situam na média, isto é, aos "esforçados", a quem damos um estímulo para seguir em frente. Afirmar que alguém tem talento pode beirar o insulto. Ninguém diz, por exemplo, que Shakespeare, Victor Hugo ou Machado de Assis tinham talento.

Frases de efeito como as mencionadas no início deste tópico, entretanto, não são inócuas como parecem, pois traduzem um pensamento excludente, que divide o mundo entre talentosos — os escolhidos, a minoria — e não talentosos — todo o resto. Para além disso, aqui ocorre um equívoco epistemológico: como vamos fazer essa separação se operamos com um vocábulo de conhecimento tão nebuloso e precário?

Mesmo concordando que faz sentido a existência desse "dom divino e inefável", como escreviam certos românticos, é preciso aceitar que não é algo que se gruda às pessoas para sempre. Quero dizer: se é que existe, o talento é errático. João Ubaldo Ribeiro, ao falar sobre sua percepção variável da própria capacidade autoral, escreveu numa crônica: "mas não posso admitir que eu seja um gênio ao meio-dia e um idiota à noite". Quantas vezes você já escutou dizer que o livro X da autora Y é péssimo, que destoa de toda a sua maravilhosa obra? Para onde foi o talento da autora? Devo lembrar que o próprio Balzac, que citei acima, autor de *A comédia humana*, escreveu alguns livros bem precários.

Alejo Carpentier, romancista cubano, agora esquecido em nosso país e de quem ainda falarei noutras circunstâncias, tem um juízo lapidar, simples, resolutivo:

---

6 Ele expressava, assim, sua questão essencial, de que tratarei no capítulo dedicado ao personagem.

Não creio que o escritor possa ser um personagem diferente dos demais. Não creio que seja um ungido nem um privilegiado pelo destino. É homem de vocação, isso sim. E a vocação — o amor a um trabalho determinado — o leva a aperfeiçoar seu ofício, e, em certos casos, a se sobressair, dando-nos obras excelentes. Mas o mesmo acontece no mundo dos ebanistas, dos músicos de orquestra, dos esportistas. Como se ama o que se faz, trata-se de trabalhar o melhor possível; nada mais.[7]

Dadas as brutais incoerências acerca do conceito de *talento*, não é melhor abandonarmos de vez essa ideia anacrônica e, pior, preconceituosa? Vamos dedicar nosso cérebro a algo mais útil, digamos, a escrever ficção?

UMA PONTE FEITA DE ALGUNS CONCEITOS

Vamos supor que você esteja dando uma festa em comemoração ao lançamento de seu livro. Um convidado custa a chegar. Sabendo como ele é pontual, você e os outros convidados se preocupam. Uma hora depois, ele aparece, bastante tenso, e conta que foi assaltado ao buscar o carro numa garagem. A história contada por ele tem um momento em que começa, depois se desenvolve e termina. Ora, na vida, nenhuma situação tem um início e um fim tão claramente determinados — com exceção, é claro, do nascimento e da morte.

Sem rodeios: histórias só existem quando são contadas.

O que o convidado fez foi *organizar* os fatos de maneira que façam algum sentido, e nada melhor do que arranjá-los numa história. Hoje, admite-se que o *Homo sapiens* seja chamado de *Homo narrans*, pois, de todos os animais, somos os únicos que narramos histórias uns para os outros. Os estudos vão além, dizendo que nosso pensamento só acontece sob a forma da narração — ninguém pensa de modo abstrato em fatos estáticos.

A vida é uma multiplicidade de eventos acontecendo ao mesmo tempo, de modo caótico. Enquanto você lê este livro, seu vizinho vê

---

[7] Alejo Carpentier, *Entrevistas*. Comp., sel., prólogo e notas de Virgilio López Lemus. Havana: Letras Cubanas, 1985, p. 423. (Tradução minha.)

televisão para não falar com a mulher, sua prima se apaixona pelo professor de natação, seu gato procura um lugar onde esteja mais confortável, um terrorista prepara uma bomba para plantar num aeroporto. Quero dizer: acontecem várias "histórias" simultâneas, numa completa desordem.

Alguém precisa organizar essa desordem. Que tal você? Sim, você é um *ficcionista* e sabe que, para conquistar seu leitor, precisa contar uma *história* distinta de qualquer outra. Além disso, o leitor deve acreditar nela. Para isso, você vai organizá-la numa *narrativa* consistente, de tal maneira que pareça existir *de verdade*. Se não for assim, ela não funciona.

Já que toda história é *artificial* — mesmo quando real, como a do assalto vivido por seu amigo —, a missão do ficcionista é fazer com que ela pareça *natural*. Para isso, existem técnicas e procedimentos interessantes de se conhecer. (E nesse sentido espero que este livro lhe seja útil.)

Até aqui falei em *história* e *narrativa* e creio que, para evitar equívocos, é oportuno dizer em que sentido instrumental uso esses termos. Seria muito fácil remetê-lo a obras teóricas e à internet, porque ali está tudo: as definições convencionais, as contrastantes, as exóticas e as absurdas. E você teria suficiente discernimento para distinguir o que tem algum valor. Mas, para que falemos a mesma linguagem, proponho trabalharmos com as seguintes definições:

||||||||||||||||||||||||||||||||||||||||||||||||||||||||||||||||||||||||||||||||||

¶ História é uma série de fatos organizados — em geral, dispostos numa linha temporal — de tal maneira que façam sentido.
¶ Narrativa é uma história contada sob a forma literária, com uma preocupação tanto com o *conteúdo* quanto com a *forma*, tanto com os *fatos* que compõem a história quanto com a *linguagem*, tanto com a *organização* quanto com o *efeito* que essa organização provocará no leitor.
||||||||||||||||||||||||||||||||||||||||||||||||||||||||||||||||||||||||||||||||||

Aqui poderei usar também os termos "narrativa ficcional", ou "narrativa literária". Como você já sabe, são narrativas literárias: o *conto*, a *novela* e o *romance*. Quando quiser ser específico quanto ao gênero de narrativa, usarei um desses três gêneros consagrados, ressalvando que na época atual as fronteiras entre eles estão cada vez mais confusas.

Quanto à *ficção*, um conceito que está pressuposto em tudo que falo neste capítulo, não creio que seja preciso defini-la. Gostaria apenas de fazer uma nota. A etimologia da palavra "ficção", do latim *fingere*, é a mesma de "fingir" ou "fingimento". Daí, e retomando uma ideia que vimos antes, podemos concluir que uma narrativa ficcional é uma narrativa *inventada* por um escritor. O leitor *finge* para si mesmo que acredita. Mas não só o leitor. Afinal, num certo sentido, e você já deve ter visto isto em algum lugar, o escritor — o poeta — também seria um *fingidor*.

Então, além de organizadores do caos, somos todos fingidores. O que mais?

DO BIG BANG À GELEIA GERAL, OU: DE ONDE SURGEM AS HISTÓRIAS?

Se você perguntar a ficcionistas de onde vêm suas histórias, ficará atordoado de tão diferentes que são as respostas. É uma espécie de vale-tudo imaginativo, quase sempre de conteúdo lírico, ou, em raros casos, agressivo em relação a quem teve a infeliz ideia de perguntar.

Em vez de ficar apenas espantado com a idealização dos meus colegas, estudei essas respostas — digamos, as mais sensatas — e as reuni em dois grandes grupos, cada qual com sutilezas em que não vou me deter, admitindo, é claro, a possibilidade da existência de variantes em que não pensei.

O big bang

Ainda não sabemos bem como começou o Universo, mas as teorias mais aceitas falam de uma *singularidade*, isto é, há 13,8 bilhões de anos aconteceu algo único e inexplicável, que fez explodir certa massa minúscula e original, dando origem às galáxias, às estrelas e, com o passar do tempo, aos planetas. Os cientistas já avançaram muito, mas ainda não conseguem ir além disso, da singularidade. Gosto dessa palavra, embora ela sempre me arrepie pelo seu caráter enigmático.

Big bang — só posso denominar assim a circunstância de surgir do nada uma ideia pronta para uma narrativa com começo, meio e fim, relatada por vários ficcionistas. Esse "pronta", é claro, deve ser entendido com alguma reserva à fantasia e ao exagero. Digamos assim: o big bang era uma ideia que, em linhas gerais, continha um personagem e a história que dele decorria. Não sei se isso já aconteceu com você; comigo nunca, mas tenho razões para acreditar nos que contam essa experiência, pois seus relatos têm algumas constâncias, como o impacto e a perturbação que causou e o caráter efêmero da ideia, que obriga a logo anotá-la, seja no gravador do celular, seja no guardanapo de papel da pizzaria. Por isso, o big bang se aproxima do sonho, cuja lembrança, como se sabe, apaga-se à medida que escoam as horas do dia. Fui mais longe, perguntando se algum dado consciente havia gerado a ideia. Que soubessem, não. Ela surgiu *do nada*, uma resposta insatisfatória. Não quero entrar em indagações de natureza psicanalítica, porque, de fato, não é relevante para seus efeitos. E quais são esses efeitos? Antes de tudo, uma história a ser escrita. Depois, a *domesticação* do big bang, transformando-o em algo melhor do que um atordoamento — num romance, num conto, numa narrativa literária que, para uso interno do ficcionista, funcione.

A geleia geral

A expressão é do poeta Décio Pignatari, que a empregou em 1963. Referia-se à nossa cultura: "Na geleia geral brasileira alguém tem de exercer as funções de medula e osso". Depois foi usada por Gilberto Gil em sua célebre canção. Tem o sentido de miscelânea e mais uma dezena de palavras do mesmo campo semântico. Serve muito bem para explicar a segunda forma de surgimento da ideia para uma ficção. Não inventamos nada; apenas damos nome àquela ideia inicial confusa e imprecisa, em que percebemos o embrião de uma história. Guarda alguma semelhança com o big bang, pois nem sempre sabemos de onde surgiu. Sabemos, sim, que, ao verter o café na xícara, estamos com a mente ocupada com algumas imagens — a ária na corda sol de Bach, uma cadeira ao sol de inverno, um espantalho colorido em meio a uma lavoura, uma criança que segura uma libélula, algo assim —, percepções de coisas que podemos *ver* e *ouvir*, mas que não fazem qualquer sentido de imediato. Até que, para nossa surpresa, as articulamos formando um fragmento de história: num jardim uma mulher lê, ao sol de inverno, uma lenda sobre espantalhos; ela sente, e não é de hoje, um vago incômodo com o mundo, e é despertada pelo chamado da filha de três anos que quer lhe mostrar uma libélula, não, uma borboleta amarela que palpita em sua pequena mão rosada. Ao levantar-se, a mulher vê o marido, que vem em sua direção com o jornal aberto, onde lê, em voz alta, uma notícia perturbadora. Então improvisamos um nome para ela, é Martina, não, é Geórgia. Geórgia pega o jornal e, afastando com delicadeza a filha... — e então o cérebro corrige essa história, e Geórgia não afasta a filha, e sim a pega no colo —, lê a notícia que acabou de escutar. E Geórgia passa a ocupar nosso espírito mais que o marido, que de pronto eclipsamos, e sim ela será a personagem central de nossa história, embora, hoje, não passe de uma mulher chamada Geórgia, submetida a um crônico desconforto e que lê uma notícia desconcertante. No dia seguinte, indo para o trabalho, a geleia geral apresenta-se mais nítida: a notícia tratava de seu ex-marido — um violinista que, no último concerto, tocara Bach —; ele morrera num misterioso acidente de carro que a polícia suspeita ter sido um suicídio. E, ao fim da tarde, temos o pré-projeto mental de uma narrativa que sentimos consistente, menor que um romance e maior que um conto. Três anos mais tarde nossa novela é publicada. Na sessão de autógrafos, olhamos para a capa com um espantalho high-tech, no qual está pousada uma borboleta amarela, e pensamos que essa história poderia ter sido diferente, talvez melhor. Damos um suspiro conformado, mas sabemos que, talvez amanhã, novas imagens desconexas virão preencher nossa insônia e começaremos tudo de novo, nessa busca sem fim.

O que dá melhor resultado: a geleia geral ou o big bang?

Não há resposta para essa pergunta, porque não é a forma pela qual surge a ideia de uma história que vai determinar seu sucesso ou insucesso. Isso vai depender de outras circunstâncias, sendo a principal a dedicação e a sagacidade do ficcionista para montar uma história que pareça real e tenha no centro um personagem impressionante pela força do drama que acaba por provocar.

QUAL O MELHOR GÊNERO PARA QUEM COMEÇA: O CONTO, A NOVELA OU O ROMANCE?

Outra pergunta sem resposta, pois depende da vocação do ficcionista. Mas quero aproveitar o gancho para falar de como esses diferentes gêneros literários serão abordados no livro.

Pelo tom do que escrevi até agora, você já percebeu que falo de narrativas longas — romance e novela —, em que o personagem é complexo, se desenvolve, pratica várias ações e tem nova compreensão do conflito ao final.[8]

Já o *conto* é, literalmente, outra história. Envolve poucos personagens, muitas vezes só um. O conflito também é único, ou nem isso — às vezes é apenas insinuado. O conto contemporâneo, por exemplo, privilegia um *momento dado*, em que não é contada uma história, e sim mostrada uma *situação crítica*, da qual intuímos a história.[9]

Agora você deve estar se perguntando se contistas, novelistas e romancistas tirarão o mesmo proveito deste livro.

Bem, há vários tópicos que serão de imediata utilidade para todos, e aqui penso, por exemplo, no *tempo* e no *espaço* da ficção. Já os temas que se referem ao *personagem*, ao *conflito* e ao *enredo* cabem mais aos novelistas e romancistas — o que não significa que não poderão ser aproveitados por praticantes dos três gêneros.

Isto vale para contistas, novelistas e romancistas

Uma das obras mais conhecidas do universo da música de concerto é a série de quatro títulos de Antonio Vivaldi denominada *As quatro estações*. Recomendo ouvi-la, se possível numa gravação do grupa-

---

[8] Nossa língua ainda procerva as duas denominações, romance e novela, designando gêneros diferentes, mas isso está caindo em desuso. Entendo, todavia, que o ficcionista deve saber qual o gênero de sua proposta literária, pois isso evitará desvios de rota que poderão comprometer o resultado final do texto, conforme ainda veremos. Mas, adiantando: a *novela*, por tratar de um único conflito, com um ou pouquíssimos personagens, tende a ser pequena em número de páginas. Então: não por ser pequena que é uma novela, mas por ser uma novela é que é pequena.
O *romance*, por ter um tema unificador e mais de um conflito, e, portanto, maior número de personagens, torna-se mais extenso.

[9] Vide também os minicontos, muito presentes na ficção contemporânea. De tudo isso fica uma ideia incontestável: o conto não tem um conceito único. Se você quiser entranhar-se nesse assunto, há bons livros que tratam do tema, tanto do ponto de vista escolar, quanto na perspectiva de quem é ficcionista.

mento camerístico milanês Il Giardino Armonico, que trouxe um novo parâmetro interpretativo para o mestre veneziano. Vai gostar. O que você talvez não saiba é que *As quatro estações* pertence a um ciclo de doze concertos a que o compositor deu o curioso título de *Il cimento dell'armonia e dell'invenzione* (1725), que poderíamos traduzir, sem muito entusiasmo, como *O equilíbrio entre a harmonia e a invenção*.

O entusiasmo aumenta quando entendemos por inteiro o título de Vivaldi: ele se referia ao ponto de equilíbrio entre a *armonia* — os parâmetros da composição musical — e a *invenzione* — a arte, a inspiração, que antes se dizia o *estro*. Ele bem sabia que, para atingir um resultado inesquecível aos ouvintes, precisava conhecer e empregar certas ferramentas. Não há grande artista que não seja, ao mesmo tempo, um grande mestre na técnica da sua arte.

É inegável que existe uma tensão permanente entre a arte e os meios que a concretizam. Esses dois elementos mantêm entre si a mais incontornável das relações: a dependência recíproca. Há como um abismo a ser vencido, que decorre da excepcionalidade da convivência, na mesma pessoa, da necessária inspiração e do também necessário conhecimento.

Este livro pretende ser um facilitador da aquisição desse conhecimento.

A arte? Bem, se você se olhar no espelho, verá a quem isso compete.

2.
O PERSONAGEM, O PODEROSO DA HISTÓRIA

O PERSONAGEM COMO IRRADIADOR DA NARRATIVA

> *Minha alma é uma orquestra oculta; não sei que instrumentos tange e range, cordas e harpas, timbales e tambores, dentro de mim. Só me conheço como sinfonia.*
> FERNANDO PESSOA (Bernardo Soares),
> *Livro do desassossego*

SE VOCÊ MORRE DE AMORES POR SUA HISTÓRIA, PENSE UM POUCO

Como acontece a todos os ficcionistas com certa experiência, sou procurado por pessoas que me trazem uma *boa* história, seja como sugestão para meu próximo romance, seja porque elas próprias querem escrevê-la e, de alguma forma, acham importante a minha opinião.

Thiago — com *h*, como ele sempre esclarece —, meu ex-aluno da Oficina de Criação Literária,[1] jovem com invejável quantidade e qualidade de leituras, além de nível cultural superior à média, tinha na gaveta um livro de contos, dos quais eu havia lido alguns e achado bons. Procurou-me porque estava com uma história na cabeça, mas tinha dúvidas se ia funcionar como romance. Gostei disso, porque ouvir os outros sobre nossos projetos literários não significa humildade, mas, sim, inteligência: Flaubert fazia isso com seus escritos. Louis Bouilhet, crítico refinado e atento, era seu leitor prévio e tam-

---

[1] Doravante designarei apenas como Oficina essa atividade que coordeno desde 1985 na PUC-RS.

bém conselheiro em todas as dúvidas da escrita. Flaubert escutava-o como a um oráculo.

Thiago me contou sua história, levando nisso uns vinte minutos. Ela envolvia complexas relações entre estudantes de pós-graduação em letras e tinha como personagem central um jovem, Vladimir — Thiago tem ascendência eslava, daí o nome —, provindo de uma pequena cidade. Não lembro os pormenores, mas se tratava de uma narrativa cheia de ação. Um capítulo se passava num bar noturno invadido por assaltantes, outro num hospital — e o caso de amor daí surgido terminava entre mil amarguras no campus universitário. Perguntei se o relato se inspirava numa experiência real. Sim, ele mesmo tinha vivido aquilo. Fiquei alerta, porque vi nisso o prenúncio de um problema: na mão de iniciantes, a transformação de pessoas reais em personagens é empreitada temerária (estudaremos isso no próximo capítulo). O ponto que agora nos interessa é que Thiago estava empolgado *apenas* com a história. E trabalhara com aplicação: previra todos os acontecimentos, os espaços, a cronologia, e me expôs um esboço de organização e de divisão em capítulos. Só precisava decidir se escreveria em terceira ou primeira pessoa. Ante o meu silêncio, resolveu ser direto:

— Diga com sinceridade: pode dar um bom romance?

Enquanto procurava o que dizer, dei a resposta que nem todos estão preparados para escutar:

— Depende. — E propus: — Vamos conversar amanhã? — O que ele, dobrando a ansiedade, aceitou.

Eu experimentava uma sensação que conheço muito bem e me leva sempre a um sentimento antagônico: por um lado, estava satisfeito porque Thiago tinha organizado sua história, uma providência que o punha a salvo das improvisações, sempre fatais para quem está começando. Por outro, me preocupava que ele se esquecesse de algo fundamental: uma boa história não resulta, por si mesma, num bom romance.

Há romances "sem história"?

Uma história interessante ajuda, mas não é indispensável. Prova disso é que existem narrativas sem reviravoltas ou eventos espantosos e que, no entanto, se consagraram. Podemos achar facilmente exemplos em clássicos da literatura internacional e brasileira, como se vê nas novelas *Um coração singelo* (1877), de Flaubert, *Memórias póstumas de Brás Cubas* (1881), de Machado de Assis, e *Crime e castigo* (1866), de Dostoiévski. Nas três, não se verificam muitos incidentes agitados ou cenas feéricas, mudanças de cenário, nem mistérios a serem decifrados.

No caso de *Um coração singelo*, trata-se de uma empregada doméstica e sua vidinha. Felicidade nos é apresentada assim, ao final do primeiro capítulo:

> Ela [Felicidade] se levantava logo ao alvorecer, para não perder a missa, e trabalhava sem descanso até à noite; depois, terminado o jantar, a louça em ordem e a porta bem fechada, escondia a acha de lenha sob as cinzas e adormecia em frente à lareira, com o rosário na mão. Ninguém se mostrava mais obstinado no regatear. Quanto ao asseio, o polimento de suas caçarolas deixava desesperadas as outras criadas. Poupada, ela comia devagar, e com o dedo juntava, na mesa, as migalhas do seu pão — um pão de quase seis quilos, cozido só para ela, e que durava vinte dias.
>
> Em todas as estações do ano usava um lenço de chita preso às costas por um alfinete, uma touca a ocultar-lhe os cabelos, meias cinzentas, um saiote vermelho, e por cima da blusa um avental com babador como as enfermeiras de hospital.
>
> Seu rosto era magro e sua voz aguda. Aos vinte e cinco anos, parecia ter quarenta. Dos cinquenta em diante já não demonstrava nenhuma idade; — e, sempre silenciosa, o talhe certo e gestos comedidos, parecia uma mulher de madeira, que funcionasse automaticamente.[2]

O que o leitor espera que aconteça nessa novela senão uma *historinha* sem grandes lances? Pois é justo o que acontece. As ações *externas*, visíveis, contadas de maneira objetiva, não entusiasmariam a ninguém, e a morte de Felicidade, embora constitua uma das cenas mais belas de toda a literatura do Ocidente, não tem nenhum drama excepcional. Em suas últimas palavras pergunta por Lulu, outrora seu papagaio de estimação, agora já morto e empalhado. Tudo muito simples, corriqueiro até, mas, nas entrelinhas, nos revela uma interioridade colonizada

---

2 Gustave Flaubert, *Um coração singelo*. Trad. de Fernando Sabino. Rio de Janeiro: Rocco Digital, 2014. (E-book).

pela sublimação erótica e pelos devaneios afetivos, algo capaz de nos dominar até a raiz da emoção quando nos apercebemos de tudo o que acontece com aquela alma anódina — apenas na aparência. Mas imagine que você tem um sobrinho adolescente e deseja incentivá-lo a ler Flaubert. Se não quiser receber de volta um olhar congelado, não use a estratégia de resumir para ele os eventos de *Um coração singelo*.

No caso de Brás Cubas, os acontecimentos são tão ralos que temos de prestar muita atenção se quisermos reter algo na memória.[3] Como diz o próprio Brás, "um solteirão que expira aos sessenta e quatro anos, não parece que reúna em si todos os elementos de uma tragédia".[4] Nem tragédia, nem comédia. Nascido na elite social, faz viagens de estudos para a Europa, nunca se casa, mantém alguns tolos relacionamentos sentimentais, dedica-se sem paixão à vida política e termina envolvido com a criação falhada do Emplasto Brás Cubas, panaceia destinada a curar a humanidade. Até sua morte é patética: sucumbe de uma banal pneumonia ao ficar exposto à chuva. Se pedirmos a um leitor de Machado que descreva a história dessa novela, poucos se lembrarão de todos os eventos, permanecendo nas grandes linhas biográficas de Brás Cubas. Mas ninguém esquece sua personalidade, nem a ironia e o desencanto que existem nas suas célebres frases: "Marcela amou-me durante quinze meses e onze contos de réis" e, ao final, "Não tive filhos, não transmiti a nenhuma criatura o legado da nossa miséria".[5]

E quanto a *Crime e castigo*? Tente lembrar em minúcia os acontecimentos narrados nesse calhamaço de centenas de páginas; passado o impressionante episódio do assassinato, é inevitável que nos percamos no labirinto de nomes de pessoas, de repartições policiais, de autoridades de todos os níveis, de amigos e inimigos, e nas intricadas movimentações das tantas personagens que assombram o texto. Aliás, alguns eventos são reiterados e, quanto aos espaços, Dostoiévski ora os descreve até o mais ínfimo detalhe, ora deixa-nos sem saber bem onde estamos. Mas da psique de Raskólhnikov e de seu tormento, sua

---

3 O próprio Machado, no prólogo da terceira edição, se refere a uma notícia publicada por Capistrano de Abreu, que perguntava: "As *Memórias póstumas de Brás Cubas* são um romance?".
4 Machado de Assis, *Memórias póstumas de Brás Cubas*. São Paulo: Globo, 2008. (E-book).
5 Ibid.

angústia a debater-se com a culpa, disso todos sabem, pois é a essência dessa novela, que se consagra como uma obra-prima da literatura russa, capaz de nos impressionar até hoje.

Se nessas três narrativas perdemos o fio da meada da sucessão dos fatos, seus personagens dominantes, entretanto, marcam-nos de modo indelével, e isso já desde o título: *Um coração singelo* é o coração de Felicidade; *Memórias póstumas de Brás Cubas* é explícito ao referir-se ao personagem central; *Crime e castigo* tem como alvo o dilema moral de Raskólhnikov. A lista das obras literárias que levam no título o nome de seus personagens centrais encheria as páginas deste livro: *Tom Jones, Quincas Borba, Iracema, Clarissa, Sargento Getúlio, Madame Bovary, Gabriela, cravo e canela, O grande Gatsby, Tonio Kröger, Os irmãos Karamázov, Macunaíma* — e tantos outros. Em *Os sofrimentos do jovem Werther* (1774), Goethe vai mais longe; não apenas anuncia que o herói se chama Werther, mas também que a história gira em torno de seus sofrimentos. Tudo isso é significativo, não?

Se você leu um ótimo romance há dez anos, logo recordará, com força e vivacidade, do personagem central e do conflito, mas irá amaldiçoar a própria memória, pois não consegue se lembrar da sequência dos eventos. Deixe a memória em paz e agradeça-lhe, porque ela gravou o que de fato interessa.

||||||||||||||||||||||||||||||||||||||||||||||||||||||||||||||||||||||||||||

¶ Tal como acontece no cinema, em que muitos espectadores fixam-se no ator/atriz central e são capazes de ir até o inferno para vê-los em outra atuação, assim também é o personagem de ficção na literatura: ele valerá pela qualidade de sua consistência. Já se disse de Ricardo Darín, Tom Hanks e Judi Dench que eles conseguem *salvar* qualquer história ruim. Basta entrarem em cena.

||||||||||||||||||||||||||||||||||||||||||||||||||||||||||||||||||||||||||||

Tenho certeza, contudo, de que você começou a ler vários romances que abandonou depois de vinte páginas, e uma das causas deve ser a desconfiança: "Não acredito em nada disso que estou lendo, nada faz sentido".

Alto lá! Não é do romance que você duvida, é o personagem que não convence. Ao contrário, nas narrativas de Flaubert, Machado de Assis e Dostoiévski, são os inesquecíveis Felicidade, Brás Cubas e Raskólhnikov que transformam as histórias em alta literatura e, portanto, fazem com que essas obras permaneçam conosco durante muitos anos após a leitura. Veja bem, em *Um coração singelo*, *Crime e castigo* e *Memórias póstumas de Brás Cubas*, não queremos conhecer, em minúcias, o final. O que se deseja é saber o que acontecerá com esses personagens que nos cativaram. Mais do que as reviravoltas do enredo, o que deixa marcas duradouras no leitor é o acesso à vida do personagem, às suas debilidades e carências.

E os romances de perder o fôlego?

Impossível ignorar, porém, certos livros compostos de pura ação — e só ação, só história — e que até nos fazem passar momentos divertidos debaixo de um guarda-sol de praia, mas dos quais nunca mais nos lembraremos. Inserem-se aí as dezenas de romances de Paul Féval que vitimaram a pobre Luísa, de *O primo Basílio* (1878),[6] bem como tantos outros, inclusive de ficcionistas ainda vivos — sim, esses mesmos em que você está pensando —, que duram uma temporada e no ano seguinte são substituídos. Esses romances impressionam? Sim, por alguns minutos e exclamações murmuradas, antes que sejamos atraídos por um bom mergulho no mar para refrescar a cabeça. E seus personagens são profundos? Sabemos a resposta: eles têm a profundidade de um holograma. Mas e se fossem de fato profundos? Nesse caso, seria um bom motivo para dar um grande prêmio ao autor, que conseguiu a proeza de unir ações incessantes com personagens convincentes, como acontece em *O tambor* (1959), de Günter Grass — que, a propósito, ganhou o Nobel.

E VAMOS LOGO DAR O CRÉDITO A QUEM MERECE, ISTO É, AO PERSONAGEM

Thiago retornou — talvez tenha dormido mal, mas não era essa minha intenção —, e eu *não* lhe disse que deveria jogar no lixo seu projeto de romance. Ao contrário, afirmei que ele tinha uma boa

---

6 Voltaremos a esse romance de Eça de Queirós ao estudar o espaço da narrativa.

história para contar, e não menti. Gostou de escutar. Afinal, estava seduzido por sua capacidade de inventá-la, gastava seu cérebro nisso. Não precisar descartá-la era mesmo uma boa notícia. Suavizei ainda mais o problema: quando ele escrevesse o romance, poderia utilizar a maioria dos eventos previstos. Bastaria tomar uma providência: mudar a perspectiva, jogando luz sobre o personagem. Para isso, pedi que esquecesse um pouco a história e pensasse no personagem que iria *provocá-la*. Ele, já noutro *mood*, perguntou:

— Mas como "provocar"? Tem aquele momento em que Vladimir está no bar e os assaltantes entram, dão um tiro no proprietário e começam a roubar todo mundo. Vladimir não provocou nada disso.

Logo intuí: eu tinha dado um salto muito grande ao usar, a seco, o verbo "provocar". Era preciso desenvolver um raciocínio com pitadas surrealistas, mas que fazem sentido em se tratando de ficção.

— Sim — eu disse —, concordo que Vladimir não "provocou" o assalto. Porém observe: foram características de sua personalidade que o levaram àquele bar e não a outro que não foi assaltado e no qual Caroline não estava. E mais: depois do roubo, não é verdade que ele tenta reanimar Caroline, em estado de choque? E que dali surge o caso de amor entre eles? Então a postura dele naquela situação extrema foi decisiva para o surgimento do namoro. Ou seja, no fundo, são a personalidade e as atitudes de Vladimir que "provocam" a história.

— Mas o assalto... — Thiago ficou pensativo e não completou a frase.

E continuei:

— Claro, da maneira como você organizou sua história, se não houver o assalto não há a história de amor.

— Isso — Thiago disse.

— Pois bem, você precisa *dar a impressão* de que o assalto *teria* de acontecer naquele bar, naquela hora, com aquela violência, mesmo que Vladimir e Caroline não tivessem feito qualquer coisa objetiva para isso.

Achei que era um bom momento para relembrar alguns dos tópicos que tínhamos visto nas aulas, a começar pela assertiva: é o personagem, quando bem construído, que *dá sentido* a tudo que acontece na história.

O que pretendo afirmar com isso?

A narrativa deve convencer o leitor de um fato: tudo o que ali está é porque o personagem, *pelo simples fato de existir, faz com que as coisas aconteçam*. Não, o personagem não tem poderes mágicos ou de super-herói. No entanto, é como se atraísse os acontecimentos narrados. Ou seja, os eventos de uma história estão enraizados nele, inclusive os fatos incontroláveis, como um raio que destrói uma casa ou a morte de um potentado na China, para pegarmos a ideia de Eça de Queirós na novela *O mandarim* (1880). Soa estranho, não? Mais parece um ensinamento esotérico. Mas não é.

Clarice Lispector nos mostra que fatos aleatórios podem ser provocados

No final de *A hora da estrela* (1977), acontece um fato que conhecemos bem: Macabéa, depois da consulta com a cartomante que lhe prediz sorte no amor com um homem loiro, sai à rua e é atropelada por uma Mercedes dirigida por um estrangeiro chamado Hans. Nenhum dos meus alunos achou estranha a morte da infeliz Macabéa, "afinal, ela só poderia terminar desse jeito", ou: "ela *provocava* todas as tragédias". Na prosa de Clarice, o acidente, portanto, deixa de ser uma *casualidade* para se transformar em algo *natural*, *possível* ou ainda mais: numa *exigência* da história. Depois de terminada a leitura, a sensação que fica, mesmo que inconsciente, é de que nada mais poderíamos esperar de um personagem sobre o qual é dito o seguinte:

> Maca, porém, jamais disse frases, em primeiro lugar por ser de parca palavra. E acontece que não tinha consciência de si e não reclamava nada, até pensava que era feliz. Não se tratava de uma idiota mas tinha a felicidade pura dos idiotas. E também não prestava atenção em si mesma: ela não sabia.[7]

Macabéa não sabia, mas nós, leitores, sabíamos: ela só poderia morrer atropelada, e por uma Mercedes. No momento da leitura, esse trecho nos surpreende, mas, ao mesmo tempo, ficamos com a impressão de que esse acidente era *inevitável*.

Quem provoca essa inversão estonteante é o personagem literário, quando bem construído. Tanto Macabéa parece atrair essa morte acidental que, logo após o atropelamento, "ao cair ainda teve tempo

---

[7] Clarice Lispector, *A hora da estrela*. Rio de Janeiro: Francisco Alves, 1995, p. 72.

de ver, antes que o carro fugisse, que já começavam a ser cumpridas as predições de madama Carlota, pois o carro era de alto luxo".[8] Se tivesse sido criada por um diletante, essa morte resultaria numa coincidência forçada e, pior, grotesca, posta ali apenas para matar o personagem e, desse modo, resolver uma novela cuja escrita, naquelas alturas, talvez já estivesse problemática.

Algo pode nos surpreender, como a queda de um meteoro, mas é inevitável que isso aconteça, pois vinha em rota de colisão com a Terra

É a *surpresa* aliada à *inevitabilidade* que, ao fim, sustenta qualquer narrativa bem-sucedida.

Podemos aplicar esse conceito a um momento importante de *Diário da queda* (2011), de Michel Laub. Contada em primeira pessoa, a novela entrelaça histórias de três gerações de homens de uma família. Cada um deles vive um dilema. Apesar de ter sobrevivido ao campo de concentração, o avô nunca se recuperou da experiência. O pai desde cedo foi obrigado a assumir os negócios e agora se depara com uma doença degenerativa. O filho, personagem central, sofreu por questionar as relações familiares e o funcionamento da comunidade judaica. Acabou sucumbindo ao alcoolismo. A cena a seguir registra o momento em que o jovem tem conhecimento do diagnóstico de Alzheimer do pai.

> Quando eu soube da doença do meu pai eram três da tarde e eu entrei num bar e pedi uma cerveja. Tomei a cerveja e pedi um conhaque. O conhaque esquentou na hora, álcool de cozinha num dia de sol sob um balcão com salgados e um baleiro colorido.
>
> Eu pensei no meu pai enquanto tomava conhaque. E pensei que precisava parar de beber. E pedi mais um conhaque, e depois mais outro e outro, e passaram horas e chegou um momento em que eu lembrei de novo, eu não poderia mesmo chegar em casa assim porque precisaria me explicar e discutir os detalhes dos exames do meu pai.
>
> As luzes da noite são borradas e você fala sozinho enquanto caminha. É quase uma alegria fazer isso sabendo que ninguém está prestando

---

8 Ibid., p. 82.

atenção. Uma quadra antes de um parque. Umidade e fumaça de ônibus. Barro fresco da última chuva. A tábua do banco riscada, nenhum animal por perto, os exames do meu pai num envelope, apenas eu e o silêncio agora, eu deitado e o torpor que está para vir, é só querer, é só fechar os olhos e pensar num lugar escuro e isolado e um balanço morno e lento e constante rumo ao nada.[9]

O pai *não necessitava* ter essa doença degenerativa — *exceto nesta novela*, tal como foi concebida por Laub. O filho é surpreendido pela enfermidade paterna, e o fato é tão dramático que provoca um ponto de inflexão na história. A perversa ironia está em que o filho *parece* ter atraído essa desgraça, que sabemos dependente da loteria genética, da idade e de fatores ambientais desconhecidos.

Se não gostamos de explicações sobrenaturais para o atropelamento de Macabéa ou o Alzheimer do pai em *Diário da queda*, ou, ainda, para o assalto ao bar em que estavam Vladimir e Caroline, esses fatos na aparência gratuitos, *e no entanto necessários*, nos levam a dizer que tudo que acontece numa narrativa deverá ter uma explicação *de natureza literária*, e esta reside na profundidade do personagem.

E AQUI TROCAMOS A IDEIA DE PROFUNDIDADE PELA DE CONSISTÊNCIA

Há pouco afirmei que os personagens marcantes não são meros hologramas; em vez disso, têm profundidade. Poderíamos seguir usando essa palavra, pois transmite uma ideia acessível a todos, mas, para os fins deste livro, proponho falar em *consistência*: se profundidade significa a medida que vai da superfície ao fundo, consistência espraia-se também no sentido horizontal, englobando uma tridimensionalidade nas relações do personagem com o mundo criado pela história. Dizer que um personagem é consistente significa que não apenas vemos lógica *externa* em tudo o que ele faz, mas também detectamos que ocorre sua plena fusão com a história. Entre história e personagem deve haver uma tal simbiose que faça pensar que ambos nasceram *juntos* e *por si mesmos*. E assim passamos ao próximo tópico.

---

9 Michel Laub, *Diário da queda*. São Paulo: Companhia das Letras, 2011, pp. 59-60.

O personagem consistente dá verdade à história

Thiago me pareceu convencido de que não havia pensado nada muito profundo a respeito de Vladimir, mas esperava que ele, na sucessão dos fatos da história, fosse ganhando essa tal consistência. Foi impossível concordar.

Para explicar melhor, usei uma imagem: a dos manequins das lojas, levados da vitrine para o depósito, para então voltar à vitrine e depois novamente ao depósito. O personagem não pode ser um boneco que transportamos de um capítulo a outro para viver as peripécias da nossa história. Por mais que levemos o manequim daqui para ali, fazendo com que percorra a cidade de carro, sentando-o num banco de praça ou na cadeira de um bar ou ainda visitando o zoológico, ele nunca perderá aquela cara de paisagem.

Veja bem: não sou ingênuo a ponto de afirmar que um personagem e um manequim partilham a mesma natureza. Claro que não; mas, se não criarmos antes a *personalidade* do personagem, ele corre o risco de parecer um manequim e assim se portar até o final da história, o que resulta num leitor desiludido e irritado — caso prossiga na leitura.

Thiago concordou. Conhecer o personagem não é perda de tempo, pois quanto mais o conhecemos, mais diminui a necessidade de reescrever passagens inteiras ou mexer na concepção do livro. No cômputo de tempo, o ganho será muito maior do que as perdas. E, não menos importante, a escrita será realizada com segurança e limpidez.

Thiago, então, levantou uma dúvida prática:

— O personagem... mas que características ele precisa ter para que seja consistente?

Seguindo nossa linha de raciocínio, ele deve ser o contrário de um manequim. Ou seja, ele precisa se assemelhar a nós. Ainda que, de tempos em tempos, segundo as modas teóricas, afirme-se o contrário, o personagem deve estar o mais próximo possível de um ser humano. Ernest Hemingway tinha razão quando, em *Morte ao entardecer*, um livro em que expõe sua fascinação pelas touradas e também suas convicções literárias, afirmou que um autor de romances, se possível, deveria, mais do que personagens, criar pessoas vivas, autênticos seres humanos.

Sim, um ser humano: não há nada que conheçamos mais, nada que conheçamos menos. Fazemos descobertas ao longo de toda a vida. Sofremos e exaltamos na carne nossa humanidade; amamos, detestamos, choramos de felicidade ou tomados pela melancolia; somos ridículos, capazes de gestos sublimes e odiosos; dizemos coisas abomináveis e, às vezes, pelo contrário, encorajamos os outros a viver melhor. Para que todas essas experiências sejam úteis do ponto de vista literário, o melhor exemplo somos nós mesmos. Isso implica, para o ficcionista, considerar o aforismo atribuído a tantos pensadores: *conhece a ti mesmo*.

Mas este é um livro de escrita criativa, não um compêndio de filosofia ou de moral, por isso não vou me alongar nessa discussão tão fascinante quanto circular e interminável; apenas proponho um método, se é que você já não o pratica, algo simples e sensato: coloque-se no lugar das pessoas ante determinadas situações da vida. Para tanto, e porque é menos perigoso, e porque você tem intimidade com a literatura, use-a: pare em certo capítulo de um romance que esteja lendo e pense o que faria se fosse esse personagem. Se ele for verdadeiro, poderemos arriscar uma resposta baseada no que conhecemos dele, e esse é um dos indícios de que estamos diante de uma narrativa em que podemos acreditar.

A questão prática é como dotar de humanidade nosso personagem. Vejamos, pois, algumas estratégias.

Por certo precisamos dar à nossa criatura multiplicidade interior. Algo que Jane Austen bem sabia. Antes de se dedicar ao enredo de seus romances, ela delineava os personagens, que deveriam ter virtudes e defeitos. Para satirizar o que considerava má literatura, Austen, certa vez, concebeu o "Projeto de um romance", um pequeno texto em que ridiculariza fórmulas da ficção da época:

> A cena se passa no campo. A heroína é a filha de um clérigo: ele, depois de ter vivido intensamente no mundo, afastou-se dele e, com o pouco de dinheiro que havia guardado, encontrou posição como vigário. Ele, o homem mais excepcional que se pode imaginar, sem nenhuma falha de caráter, temperamento e conduta, sem nenhum fator negativo ou mácula a impedi-lo de ser, ano após ano, a mais agradável companhia para a filha. A própria heroína é uma moça de caráter irrepreensível, totalmente boa, com muita ternura e sensibilidade, além de, não menos importante, ser inteligente, muito capaz, conhecedora de línguas modernas e (generalizando) de tudo o que as jovens mais talentosas aprendem, mas, particularmente, acima da média em música — seu domínio favorito — e capaz de tocar bem piano, assim como harpa, e

também de cantar em grande estilo. Sua aparência tampouco deixa a desejar, olhos negros e salientes maçãs do rosto. O livro abre com a descrição do pai e da filha, que devem ter longos diálogos, em linguagem elegante e num tom que denote os mais nobres sentimentos.[10]

O texto funciona, como era o intuito, para evidenciar, sobretudo, o que *não* fazer. Repare como os personagens esboçados são perfeitos. Ninguém é assim. O vigário, "o homem mais excepcional que se pode imaginar", e sua filha, "uma moça de caráter irrepreensível, totalmente boa", não convenceriam como seres humanos e, portanto, como personagens — e isso comprometeria a verdade da história.

O que Milan Kundera tem a dizer sobre isso? Segundo o autor, "os romancistas desenham o mapa da existência descobrindo esta ou aquela possibilidade humana". É como se as personagens convivessem com ele: "Existir, isso quer dizer: 'ser-no-mundo'. É preciso, portanto, compreender o personagem, e seu mundo, como possibilidades".[11]

Chegando mais perto de nós, ouçamos Daniel Galera,[12] para quem um dos pontos capitais do planejamento de uma narrativa é a aquisição de intimidade com os personagens: "Encontro o livro pensando sobre ele (personagem). É um processo prévio longo. Primeiro preciso conviver com a história e os personagens". Galera toma notas, estabelece o cotidiano dos principais personagens; em busca de "impressões sensoriais", visita os lugares nos quais eles vivem: "Em dado momento, chego a um nível de organização mais concreto sobre protagonistas, local e época da história. Somente quando tenho essa imagem bem formada é que decido escrever".

A consistência também decorre do caráter único do personagem

Assim seguiu minha conversa com Thiago, rememorando autores e trechos exemplares. E logo eu quis ressaltar outro aspecto importante para a criação de personagens humanos e consistentes: o seu caráter único.

---

10 Disponível em: <http://www.janeausten.ac.uk/manuscripts/pmplan/1.html>. Acesso em: 2 out. 2018. (Trad. de Luís Roberto Amabile.)
11 Milan Kundera, *A arte do romance*. Trad. de Teresa Bulhões C. da Fonseca e Vera Mourão. Rio de Janeiro: Nova Fronteira, 1988, p. 42.
12 Depoimento aos alunos da Oficina, em 10 de dezembro de 2015.

Temos um exemplo atual, do romancista português Afonso Cruz, no seu livro *Flores* (2015). Quem conta a história, em primeira pessoa, é um homem autocentrado e, em certa medida, insensível, vivendo um casamento que se degrada e um sexo sem novidades — o que o leitor saberá aos poucos. Esse personagem, numa tarde, desce as escadas para verificar a correspondência. Ali, nota um vulto.

O sol entrava e furava-me os olhos através de uma pequena janela do prédio, levantei a mão, fiz uma pala com ela, percebi que era o senhor Ulme, o vizinho do lado. Cumprimentei-o. Olá, disse eu, olá, disse ele, vim ver o correio, eu também. Pareceu-me que tinha envelhecido alguns anos desde a última vez que o vira, uns meses antes. Vemo-nos muito pouco, ele quase não sai e eu não sou uma pessoa propriamente social. Disse-lhe que o Verão parecia estar a favorecer os lagartos ao sol, que estava um calor do tamanho de um planeta a matar-se. Ele sorriu. Tinha lábios grossos, olhos pequenos debaixo de sobrancelhas que eram verdadeiras quedas de água pilosas. Não sei porquê, mas tive vontade de o convidar para um café. Nunca o havia feito e ele vivia na porta do lado há mais de sete anos. Tomamos um café? Ele disse que sim.
Enquanto subíamos, eu ia atrás, via o seu rabo enorme a balançar. Ele usava umas calças de linho transparentes, que deixavam ver as cuecas. Subimos o patamar e ele encostou-se à parede para me deixar passar. Abri a porta, convidei-o a entrar.
Levei-o para a sala, esteja à vontade, e fui fazer o café.
Quando voltei da cozinha, ele tinha pegado numa das revistas pornográficas que eu guardava numa estante do século XVIII, de mogno avermelhado. Tenho uma coleção relativamente grande, especialmente dos anos sessenta, setenta e oitenta do século XX.
— Nunca tinha visto.
— O quê?
— Uma mulher nua.[13]

Qualquer leitor é instigado a seguir adiante, movido pela curiosidade em saber como é possível que exista um homem como o sr. Ulme. Ele nos é apresentado por meio de alguns elementos somáticos, que, no primeiro momento, se limitam à descrição do rosto —

---

13 Afonso Cruz, *Flores*. São Paulo: Companhia das Letras, 2016, pp. 13-4.

mas trata-se de um rosto *diferente*, inconfundível, pois envelhecera *alguns anos* em poucos meses, e, à parte os lábios grossos que qualquer pessoa pode ter, ele possuía sobrancelhas tão fartas que eram "verdadeiras quedas de água pilosas". Sendo assim tão *raro*, provoca no personagem central o desejo de convidá-lo para um café. O fascínio continua: no traseiro ("rabo", em português luso) do sr. Ulme viam-se as cuecas, que transpareciam por debaixo das calças de linho. A surpresa maior está na revelação do que o sr. Ulme nunca vira: "Uma mulher nua".

Nesse ponto, o sr. Ulme, que era *raro*, passa a ser único.

Raro é o infrequente; o único não se confunde com ninguém.

Quero dizer: o sr. Ulme não é único porque jamais vira uma mulher nua, mas porque, além de não ter visto uma mulher nua, ele tinha sobrancelhas de cachoeira, seus lábios eram grossos e suas cuecas tornavam-se visíveis quando ele subia as escadas. Não há ninguém nem nada na face da Terra que seja igual ao sr. Ulme. Isso logo provoca no leitor o raciocínio: "Puxa, se esse personagem é tão interessante, vou seguir na leitura, porque vem coisa boa por aí. Só pode vir". Nessa novela, tomamos conhecimento de uma história espantosa, na qual o sr. Ulme está perdendo a memória e o personagem central dedica-se a ajudá-lo nessa arqueologia afetiva, o que serve para um autoexame radical de sua própria vida.

Na verdade, todas as pessoas são únicas, não apenas o sr. Ulme. O porteiro do nosso edifício é único, assim como é única a professora do quarto andar, o índio que vende flechas na frente da prefeitura e o comandante do avião que decolou hoje para Lisboa. Meu personal trainer é único. O mundo abriga mais de 7 bilhões de pessoas únicas. São únicas não porque tenham algo de extraordinário, mas porque não podem ser identificadas com ninguém. Como diz Thomas Bernhard, pela voz de um personagem, todo homem "contemplado em sua individualidade, ele é, com efeito, a maior obra de arte de todos os tempos — sempre pensei assim".[14]

O ficcionista deverá criar seu personagem de modo que se exponham as características que o tornam único.

---

14 Thomas Bernhard, *O náufrago*. 2. ed. Trad. de Sergio Tellaroli. São Paulo: Companhia das Letras, 2009, p. 79.

Como fazer isso? Pela soma e superposição de atributos da mais variada natureza, em geral contrastantes, aqueles que interessam à história que vamos escrever.

Assim, o sr. Ulme possui lábios grossos, o que, na morfossimbologia erótica, significa tendência a uma libido exagerada ou, pelo menos, a uma vida hedonista — que é tudo o que ele *não* tem. Há pouco eu disse que qualquer pessoa poderia ter aqueles lábios, o que os tornava um item dispensável na caracterização, mas no decorrer da história, *junto aos outros itens*, veremos que faz sentido.

Para atingir um bom resultado na caracterização do personagem, tenha cuidado em evitar as listas de itens pertencentes ao mesmo domínio de significados. Pensando ainda no sr. Ulme, observe que uma opção simplória seria enumerar itens que incidiriam no mesmo universo descritivo — nesse caso, o rosto: lábios grossos, olhos acanhados, sobrancelhas fartas, nariz adunco, testa pequena. Pode ser que funcione, mas o caso das cuecas transparecendo através do linho vem "quebrar" uma lista previsível e, por isso, nos causa uma perturbadora e positiva impressão.

Esse, embora não pareça, é um recurso já bem praticado. Veja como Eça de Queirós nos apresenta um amor de juventude de Afonso da Maia, no romance *Os Maias* (1888): "Foi então que conheceu D. Maria Eduarda Runa, filha do conde de Runa, uma linda morena, mimosa e um pouco adoentada".[15]

À sequência esperável que decorre de "morena, mimosa" (por exemplo, algo como "encantadora"), o ficcionista acrescenta uma característica estranha, informando-nos que Maria Eduarda era "um pouco adoentada". É esse choque de realidade que a faz existir.

Personagem único também é Monsieur de Sainte Colombe — músico de existência real do século XVII, compositor de várias peças para viola de gamba, um antepassado do violoncelo —, como aparece na novela *Tous les Matins du monde* (1991) [Todas as manhãs do mundo], de Pascal Quignard. Do Sainte Colombe real nos restam pouquíssimos documentos: seu nome e uma ou outra referência de contemporâneos, que se fixam nos aspectos apenas musicais, dizendo, por exemplo, que era um exímio violista. O homem, esse,

---

15 Eça de Queirós, *Os Maias*. San Francisco: c&c Web Press, 2008. (E-book.)

não sabemos como era. Quignard, entretanto, *deu-lhe vida* através da ficção:

> Na primavera de 1650, Madame de Sainte Colombe morreu. Ela deixou duas filhas, uma com dez anos, e outra com seis. Monsieur de Sainte Colombe não se conformava com a morte da esposa. Ele a amava. Foi nessa ocasião que compôs o *Tombeau des Regrets*.[16]
> Ele vivia com as duas filhas numa casa que tinha um jardim que dava para o rio Bièvre. O jardim era estreito e cerrado e se estendia até o rio. Tinha salsos pendentes sobre as margens e uma canoa na qual Sainte Colombe costumava sentar-se à tarde quando fazia bom tempo. Não era rico, mas não podia se queixar de pobreza. Ele possuía uma terra em Berry que lhe dava um pequeno rendimento e vinho que trocava por tecidos e às vezes por peças de caça. Ele detestava a caça e repugnava-o percorrer as florestas do vale. O dinheiro que seus alunos lhe pagavam completavam seus recursos. Ele ensinava viola, que era admirada em Londres e Paris. Era um mestre reputado. Tinha a seu serviço dois criados e uma cozinheira que se ocupava das crianças. [...] As meninas se pareciam mais a Sainte Colombe e não evocavam os traços da mãe; a lembrança dela, entretanto, estava intacta dentro dele. Ao fim de três anos a figura da esposa ainda estava em seus olhos. Ao fim de cinco anos, a voz dela ainda murmurava em seus ouvidos. Na maior parte do tempo, ele se mostrava taciturno e não ia a Paris nem a Jouy. Dois anos após a morte de Madame de Sainte Colombe ele vendeu seu cavalo. Não podia conter o pesar por não estar presente no momento em que a esposa morreu. [...] Era maníaco. Esmagava os escaravelhos e os besouros com o fundo dos castiçais. Isso produzia um ruído singular das mandíbulas e dos élitros estalando lentamente sob a pressão do metal. [...] Era tão violento como irritável e, no entanto, podia ser carinhoso. Se as escutava chorar durante a noite, pegava uma vela e subia ao andar de cima, e lá, ajoelhado entre as duas filhas, cantava: *Sola vivebat in antris Magdalena/ Lugens et suspirans die ac note...*, ou então: *Ele morreu pobre, eu viverei pobre/ E o ouro/ Dorme/ No palácio de mármore onde o rei ainda canta*.[17]

---

16 Literalmente, "túmulo dos pesares". Túmulo, na linguagem seiscentista francesa, designava uma peça artística em versos ou em música para homenagear alguém falecido.
17 Pascal Quignard, *Tous les Matins du monde*. Paris: Gallimard, 2010, pp. 7-8, 10-1. (Folioplus Classiques.) (Tradução minha.)

A descrição de Monsieur de Sainte Colombe coloca-nos frente a uma pessoa em que acreditamos, e isso é obtido pela hábil seleção das informações transmitidas ao leitor. Um homem com essa complexa personalidade, capaz de sofrer saudades dilacerantes da esposa, triturar insetos com um castiçal e escrever refinadas composições musicais, esse homem poderá praticar as ações mais ferozes, como ameaçar com uma cadeira e expulsar com os maiores impropérios os afetados emissários de Luís XIV que foram convidá-lo a tocar viola para o rei. E assim ele será em toda a novela: ora se mostra de uma ternura infinita, ora de uma cólera cega. Brilhante, enérgico, taciturno e íntegro, ele é a sustentação de uma história em que colocamos fé.

O mesmo acontece, por exemplo, na caracterização das famosas gêmeas Belladona, da novela *Alvo noturno* (2010), de Ricardo Piglia.

> As irmãs Belladona eram filhas e netas dos fundadores do povoado [...].
> [...] ruivas e alegres, e iluminavam o ar quando apareciam. [...]
> Desde pequenas as irmãs Belladona foram rebeldes, foram audazes, competiam o tempo todo uma com a outra, com determinação e alegria, não para diferenciar-se, mas para acentuar a simetria e saber até que ponto eram realmente iguais. Saíam a cavalo, à noite, no inverno, pelo campo orvalhado para conferir a situação; embarafustavam pelos caranguejais das margens; banhavam-se nuas na laguna bravia que dava nome ao povoado e caçavam patos com a escopeta de dois canos que o pai comprara para elas quando completaram treze anos. Eram, como se costuma dizer, muito desenvolvidas para a idade, de modo que ninguém estranhou quando — quase de um dia para o outro — pararam de caçar e de andar a cavalo e de jogar futebol com os peões e se transformaram em duas senhoritas de sociedade que mandavam fazer roupas idênticas numa butique inglesa da capital. Em seu devido tempo foram estudar agronomia em La Plata, por vontade do pai, que queria vê-las tomando conta dos campos o mais depressa possível. Dizia-se que estavam sempre juntas, que eram aprovadas facilmente nos exames porque conheciam o campo melhor que os professores, que trocavam de namorado uma com a outra e que escreviam cartas à mãe para recomendar livros e pedir dinheiro.

Com todo esse estilo, é natural que mais adiante,

Diferentemente de todas as amigas, não foram para a Europa mas para a América do Norte. Passaram algum tempo na Califórnia e depois atravessaram o continente de trem, numa viagem de várias semanas, com longas paradas em cidades intermediárias, até que no início do inverno do Norte chegaram à costa Leste. Durante a viagem, dedicaram-se principalmente a jogar nos cassinos dos grandes hotéis e a viver à larga, oferecendo o showzinho costumeiro das herdeiras sul-americanas em busca de aventuras na terra dos arrivistas e dos novos-ricos do mundo.
[...]
Até que, em fins de 1971, as irmãs chegaram à região de Nova York e pouco depois, num cassino de Atlantic City, conheceram o agradável jovem escuro de origem incerta que falava um espanhol que parecia saído da dublagem de um seriado de televisão. [...][18]

Esse "jovem escuro de origem incerta" é um porto-riquenho chamado Tony, que vive um triângulo amoroso — na verdade, um ménage à trois — com as gêmeas. O moço vem para o povoado e se mostra pródigo em criar situações que, falsas ou verdadeiras, culminam quando o encontram morto no quarto do hotel. Embora a trama gire em torno da elucidação do caso, na base do encantamento do leitor está o fulgurante surgimento das gêmeas, que o prepara para as coisas mais esquisitas — mas convincentes — que acontecem na novela.

O princípio da unicidade é o mesmo que leva as pessoas aos museus: ali não estão apenas coisas que nunca vimos, mas que jamais veremos em qualquer outro lugar. Se essa lógica não funcionasse, não haveria museus, nem colecionadores obsessivos. Colecionador feliz — ou diretor de museu — é aquele que detém algo que ninguém possui, e pagará fortunas por isso. Com o personagem se passa o mesmo.

Se observarmos bem, nos casos que vimos, há, latente ou visível, a ocorrência de uma estratégia descritiva que, guardadas as diferenças de caso a caso, pode ser sintetizada da seguinte forma:

- O personagem apresenta características comuns a muitas pessoas: Monsieur de Sainte Colombe é um executante de viola de gamba. Na época, havia centenas de executantes desse instrumento.

18 Ricardo Piglia, *Alvo noturno*. Trad. de Heloisa Jahn. São Paulo: Companhia das Letras, 2011. (E-book.)

- Ao mesmo tempo, mostra características que o tornam diferente da maioria das pessoas: Sainte Colombe era um exímio violista, irritadiço, um misantropo.
- Sempre há um evento raro em sua história pessoal: Sainte Colombe expulsou os emissários do Rei Sol.

Essas características, *somadas*, transformam o personagem num ser inconfundível.

||||||||||||||||||||||||||||||||||||||||||||||||||||||||||||||||||||||||||||||||||

¶ Pense num personagem célebre. Por exemplo, o capitão Ahab, de *Moby Dick*, Riobaldo, de *Grande sertão: veredas*, o pai Goriot, da novela homônima, ou qualquer outro. Agora, pense nas características dele, mas que não constituem nada de especial; depois, nas que fazem dele um ser incomum. Lembre um evento que apenas ele poderia ter vivido. Por fim, pense naquela ou naquelas características que o tornam único. Pronto: eis por que esse personagem é inesquecível.
||||||||||||||||||||||||||||||||||||||||||||||||||||||||||||||||||||||||||||||||||

Percebi que Thiago estava imaginando qual seria a característica única de Vladimir. Como dali a pouco começaria a aula que eu deveria ministrar, propus que voltássemos a nos reunir no dia seguinte. Até lá ele poderia pensar mais no seu personagem.

— No mesmo horário? — ele disse, e eu confirmei, aproveitando para repassar o que havíamos conversado.

||||||||||||||||||||||||||||||||||||||||||||||||||||||||||||||||||||||||||||||||||

¶ Quanto "mais único"[19] for um personagem, mais consistente será, e, portanto, mais o leitor acreditará nele e em toda a história.
||||||||||||||||||||||||||||||||||||||||||||||||||||||||||||||||||||||||||||||||||

Vinte e quatro horas depois, quando entrou em minha sala, Thiago reclamou do frio — inverno rijo e eu não havia ligado a calefação —, mas não era isso que mais o incomodava. Havia lido, em algum lugar,

---

19 Esta é uma expressão absurda, pois algo é único ou não é; mas creio que cabe aqui, nesta conversa com leitores-ficcionistas, acostumados a subverter a lógica.

que um personagem é consistente, do ponto de vista ficcional, se tiver atitudes contraditórias, e queria repassar esse ponto comigo.

— Não está de todo errado — comentei —, mas essa é uma visão incompleta e simplificadora que pode levar a erros se entendida ao pé da letra.

Claro que ele quis saber o porquê, e comecei a resposta lembrando que, em sentido figurado, a consistência é tomada como sinônimo de *coerência*.

Coerência interior, contradição exterior

Por vezes dizemos que fulano mantém coerência entre aquilo que diz e aquilo que faz. Isso nos é suficiente ao avaliarmos suas ações *externas*. Quando tratamos do personagem de ficção, e se temos virtual acesso a tudo o que ele pensa e sente, essa coerência se processa no plano interior, isto é: ele pode fazer algo considerado estranho para os leitores, para os outros personagens, até mesmo para si próprio, mas não para nós, autores, que o conhecemos bem, algo que vai além do que ele faz e diz. Uma das experiências mais fascinantes na ficção é esse jogo entre o que o personagem sente e o que externa por suas ações ou palavras.

Sim, o personagem deve praticar ações contraditórias — veja o caso de Monsieur de Sainte Colombe — surpreendendo o leitor, mas atenção: são contradições *aparentes*, que entretanto fazem sentido na *multiplicidade interna* do personagem. No fundo, não são contradições.

O que nos faz acreditar no jovem Raskólhnikov não são suas certezas, mas suas dúvidas, as quais propiciam o conhecimento de uma extensa gama de sentimentos que habitam aquele espírito amargurado. São esses sentimentos que abrem inumeráveis possibilidades de desenvolvimento da trama, e são capazes de nos levar adiante por centenas de páginas. É uma astúcia de Dostoiévski: quanto mais sutilezas emocionais apresenta o jovem assassino, mais verdadeiro é, e, por consequência, mais o leitor *acredita* em *Crime e castigo*.

Uma dessas sutilezas se evidencia quando Raskólhnikov vaga pela cidade planejando matar a velha usurária a quem odiava. Depara-se então com uma moça que sofria uma tentativa de abuso. Intercede a favor dela, chama um policial e também se propõe a pagar uma carruagem para que ela saia dali em segurança. O policial pega para si o dinheiro e se responsabiliza em conduzir a vítima. Então o jovem se questiona:

"Os meus vinte copeques voaram", resmungou Raskólhnikov, que ficara sozinho. "Bem, agora vai também extorquir dinheiro ao outro, ele deixa a mulher e acabou-se... Mas para que me meto eu a ajudar os outros? A mim, quem é que me ajuda? Tenho eu o direito de ajudar alguém? Que se comam vivos uns aos outros... Quero lá saber! Como me atrevi a dar-lhe esses vinte copeques? Porventura eram meus?" Palavras estranhas, o certo é que sentia pena. Tornou a sentar-se no banco abandonado. Os seus pensamentos divagavam... E nesse momento era-lhe também muito doloroso pensar fosse no que fosse. Gostaria de esquecer tudo, adormecer e tornar depois a começar outra vez...[20]

O trecho expõe a confusão que acomete o personagem ("Os seus pensamentos divagavam...", e ele "gostaria de esquecer tudo, adormecer e tornar depois a começar outra vez..."). Também mostra que, não obstante planejar um crime terrível, Raskólhnikov possui um lado nobre, capaz de solidarizar-se e ajudar alguém.

Dois capítulos adiante, o jovem se prepara para cometer o assassinato. Será com um machado, e Raskólhnikov também roubará os objetos valiosos que a velha mantém num cofre. Resta tomar as providências práticas:

Correu para a porta, pôs-se à escuta, pegou o chapéu e começou a descer os seus treze degraus devagarinho, suavemente, como um gato. Restava-lhe fazer o mais importante: roubar a machada na cozinha. Que a coisa devia ser feita com uma machada, havia já algum tempo que o decidira. Tinha também uma faca de jardineiro, de mola; mas na faca, e sobretudo nas suas próprias forças, não tinha ele confiança; por isso optara definitivamente pela machada. Observemos, de passagem, uma particularidade a propósito de todas estas resoluções definitivas, já adotadas por ele sobre este assunto. Possuíam uma propriedade estranha: quanto mais definitivas, tanto mais monstruosas e absurdas pareciam depois a seus olhos. Apesar de toda a dolorosa luta interior, nunca, nem por um instante, chegou a acreditar na realização dos seus projetos em todo esse tempo.

---

20 Fiódor Dostoiévski, *Crime e castigo*. Trad. de Natália Nunes e Oscar Mendes. Porto Alegre: L&PM, 2016, p. 63.

E se tivesse sucedido de maneira que tudo estivesse já previsto e definitivamente resolvido, até nos seus mais ínfimos pormenores, e não houvesse já lugar para dúvida nenhuma... ainda então teria desistido de tudo definitivamente, como de uma estupidez, um absurdo e uma coisa impossível. Mas, no que respeita aos pontos não resolvidos, restava-lhe ainda uma quantidade imensa de dúvidas.[21]

Raskólhnikov ainda hesita. Debate-se numa "dolorosa luta interior", a tal ponto que "nunca, nem por um instante", acredita que, de fato, será capaz de assassinar a velha. Além disso, sofre com a culpa antecipada, pois suas intenções lhe parecem "mais monstruosas e absurdas". Ele se comporta como nos comportaríamos em situação idêntica, e isso é suficiente para que se torne verdadeiro a nossos olhos. Sim, a dúvida de cometer um crime, se pensarmos com sinceridade, não é algo tão estranho a nós, e ninguém poderá negar que foi uma ideia que já povoou algum momento sombrio de nossas vidas, e não há nenhum mal nisso — desde que não venhamos a cometer o crime. É essa adesão que nos leva a assistir com apressado interesse como Raskólhnikov irá resolver seu dilema. Por um lado, detestamos o crime que ele irá cometer; por outro, se ele não cometer o crime, não existirá o romance.

Escolhendo um exemplo nosso contemporâneo, lembro a novela *Sinuca embaixo d'água*, de Carol Bensimon. Um dos personagens, Bernardo, está desolado pela morte de sua "quase namorada", Antônia. No capítulo em que vai jogar hóquei sobre patins, um esporte que permite trombadas para ganhar a disputa, Bernardo surpreende os colegas:

> Quando a partida começa, eu corro. Com a bola, contra a bola, nada de garota, nada de deboche, daquele olhar com vergonha de mim. Na verdade, o que eles devem pensar é: por que diabos ele não jogou sempre desse jeito? Os rollers pesam, golpeiam o asfalto. Eu grito pedindo que me passem, enquanto antes aceitava a exclusão natural, gradual, bastante resignado. Sinto o suor que se acumula na bandana, e uma evidente felicidade (química) em ser agressivo. Não sei quanto tempo se passa até minha primeira queda. O que eu sei é que ela não me desanima. Só me dá é mais vontade de cair.[22]

---

21 Ibid., p. 83.
22 Carol Bensimon, *Sinuca embaixo d'água*. São Paulo: Companhia das Letras, 2009, p. 87.

De natureza tranquila, pouco competitivo, Bernardo costumava ser alvo de piadas por desviar dos embates. Agora, ele os procura, trombando com agressividade. Essa contradição aparente, no entanto, é justificável, e nós, que temos acesso a seus pensamentos, compreendemos. Afinal, Bernardo está reagindo ao que sente em relação à morte de Antônia.

Como dar o primeiro passo para criar um personagem consistente?

Quando Thiago levantou essa dúvida — e pensava em Vladimir, é claro —, propus a ele começar pela *criação* dos elementos básicos: idade, situação financeira (fácil dizer, era estudante), preferências culturais, local em que mora, conduções que toma para chegar à universidade, por exemplo. Thiago me dizia e eu escrevia no laptop. Não levamos muito tempo nisso, mas por vezes havia silêncios, os quais representavam lacunas na percepção do personagem.

Como se tratava de uma "história real", acontecida com ele, alertei-o para que evitasse fazer um retrato de si mesmo e caracterizasse Vladimir como um terceiro. Não que atribuir ao personagem as próprias características fosse um problema, afinal, não teria nenhum significado para a história da literatura se Vladimir era ou não Thiago. Importa, sim, que seja um personagem em que podemos acreditar. Porém, seria um exercício bastante mais desafiador fugir um pouco de si mesmo. Thiago concordou, acrescentando que teria como ganho o sabor da novidade.

Quando passamos às características que diziam respeito às questões mais profundas de Vladimir, os silêncios tornaram-se mais longos, e as lacunas, mais alarmantes. Tratávamos, agora, dos sentimentos, sensações, crenças, neuroses, fobias. O que ele espera dos outros? Ele é mais altruísta do que egoísta? Qual sua orientação sexual predominante? Ele é mais conservador do que progressista? Quais as contradições de sua conduta, que nem ele consegue explicar para si mesmo?

Havia momentos, nesse briefing, que Thiago dizia que "passava" a pergunta, mas alertei-o de que quanto mais ele "passasse" menos veraz ficava o personagem. Ele pedia então que eu repetisse a pergunta. Assim tocamos em frente, num jogo cansativo, mas com bons avanços.

Já tínhamos conversado muito e descemos para tomar um café no bar da faculdade. Era horário de intervalo e, entre todos aqueles estudantes, qualquer um poderia ser Vladimir, pois eles se parecem bastante uns com os outros, o mesmo cabelo, as mesmas calças surradas que desse modo já vêm de fábrica, o mesmo jeito de sentar, de usar pulôveres com mangas compridas demais, de dar o nó no cachecol, de usar ferozes coturnos de soldado. Thiago me observou isso, com resignado desalento.

— Sim — eu disse —, são iguais uns aos outros, mas nós sabemos: é só na aparência. Vladimir está ficando diferente, não é mesmo?

— Mas não na roupa.

— Claro.

Quando voltamos ao meu gabinete, fiz uma pergunta:

— Por que Vladimir faz tudo que ele faz?

— Como assim?

— O que ele quer na vida? O que o motiva? Por que ele age da maneira que age?

Thiago começou a gesticular, os lábios se movendo como se fossem dizer alguma coisa, mas essa alguma coisa não vinha. Eu, de minha parte, sabia que me comportava de maneira irritante, ambígua, e, por isso, procurei amenizar:

— Vamos deixar as dúvidas existenciais do personagem para mais tarde. Tentemos algo mais simples: Qual o objetivo de Vladimir *nesta* história?

Percebi logo que Thiago se espantou por haver esquecido essa pergunta, bem corriqueira nas aulas. Mas eu também a esqueço.

Ele pegou sua história, fez uma leitura em diagonal e silenciosa.

— Ele quer seduzir Caroline. Não é bem "seduzir". Ele quer que Caroline seja sua namorada, pois logo se apaixonou por ela, naquele dia do assalto ao bar.

— Ótimo — eu disse. — É um ótimo desejo.

— É, mas ele — Thiago seguiu — não está muito certo disso, porque já tinha levado um fora logo que chegou na cidade. Ele quer e não quer, sabe?

— Melhor ainda — foi minha resposta. — Aprofunde essas dúvidas, descubra a raiz delas e o que ele pensa sobre elas, e logo você vai ter um personagem capaz de dar sentido à sua história, e vai fazer com que o leitor acredite nela.

Vladimir quer conquistar — acho que Thiago disse "ganhar" — Caroline. Esse é seu objetivo, e as oposições que ele enfrentará para realizá-lo vão gerar o conflito da história. Agora, se perguntarmos o motivo de Vladimir ter esse propósito, podemos avançar mais uma etapa: ele quer conquistar Caroline porque está atraído por ela. E por que está atraído por ela, no meio de tantas outras mulheres? Está atraído porque há coisas que não conhece dela, mas, talvez, que não conheça em si mesmo. Bem, a situação começa a se complicar, pois estamos adentrando o cerne do personagem. Lembram as perguntas das crianças, nas quais um "por quê?" se segue a outro, e outro, até chegarmos a um beco sem saída.

É certo que chegaremos ao tal beco no caso Vladimir lá onde se aloja a problemática existencial que o explica — e que resultará na *motivação* a deflagrar seu propósito de conquistar Caroline. Para não esquecer: o personagem, salvo se está em processo de análise, não deverá ter consciência dessa problemática fundadora.[23] Já o ficcionista, sim — nem que seja de maneira difusa. É desse material que se constroem as grandes narrativas.

||||||||||||||||||||||||||||||||||||||||||||||||||||||||||||||||||||||||||

¶ Se o ficcionista pensar apenas no objetivo imediato do personagem, o fim estará muito próximo do começo. Por isso é que muitas histórias morrem nas primeiras páginas. Se, entretanto, pensar nas motivações, haverá material para trabalhar, capaz de sustentar uma obra de quinhentas páginas.

||||||||||||||||||||||||||||||||||||||||||||||||||||||||||||||||||||||||||

Na sequência, repassamos a história, evento por evento.

— Isto fica. É bem do caráter de Vladimir — Thiago dizia, para logo depois: — Isto é um absurdo, isto não pode ficar. O Vladimir não pode fazer isso. Não desse jeito.

Agora, sim, Thiago começava a entender sua narrativa como um todo, com a integração do personagem à história, e vice-versa. O fato é que funcionava, e pude ver naquele rosto o brilho de uma descoberta. Claro, sua amada história teria de sofrer mudanças a partir da

---

23 Isso será objeto de estudo no capítulo 3.

consistência do personagem, mas nada que alterasse em substância o que ele queria contar.

— Puxa — ele disse —, Vladimir ganhou vida própria.

Personagem com vida própria?
Melhor acreditar na mula sem cabeça

Na euforia da criação de um personagem, ele pode ficar tão bom que chegamos a admitir a divertida ideia de que ele existe desde sempre. Sem problemas. Isso não acontece apenas na literatura. A conhecida história diz que Michelangelo, depois de concluir o seu *Moisés*, teria perguntado à estátua: "Por que não fala?". O mesmo arrebatamento ocorreu com Pigmaleão, que se apaixonou pela escultura de Galateia, por ele mesmo cinzelada.

Erico Verissimo, em *Solo de clarineta* (1973), um interessante livro de memórias, ao falar sobre o tema, diz isto:

> Muito cedo compreendi que, quando uma personagem, por assim dizer, toma o freio nos dentes e dispara, deixando-me para trás, é porque está mesmo viva. Dou-lhe carta de alforria e começo a divertir-me com as surpresas que seu comportamento me proporciona.[24]

Depois, ao falar do capitão Rodrigo Cambará, um dos personagens de maior relevo de *O tempo e o vento*, ele exemplifica:

> Desde o momento em que vi o capitão em meus pensamentos, com um corpo, um nome e já com certas tendências ou ímpetos, esse homem passou a existir. E como estava vivo e tinha um temperamento fogoso, a primeira coisa que fez foi livrar-se de seu criador. Quem sou eu para sujeitar um potro como o Capitão Cambará?[25]

Rachel de Queiroz, num depoimento a Edla van Steen, relata algo parecido:

---

24 Erico Verissimo, *Solo de clarineta*: Memórias. São Paulo: Globo, 1995, p. 294. v. 1.
25 Ibid., p. 297.

Você sabe que, à medida em que se lida com o personagem, a gente vai travando intimidade com ele, descobrindo-lhe a personalidade, amando ou detestando. É como se se tratasse de uma pessoa viva.[26]

Segundo ela, o personagem pode se mostrar indomável, por isso não se pode planejá-lo com detalhes de antemão:

Você faz uma silhueta, que ele vai enchendo aos poucos no decorrer da ação. É tão arbitrário e impossível fabricar um personagem ao seu gosto, como fazer a mesma coisa com um filho. Ele é feito por nós mas tem lá os seus genes, muitas vezes surpreendentes. E alguns até detestáveis.[27]

Esses juízos, que vejo repetidos por ficcionistas importantes, impressionam algumas pessoas. Eu então recomendo a elas um trecho da entrevista da ficcionista Toni Morrison à revista *Paris Review*. Perguntada se alguma vez sentiu que seus personagens estavam escapando ao seu controle, a laureada com o Nobel e também professora de criação literária respondeu:

Eu os controlo. Tenho cuidado ao imaginá-los. Sinto-me como se soubesse tudo o que é preciso sobre eles, mesmo coisas que não escrevo — por exemplo, como fazem o repartido no cabelo. São como fantasmas. Eles nada têm em mente a não ser a si próprios e só se interessam por si mesmos. Então não é possível deixar que escrevam o livro para mim. Tenho lido livros nos quais sei que isso aconteceu — quando um romancista foi inteiramente tomado por um personagem. Tenho vontade de dizer: "Não pode fazer isso. Se essas pessoas pudessem escrever livros, elas o fariam. Você pode". Então, o que se tem de fazer é dizer: "Calem-se. Deixem-me em paz. Sou eu quem está escrevendo".[28]

Compartilho da opinião de Morrison. Personagens não têm existência independente, mas, sim, a existência que lhes foi dada pelo ficcionista.

---

26 Edla van Steen, *Viver e escrever*. Porto Alegre: L&PM, 1981, p. 189. v. 1.
27 Ibid.
28 George Plimpton, *The Paris Review: Escritoras e a arte da escrita*. Trad. de Maria Ignez Duque Estrada. Rio de Janeiro: Gryphus, 2001, pp. 272-3.

Não quero dizer que Erico ou Rachel de Queiroz estavam mentindo ou, ainda pior, que acreditavam nessa fantasia. O que justifica, então, a persistência dessa ideia? A meu ver, o fenômeno é o seguinte: quando o personagem está bem construído, ele *deve* fazer algumas coisas perante certas circunstâncias e *não pode* fazer outras, sob pena de ficar inconsistente. Thiago se deu conta logo desse fato. Vladimir poderia protagonizar certos eventos, mas não outros, e assim sua história foi sofrendo retoques, a tal ponto que levou nosso autor a concluir que sua criatura adquirira vida própria.

Raskólhnikov foi construído com uma personalidade instável, e essa é sua marca mais perceptível; todavia, ele jamais poderia, no meio do romance, confessar-se a um padre e se entregar à justiça. Por quê? Porque, dizendo de modo bem simples, não existiria *Crime e castigo* tal como Dostoiévski o concebeu. Mas o jovem não poderia confessar-se e ir à delegacia? Sim, poderia, como qualquer ser humano, mas não *naquele estágio da narrativa*, pois essa atitude seria fatal à história. Ele confessará seu delito, mas na altura em que o ficcionista previu que isso deveria acontecer. Como Dostoiévski conseguiu determinar esse timing? Ora, ele criou o personagem, então conhece as características que lhe atribuiu, e, de acordo com elas, Raskólhnikov se confessa no fim da novela, sem que a coerência de sua persona literária seja arruinada.

Se consegui passar bem minha convicção sobre o tema, você já deve ter assumido o propósito de jamais repetir a lenda da "vida própria". Não se trata de implicância de minha parte. Não se trata de contestar tolamente um ingênuo sintagma metafórico. O caso é sério: essa ideia da "vida própria", mesmo que bem-intencionada, produz consequências danosas em jovens aspirantes a ficcionistas, que se autoflagelam porque seus personagens nunca alcançam esse supremo patamar literário. Sei o que digo.

DE ONDE SURGEM OS PERSONAGENS?

Em qualquer situação pública sempre acontece a pergunta: onde nós, ficcionistas, buscamos inspiração para criar um personagem? Essa questão, por vezes, ganha um tom fantasista: de onde *surgem* os personagens? Como se eles vivessem em alguma caverna e, de repente, viessem para a luz.

A resposta mais decente seria: não sei. Se há cinco ficcionistas em uma mesa-redonda, há cinco respostas bem diferentes. Há os que invocam entidades mágicas, os que puxam para a psicanálise, os que apelam para o cinismo, os que dão respostas poéticas e outros, pleonásticas. O fato é que logo caminhamos pelos domínios da incerteza.

Em meio à floresta de respostas, assumo minha condição de ficcionista, sento-me a uma mesa-redonda imaginária e encontro legitimidade para também dar minha opinião.

É o que farei aqui.

Do nada, nada sai

O personagem pode surgir de uma construção metódica. É uma prática habitual na Oficina. Podemos usá-la como treino, mas será instigante se tivermos um personagem predeterminado para um romance — um comandante de Airbus, por exemplo — e, a partir do estereótipo de comandantes de Airbus, criarmos um ser ficcional convincente, capaz de *provocar* e *dar sentido* a uma história. Subentendido está que, mesmo quando imaginamos a criação de nosso personagem "do nada", ele sempre terá uma fonte de inspiração abstrata e remota (não quero entrar na polêmica da inspiração). Criar a partir de um modelo abstrato pode ser lúdico e desenvolver a habilidade descritiva, mesmo que seja um procedimento bastante incomum fora do ambiente da sala de aula. Mas tente. Quem sabe dá certo? Tenho mais de um exemplo de personagem criado dessa maneira "escolar" que, depois, foi para as páginas de um romance publicado.

Um tributo a Darwin

Um amigo me mandou um e-mail: "Ontem, na sala de espera do dentista, vi uma mulher que daria um personagem. Eu gostaria de ser escritor, nessas horas".

Você com certeza já passou por isso. Ou encontrou alguém que, pela raridade de certa configuração física ou emocional, o fez pensar que estava diante de um personagem de romance. Ou já escutou alguém dizer: "Meu tio é um personagem".

Como podemos aproveitar essas ocasiões em prol de nossa ficção?

Voltemos ao caso do meu amigo. Ele me fez a descrição da mulher: usava uma peruca sintética roxa, e os óculos de metal tinham a armação colada com um esparadrapo indicando muito tempo de uso. As biqueiras das botas estavam bem gastas. A mulher falava sozinha, dizendo coisas numa língua que soava eslava.

Já vimos que a raridade é uma condição da consistência do personagem, mas não é suficiente. A combinação dos elementos descritivos da mulher, ainda que rara, compõe uma figura humana em que tudo faz sentido e tudo se explica. Os óculos de metal colados com esparadrapo fazem conjunto com a peruca roxa e as botas estropiadas nas pontas dos pés.

Meu amigo ficou por aí, mas, se fosse escritor, sua cabeça já estaria incendiada pela mulher, e, ao chegar em casa, ia se pôr a trabalhar. Vamos então imaginar a cena desse ficcionista ad hoc, em frente ao computador: ele não faz uma cópia fiel da mulher do consultório; sabe que a mulher "real", se transportada para a literatura como é, provocará um entusiasmo instantâneo tanto para o ficcionista como para o leitor, mas terá vida curta, pois logo estaremos cansados de sua extravagância.

Então, seu sentido criativo e a livre associação de ideias vão impelir o ficcionista a fazer acréscimos, subtrações e alterações; ao fim e ao cabo, resultará num personagem *bem diferente* do original. Por exemplo, pode derivar para um homem com óculos com aros de metal emendados com um gasto esparadrapo, sim, mas que usa sapatos Clarks novíssimos e abotoaduras de ouro e esmalte. Esse cavalheiro-personagem — já começo a chamá-lo assim —, com bom saldo bancário e bom gosto, é um homem que não dá bola para o que os outros dizem dele e, portanto, não se incomoda de usar velhos óculos remendados da pior forma — e, sim, será capaz das ações mais interessantes que a literatura pode ensejar.

O que acabei de descrever é o que chamo, por falta de melhor, de *transmutação* (peço emprestada a palavra a Darwin), um gesto criativo que toma uma pessoa real e a transforma em outra, bem mais interessante para a ficção. Assim como as espécies evoluem, mas mantendo algumas características remanescentes das gerações anteriores, também uma pessoa vista na rua evoluirá para um personagem único, pronto para servir aos propósitos do ficcionista.

Aquela mulher do consultório, portanto, transmutou-se num *personagem*. Observe: antes, apesar de rara, mantinha o paradigma de que harmoniza os óculos colados com esparadrapo e as botas gastas. Tudo isso faz sentido no mundo "real", mas o personagem transmutado terá muito mais presença perante o leitor, que ficará fisgado pela incongruência entre os óculos toscamente colados e as abotoaduras de ouro e esmalte.

A transmutação é uma das mais comuns fontes de criação de personagem. Mas, para que isso aconteça, é preciso pensar como ficcionista, o que vimos no capítulo 1.

Das artes narrativas

Outra fonte inesgotável de personagens são as artes narrativas, como o cinema, o teatro, a ópera, a telenovela, as histórias em quadrinhos — e a mais poderosa: a literatura.

Vamos com calma. Não estou pensando em imitação de personagens, muito menos em plágio. Estou falando, outra vez, de realizar uma transmutação.

Mas será que, no fim, meu personagem não resultará *perigosamente* semelhante ao original?

Essa dúvida costuma ocorrer nas aulas. É normal. Você pode sentir certo temor de "inspirar-se" na Alice de Nicole Kidman em *De olhos bem fechados*; afinal, ela é conhecida de meio mundo. Mas é um engano. Posso garantir que só você saberá a origem remota dessa fonte alheia, assim como aconteceu com a mulher do consultório. Depois de assistir ao filme, terá uma imagem bem nítida de Alice/Nicole Kidman, mas, ao chegar em casa, a *sua* Alice já é outra pessoa, que, embora guardando alguns traços da personagem/atriz, ganhará completa autonomia em relação a ela, já que nem se chamará Alice, mas, digamos, Roberta — e dois anos depois, se você jurar que a Roberta de seu romance teve essa fonte, não vão acreditar.[29]

Agora, atenção: não o estou aconselhando a assistir a filmes a torto e a direito *apenas* para ir à cata de personagens. O fascínio deverá resultar de algo para que você não está preparado. De repente, uma

---

[29] Esse exemplo é ainda mais instigante se pensarmos que a Alice do filme deriva de Albertine, da novela *Breve romance de sonho*, de Arthur Schnitzler, de que ainda falaremos.

faísca brilha em seu cérebro e você termina de ver o filme já com o livro na cabeça. Você não deve ter nenhuma sensação de estar roubando personagens.

A lógica é a mesma quando lemos um romance que nos agrada pela existência de um personagem muito especial. Billy Budd, da novela homônima de Herman Melville, é um jovem marinheiro alegre e gracioso, refinado, descrito como de "uma inocência de antes do pecado original"; confrontado com Claggart, um ser "do Mal", que o acusou de fomentar um motim, Billy o mata e, embora deva ser punido com a pena capital, permanece, antes de tudo, um inocente que nunca abandonou o polo do Bem. Trata-se de um poderoso drama teológico, que nos agarra do início ao fim. Não estranhemos se, ao fim dessa novela, estivermos com cócegas nos dedos para criar o *nosso* Billy Budd.

Insisto que não se trata de imitação ou plágio. Tampouco vamos ficar com cerimônias ou falsos pruridos autorais: esse é um processo que ocorreu com inúmeras obras literárias, inclusive consagradas. Quem hoje se importa se "O navio negreiro" (1869), de Castro Alves, foi inspirado no poema homônimo de Heinrich Heine, publicado em 1854?

O processo é bem comum: quando temos contato com uma obra de arte, seja uma narrativa — um filme, uma peça teatral, uma novela —, seja um quadro ou uma sinfonia, podemos nos sentir tocados pelo ímpeto de quem a concebeu. Este nos transmite entusiasmo pela criação, e podemos tomar sua obra como *agente imediato* da deflagração de nosso processo criativo. E, mesmo que não quiséssemos, estaríamos criando algo novo, quiçá mais interessante que o original.

Pensemos, por exemplo, nos *Noturnos* de Chopin como obra autônoma e ápice do gênero. Poucos lembram que o modelo do compositor polonês foram as obras de mesmo título do compositor britânico John Field. Quero dizer: o influenciado passou para o cânone musical do século XIX, e o outro, o criador do gênero, não teve a mesma sorte, e pela simples razão de que Chopin tinha maior capacidade criadora do que John Field.

Portanto, não nos culpemos, entreguemo-nos à criação. Vamos nos inspirar em outras obras, em especial as da arte narrativa superior: aquele personagem que nos arrebatou será o ponto de partida, mas no embate da escrita, nas várias transformações que o personagem sofrerá, a transmutação ocorrerá sem sequer nos darmos conta.

Dr. Freud e o inexplicável

Pouca gente sabe o quanto o sonho é fonte de criação artística. Salvador Dalí e os surrealistas literários que o digam. Mesmo que o sonho, como diz Freud, utilize as experiências concretas do dia anterior, ele representa questões atemporais de nossa psique. Não são poucos os depoimentos de ficcionistas que afirmam que acordam com uma ideia de personagem que alcança a vigília já "pronta".

O dramaturgo Eugene O'Neill relatou que a ideia dos personagens de *A juventude não é tudo* lhe ocorreu durante um sonho, em 1932. Ele escreveu a peça em três semanas: "Ela simplesmente jorrou de mim", O'Neill contou numa carta ao filho. A peça, uma rara incursão do autor no gênero cômico, foi um de seus maiores sucessos de público.[30]

Não sei se isso já aconteceu com você. Se sim, ótimo; nunca tive experiência pessoal desse fenômeno e, portanto, não tenho como avaliar. Se concordarmos com Jean Cocteau, que dizia ser o sonho a literatura do sono, então a inspiração onírica faz todo sentido.

Depois de tudo o que vimos sobre a origem do personagem, temos também de abrir espaço para o inexplicável.

Há determinadas situações em que o ficcionista não se lembra de onde surgiu a ideia de um personagem. Temos de lhe dar crédito. Talvez tenha acontecido com você. De repente, por um mecanismo indizível, você está com um personagem "pronto" na cabeça. Você puxa pela memória, sofre por não se lembrar e não chega a lugar algum. Deve haver uma explicação para o fenômeno, radicado nas névoas do inconsciente, mas precisamos ter a humildade de reconhecer que ficou lá e não subiu ao plano da consciência.

Nesses casos, o melhor é relaxar e aproveitar o presente. Quem sabe não irá para as páginas da história literária?

E O PERSONAGEM CENTRAL, DITO O PROTAGONISTA?

Não sei se foi possível perceber, mas até agora não usei os termos

---

30 Jean Gould, *Dentro e fora da Broadway: O teatro norte-americano*. Trad. de Ana Maria Machado. Rio de Janeiro: Bloch, 1968.

"personagem principal" nem "protagonista". Tem sentido essa opção, dentro do que tenho falado neste livro.

A palavra "principal", por sua abstração e generalidade, pode levar quem está começando a escrever narrativas a equívocos conceituais, o mais perigoso deles o de subestimar — ou até ignorar — os outros personagens.

Da mesma forma, sempre que posso, evito escrever ou dizer "protagonista", pois ele implica a existência de um antagonista, e narrativas criadas com base em protagonista versus antagonista, com frequência, são muito pobres, o que veremos no capítulo dedicado ao conflito.

O mais correto e lógico, considerando o que vimos até aqui, seria dizer "personagem mais complexo" da narrativa. Como se trata de uma expressão longa, tenho usado o sintagma "personagem central". Explico. A centralização implica uma atividade dinâmica, desempenhada sobre um conjunto de seres relacionados entre si. No caso, esses seres são não apenas os outros personagens, mas também o espaço em que decorre a narrativa, o tempo, o enredo.

Nesse contexto, o personagem central é aquele que mais está a perigo, isto é, o que está mais vulnerável diante do conflito da história; então o leitor o acompanha com atenção redobrada e torce por ele.

Não obstante, fique alerta: se você, ao escrever, puser na cabeça com muita veemência que o personagem mais complexo é o principal, poderá, talvez, dedicar toda a sua energia a criá-lo, e terá a tendência a desleixar os outros.

ABERTURA PELO PERSONAGEM

Em certo momento da conversa com Thiago, quando íamos adiantados no que ficava ou não na sua história, ele decidiu que a apresentação do personagem Vladimir seria o primeiro contato do leitor com o romance. Cumprimentei-o. Dentre outras, uma boa decisão. Essa apresentação logo no início, entretanto, deverá ter um sentido. Assim como o personagem dá sentido *a uma história*, sua apresentação na abertura deve fazer sentido *na história*.

Começar pela apresentação do personagem é criar uma promessa. É como dizer: "Olhe só, leitor, esse é o personagem que importa. Se continuar a leitura, verá coisas interessantíssimas acontecendo com ele". Por aí se vê que a apresentação deve ser muito eficiente, pois não basta descrever bem o personagem. Precisamos mostrar aspectos relevantes para a compreensão da história e anunciar o possível tema que estará em jogo. Ou seja, trata-se de agregar ao personagem já criado as características *que o ligam à história e a deflagram*. Cuidado apenas para não "perder a mão" e esquecer por completo o personagem que abriu a história, derivando-a para outros focos de interesse e criando uma grande confusão para si mesmo — imagine para o leitor —, como acontece nos casos em que o ficcionista não sabe o que está escrevendo.

Vejamos agora alguns exemplos desse tipo de abertura, seguidos de comentários sobre seus acertos e equívocos.

Quando o personagem não nos diz nada

Certa vez recebi uma narrativa que começava assim — reconstituo de memória, mas com razoável fidelidade:

> Pedro abriu a porta do carro e saiu. Ele usava um terno azul e gravata amarela, e carregava uma pasta de couro preta. Seus sapatos eram também pretos, com cadarços. Levava óculos de aros transparentes. Tinha o rosto fino e não usava barba. Sua testa era ampla. Logo entrou num edifício comercial e pegou o elevador. Desembarcou no décimo andar e, no fundo do corredor, pressionou a campainha de uma agência de publicidade. A jovem que o atendeu, de tailleur e sapatos de salto *stiletto*, convidou-o a sentar-se e perguntou se ele não queria um cafezinho. Pedro aceitou, e, enquanto esperava, ficou folheando revistas variadas.

Não vou adiante para não lhe infligir algo tão ruim quanto essa abertura. Pedro, aliás, não é um personagem, nem sequer um tipo. Pedro não existe. O autor nos sonega qualquer elemento que o identifique entre milhares de homens que andam pelas ruas de uma cidade. Suas características físicas não o distinguem, e não há nenhum indício do que seja sua interioridade. Não se sabe quem é, o que leva na pasta, se está feliz, infeliz, raivoso ou a fim de concordar com tudo. "Sim", o autor pode dizer, "mas, mais adiante, o leitor vai saber tudo." Lamento, não haverá "mais adiante"; o leitor não irá além desse parágrafo.

Podemos escapar dessas inconveniências narrativas.

Quando acreditamos no personagem

Um personagem apresentado no começo da história pode oferecer um momento de brilho e sedução. Leia as primeiras linhas do conto "Distância", de Raymond Carver:

> Ela está em Milão para passar o Natal e quer saber como eram as coisas quando ela era criança. É sempre isso que acontece nas raras ocasiões em que ele a encontra.
>
> Me conte, diz ela. Me conte como era naquela época. Ela toma um golinho de Strega, espera, olha bem para ele.
>
> É uma garota esguia, bacana, atraente, uma sobrevivente dos pés à cabeça.[31]

Não quero subestimar sua inteligência explicando o que está tão claro, mas é impossível ignorar a poderosa imagem criada por Carver para caracterizar a garota. Lembro uma sugestão que apresentei quando tratei do alinhamento de determinadas palavras. "Esguia, bacana, atraente" não nos diz nada, pois há milhões de garotas que podem receber esses adjetivos vagos; mas "uma sobrevivente dos pés à cabeça" torna-a única e, mais, nos incita a curiosidade: sobrevivente de quê? Carver nos acena com uma promessa, e que promessa!

Quando o personagem nos surpreende

Promessa era algo que não faltava também a Roberto Bolaño, em *Chamadas telefônicas* (1997). O ficcionista chileno optou por abrir a maior parte dos contos do livro pela apresentação do personagem. As descrições são sempre peculiares, como o começo de "O verme":

> Parecia um verme branco, com seu chapéu de palha e um cigarro de Bali pendurado no lábio inferior. Todas as manhãs eu o via sentado num banco da Alameda enquanto eu me metia na Librería de Cristal

---

[31] Raymond Carver, *68 contos de Raymond Carver*. Trad. de Rubens Figueiredo. São Paulo: Companhia das Letras, 2010. (E-book.)

para folhear livros. Quando levantava a cabeça, através das paredes da livraria que de fato eram de vidro, lá estava ele, imóvel, entre as árvores, olhando para o vazio.

Suponho que terminamos nos acostumando um com o outro. Eu chegava às oito e meia da manhã e ele já estava lá, sentado num banco, sem fazer nada além de fumar e ficar de olhos abertos. Nunca o vi com um jornal, com um sanduíche, com uma cerveja, com um livro. Nunca o vi falar com ninguém. Em certa ocasião, observando-o das estantes de literatura francesa, imaginei que dormia na Alameda, num banco ou na entrada de um edifício de alguma das ruas próximas, mas depois conjecturei que estava limpo demais para dormir na rua e que certamente se hospedava em alguma pensão das vizinhanças. Era, constatei, um animal de costumes, tal como eu.[32]

A primeira frase já nos surpreende. A imagem de um verme branco que usa chapéu e fuma cigarros passa longe do senso comum. Mais: comparar alguém a um verme costuma ser negativo, mas não é esse o caso. O conto trata da amizade entre dois "desencaixados": um adolescente que foge da aula para ir à livraria e um velho solitário que passa seus dias fumando num banco do calçadão. O velho é visto sob uma luz positiva, mesmo que, por seu tipo físico, lembre "um verme branco". Repare também que o personagem não usa qualquer chapéu, mas um de palha, e tampouco fuma qualquer cigarro, mas um de Bali. Detalhes concretos, que ajudam a fixar a imagem na cabeça do leitor.

Quando o ficcionista nos apresenta um personagem enigmático

Outra boa decisão foi a de Julián Fuks na abertura de *A resistência* (2015), em que o personagem central declara sua impossibilidade de caracterizar um personagem importante da história.

> Meu irmão é adotado, mas não posso e não quero dizer que meu irmão é adotado. Se digo assim, se pronuncio essa frase que por muito tempo cuidei de silenciar, reduzo meu irmão a uma condição categórica, a uma atribuição essencial: meu irmão é algo, e esse algo é o que tantos tentam enxergar nele, esse algo são as marcas que insistimos em pro-

---

[32] Roberto Bolaño, *Chamadas telefônicas*. Trad. de Eduardo Brandão. São Paulo: Companhia das Letras, 2012, p. 73.

curar, contra a vontade, em seus traços, em seus gestos, em seus atos. Meu irmão é adotado, mas não quero reforçar o estigma que a palavra evoca, o estigma que é a própria palavra convertida em caráter. Não quero aprofundar sua cicatriz e, se não quero, não posso dizer cicatriz.[33]

Não é preciso mais: o leitor está fisgado por essa abertura. Temos de *imaginar* esse irmão tão proibido que não pode ser descrito, ou esperar que no decorrer da novela nos seja explicado quem é ele.

Quando há, na narrativa, um juízo prévio sobre o personagem

É curioso como o início de uma história pode ocorrer com um personagem que, desde logo, é apresentado com certas qualidades — nem sempre positivas —, como ocorre no conto "Meu amigo Ypsilon", de Arthur Schnitzler:

DOS PAPÉIS DE UM MÉDICO

Se houve um homem a cujo destino cabe o adjetivo "tragicômico", este homem foi, certamente, meu amigo Ypsilon, já falecido; sobre seu túmulo depositei, ontem, mais uma coroa, uma coroa de perpétuas, na qual fiz com que entrelaçassem alguns louros. Pois, na minha opinião, não houve em nenhum momento qualquer outro poeta que os merecesse como meu amigo Ypsilon — não por causa do seu gênio, que pudera mostrar-se pouco armado contra todos os ataques da crítica, mas pela forma grandiosa com que valorizava sua arte. Nunca vi alguém que se lhe assemelhasse, e mais um dos grandes Poetas, que são louvados pelos seus contemporâneos, bem que poderiam ir para o cemitério de Währing e rezar uma prece silenciosa junto à pequena cruz que traz a inscrição:

AQUI DESCANSA NA PAZ DE DEUS MARTIN BRAND[34]

Martin Brand já aparece morto e enterrado, mas a narrativa nos promete contar seu destino tragicômico. E nos adianta tratar-se

---

33 Julián Fuks, *A resistência*. São Paulo: Companhia das Letras, 2015. (E-book.)
34 Arthur Schnitzler, *Contos de amor e morte*. Trad. de George Bernard Sperber. São Paulo: Companhia das Letras, 1987, p. 31.

de um poeta que superestimava sua arte. Em troca desse aparente spoiler, ganharemos uma história. Preparamo-nos para saber de uma vida recheada de fatos, ora dramáticos, ora divertidos. O conto cumpre por inteiro seu propósito, pois a existência de Martin Brand é uma sucessão de notáveis falhanços, dos quais ele não se apercebe, e mais: substitui a vida real e as mulheres concretas pela paixão que desenvolve pela bela Türkisa, produto de sua acelerada fantasia, habitante de uma ilha encantada do oceano Índico.[35]

Quando se multiplicam os personagens apresentados

Caso diferente é de Rodrigo Lacerda, na abertura do romance *Outra vida* (2009). Aqui, em terceira pessoa, enfocam-se três personagens — o marido, a esposa e a filha pequena —, que aguardam numa rodoviária o momento de embarcar:

> Mesmo sentado num daqueles bancos altos de lanchonete, com a barriga colada no balcão, o marido, de quase dois metros, tem as pernas semidobradas e os pés bem plantados no chão. Além do tamanho acima da média, após seis anos de casado, está mais corpulento do que sempre foi. Tem braços mais pesados, um pescoço mais grosso e seu olhar ganhou maior lentidão.
>
> Enquanto mastiga, suas têmporas afundam, estufam, e nós saltam nos encaixes do maxilar. Está na segunda lata de refrigerante, com o fôlego natural em dois canudos. Antes de cada mordida no x-tudo que pediu, ele enfia a bisnaga vermelha por entre as camadas de pão-alface-tomate-maionese-ovo-bacon-bife-tomate-alface-pão, e aperta-a com vontade, sem tocar na outra bisnaga, amarela, a sua frente no balcão. Ao cravar os dentes no pão, faz o molho brotar do recheio, devolvido, amolecendo o guardanapo de papel e caindo no prato em gotas consistentes.
>
> A esposa, embora ainda jovem, possui a beleza diferente da mulher que amadurece muito cedo. Com a bolsa junto ao corpo, o tórax espigado, firme sob o tecido da blusa, ela espera a família terminar o café da manhã. Jamais comeria ali. Pediu apenas um café bem preto, que

---

[35] Esse exemplo é uma constatação de que a boa obra de arte resiste aos spoilers. Não me incomodo com spoilers de finais de livros: se for um mau livro, me poupa de lê-lo. Se for bom, o spoiler só aguça meu desejo de lê-lo — pois, como escritor, quero saber quais os meios usados pelo ficcionista para chegar àquele resultado. Além disso — e vale para qualquer leitor —, o livro que não merece ser lido duas vezes não merece ser lido nenhuma vez.

adoçou artificialmente, numa dose arbitrária e preestabelecida. Só que nem o café está bebendo. Viu xícaras, pires e colherinhas sendo escaldados na água, brotando do vapor diante de seus olhos, mas para ela nada torna as condições sanitárias do lugar menos suspeitas. Faz então a pequena xícara branca evoluir em seus dedos compridos, só para ocupar as mãos.

A filha, uma garotinha de cinco anos, belisca sem vontade o pão de queijo que lhe compraram, e já recusou um chocolate quente — amargo ela não gosta, e amargo é qualquer chocolate diferente do que ela tem todo dia, sem o "gosto de festa" ou o "sabor que alimenta" aos quais a propaganda convenceu-a de que está acostumada. A menina sente sono; as pálpebras pesam, olheiras tingem a pele mais branca nas primeiras horas do dia, o cabelo fino e amarelo cai no seu rosto, grudando na boca.

São uma jovem família de três, agasalhados diante do balcão da lanchonete. Para quem os vê, todos de costas, um ao lado do outro e postos à prova pela altura dos bancos, compõem uma escadinha íngreme, que termina com a criança.[36]

Observe que, na apresentação dos três personagens, se promove o acesso aos pensamentos de cada um deles. Uma tática que envolve certo risco, afinal, o leitor pode se sentir confuso caso não perceba logo qual é o ponto de vista a partir do qual a história será contada. No entanto, em *Outra vida*, o procedimento funciona porque, além de ser mantido até o fim do livro — um certificado de que não foi uma decisão casual —, a história não é só a do marido ou a da esposa, mas, sobretudo, a do casamento que se desintegra. Salientar o que cada um pensa e não diz ao outro constitui, nesse caso, uma forma de revelar os personagens e mostrar como eles chegaram à situação retratada. Também contribui para criar o tema da narrativa. Repare como se destacam as diferenças entre o marido e a mulher. Um prenúncio de que a convivência dos dois não poderia dar certo.

36 Rodrigo Lacerda, *Outra vida*. Rio de Janeiro: Alfaguara, 2009, pp. 7-8.

Quando a narrativa vai à profundidade do personagem

Há ficcionistas que, deixando de lado os aspectos físicos, preferem ir logo às questões da interioridade, como no começo do conto "O Sul", de Jorge Luis Borges, incluído em *Ficções*:

> O homem que desembarcou em Buenos Aires em 1871 se chamava Johannes Dahlmann e era pastor da Igreja evangélica; em 1939, um de seus netos, Juan Dahlmann, era secretário de uma biblioteca municipal na rua Córdoba e sentia-se profundamente argentino. Seu avô materno tinha sido aquele Francisco Flores, do 2 de infantaria de linha, que morreu na fronteira de Buenos Aires, ferido de lança pelos índios de Catriel; na discórdia de suas duas linhagens, Juan Dahlmann (talvez por impulso do sangue germânico) escolheu a desse antepassado romântico, ou de morte romântica. O estojo com o daguerreótipo de um homem inexpressivo e barbudo, uma velha espada, a felicidade e a coragem de certas músicas, o hábito das estrofes de *Martín Fierro*, os anos, a indiferença e a solidão fomentaram esse crioulismo um tanto voluntário, mas nunca ostensivo. À custa de algumas privações, Dahlmann havia conseguido salvar a sede de uma estância no Sul, que foi dos Flores; um dos costumes de sua memória era a imagem dos eucaliptos balsâmicos e da comprida casa rosada que um dia foi carmesim. O trabalho e talvez a indolência o retinham na cidade. Verão após verão ele se contentava com a ideia abstrata da posse e com a certeza de que sua casa o estava esperando, num lugar preciso da planície. Nos últimos dias de fevereiro de 1939, algo lhe aconteceu.[37]

Esse conto, que o próprio ficcionista — e não só ele — considerava um de seus melhores, provoca tal efeito que é impossível, após terminada a leitura, não voltar ao parágrafo inicial para confirmar se o final da história já estava contido na abertura. E estava pois nessas poucas linhas encontram-se os elementos do personagem que interessam, capazes de dar sentido a tudo que acontece no conto. Somos informados de que Juan Dahlmann "se sentia profundamente argentino", o que, aqui, tem a ver com o "crioulismo um tanto voluntário, mas nunca ostensivo", de quem escolheu pertencer à linhagem de um

---

[37] Jorge Luis Borges, *Ficções*. Trad. de Davi Arrigucci Jr. São Paulo: Companhia das Letras, 2007. (E-book).

antepassado que morreu ferido por índios. Ao final do conto, você experimentará aquela sensação de que já falamos, de reconhecer que o destino lhe foi surpreendente, mas inevitável.

Quando o personagem não fala de si mesmo

A portuguesa Luísa Dacosta optou por abrir uma de suas novelas, no "Prefácio — Mulher diante do espelho", com a descrição de uma mulher madura, muito enferma, que se olha ante o espelho e, talvez por não poder falar de modo direto de si, recorre a imagens de abandono e esquecimento:

> A vida retirava-se dela como daquelas vilas antigas que tinham tido sete portas, sete igrejas, sete palácios, sete praças e se apagavam presas de esgarçados panais de muralhas, em ruínas, entre conventos desertos, fontes de bicas secas, brasões de armas de cavaleiros de perdidas idades — habitadas pelos voos, fantasmais, das cegonhas, que nas torres sineiras, viúvas de sons e de sinos, faziam ninhos. A vida retirava-se dela como daquelas vilas onde o silêncio e o vento se escoavam por ruas, sem gente, de nomes evocativos: Arco do Corregedor, Porta da Primeira Ronda e por larguinhos de velhos cruzeiros, aconchegados na raiz por tufos de rosmaninho e alecrim. A vida retirava-se dela... até o seu corpo a tinha abandonado, como um rio cujas nascentes se tivessem exaurido. Concha morta, onde a sua alma se debatia, agitadamente, como uma borboleta ou uma ave prisioneira, cega e exausta. O seu corpo! Tão de seda ainda... e já uma arquitectura de água, a esgarçar-se no vento. As faces não já de maçã de pardo lindo. Os lábios desmaiados, não fita de escarlate. Os mamilos dos seios sem a rijeza da cereja bical, frutos passados a emurchecer. O ventre outrora lago de águas lisas, pregueado, como se a pedrada do umbigo o enrugasse de ondinhas, sobrantes. O sexo já não ameixa, madura e sumarenta, o ninho negro e crespo a acinzar-se, a rarefazer-se. Só as pernas conservavam o desenho, firme, de colunas, mas nas junturas, e também nas dos braços, a pele fazia pequenas bolsas, como borracha de balão de menino, muito soprado. As mãos, ainda entre pétala e rosa, manchadas já de flores de cemitério. [...] Que difícil durar para além da beleza![38]

---

38 Luísa Dacosta, *O planeta desconhecido e romance da que fui antes de mim.* Lisboa: Quimera, 2000, pp. 13-4.

A possível iminência da morte lança nessa descrição sinais lutuosos, como vilas que se apagavam, bicas secas, voos espectrais de cegonhas, nascentes exauridas dos rios, flores de cemitério, enfim, todo um léxico que faz pesar num cortinado denso, que se abre à desagregação de uma vida que já deixou de existir, restando apenas seus evanescentes vestígios no corpo.

Quando o personagem é apresentado em ação

Para encerrar esta parte correspondente ao início da narrativa pela apresentação do personagem, é incontornável referir-se ao que se lê nas primeiras páginas de *Suave é a noite*, de F. Scott Fitzgerald. Não é apenas um personagem, mas dois:

> A dois quilômetros do mar, onde os pinheiros dão espaço a plátanos empoeirados, há uma isolada estação de trens, de onde, numa manhã de junho de 1925, uma vitória levou uma mulher e sua filha até o hotel de Gausse. A mãe tinha o rosto de efêmera beleza, e que logo estaria com manchinhas rosadas; sua expressão era ao mesmo tempo tranquila e atenta, de uma forma que se tornava agradável. Seu olhar, entretanto, se voltava rapidamente em direção à filha, que possuía algo de mágico em suas palmas e bochechas iluminadas por um terno fulgor, tão emocionante como a pele corada das crianças depois de tomarem banho com água fria ao anoitecer. Sua bela fronte se abaulava suavemente até uma linha em que o cabelo, que a contornava como um brasão heráldico, rompia em caracóis, ondas e volutas de uma cor vermelho-cinza e dourada. Tinha olhos grandes, expressivos, claros e úmidos, e a cor resplandecente de sua bochecha era autêntica, e aflorava à superfície impulsionada por um coração jovem e forte. Seu corpo pairava delicadamente no último limite da infância: tinha cerca de dezoito anos e estava quase desenvolvida de todo, mas ainda conservava o frescor da primeira idade.[39]

Esse fragmento é todo um quadro em ação: é nosso olhar que é levado para a vitória que vem pelo caminho, logo é o olhar da mãe que se volta para a filha, e logo o ficcionista experimenta a delícia

---

[39] F. Scott Fitzgerald, *Tender is the Night*. Los Angeles: Green Light e-Books, 2012. (E-book.) (Tradução minha.)

de descrever a filha. É um texto carregado de adjetivos, atribuídos a ambas: *tranquila, atenta, agradável* (a expressão da mãe), *bela* (a fronte da filha), *grandes, expressivos, claros, úmidos* (os olhos da filha). Todo esse linguajar seria indício de uma literatura piegas, não fossem outros elementos que estabelecem certa modulação de realidade nesses retratos sentimentais: as manchinhas rosa que aparecerão no rosto da mãe, e a tonalidade das bochechas da filha, que se parece com a da pele das crianças que tomam banho com água fria — e acrescenta o ficcionista: "ao anoitecer". Com isso, o quadro, de romântico e kitsch, passa a ganhar verdade, necessária para a sequência da história.

Vê-se, pelos exemplos dados, que a abertura pelo personagem constitui-se num antigo e poderoso expediente para dar credibilidade à narrativa e, como veremos adiante, pode ser um meio hábil para inserir os prenúncios da história.

||||||||||||||||||||||||||||||||||||||||||||||||||||||||||||||||||||||||||||||||||

¶ Se você estiver em dúvida, experimente começar sua narrativa pelo retrato forte do personagem central. O leitor irá aderir por inteiro à aventura que você lhe propõe, e por certo lerá sua narrativa com um olhar seduzido pelo que esse personagem poderá realizar.

||||||||||||||||||||||||||||||||||||||||||||||||||||||||||||||||||||||||||||||||||

E A DESCRIÇÃO FÍSICA DOS PERSONAGENS?

A melhor descrição física do personagem é aquela feita pelo leitor, com sua imaginação e conhecimento do mundo. Tenho inúmeros testemunhos, e você deve tê-los também, de leitores que passam por cima da descrição dada pelo ficcionista substituindo-a por uma própria e que resolve bem o problema. Isso é importante em tempos de uso abundante da primeira pessoa — seria bastante estranho que o personagem descrevesse a si mesmo. E, então, mais e mais se justifica a imagem física do personagem que o leitor cria por si mesmo.

Se a descrição física for fundamental para deflagrar o conflito da narrativa, então ela se torna obrigatória. Quasímodo é um perfeito exemplo disso. Sua espantosa deformação, no fim do século XV, época em que se passa o romance, era suficiente para condenar uma pessoa, gerando, por isso, o conflito imediato e resultando numa obra-prima como *Notre Dame de Paris*, de Victor Hugo. Da mesma maneira, mas já falando na vida "real" hoje, a obesidade, pelos padrões sociais vigentes, poderá detonar um conflito ficcional, pois compreendemos melhor as pessoas que apresentam deformidades físicas do que as muito gordas.

Mas e se você decidiu retratar um personagem dito "normal"? Vale o mesmo conselho: a descrição física será tão mais necessária quanto for sua importância no desenvolvimento do conflito. É o caso do conto "Intérprete de males", do livro homônimo da ficcionista estadunidense Jhumpa Lahiri. O conto se passa na Índia e tem como personagem central o sr. Kapasi, um homem que, durante a semana, trabalha com um médico como intérprete de pacientes que falam uma língua minoritária, e, às sextas e sábados, para aumentar sua renda, atua como guia para turistas estrangeiros. Veja como a autora o descreve:

> O sr. Kapasi tinha quarenta e seis anos de idade, cabelos que já rareavam e estavam completamente brancos, mas sua tez acanelada e sua fronte lisa, que nas horas vagas ele untava de bálsamo de óleo de lótus, tornavam fácil imaginar como ele teria sido quando jovem.[40]

Note que o sr. Kapasi apresenta características físicas banais de um homem de meia-idade: está grisalho e ficando careca. Essas informações, no entanto, auxiliam o leitor a compreender o drama do personagem. O sr. Kapasi não é um homem realizado: suas expectativas em relação à vida foram frustradas, e ele não lida bem com o fato de estar envelhecendo. A narrativa o mostra na atividade de guia turístico. Durante um passeio com uma família de americanos de origem indiana, ele se encanta pela jovem mãe, que o incentiva a falar de sua vida e o ouve com interesse. Isso basta para que ele se iluda. Como a moça lhe parece infeliz na vida conjugal, o sr. Kapasi, ele próprio atrelado a um casamento malsucedido, imagina que possam se tornar amigos e trocar cartas cheias de confidências. Porém — e o leitor percebe isso, o personagem não —, a impressão que o sr. Kapasi pensa causar na moça é diferente da que causa na realidade, e a escolha da ficcionista de citar

---

[40] Jhumpa Lahiri, *Intérprete de males*. Trad. de Paulo Henriques Britto. São Paulo: Companhia das Letras, 2001, p. 59.

"cabelos que já rareavam e estavam completamente brancos" tem a ver com isso, assim como o envelhecimento. A moça não acha o sr. Kapasi atraente nem lhe passa pela cabeça manter qualquer tipo de relacionamento com aquele senhor que poderia ser seu pai. Ela até lhe pede o endereço — para enviar uma foto em que ele aparece —, mas, no fim do conto, num momento em que se põe a remexer na bolsa:

> Quando tirou da bolsa a escova, o papel onde estava anotado o endereço do sr. Kapasi foi levado pelo vento. Ninguém, além do sr. Kapasi, percebeu o fato.[41]

¶ Se você optou por descrever seu personagem fisicamente, recomendo fazê-lo de saída. É desconcertante saber como é o personagem apenas na página 200, quando o leitor já tem uma imagem consolidada, salvo se quiser isso mesmo: desconcertar o leitor. Mas deverá ter razões narrativas para tal.

Atitude preliminar: relaxe. A respeito de olhos, boca, nariz, testa, cabelos, ouvidos, pescoço, cicatrizes, rugas, tudo já foi dito nestes mais de vinte séculos de literatura. Sabendo disso e já mais calmos, vamos ver o que sobra.

Há, pelo menos, três formas de escapar desse caminho que não leva a nada.

A primeira é tentar uma *combinação diferente* de elementos descritivos: um nariz aquilino não precisa seguir-se a uma testa ampla; a testa não precisa ser ampla só porque o nariz é aquilino. Um rosto, por exemplo, pode ser bonito apenas do nariz para baixo, ou do nariz para cima. São tentativas que podem dar certo. É bem verdade que essas características físicas são derivadas da genética, mas mesmo assim podemos tirar algum proveito narrativo delas, como é o caso dos lábios grossos do já citado sr. Ulme.

A segunda forma é esquecer o rosto e usar outra parte do corpo como metonímia de todo o organismo e até do caráter: as mãos, por

----

41 Ibid., p. 84.

exemplo. Em *Vinte e quatro horas na vida de uma mulher*, de Stefan Zweig, é assim que uma senhora conta o momento em que conheceu, junto da roleta de um cassino, o homem por quem se apaixonaria:

> E ali eu vi — na verdade, assustada! — duas mãos como jamais vira antes, a mão direita e a mão esquerda, enganchadas uma na outra como dois animais se atacando, esticavam e se agarravam com tamanha tensão acumulada que as articulações estalavam com o ruído seco de uma noz sendo quebrada. Eram mãos de singular beleza, extraordinariamente longas, extraordinariamente finas, e ainda assim atravessadas por músculos rígidos — muito brancas, com unhas pálidas, peroladas e arredondadas. Observei-as, a partir dali, durante toda a noite (sim, fiquei a contemplá-las, aquelas mãos extraordinárias, realmente únicas), mas o que me surpreendeu de modo assustador foi seu arrebatamento, sua expressão loucamente apaixonada, aquele entrelaçar-se e aferrar-se convulsivo uma à outra.[42]

Esse amor, como se sabe, resultou em depressão, vergonha e suicídio.

Os pés também podem significar algo. Ninguém esquece a primeira esposa de Charles Bovary, antes viúva de um funcionário judicial, com "quarenta e cinco anos e duzentas libras de renda". Além de seu corpo duro e magro, ela deixava os tornozelos aparentes, revelando as meias cinzentas. O matrimônio, aliás, arranjado, pouco durou, porque ela veio logo a morrer, mas a lembrança de Charles, dos catorze meses de casamento, era dos pés da esposa, que, na cama, eram "frios como blocos de gelo".

A terceira forma de sair da armadilha, talvez a mais eficiente, é incluir na descrição algum elemento que o personagem *agregou* à sua figura. Nesse caso, podemos fazer uma descrição "normal" dos itens da aparência externa, mas que, articulada com algum elemento voluntário, dá um resultado de ser único. Observe como o revisor Raimundo Silva, personagem de *História do cerco de Lisboa* (1989), de Saramago, conta coisas de si para Maria Sara, sua colega de editora. De início, ele se declara um homem comum:

---

[42] Stefan Zweig, *Vinte e quatro horas na vida de uma mulher*. Trad. de Adriana Lisboa. Rio de Janeiro: Zahar, 2015. (E-book.)

Vivo sozinho nesta casa, e há muitos anos, não tenho mulher, excepto quando a necessidade aperta, e então continuo a não ter, sou uma pessoa sem atributos especiais, normal até nos defeitos, e não esperava muito da vida, enfim, esperava conservar a saúde porque é uma comodidade, e que o trabalho não me faltasse, a isto, que não é pouco, reconheço, se limitavam as minhas ambições [...].

Pouco depois, vem a diferença:

Raimundo Silva passou a mão pela testa, hesitou um segundo, depois disse, Pintava o cabelo, deixei de pintá-lo, as raízes brancas não são um espectáculo agradável, desculpe, daqui por um tempo estarei no meu natural, Pois eu deixei de o estar, por sua causa fui hoje ao cabeleireiro tingir as veneráveis cãs, Eram tão poucas que não me parece que valesse a pena, Então tinha reparado, Olhei-a suficientemente de perto, como me terá olhado a mim para perguntar-se como é que um homem com a minha idade não tinha cabelos brancos, Nunca me perguntei tal coisa, metia-se pelos olhos dentro que pintava o cabelo, a quem é que pensa que andava a enganar, Provavelmente, só a mim mesmo, Como eu decidi agora começar a enganar-me, É igual, Que é que é igual, A sua razão para pintar, a minha para deixar de pintar, Explique melhor, Eu deixei de pintar o cabelo para ser como sou, E eu, por que o pintei eu, Para continuar a ser como é, Admirável casuística, vou ter de praticar ginástica mental todos os dias para estar à sua altura [...].[43]

Pintar ou não os cabelos acaba por ser uma intervenção voluntária de Raimundo Silva no próprio corpo, e isso guarda um significado que ele explica. A preocupação com a cor dos cabelos faz com que o patético revisor, que adulterará uma passagem de um livro de história, torne-se único perante qualquer personagem que a literatura já criou. O leitor, ao pensar nele, pensa sempre em seus cabelos, no jogo pinta-não pinta. Esse item tem o mesmo resultado do esparadrapo colado nos óculos, que vem a ser a individualização do personagem. A diferença é que, aqui, se trata de uma ação *deli-*

---

43 José Saramago, *História do cerco de Lisboa*. São Paulo: Companhia das Letras, 2011. (E-book).

berada de Raimundo Silva, visando determinado fim: mascarar o decurso do tempo.

Existem outros elementos mutáveis no rosto, como o penteado das mulheres e a barba ou o bigode dos homens, mas essas particularidades, de tão repetidas, acabam por já não particularizar ninguém, apenas ajudando a compor uma imagem exterior — faltará o item específico que o fará único.

Há algumas soluções que nos surpreendem. Uma conversa simples entre irmãos pode dar conta do que poderíamos achar difícil passar para o leitor sem recorrer a trivialidades:

Meu irmão. O cabelo louro, a pele bronzeada de sol, as mãos de estátua. E aquela cor nas pupilas.
— Mamãe achava que seus olhos eram cor de violeta.
— Cor de violeta?
— Foi o que ela disse à tia Débora, meu filho Eduardo tem os olhos cor de violeta.
Ele tirou o paletó. Afrouxou a gravata.
— Como é que são olhos cor de violeta?
— Cor de violeta — eu respondi abrindo o fogareiro.
Ele riu apalpando os bolsos do paletó até encontrar o cigarro.
— Meu Deus, tinha um canteiro de violetas no jardim de casa... Não eram violetas, Rodolfo?
— Eram violetas.[44]

Veja como poderia ser, na mão de um escritor sem muita inspiração: "Meu irmão tinha o cabelo louro, a pele era bronzeada de sol, as mãos eram bonitas e os olhos de cor violeta". Jamais ocorreria a esse escritor o "mãos de estátua", que vitaliza a descrição de Lygia.

Tenho insistido que o personagem, *para existir*, deve ser único, e a descrição física pode ser útil para isso. Mas não é um elemento obrigatório. Lembre-se de que não entra nenhum pormenor físico na descrição que Borges fez de Juan Dahlmann, e mesmo assim ele nos impressiona pela vitalidade.

---

44 Lygia Fagundes Telles, "Verde lagarto amarelo", *Antes do baile verde*. São Paulo: Companhia das Letras, 2009. (E-book).

||||||||||||||||||||||||||||||||||||||||||||||||||||||||||||||||||||||||||

¶ Última observação: se você acha que o leitor vai saltar a descrição dos aspectos físicos do personagem, então não o descreva. E se descrever (pode ajudar, no momento da criação), lembre-se de cortar depois. Aliás, corte de seu livro tudo o que suspeita que será saltado pelo leitor.

||||||||||||||||||||||||||||||||||||||||||||||||||||||||||||||||||||||||||

As caracterizações indiretas dos personagens

No que vimos até agora, o personagem é apresentado de modo direto ao leitor. Vejamos agora quando essa caracterização é indireta, uma modalidade que vale tanto para a abertura como para momentos posteriores da narrativa.

Voltando à novela *Sinuca embaixo d'água*, de Carol Bensimon, lembre que o enredo gira em torno de Antônia, que já está morta quando o livro começa. Alternam-se, então, as perspectivas de várias personagens a respeito dela e do acidente de carro que a matou. Num dos capítulos, Bernardo, o "quase namorado" de Antônia, recebe informações sobre o acidente:

> [...] Jaime deu uma boa olhada na direção da sacola [...]. E a ladainha começou: eu calculei a velocidade da sua amiga. [...] acho que posso dizer que a sua amiga estava a cinquenta e cinco quilômetros por hora. Você deve concordar comigo que, naquela altura, todas as pessoas já estão freando há algum tempo, a descida está logo ali, e cinquenta e cinco quilômetros é mesmo demais. A quanto você desce? Com certeza já deve ter reparado nisso. Cinquenta e cinco pra uma ladeira tão íngreme? Impossível.
> Jaime sacudia a cabeça, contrariado.
> — A quarenta.
> — Pois então. Quarenta me parece razoável.
> Isso era o mesmo que dizer que cinquenta e cinco não era razoável, que era o mesmo que dizer que Antônia não era razoável. Por outro lado, Antônia sempre me pareceu alguém pra lá de razoável.
> Jaime olhava para a ladeira, para os carros subitamente inclinados, escorrendo como água. Eu não tentaria descer a cinquenta e cinco quilômetros pra ver o que acontece, ele disse.

Fiquei um pouco sem entender Antônia e sem entender Jaime, e com tudo isso é que cheguei ao bar onde ia encontrar Helena.[45]

Todos eram fascinados por Antônia. Ela se mostrava sempre simpática e pronta a conversar. Era vista como uma garota sensata no meio de uma família problemática. Dirigir bêbada, em alta velocidade, numa ladeira das mais inclinadas, não parecia de seu feitio. Assim, Bernardo reluta em aceitar essas situações, pois, ao contrário do que pensava, "era o mesmo que dizer que Antônia não era razoável", o que faz com que ele fique "um pouco sem entender".

Algumas páginas à frente, ele descobrirá que a moça por quem estava apaixonado apresentava outra faceta contraditória. No bar, a amiga de ambos, Helena, aponta-lhe um rapaz com quem Antônia tinha um caso. Acompanha-se a reação de Bernardo:

Tantos dias sem nada e tudo isso hoje, de modo que me sobram motivos para a embriaguez e a estupidez. Quem é essa Antônia, essa Antônia que desce na velocidade acima do bom senso, e o sujeito que estava ali naquela mesa, indo embora num horário normal enquanto eu e Helena íamos ficando, quem é esse sujeito da camisa polo que certamente representa tudo o que eu e Antônia mais desprezávamos? Do que ríamos juntos, eu e Antônia![46]

A resposta a "Quem é essa Antônia?", que fornece sentido a essas contradições *aparentes*, é depreendida das vozes de outros personagens. Um deles é o perturbado irmão Camilo, que relembra as brigas familiares. Fica claro que o pai e a mãe, para sofrimento de Antônia, pouco davam atenção aos filhos. Outro depoimento que ajuda a compreender a personagem é o do dono do bar onde os jovens se reuniam, que a classificava como uma pessoa "de querer tudo ao mesmo tempo".

Aqui podemos também pensar na novela *O perdido* (1998), de Hans-Ulrich Treichel, que, em sua abertura, nos traz um personagem que será sempre referido, jamais presente:

---

45 Carol Bensimon, op. cit., p. 103.
46 Ibid., p. 109.

Meu irmão se agachava sobre um cobertor branco de lã e ria para a câmera. Isso foi durante a guerra, em casa. Em casa — era o leste, e meu irmão nascera no leste. Ao pronunciar as palavras "em casa", começou a chorar, como tantas vezes começava a chorar quando o assunto era meu irmão. Ele se chamava Arnold, assim como o pai. Arnold era uma criança feliz, disse minha mãe enquanto observava a foto. Então não disse mais nada, e eu também não disse mais nada e observei Arnold, que se agachava sobre um cobertor branco de lã e estava alegre. Não sei com o que Arnold estava alegre, afinal era a guerra, além disso, ele se encontrava no leste, e mesmo assim estava alegre. Eu invejava meu irmão pela sua alegria, invejava meu irmão pelo seu cobertor branco de lã, e o invejava também pelo seu lugar no álbum de fotos. Arnold estava bem na frente no álbum de fotos, antes mesmo das fotografias do casamento dos meus pais e dos retratos dos meus avós, enquanto eu estava lá para trás no álbum.[47]

O relato que se segue é da procura incansável por Arnold. Toda a família se absorve nisso, o que acaba por monopolizar as energias do pai, da mãe e do personagem que conta a história. De modo ocasional, inclusive, ocorre a esse personagem a ideia de que o irmão estivesse morto, e, com isso, "o alegre e garboso Arnold já se tornara até simpático para mim, e eu me orgulhava de ter um irmão morto, que, além disso, ainda parecia alegre e garboso". A certa altura, o serviço social alemão pensa tê-lo localizado com vida, e Arnold passa a ser chamado de "Órfão 2307". Desse modo, *o perdido* passa a ter diversas caras e destinos, de acordo com quem dele se ocupa. Depois de várias peripécias, algumas com refinado senso irônico — Treichel é considerado ficcionista de textos de humor, em seu país —, somos conduzidos a um desfecho de atordoante estranhamento.

Esse mesmo procedimento narrativo, de caracterização indireta, encontramos no romance naturalista *Naná* (1880), de Émile Zola. O personagem-título é uma atriz, o que, no contexto social parisiense do II Império, era sinônimo de prostituta para a maioria das pessoas. Ela é referida por terceiros no transcurso de várias páginas, de modo que

---

47 Hans-Ulrich Treichel, *O perdido*. Trad. de José Marcos Mariani de Macedo. São Paulo: Companhia das Letras, 2001, pp. 7-8.

o leitor já a conhece bem — ou o que dela dizem — ao abrir-se o pano para a estreia de um dramalhão em que desempenha o papel de Vênus. As opiniões das pessoas sobre ela são conflitantes, e, ao mesmo tempo que pretendem retratá-la por lentes deformadas, também retratam-se a si mesmas, em suas vaidades, velhacarias e preconceitos.

Diz um personagem:

— Por nada deste mundo eu faltaria à estreia desta noite. Eu soube que o seu teatro...

— Diga *meu bordel* — Bordenave de novo interrompeu, com a fria obstinação de um homem convicto.

Nesse meio-tempo, Fauchery, muito calmo, olhava para as mulheres que entravam. Ele veio em socorro do primo logo que o viu de boca aberta, sem saber se devia rir ou se incomodar.

— Então, faça o favor a Bordenave, chame o teatro dele como ele quer que chame, pois isso o diverte... E você, meu querido, não nos faça essa pose. Se a sua Naná nem canta nem representa, você terá um fracasso, simples assim. A propósito, é do que eu tenho medo.

— Um fracasso! Um fracasso! — gritou o diretor, com o rosto vermelho. — E lá é preciso que uma mulher tenha de saber representar e cantar? Ah, meu jovem, você é mesmo um bobo... Naná possui outra coisa, caramba!, e uma coisa que supre tudo isso.[48]

No decorrer do romance, vamos conhecê-la melhor, e discordar de alguns dos juízos de seus detratores.

A novela *A trégua* (1960), de Mario Benedetti, que lhe deu fama imediata, é o diário do sr. Martín Santomé, viúvo, escriturário, com a vida pacata. Em vias de se aposentar, ele conhece a jovem Laura Avellaneda, a mais nova funcionária de sua repartição. É inevitável, e até previsível, que surja daí uma história de amor. Santomé se debate entre o que fazer e o que não fazer. Precisa contar o fato aos filhos, todos adultos, mas com isso pensa que os desagradará. Em alguns momentos do diário, ele expõe de modo claro o problema. Mas há outros em que deixa para o leitor (não esqueçamos que há Benedetti

---

[48] Émile Zola, *Nana*. Paris: G. Charpentier, 1880. p. 5. Disponível em: <http://gallica.bnf.fr/ark:/12148/bpt6k6213380z?rk=21459;2>. Acesso em: 31 out. 2018. (Tradução minha.)

por detrás) a tarefa de descobrir que ele se sente incapaz de decidir porque seu caráter o impede. No dia 27 de agosto, terça-feira, ele vai para a Plaza Matriz e, naquele ambiente de céu aberto, se compraz com devaneios. Gostaria de ter sido outra coisa na vida, e

> [...] nesse caso escolheria ser garçom de café. E seria um garçom ativo, memorioso, exemplar. Buscaria suportes mentais para não esquecer os pedidos de todos. Deve ser magnífico trabalhar sempre com caras novas, falar livremente com um sujeito que hoje chega, pede um café, e nunca mais voltará por aqui. Gente é algo formidável, divertido, potencial. Deve ser fabuloso trabalhar com gente, em vez de trabalhar com números, com livros, com planilhas. Mesmo que eu viajasse, mesmo que fosse embora daqui e tivesse a oportunidade de me surpreender com paisagens, monumentos, caminhos, obras de arte, nada me fascinaria tanto como a Gente, como ver passar a Gente e esquadrinhar seus rostos, reconhecer aqui e ali expressões de felicidade e de amargura, ver como se precipitam todos rumo aos seus destinos, em insaciada turbulência, em esplêndida azáfama, e dar-me conta de como avançam, inconscientes de sua brevidade, de sua insignificância, de sua vida sem reservas, sem jamais se sentirem encurralados, sem admitir que estão encurralados.[49]

Esse fragmento não diz o que *é* Santomé, mas o que ele não é. Eis aí um artifício narrativo cheio de possibilidades, pois nos deixa uma ampla e generosa liberdade para compor o perfil humano de Santomé, algo muito melhor do que as limitantes afirmativas categóricas. Não quero subestimar sua perspicácia, mas, pelo que lemos acima, é possível concluir que, ao desejar a profissão de garçom, ele não está seduzido pelo ofício em si — na idade dele isso seria uma impossibilidade —, mas pelos atributos que imagina que qualquer garçom possua.

Já antes, em 15 de maio, ele havia anotado algo que o leitor não esqueceu:

---

[49] Mario Benedetti, *A trégua*. Trad. de Joana Angélica d'Avila Melo. Rio de Janeiro: Alfaguara, 2011. (E-book).

> Estive no café da Veinticinco com Misiones. [...] Uns cinco minutos depois, veio o garçom, trouxe outro café e disse, olhando para a rua: "Que solzinho agradável, hem? A gente se sente como novo. Dá vontade de cantar e tudo".[50]

Com tudo isso, concluímos que Santomé se julga um homem passivo perante o mundo, sem memória, misantropo, ciente do seu caráter taciturno, inerte, que sofre com a consciência da brevidade da vida, com a certeza de estar num limite, e que, enfim, se considera incapaz até de cantar num dia agradável.

A caracterização indireta do personagem pode assumir outras formas. Há casos em que o ficcionista, ao apresentar um personagem, faz com que este nos revele outro.

Um exemplo em que isso ocorre está na novela *O amor dos homens avulsos* (2016), de Victor Heringer. No capítulo 4, Camilo, que narra a história, recuperando um acontecimento vivido na infância, apresenta-nos Cosme, um desconhecido que chega a bordo do Corcel do pai e que viria a ser incluído de maneira decisiva na história. Abaixo, um fragmento dessa dupla caracterização.

> Só então eu vi a cabeça dele emoldurada pela janela traseira. A cabeça raspada de um garoto tão garoto quanto eu.
> Mas eu tinha cabeleira e não era daquela cor café com leite. Eu era vermelho no verão e, no inverno, branco-esverdeado. A cabeça dele devia ter essa cor misturada sempre, cor de nada com leite aguado. Parecia ser forte, eu era mais magro, mais quebrável, capenga. Mas os olhos dele é que eram frágeis, como pescoço de passarinho, de filhote que se descobre preso em ratoeira.
> Meu instinto inicial foi odiá-lo. Queria furar seus olhos, fazê-lo desaparecer da face do planeta.[51]

Observamos, aqui, uma autêntica virtuosidade narrativa, que diz respeito ao personagem ou, no caso, aos personagens. Observe-se que Cosme vem no banco traseiro do carro, isto é, o pai o trouxe para casa,

---

50 Ibid.
51 Victor Heringer, *O amor dos homens avulsos*. São Paulo: Companhia das Letras, 2016. (E-book.)

mas desde logo numa posição subalterna — no tempo do Corcel, sem as atuais medidas de segurança, as crianças poderiam ir no banco da frente —, e não em posição de igualdade com quem conduzia. Isso, por si só, é capaz de despertar toda a aversão de Camilo. Com esses juízos que faz do menino estranho, ele, por sua vez, revela os próprios preconceitos, que não sabemos no que vão dar, mas que colocam ambos em imediata rota de colisão.

Ainda dentro do item das caracterizações indiretas: nem sempre é o ficcionista que organiza os eventos e pensamentos sobre um personagem. Ocorre, e com ótimo resultado, que o próprio personagem se revele de maneira indireta, pelas referências que faz a outras situações. Olhe o exemplo retirado de *Paisagem com dromedário* (2010), de Carola Saavedra, em que Érika diz, numa de suas gravações para Alex, seu amado:

> Eu sempre gostei de histórias de detetive. Nelas sempre há uma explicação para tudo, mesmo que a princípio nos pareça distante, impossível, sabemos que há, e que em algum momento nosso personagem nos dirá, com expressão de triunfo: elementar. E tudo passará a fazer sentido. Nas histórias de detetive a falta de sentido é apenas aparente, as coisas parecem insolúveis, mas nós sabemos que em algum momento alguém dirá, veja, meu caro, elementar. E nós ficaremos ali, sorridentes, aliviados. Surpresos de não termos percebido aquilo antes, tudo tão óbvio, apenas nós e a nossa incapacidade. Alex, é tão reconfortante saber que, seja como for, tudo fará sentido no final. E não esses ruídos, essa música que a gente não ouve, esse murmúrio silencioso e a constante sensação de que estamos perdendo alguma coisa.[52]

Érika vê-se perturbada por várias questões que a ligam a Alex, mas também experimenta inadequações existenciais que a impedem de definir-se a si mesma em meio aos enigmas da vida. Talvez por medo de perder algo se reconhecesse isso de maneira clara, prefere invocar as histórias de detetive como um modelo de existência ideal. De maneira oblíqua ela afirma não encontrar qualquer sentido na

---

[52] Carola Saavedra, *Paisagem com dromedário*. São Paulo: Companhia das Letras, 2010. (E-book).

vida, ao contrário das tramas detetivescas, em que "sempre há uma explicação para tudo", o que nos deixa aliviados, como se escutássemos alguém dizer ao final: "elementar". Assim, ao falar nas histórias de detetive, Érika fala de si mesma, dando ao leitor uma ideia bastante completa e eficiente de sua grande questão metafísica e, por consequência, de sua condição como personagem.

Nesse assunto da caracterização indireta do personagem, muitos esquecem o poder que tem o diálogo; entretanto, não quero aprofundar agora esse tema, o qual fica para um tópico específico. Mas queria chamar a atenção para o fato de que, dependendo do grau de extroversão, as pessoas dizem de modo ingênuo — ou não — coisas que as revelam. Há alguns anos, no restaurante da minha universidade, captei uma conversa entre duas colegas de mesa, por sinal, muito simpáticas e inteligentes. Ambas concordavam que é preciso comer menos carne.

— Esse mundo precisa de moderação. Principalmente moderação e solidariedade. É preciso cuidado com o planeta, para que as espécies animais não desapareçam nem sofram.
— Estou de pleno acordo. Comendo carne vermelha, nosso pobre corpo se carrega de colesterol e carnes flácidas. E as pessoas ficam feias.

Há uma conhecida piada que também pode servir de exemplo.

Dois velhos se encontram:
— Então, como vai isso? Não quero saber da sua saúde, nem de remédios, nem médicos. Diga algo novo.
— Pois sabe? Hoje cortei o cabelo.

Considero-a um primor de implícitos reveladores. A resposta do segundo velho define-o mais do que um longo parágrafo caracterizador.[53]

Para usar um exemplo literário, trago aqui um preciso diálogo do conto "O burro", de Juan José Morosoli. O léxico regional, creio, não nos impede de entrar na mente de dois homens do pampa:

---

53 Quando conto essa piada em aula ninguém ri. Não sei quanto a você.

Certa vez Anchordoqui lhe perguntou:
— Não vais nunca ao bolicho?
— Pra quê?
— Ué, tomar uns tragos, jogar truco...
— E depois ter que pelear?
— E as mulheres não te agradam?
— Pra quê? Pra te encher de filhos?
Anchordoqui seguia perguntando, confiava em deixá-lo sem resposta.
— E um cachorro? Não tens?
— Pra quê?
— Como pra quê? — reclamou Anchordoqui, mal-humorado. — Pra ter, só isso, pra que as pessoas têm cachorros?
— Se é só pra ter, melhor não ter.
— Mas uma diversão qualquer... — gemeu Anchordoqui, em retirada.
— Queres melhor diversão do que viver como eu vivo?
E desta vez foi Anchordoqui quem não respondeu.[54]

É fácil perceber o quanto esse diálogo é capaz de mostrar dois modos de vida antagônicos, mas em especial o quanto Anchordoqui é um homem integrado nos hábitos coletivos, ao passo que seu interlocutor é um excêntrico naquele meio. São personagens que se revelam por suas próprias palavras.

Na novela *O visconde partido ao meio* (1952), de Italo Calvino, o personagem Medardo di Terralba é dividido em duas metades — uma boa e outra má — por causa de um tiro de canhão. Seu sobrinho Curzio, quem conta a história, é escudeiro do "Medardo mau", que só o humilha e o faz passar perigos; mas há um evento em que o sobrinho começa duvidar da maldade intrínseca dessa parte do tio.

Muito contente com a visita à ama, no dia seguinte fui pescar enguias.
Pus o anzol numa lagoa formada pelo rio e enquanto esperava adormeci. Não sei quanto durou meu sono; um ruído me acordou. Abri os olhos e vi sobre a mão aberta acima de minha cabeça uma peluda aranha vermelha. Virei-me e era meu tio com seu manto negro.

---

54 Juan José Morosoli, "O burro", *A longa viagem de prazer*. Trad. de Sergio Faraco. Porto Alegre: L&PM, 2009, pp. 21-2.

Pulei assustado, mas naquele momento a aranha picou a mão de meu tio e desapareceu rapidamente. Meu tio levou a mão aos lábios, chupou de leve a ferida e disse:

— Você dormia e vi uma aranha venenosa descer para seu pescoço vindo daquele ramo. Meti a mão na frente e ela me picou.

Não acreditei numa palavra sequer: por três vezes no mínimo atentara contra minha vida, usando meios parecidos. Mas agora aquela aranha o havia picado de fato e a mão dele já estava inchando.

— Você é meu sobrinho — disse Medardo.

— Sim — respondi um pouco surpreso, pois era a primeira vez que demonstrava me reconhecer.

— Reconheci-o logo — disse ele. E acrescentou: — Ah, aranha! Tenho uma só mão e você quer envenená-la! De qualquer modo, melhor que tenha tocado a minha mão em vez do pescoço deste jovem.

[...]

Para demonstrar que não me interessava por ele, fui olhar se por acaso alguma enguia tinha mordido meu anzol. Nem sombra de enguias, mas vi que no anzol brilhava um anel de ouro com um diamante. Puxei-o e na pedra havia o brasão dos Terralba.

O visconde me seguia com o olhar e disse:

— Não se espante. Passando por aqui, vi uma enguia debater-se presa no anzol e me deu tanta pena que a soltei; depois, pensando no prejuízo que meu gesto dera ao pescador, quis repará-lo com meu anel, última coisa de valor que me resta.[55]

Nosso último desejo, neste mundo, era ser o sobrinho do visconde; mas há, na novela, um ponto de inflexão, em que passamos a antever a possibilidade da relativização do duelo entre o bem e o mal — e esse ponto é justo esse, em que Medardo diz a pequena frase, depois de haver evitado que a aranha picasse Curzio: "Você é meu sobrinho". Para quem aterrorizava as pessoas, o gesto de reconhecer Curzio revela que nem tudo era maldade naquele homem. A partir daí abrem-se as portas para um desfecho em que Calvino nos mostra que, dentro de nós, convivem todas as maldades e bondades. Pode ser um

---

[55] Italo Calvino, *O visconde partido ao meio*. Trad. de Nilson Moulin. São Paulo: Companhia das Letras, 2002, pp. 64-6.

clichê narrativo, e é, mas nunca vimos um visconde envolvido nisso, ainda mais partido ao meio.

As formas de caracterizar de maneira indireta um personagem são incontáveis. É provável que você conheça outras e já tenha se utilizado delas.

Há uma pergunta razoável: qual a que mais funciona? Não há a melhor forma, há, sim, aquela que é adequada para um caso, mas não para outro. Por exemplo: um personagem lacônico, quando fala, tende a dizer frases carregadas de sentidos, pois estas passaram por uma longa elaboração mental antes de serem pronunciadas. Já para aquele que fala pelos cotovelos é natural que diga um sem-número de bobagens; então, nesse caso, escolher o diálogo não seria adequado. É possível que, com este, funcione alguma outra modalidade, como as referências que outros fazem acerca das bobagens que diz. Isso nos evita chatear o leitor com páginas e páginas de falas.

Não que eu esteja a condenar as formas diretas de caracterização — tanto que ofereci vários exemplos —, mas o melhor seria usá-las quando estivermos em plena posse dos nossos meios narrativos. Por exercício, poderíamos praticar o uso das formas indiretas para o personagem com maior complexidade da história. Isso fará com que ele precise ser *descoberto* pelo leitor, na sua profundidade e complexidade. Por um processo que ainda precisa ser explicado, tudo o que o leitor conclui por si mesmo faz com que ele se sinta o "verdadeiro autor" da narrativa, e, com isso, temos alguém feliz com o que escrevemos e que jamais esquecerá de nossa história. E não é isso que queremos dos leitores? Que não se esqueçam de nosso personagem? Que não se esqueçam de nossa história? Que não se esqueçam de nós?

Dois personagens centrais? Isso é possível?

Não apenas é possível, como podem ser mais de dois. Tendo algum cuidado, pode funcionar muito bem.

Na astronomia observa-se um fenômeno há mais de dois séculos: o das estrelas binárias. Elas giram em torno de um mesmo eixo gravitacional e formam um sistema. Sempre uma é a mais brilhante, e por isso é chamada de primária. Para seus giros, uma depende da outra. Assim viverão até que uma força externa as separe, ou uma delas entre em colapso, arrastando a outra consigo.

Nunca vi uma imagem tão feliz para um fato da escrita de ficção.

Tratando-se de uma narrativa com dois (ou mais) personagens centrais — um casal, por exemplo — *supostamente no mesmo plano de importância*, você deve ter o cuidado de preservar alguma zona de desconhecimento para cada um deles; isto é, João não deve conhecer Maria em total profundidade, e vice-versa. Desse modo, quando interagirem, a zona de desconhecimento recíproco permitirá o contraponto entre eles.

É uma técnica rara, e convém esclarecer que, embora um conflito possa envolver dois personagens, sempre fica evidente que um deles é o "preferido" do ficcionista, aquele que o leitor vai adotar "como seu". E assim deve ser, pois se ambos apresentassem simetria absoluta na apresentação de sua interioridade, o conflito tenderia a diminuir de modo irremediável. É como num jogo: não se pode torcer para os dois lados, e minha indigente — ou nenhuma — experiência futebolística me diz que um espectador brasileiro assistindo na TV a uma partida amistosa, mesmo entre Camarões e Japão, não deixará de ter sua preferência secreta.

Isso ensina muito a nós, ficcionistas. A leitura de alguns romances, como *Esaú e Jacó*, *Bouvard e Pécuchet*, *Os noivos* — você poderá rechear a lista —, mostra esse fato. Mesmo que ambos os personagens tenham suas verdades interiores reveladas de modo bastante evidente, um deles irá sobressair; será a estrela primária de um particular sistema binário.

Pense nos romances que apresentam um triângulo amoroso. Dependendo de quem conta a história — e não só —, não é verdade que sempre, dos vértices, um tem "mais razões" do que os outros para fazer o que fez ou deixou de fazer?

Se você quiser escrever uma narrativa dessa natureza, isto é, utilizando dois ou mais personagens centrais, pense se há razões para isso — e serão razões extraliterárias. Caso se convença de que sim, de que deve fazer isso, é ter cuidado para não diminuir ou tornar impreciso o conflito. E ter em conta que sua atenção fatalmente recairá sobre um dos personagens.

A relação do personagem central com os outros personagens

Vamos trazer à memória *O nome da rosa* (1980), de Umberto Eco. A maioria das pessoas atribui a condição de personagem central ao monge Guilherme de Baskerville, por ser aquele que tem mais a perder.[56] Estou de acordo, mas não nos esqueçamos (o autor não se esqueceu na hora da criação) do monge bibliotecário cego Jorge de Burgos, responsável por desencadear toda a história "policial" do romance.

O ponto é que, embora Jorge de Burgos seja de importância funcional e decisiva, não tem a complexidade de Baskerville. Enquanto chegamos mais perto da interioridade profunda de Baskerville, conhecemos apenas a face perversa de Burgos, e ninguém é assim neste mundo. Fenômeno idêntico acontece com o inquisidor Bernardo Gui, do mesmo romance.[57]

Em suma: dos personagens coadjuvantes[58] devemos apenas fixar seu envolvimento no conflito; seu drama mais profundo deve ser intuído pelo leitor, a partir dos elementos que encontrar na narrativa.

Agora, do personagem central (ou personagens centrais) devemos saber as razões pelas quais faz ou deixa de fazer algo; precisamos adentrar "seu verdadeiro ser", o que significa explicitar ou, ainda melhor, deixar que seja descoberta sua *questão essencial*.

Sim, eu sei que você quer ver esmiuçado esse assunto da questão essencial. E verá. No próximo capítulo.

---

56 A título de experiência, você poderá pensar nos personagens "principais" das narrativas de que gosta e ver se, de fato, são os que mais se apresentam vulneráveis ao conflito do enredo.

57 Isso está bem fundamentado no romance, pois quem conta a história é Adso de Melk, um monge que, na juventude — quando se passa a ação narrada —, foi pupilo de Guilherme de Baskerville. Assim, é natural que ele conheça melhor o seu mestre.

58 Não gosto de usar o corriqueiro "secundários", pois isso leva a uma concreta possibilidade de displicência em relação a seu tratamento, e mais: desvincula-os do personagem central, como se fossem entes autônomos. Cabe reiterar o óbvio: não existiria um personagem central se não houvesse quem lhe desse âmbito para agir e modificar-se; e quem faz isso é o coadjuvante. Estudaremos isso em pormenor mais adiante.

3.
TEMOS MUITO EM COMUM COM HAMLET

A QUESTÃO ESSENCIAL DO PERSONAGEM E O CONFLITO DA NARRATIVA[1]

> [...] *nosso destino-sintoma será temporal, histórico, mesmo que tenha duração do tempo de uma vida por vezes.*
> ROBSON PEREIRA, *"Litoral, sintoma, encontro — quase ensaio"*[2]

UMA QUESTÃO ESSENCIAL EM TODOS NÓS

Em 2005 o canal francês Arte exibiu um programa que tinha por objetivo desmentir — e desmentiu de uma vez por todas — a tosca teoria conspiratória de que os americanos não haviam pousado na Lua naquele famoso 20 de julho de 1969. Exceto na cabeça de alguns alucinados, não há dúvida de que a nave *Apollo 11* levou até lá Neil Armstrong, Michael Collins e Edwin E. "Buzz" Aldrin. No citado programa, foram entrevistados funcionários antigos e atuais da Nasa, mais Vernon Walters, da CIA, mais cientistas célebres e, ainda, David Scott, astronauta da *Apollo 15*. Num determinado momento, narrou-se o fato de que "Buzz" Aldrin, o segundo ser humano a pôr o pé na Lua, logo depois de Neil Armstrong, sofrera, posteriormente, um notável

---

[1] Daqui por diante, a tragédia *Hamlet*, de William Shakespeare, será utilizada como texto exemplar de diversas situações narrativas. Seria útil sua releitura. A edição usada neste livro é esta: William Shakespeare, *A tragédia de Hamlet, príncipe da Dinamarca*. Trad., intr. e notas de Lawrence Flores Pereira. São Paulo: Penguin Classics Companhia das Letras, 2015.

[2] Publicado na *Revista da Associação Psicanalítica de Porto Alegre* (Porto Alegre, n. 30, pp. 53-68, jun. 2006).

descontrole de comportamento que o fez, entre outras coisas, embriagar-se de modo contumaz. David Scott lamenta o sucedido e rejeita a ideia, também conspiratória, de que a viagem à Lua havia operado essa transformação em Buzz. "Por que atribuir esse fato à viagem à Lua?", diz Scott. "Ele talvez tivesse outros problemas." A suspeita foi confirmada por Lois Aldrin, esposa de Buzz ao tempo da *Apollo 11*.

Pois esses famosos "outros problemas" levam-nos em linha reta à questão essencial,[3] isto é, a um componente de personalidade que a pessoa carrega de modo permanente e, quase sempre, com intenso sofrimento.

A *questão essencial* é algo de originário e, muitas vezes, intransitivo. É *questão* por ser matéria a ser resolvida — um problema, portanto —, e é *essencial* porque ínsita ao ser humano. Provoca na pessoa reiterações totalizantes, dúvidas, embates internos e buscas que quase nunca resultam em algo de aproveitável. Com essa questão atravessamos a vida, protagonizando várias histórias que contaremos às pessoas — ou guardaremos dentro de nós, como no fado mitificado por Amália Rodrigues, "nem às paredes confesso" —, talvez inventando partes, omitindo outras, para que essas histórias tenham alguma coerência perante nós mesmos, ou para que nos entendam em nossas razões pelo que fizemos ou deixamos de fazer.

É possível perceber esse componente psicológico também nas entrelinhas da canção "Que será (À flor da pele)", de Chico Buarque, da qual vão abaixo os versos iniciais:

O que será que será
Que andam suspirando pelas alcovas
Que andam sussurrando em versos e trovas
Que andam combinando no breu das tocas
Que anda nas cabeças, anda nas bocas
Que andam acendendo velas nos becos

---

3 Não desejando correr o risco de me aventurar em conhecimentos de que não sou íntimo, deixei de lado as expressões "conflito essencial", "conflito originário" ou "conflito interior", pois poderiam remeter ao complexo domínio da psicanálise — e, além disso, poderiam ser confundidas, pela semelhança léxica, com o conflito da narrativa. Assim, escolhi esta, "questão essencial" — por empréstimo à *quaestio essentialis* da lógica —, mais ampla, que resolve sem muitas perdas a ideia desse componente profundo da subjetividade.

Que estão falando alto pelos botecos
Que gritam nos mercados, que com certeza
Está na natureza, será que será
O que não tem certeza, nem nunca terá
O que não tem conserto, nem nunca terá
O que não tem tamanho

Ganham evidência, em especial, os três últimos versos, que nos dizem o quanto essa questão é enorme e perturbadora. E, no entanto, com ela convivemos. Isso nos permite afirmar que:

||||||||||||||||||||||||||||||||||||||||||||||||||||||||||||||||||||||||||||||||||

¶ Se todos somos portadores de uma questão essencial — e permanente — que nos segue os passos, o personagem também a terá; cabe a você atribuir-lhe essa marca profunda, pois será necessária para deflagrar o conflito da narrativa.

||||||||||||||||||||||||||||||||||||||||||||||||||||||||||||||||||||||||||||||||||

Lacan proferiu em 1952 uma conferência destinada a tornar-se célebre, "O mito individual do neurótico", a que acrescentou o subtítulo de "Poesia e verdade na neurose".[4] Trazendo o estudo de um caso clássico da psicanálise freudiana, "o homem dos ratos", e ainda um bizarro incidente da juventude de Goethe, Lacan formula a ideia da existência de um mito individual da pessoa com neurose, esse "cenário fantasmático se apresenta como um pequeno drama, um gesto, que é precisamente a manifestação do que eu chamo de mito individual do neurótico".[5]

O poeta e romancista Charles Mauron, na década seguinte, publicou um livro com a proposta de um método de análise de textos a que

---

[4] Há tradução brasileira de Claudia Berliner no livro *O mito individual do neurótico, ou Poesia e verdade na neurose* (Rio de Janeiro: Zahar, 2008). O subtítulo é referência explícita ao livro de memórias de Goethe, simplificadamente conhecido como *De minha vida: Poesia e verdade*, cujo título em alemão é *Aus meinem Leben: Dichtung und Wahrheit* (1811-1833). Dada a plurivalência semântica do substantivo feminino "*Dichtung*", o título poderia ser traduzido como *Ficção e verdade*, bem mais instigante para os propósitos deste livro. Aliás, na língua inglesa é, por vezes, referido como *Truth and Fiction*.

[5] *"Ce scénario fantasmatique se présente comme un petit drame, une geste, qui est précisément la manifestation de ce que j'appelle le mythe individuel du névrosé."* Disponível em: <http://aejcpp.free.fr/lacan/1953-00-00.htm>. Acesso em: 1 nov. 2018. (Tradução minha.)

denominou psicocrítica,[6] de raiz freudiana, destinada a grande repercussão acadêmica, e não apenas. O que nos interessa não é a teoria do método, nem sua aplicabilidade, mas sim o conceito de *mito pessoal* por ele criado: qualquer ficcionista — e eu digo: qualquer pessoa — possui um mito pessoal. Esse mito, em forma de rede, se dispersa por toda a sua obra através de algumas metáforas obsessivas; como um *fantasma latente*, está sempre ali. Lendo a obra de Stéphane Mallarmé, Mauron encontrou ali o mito pessoal do poeta expresso na figura feminina, representada como cobiçável e como algo a se temer, e ainda impossível de ser alcançada.

Não sei se você aceita o pensamento e o sintagma de Mauron, mas necessito dele para minha argumentação.

Pelo que já leu neste livro, você sabe que concebo o personagem à semelhança de um ser humano; assim, creio não estar sendo de todo herético ao aproximar a ideia do mito pessoal à da questão essencial do personagem. Assim como o ficcionista, o personagem também tem seu mito pessoal. A diferença está em que, segundo Mauron, o mito pessoal do ficcionista é *inconsciente*, expressando-se no subtexto de suas metáforas; já a questão essencial do personagem — digo eu — é *criada* pelo ficcionista, para alcançar a necessária consistência da narrativa.

Você já deve ter ouvido em algum lugar que toda história precisa de um conflito, e está correto. Do que talvez não se tenha dado conta é que, para que esse conflito seja verossímil e sustente o enredo, ele deve estar interligado à questão essencial do personagem.

Por quê?

Simples: porque a questão essencial do personagem reage/interage com os *fatores externos*[7] expressos na história, provocando o conflito.

Espanta-me verificar o quanto esse fato é esquecido nas reflexões de quem escreve sobre o processo criativo da ficção. Contudo, a questão essencial não só existe como é a matriz dos conflitos que movimentam as narrativas, os quais se expressam no enredo — que

---

6 Charles Mauron, *Des Métaphores obsédantes au mythe personnel*. Paris: José Corti, 1963. Nessa obra ele consolida ideias que já tinha sobre o tema desde a década de 1930.

7 Alguns acrescentariam "e fatores internos". Não estou alheio a isso, mas os tais fatores internos são justamente a questão essencial que será trazida à luz pelos fatores externos ao personagem. Fazendo o acréscimo, haveria uma absurda redundância.

será visto no próximo capítulo — e, como vimos, ao sabor dos fatores externos ao personagem que ali ocorrem.

Friso que o lugar mais próprio para constatarmos isso é na novela, no romance ou em contos de dimensão maior — ao estilo de "Uma rosa para Emily", de William Faulkner, "As filhas do falecido coronel", de Katherine Mansfield, ou "A terceira margem do rio", de Guimarães Rosa —, em que há oportunidade de que o personagem seja conhecido em maior profundidade.

Da questão essencial do personagem ao conflito da história

Já vimos que um personagem só é verdadeiro quando é complexo. Essa complexidade preexiste no personagem mesmo antes de acontecer a história e tem a ver com sua questão essencial. Agora façamos a conexão disso com o conflito.

Veja: se o personagem central é apresentado como um ser feliz, sem traumas, sem inquietações, sem angústias — enfim, um extraterrestre —, e de imediato, quando surge o inesperado, ele passa a viver um conflito, quem vai acreditar nisso?

Já se sabe: ninguém.

E por quê?

Porque o leitor precisa ser convencido de que o conflito faz sentido com a história *interior e anterior* do personagem — mesmo que ela não esteja explicitada no texto. Isto é, o personagem age de certa maneira em face de determinadas circunstâncias, de acordo com suas emoções, contradições e perplexidades antes constituídas.

Desculpe-me pelo didatismo talvez excessivo, mas até mesmo os especialistas se equivocam. Relato um exemplo: numa mesa-redonda a que assisti, sobre o *new journalism*, um painelista, ao fazer o resumo do romance *A fogueira das vaidades* (1987), de Tom Wolfe, começou pelo evento em que o personagem central, o milionário Sherman McCoy, atropela por acidente um homem negro no Queens. De fato, tudo parece decorrer disso: a execração pública, o processo, a polêmica sobre a segregação racial, com a perseguição do promotor público Lawrence Kramer e a ambição de gente que deseja se promover com o caso. Essas consequências põem em xeque e desestabilizam Sherman McCoy e o fazem pensar no papel social que desempenhava até então.

Essa é a história, mas ela só existe porque o personagem reagiu àquela situação de acordo com sua personalidade e seu histórico de vida.

O lapso do painelista foi começar o resumo pelo acidente, pelo *fator externo*, porque isso ignora as circunstâncias prévias do personagem, que estavam todas ali, prontas para esse descuido do destino que acaba por provocar uma hecatombe em sua vida.

Mas atenção para um pormenor:

||||||||||||||||||||||||||||||||||||||||||||||||||||||||||||||||||||||||||||||||

¶ Você não é obrigado a mostrar de modo nítido a questão essencial do personagem. Importa que ele, ao começar a narrativa, já a detenha. Antes de tudo, elaborar essa questão é um utensílio do trabalho. O leitor atento irá construí-la a partir dos elementos que você colocar no enredo.

||||||||||||||||||||||||||||||||||||||||||||||||||||||||||||||||||||||||||||||||

Agora, imagine que você fosse participar de um painel sobre *Hamlet*. O que diria sobre a peça?

Um bom caminho — o melhor na perspectiva que adotamos — é afirmar que tudo acontece por causa das eternas dúvidas e dos juízos surpreendentes do príncipe, *anteriores* à sua entrada em cena. Observemos também como Shakespeare optou por implantar o conflito no início; isso, portanto, não está apenas no monólogo célebre, que acontece mais tarde. Os indícios se verificam já na cena II do ato I, na qual Hamlet fica a sós. Ele lamenta o apressado casamento da mãe, a rainha, a menos de dois meses de ficar viúva:

> [...] *Ó Deus! Ó Deus!*
> *Que tediosos, rançosos, planos e improfícuos*
> *Parecem-me os usos todos deste mundo!*
> *É nojento! É um jardim onde se alastra o inço*
> *Que explode em grãos. Só há o que é podre, o corrupto*
> *Dominando ali.* [...][8]

Sim, isso é dito a propósito do casamento, mas Hamlet estende seu desgosto, ampliando-o a todo o mundo, "um jardim onde se alastra o

---

8 William Shakespeare, op. cit., p. 62.

inço". Com isso, a questão essencial de Hamlet "está pronta" para a interferência dos fatores externos — quando o espectro de seu pai aparecer e o incumbir do terrível encargo de vingar sua morte, perpetrada por Cláudio —, aí sim instaurando o conflito, que captará o interesse do espectador até o final.

Perante a ordem paterna, o príncipe faz um juramento terrível ao pai, no ato I, da cena V:

> [...] *Sim, pobre*
> *Alma, enquanto a memória tiver um lugar*
> *Nesse meu atordoado globo. Te lembrar?*
> *Ah, sim, do quadro da memória apagarei*
> *Toda marca tola e trivial, todo adágio,*
> *As formas todas, todas impressões passadas*
> *Que a idade, a deferência transcreveu ali,*
> *E tua ordem viverá única e sozinha*
> *Nos livros e nos tomos todos do meu cérebro,*
> *Sem mescla com coisas baixas. Sim, pelos céus!*[9]

Este é o momento em que ficamos atentos ao que vai acontecer, e pode ser sintetizado numa única pergunta: Hamlet conseguirá cumprir seu juramento, vingando a morte do pai? Sempre achei essa ordem do rei uma suprema iniquidade, pois ele, como pai, conhecia a fraqueza do filho e seu espírito atormentado — mas não me cabe, nem é conveniente, julgar atos de fantasmas. Se Hamlet, por sua vez, tivesse um temperamento enérgico e audaz, correria ao salão do palácio e apunhalaria o tio. Em compensação, não existiria a peça de Shakespeare, que, a partir desse ponto, só aumenta seu grau de complexidade e amplia o conflito de maneira insuportável para o jovem.

Trago, agora, outro exemplo, entre tantos possíveis, de como o leitor toma conhecimento prévio da questão essencial do personagem. Falemos em *Os sofrimentos do jovem Werther*, a que já aludi por outra razão e que ainda voltará.

Essa obra de juventude de Goethe, como sabemos, organiza-se na forma de cartas que Werther escreve ao amigo Guilherme; para o

---

9 Ibid., p. 79.

efeito de nossa argumentação, irei tratá-la como uma novela típica, ignorando seu caráter epistolar. O conflito deriva do amor não correspondido, ou, melhor dizendo, impossível — mas vai muito além disso, como se sabe. No caso, trata-se do amor por Carlota, noiva de outro homem. É esse amor, ou antes, essa paixão, que, se intensificando, acaba levando o jovem a suicidar-se.

Nas quinze primeiras linhas da narrativa, já surge uma reflexão que mostra uma personalidade arrebatada, pronta para a tragédia:

> Como estou contente de ter partido! Ah, meu amigo, o que é o coração humano! Deixar-te, a ti que eu tanto amo, de quem eu era inseparável, e estar contente! Sei que me perdoarás. Não estavam todas as minhas demais relações como que escolhidas pelo destino a fim de afligir um coração como o meu? A pobre Leonor! E contudo eu era inocente! Podia eu fazer algo se, enquanto o encanto teimoso de sua irmã me proporcionava tão agradável companhia, uma paixão se acendia em meu pobre coração?[10]

Temos, portanto, todos os ingredientes que culminarão na catástrofe: a sensibilidade à culpa; a contraditória afirmação de inocência; a condição de vítima do destino; a paixão que trazia dentro de si, cuja solução foi o afastamento. Aqui já vemos antecipado o afastamento final e definitivo, que acontecerá pelo suicídio. Mesmo que ele diga, dias depois, que "Uma serenidade admirável domina minha alma inteira, semelhante à doce manhã primaveril que eu gozo de todo o coração", é só uma prova de como se mostrará volúvel, com alternâncias dolorosas: "Tu sabes que não existe no mundo nada tão instável, tão inquieto quanto o meu coração". Uma última citação, que, por sua natureza, o aproxima das dúvidas shakespearianas:

> Que as crianças não sabem o porquê de desejarem algo, todos os pedagogos estão de acordo. Mas que também homens feitos se arrastem como crianças, titubeando sobre a face da terra, e, exatamente como elas, não saibam de onde vêm e para onde vão, até mesmo que não

---

10 Johann Wolfgang von Goethe, *Os sofrimentos do jovem Werther*. Trad., org., comentários e notas de Marcelo Backes. Porto Alegre: L&PM, 2011. (E-book.) Todas as citações dessa obra de Goethe são transcritas dessa edição.

têm um fim determinado para suas ações, igualmente governados por biscoitos, balas e chibatas, ninguém faz gosto em acreditar. Quanto a mim, parece-me que não há realidade mais palpável do que essa.

Agora já estamos no domínio das preocupações existenciais. O sofrimento amoroso aparece como a face reconhecível de algo bem mais profundo, que reside na experiência do abandono do ser humano à própria sorte, sem que nenhuma entidade superior a predetermine, tema que Søren Kierkegaard, Heidegger, Sartre e Emmanuel Mounier estudariam nos séculos XIX e XX.

Não estou a dizer que, para escrever narrativas, seja necessária uma atitude tão solene ou filosófica ao pensar no conflito. *Basta* que seu personagem possua uma questão essencial. *Basta* que você pense sobre esse assunto, tendo em mente que quanto mais universal a questão — quanto mais ela remeter a dúvidas que nos assolam a todos — maior a chance de comprometimento do leitor.

O CONFLITO, ESSE NOSSO VISITANTE DIÁRIO

O conflito é parte integrante de nossa vida, desde o primeiro momento da manhã, em que temos de escolher o que vestir ("O que fica melhor para falar com meu chefe sobre aquele assunto chato? Uma camisa polo e calça jeans? E, por cima, um blazer? Sem blazer? Mas eu tenho um blazer decente?"), até o momento em que apagamos a luz para dormir ("E agora? Como vou dizer para Fernanda que temos de nos desfazer desta casa? Com essa notícia do chefe não há outra solução"). Mesmo quando dormimos, nossos sonhos, em grande parte, organizam-se em forma de conflito: somos perseguidos por monstros, ganhamos na loteria e perdemos o bilhete, morre alguém muito próximo.

Pensando em situações públicas, a política é um exemplo de conflitos a todo tempo. Qualquer tratado internacional está cheio de precauções e desconfianças mútuas. As nações mantêm embaixadores noutros países para que os conflitos sejam atenuados. As relações com nossos parentes e amigos são expressas em avanços e recuos nas situações de discórdia. Os mundos pessoal e público são crivados de conflitos.

Nesta altura de nossa conversa, você já sabe o quanto armazeno perguntas não respondidas de modo satisfatório. Agora vai mais uma: por que, se as coisas são assim, muitas vezes nos deparamos com ficções desprovidas de conflito?

Aqui damos de frente com os já comentados fatores humanos, que podem dificultar e até impossibilitar a escrita, transformando nosso romance num pântano de trivialidades que o leitor irá descartar na página 10.

Quando pus em aula a discussão desse tópico, percebi um silêncio preocupado, cada um pensando nas próprias experiências literárias. Para desdramatizar o ambiente — afinal, nossos textos precisam de componentes dramáticos, mas o ideal é que nosso processo de criação decorra sem grandes sofrimentos —, perguntei que tipo humano seria incapaz de criar conflitos em suas narrativas.

Qual seria a sua resposta?

A nossa foi que seria alguém que não identifica antagonismos no mundo. Alguém que não vê nada que queira mudar, que não enxerga nenhum tipo de problema em sua vida, tampouco na vida daqueles que o cercam, ou mesmo no que lê no jornal, na internet, ou assiste na TV. Alguém que não percebe a si próprio como vivendo imerso em conflitos.

Será que existe uma pessoa assim? E, se existir, não seria um tipo muito raro?

Então, por que certas narrativas pecam pela ausência de conflito, ou de um conflito forte o suficiente para fazer com que o leitor vire as páginas para descobrir como a situação vai se resolver?

Uma hipótese: estamos diante de um texto primário, isto é, de alguém que se decide a escrever sem possuir o preparo e os instrumentos para tal.[11] Não é o seu caso, tenho certeza, porque você se interessou por este livro. Você, como ficcionista, entende que, sem conflito, não há narrativa que possa interessar ao leitor — e se preocupa quando constata que seus textos apresentam esse problema.

A boa notícia é que, assim como quase tudo em matéria de técnica da escrita ficcional, trata-se de um problema cuja solução podemos encaminhar.

---

11 Alguém, por exemplo, que não leu o suficiente ou não parou para pensar no que leu.

Do que estamos falando quando falamos de conflito?

Façamos como se estivéssemos na Oficina. Às vezes, é necessário começar pelo básico para então construir aos poucos o conhecimento ou, como prefiro neste caso, o entendimento. Pensemos então num silogismo que se apoia em tudo o que já vimos:

IIIIIIIIIIIIIIIIIIIIIIIIIIIIIIIIIIIIIIIIIIIIIIIIIIIIIIIIIIIIIIIIIIIIIIIIIIIIIIIIIIIII

¶ Todo personagem se comporta como um ser humano. Todo ser humano vive conflitos. Logo, seu personagem vive conflitos.

IIIIIIIIIIIIIIIIIIIIIIIIIIIIIIIIIIIIIIIIIIIIIIIIIIIIIIIIIIIIIIIIIIIIIIIIIIIIIIIIIIIII

Não sei se meu antigo professor de lógica formal do colégio dos jesuítas daria nota dez para esse silogismo; só sei que ele faz sentido.

Falta, agora, aplicá-lo às finalidades deste livro. Comecemos pela terminologia. Como definir o conflito? Depois de "personagem" não há palavra tão usada em sala de aula. Nos seminários semanais são correntes afirmações como: "Esse conto é chato, não tem conflito", "Sinto que essa novela tem um conflito, mas não consegui identificar", "Nesse romance o conflito está bem claro, tão claro que me tirou a vontade de continuar" ou "Essa narrativa tem o conflito bem nítido, e o autor não se perde". De vez em quando, uma consagração: "Este autor *encontrou a medida*[12] no tratamento do conflito".

O que pensamos dessas afirmativas?

Podemos deduzir que a existência de um conflito poderoso — e o tratamento adequado — é uma das pedras de toque para a avaliação da qualidade de uma narrativa ficcional, mas defini-lo não parece tão simples.

Talvez o problema resida em certa saturação do termo "conflito". Você o lê em resenhas críticas e livros — inclusive neste —, o escuta em aulas de escrita criativa e nas entrevistas dos ficcionistas. Você tem o direito de estar meio enjoado dele. E sem falar que cada um trabalha com um conceito próprio. No entanto, precisamos operar com um termo intelectivo que não nos deixe em dúvida.

---

12 "Encontrar a medida" — guarde essa ideia. E vale não apenas para o tratamento do conflito, mas para qualquer caso que implique escrever narrativa de ficção.

Em busca de um entendimento[13]

Quando provoco o grupo da Oficina para chegarmos a esse entendimento, não há unanimidade, o que é muito saudável. Alguns dizem que surge o conflito quando, na história, acontece algum fato que não deveria acontecer — ou quando deixa de acontecer algo que deveria acontecer. Há os que trazem a ideia de que o conflito é o resultado da oposição entre dois personagens que querem o mesmo, ou, ainda, quando um quer dominar o outro, como numa luta de boxe. É a relação protagonista versus antagonista. Uma aluna despertou interesse entre os colegas ao dizer que entendia o conflito como o sentimento que experimenta um personagem em seu esforço para conseguir o que deseja.

Feitas as contas, todos estão certos, na medida em que apresentam *situações deflagradoras* de uma experiência psicológica capaz de levar o leitor a seguir adiante na narrativa.

Que experiência psicológica é essa?

Bem, vamos reler um fragmento já usado de *Suave é a noite*. Ele termina assim:

> Seu corpo [da jovem] pairava delicadamente no último limite da infância: tinha cerca de dezoito anos e estava quase desenvolvida de todo, mas ainda conservava o frescor da primeira idade.

Após essa apresentação do personagem, segue-se esta situação:

> Ao surgir logo abaixo o mar e o céu como uma linha fina e cálida, a mãe disse:
> — Algo me diz que não vamos gostar deste lugar.[14]

Reparemos: em meio ao cenário idílico, quase uma pintura impressionista, a mãe nos inquieta com sua frase sinistra.

Pronto, aconteceu: estamos ligados ao romance. E era isso mesmo que desejava Fitzgerald, podemos supor, mas como se deu?

A situação mostrada causou-nos um repentino desassossego, uma experiência que podemos simplificar chamando de *tensão*.

---

13 Falo em *entendimento*, em vez de *definição* ou *conceito*, para possibilitar um leque maior de significados, pois, às vezes, o conflito é algo mais *sentido* do que compreendido.
14 F. Scott Fitzgerald, op. cit. (Tradução minha.)

Como vimos no primeiro capítulo, sempre que o personagem abre uma história, instaura-se uma promessa. No caso de *Suave é a noite*, a abertura nos promete que, se seguirmos lendo, saberemos qual o agouro lançado pela mãe.

Tensão: eis a palavra que procurávamos

Fitzgerald, claro, cumpre o que prometeu. E ele sabe como fazê-lo: através do que se costuma chamar de progressão dramática. Ou seja, a tensão vai crescendo. Mais adiante, no capítulo III do livro I, por exemplo, há um diálogo da jovem — Rosemary Hoyt, uma atriz — com sua mãe. Estão no restaurante do hotel.

— Me apaixonei na praia — disse Rosemary.
— Por quem?
— Primeiro, por um grupo de gente que parecia muito agradável e, em seguida, por um homem.
— Você falou com ele?
— Só um pouco. É muito bonito. Ruivo. — Ela comia com um apetite voraz. — Mas é casado. Como sempre.[15]

Nossa *tensão* de leitor eleva-se. E por quê? Porque na última fala de Rosemary estão embutidas algumas revelações parciais que, em seu conjunto, são explosivas, ainda que a ação se passe nos Roaring Twenties: em primeiro lugar, ela diz que está apaixonada, mas, logo em seguida, que o homem — Dick Diver — é casado, e tudo fica pior quando sabemos que Rosemary "como sempre" se apaixona por homens casados. Está feito o conjunto de situações perfeitas para justificar o pressentimento da mãe. E não é demais ressaltar a importância da informação de que ela comia "com um apetite voraz". Rosemary mostra ser alguém que quer esgotar todas as possibilidades que a vida lhe oferece, mesmo as mais perigosas do que devorar um prato de comida.

Basta uma análise superficial para verificarmos o *contraponto* entre os fatores externos com que Rosemary vai se deparar — tipos patéticos, uma sociedade rica, decadente e frívola, desencontros amo-

15 Ibid.

rosos, o interesse que Dick manifestará por ela, loucura, alcoolismo e, como se não bastasse, um homicídio — e aquilo que é sua questão essencial, composta de um estranho arranjo de ingenuidade e avidez por desfrutar a vida, mesmo à custa da perda da inocência.

Isso a que chamei *contraponto* pode ser chamado de *conflito*.

E agora vejamos um assunto inseparável deste e que diz respeito a duas realidades humanas entranhadas na nossa vida psíquica — delas ninguém escapa —, que são causa de todos os conflitos e se ligam à questão essencial.

ENTRE DESEJOS E MOTIVAÇÕES: ASSIM VAI A VIDA

Você talvez não tenha ainda parado para pensar que todo personagem precisa ter um objetivo na história — algo que ele deseja *fazer* (ou *não fazer*).

Certo, mas temos de pensar o que motiva o personagem a ter esse desejo. Por que ele deseja o que deseja? Por que tem certo objetivo? Qual é a sua *motivação*?

Como você já deve desconfiar, a resposta tem a ver com a questão essencial do personagem, a qual o leitor irá conhecer — ou intuir — ao longo das primeiras páginas da narrativa.

||||||||||||||||||||||||||||||||||||||||||||||||||||||||||||||||||||||||||||||

¶ Qualquer objetivo tem uma motivação. Essa motivação decorre da questão essencial do personagem. A motivação é a *materialização da questão essencial*.

||||||||||||||||||||||||||||||||||||||||||||||||||||||||||||||||||||||||||||||

Para encaminhar esse tema, mais uma vez teremos de tratar de um assunto não literário.

Nossa vida, nossos objetivos, têm uma motivação fundamental: a busca da felicidade ou, algo menos dramático, a busca do bem-estar físico e emocional. Mesmo um homicida contumaz, a seu modo perverso, busca a felicidade. Mesmo os que levam uma dura vida ascética ou monástica, implicando autoflagelações e uso de cilícios, esse desejo existe, ainda que a felicidade esteja situada num plano além da morte.

A motivação vem materializada em objetivos concretos: matricular-se num curso ou escolher uma carreira, aceitar ou rejeitar seu sexo, tornar-se engenheiro, amar, casar ou não casar, ter ou não ter filhos. Por isso, podemos dizer que o objetivo fará com que o personagem *queira algo* na nossa narrativa.

Pensemos num romance hipotético. Digamos que esse romance apresente o personagem Dave e o personagem Mark; ambos disputam o mesmo posto de vice-presidente da multinacional em que trabalham em Nova York. A reunião em que o conselho diretor vai escolher o novo vice-presidente acontecerá no outono, e estamos no começo da primavera. Desde esse momento até o da eleição, temos três meses em que Mark e Dave vão fazer maldades um com o outro para desacreditar o concorrente perante o conselho. A história vai se desenvolvendo nessa rixa até o ponto em que entendemos que o ficcionista está apenas encompridando a história, pela razão de que não sabe mais o que fazer com esses personagens tolos e não quer que o livro termine logo. Seria melhor que acabasse, mas o ficcionista persiste, sem que o leitor tenha culpa para ser punido com esse suplício. É possível que abandonemos a leitura do romance hipotético; mas, se persistimos, já podemos adivinhar um dos três finais: Dave é eleito, ou Mark é eleito, ou, por fim, nenhum dos dois é eleito. Em qualquer dos casos, a sensação é frustrante, porque esperávamos ler algo que tivesse um conteúdo com o qual nos identificássemos. Tudo o que acontece no livro não nos diz respeito, pois não passa de uma briga de moleques engravatados. Imaginemos que um dia você, por espírito audaz, se lance a escrever uma história com esse mesmo tipo de *conflito*. Prepare-se: na página 20 você não terá mais nada a escrever — se tiver pensado numa obra com cem páginas, as oitenta restantes serão dispensáveis. Você não gostaria disso, não é mesmo?

Tudo pode mudar de figura, entretanto.

Imaginemos outro romance hipotético com os mesmos personagens e a mesma disputa, mas no qual o autor resolve dar consistência ficcional a Mark e Dave e o conflito representa algo que vai muito além da disputa pelo cargo. Digamos: os dois, na sua contenda, aparentemente lutam para ser vice-diretor, mas o assunto é mais profundo: Mark foi acusado pela esposa de ser incapaz de encarar desafios na vida, o que é um mau exemplo para os filhos, e eles só ficariam juntos se ele demonstrasse ambição profissional. Já Dave tem um modelo na vida, o pai já falecido, e tenta, de todas as maneiras, conseguir o que ele havia alcançado: estabilidade burguesa, conforto, dinheiro no banco. Dave não encontrará razão para viver se não atingir esse objetivo.

Dave tem uma motivação e Mark tem outra, mas o objetivo de ambos é obter o tão desejado cargo.

A raiz dessas motivações reside na questão essencial de cada um, e que leva ao conflito.

Casanova, ao contrário do que muitos pensam, não tinha como desejo apenas seduzir mulheres indefesas

Há uma abertura de novela de que gosto muito, pois em poucas linhas apresenta o personagem, sua motivação e seu objetivo, e instaura o conflito. Assim começa *O retorno de Casanova* (1918), de Arthur Schnitzler:

> Aos cinquenta e três anos, quando Casanova já há algum tempo não se via mais impelido a viajar pelo mundo pela volúpia aventureira da juventude, mas antes, pela inquietação da velhice próxima, sentiu exacerbar-se, com pungente veemência, a saudade de Veneza, sua cidade natal. Como um pássaro que a partir de píncaros altaneiros começa a descer em grandes círculos quando sente a proximidade da morte, pôs-se a rondar sua cidade em círculos cada vez mais estreitos. Já por várias vezes, nos últimos dez anos de seu exílio, ele havia suplicado ao Conselho Supremo permissão para seu retorno. As primeiras petições, nas quais era mestre, vinham eivadas de despeito, teimosia e por vezes de um prazer obstinado. Com o passar do tempo, porém, começou a transparecer inequivocamente, uma dolorosa ansiedade e um arrependimento sincero em suas palavras humildemente suplicadas.[16]

Casanova, que ficou conhecido como grande libertino, era muito mais do que isso; ficcionista de exceção, músico, filósofo e pensador político, foi adulado pela nobreza europeia e, ao envelhecer — envelhecia-se cedo —, quis voltar para o ninho onde nascera. A novela de

---

16 Arthur Schnitzler, *O retorno de Casanova*. Trad. de Günther H. Weatzel. São Paulo: Companhia das Letras, 1988, p. 7.

Schnitzler irá mostrar as investidas fracassadas de ser recebido de volta, até que as autoridades enfim lhe concedem o retorno, mas condicionado a ser uma espécie de alcaguete, um delator premiado da pior categoria. O impasse, então, acaba se transferindo da luta pelo retorno a Veneza — situado no plano público — para o drama interior de aceitar ou não a ofensiva proposta.

Então, o que temos? De um lado, os fatores externos, que Casanova não controla — a hierarquia de Veneza, que se recusa a recebê-lo de novo, mas que o autorizaria a regressar a troco da perda da dignidade —, e, de outro, a questão essencial do personagem, que é o sentimento de pertencer à segurança de um território metafísico e afetivo materializado em Veneza. A fricção entre esses dois panoramas — o externo e o interno —, simbolizada pelo desejo de voltar a Veneza, constitui o conflito de *O retorno de Casanova*. A curiosidade e a tensão do leitor aumentam à medida que o personagem se debate entre essas duas opções excludentes entre si: não voltar à cidade ou voltar desonrado.

Agora, repare: nos exemplos de Fitzgerald e Schnitzler, o conflito é da história, mas a tensão, essa, é do leitor. Isso vale para qualquer narrativa literária. Meus alunos e eu chegamos a formular uma "equação" que foi transcrita no quadro-negro:

||||||||||||||||||||||||||||||||||||||||||||||||||||||||||||||||||||||||||||||||

¶ Fatores externos ao personagem + percepções e ações internas do personagem a partir de sua questão essencial > conflito da história > tensão

||||||||||||||||||||||||||||||||||||||||||||||||||||||||||||||||||||||||||||||||

"Sei, tensão...", você pode estar pensando. "Mas, afinal, por que devo sentir tensão ao ler um romance? E por que eu, como ficcionista, tenho de causar tensão no meu leitor?"

Tensão é um estado em que algo precisa ser resolvido, pois almejamos a estabilidade, tanto no mundo físico como no psicológico. "Mas então, se queremos estabilidade, por que vou ler um romance, que vai me deixar desestabilizado?"

Dentro desse mesmo princípio, posso acrescentar outras perguntas: por que leio as notícias policiais? Por que há quem goste de participar de um rali ou praticar rapel? Por que os antigos espectadores gregos assistiam a tragédias? Ao que parece, somos todos fascinados pela perturbação de transitar por uma situação extrema com a garantia de sair ilesos. Num livro como este, não cabe percorrer esses meandros da mente humana, mas, sim, atingir a consciência do seguinte fato:

¶ Como ficcionistas, temos o compromisso de criar um conflito pela simples razão de que o leitor espera isso do livro que abriu para ler.

Pensemos em Hamlet, mais uma vez. O jovem e melancólico — ao menos no início — príncipe tem uma forte motivação — a terrível obediência ao pai —, que o leva a ter um objetivo: vingar o assassinato do pai. Essa história, Shakespeare a inventou para captar o interesse dos seus espectadores, que pagavam para se distrair. No decorrer do enredo, vemos o quanto esse objetivo de Hamlet se digladia com os fatores externos, pois implica a dúvida entre assumir os desafios da vida ou deixar-se levar pela morte, "podendo, ele próprio, quitar sua quietude com um reles punhal".

Ninguém pode afirmar que todos os espectadores iniciais do drama entenderam essa questão essencial — com ares metafísicos — de Hamlet, mas ela está ali, e é isso que faz com que hoje nos impressionemos tanto ao ler pela centésima vez essa obra magna. O objetivo hamletiano tem, contra si, sérios fatores externos, que estão, por exemplo, nas maquinações de Cláudio para afastar do castelo seu sobrinho e enteado, nas desconfianças do velho e ardiloso Polônio e até no arrebatado amor de Ofélia, que é mais um problema do que um apoio.

Certos personagens parecem "não querer nada"

Em algumas narrativas, como *Uma vida em segredo* (1964), de Autran Dourado, o personagem central aparenta não ter objetivo algum; na verdade, seu objetivo é ficar em paz no seu canto, mas, de certeza, terá suas motivações.

O romance retrata prima Biela, moça que, após a morte do pai, se vê obrigada a deixar a roça e ir morar com familiares numa cidade interiorana. Uma vez lá, "ela que era cheia de medos" não consegue se encaixar na vida urbana. Órfã de mãe, foi criada pelo pai numa fazenda. Podia então passar o dia metida consigo mesma, realizando seus trabalhos, contemplando aquele mundo tranquilo. Suas "lembranças mais quentes" remetem

> Ao riachinho correndo manso nas noites do Fundão, ao monjolo pelando chocho o arroz, à cantiga do canapé, a de manhãzinha o pasto molhado de orvalho, ao cheirinho de capim, à fumaça azulada da caieira no fim da tarde, aos passarinhos piando triscado na cerca, à neblina gostosa de relembrar.[17]

Biela nunca se adaptará ao ritmo citadino e às exigências da vida social. Sua busca da felicidade passa por não ser "uma presença tão marcante", por isso seu objetivo é levar uma existência sossegada e despercebida.

O caso de *O estrangeiro* (1942), de Albert Camus, se mostra mais complicado. Trata-se de uma novela influenciada pelo existencialismo, corrente filosófica da qual Camus é um dos ícones. Meursault, o personagem central, assassina um homem sem, a princípio, saber por quê. Tinha uma vida modesta e comum na ensolarada Argélia, à época ainda colônia francesa. Trabalhava num escritório. Saía com mulheres. Ia à praia. Tudo de forma indiferente. Não se empolgava nem sofria. Seu objetivo, se é que um dia pensou nisso, talvez fosse viver a rotina ao largo das grandes emoções. No dia seguinte ao enterro da mãe, por exemplo, vai à praia e se diverte com uma ex-colega de trabalho, com quem passa a sair. Considera-se, de certo modo, feliz.

Sua trajetória muda quando, num fim de semana na praia, toma parte na briga de um amigo com os irmãos da amante:

> Foi então que tudo vacilou. O mar trouxe um sopro espesso e ardente. Pareceu-me que o céu se abria em toda a sua extensão, deixando chover fogo. Todo o meu ser se retesou e crispei a mão sobre o revólver. O gatilho cedeu, toquei o ventre polido da coronha e foi aí, no barulho ao mesmo tempo seco e ensurdecedor, que tudo começou.[18]

---

17 Autran Dourado, *Uma vida em segredo*. Rio de Janeiro: Edições de Ouro, 1970, pp. 96-7.
18 Albert Camus, *O estrangeiro*. Trad. de Valeria Rumjanek. Rio de Janeiro: Best Bolso, 2015, p. 60.

O que começa ali é sua desgraça. O assunto da contenda não lhe dizia respeito, o revólver pertencia ao amigo e apenas por acaso estava nas mãos de Meursault. Porém, cometeu o crime e, preso, deve ser julgado por ele. No tribunal, sua atitude de "tanto faz" perante a vida causa má impressão. Relembra-se que ele não chorou no enterro da mãe e que no dia seguinte foi à praia, como se nada tivesse acontecido. Quanto ao crime, quando o presidente do júri lhe pede que especifique os motivos de ter atirado, Meursault responde ter sido por acaso e acrescenta, "misturando um pouco as palavras e consciente do meu ridículo, que fora por causa do sol". Acaba condenado à morte.

Mas qual a motivação por trás de sua atitude? Nem ele sabe, até o último momento, quando se torna consciente:

> Nada, nada tinha importância, e eu sabia bem por quê [...]. Do fundo do meu futuro, durante toda essa vida absurda que levara, subira até mim, através dos anos que ainda não tinham chegado, um sopro obscuro, e esse sopro igualava, à sua passagem, tudo o que me haviam proposto nos anos, não mais reais, que eu vivia.[19]

Mesmo sem perceber, durante toda a vida Meursault foi assolado (e isso está por trás de seus atos) pela questão central do existencialismo: o absurdo da condição humana num mundo sem sentido além do sentido que damos a ele. Portanto, o objetivo — inalcançado — de Meursault era conseguir enxergar algum sentido para a vida num mundo que não tem nenhum sentido.

Situação parecida enfrenta o personagem central de outra narrativa existencialista: *A náusea* (1938), de Jean-Paul Sartre. A novela é composta do relato de memórias do personagem central, o historiador Antoine Roquentin. Ele se instala numa pequena cidade portuária para realizar pesquisas na biblioteca local sobre uma aristocrata do século XVIII.

Ao contrário de Meursault, de *O estrangeiro*, Roquentin tem desde sempre consciência da absurda relação do ser humano com o mundo: "Tudo o que resta de real em mim é existência que se sente existir".

---

19 Ibid., pp. 108-9.

A grande questão, porém, é por que existir: "Deus meu! Sou eu que vou levar essa existência de cogumelo? Que farei de meus dias?".[20]

Ele precisa encontrar algo que o faça sentir que não está vegetando feito um cogumelo. A princípio, consegue, pois a angústia da existência desaparece quando ele está envolvido na pesquisa e escrita do passado. Só que quando precisa encarar o presente é acometido por um mal-estar físico e psíquico, uma espécie de enjoo, de tédio, de repugnância. A esse sentimento ele chama "náusea":

> Revela-se, delgada e firme, através de espessuras e espessuras de existência e, quando queremos captá-la, encontramos apenas entes, esbarramos em entes desprovidos de sentido. Ela está por trás deles: sequer a ouço, ouço sons, vibrações do ar que a revelam. Ela não existe, posto que nela nada é demais: é todo o resto que é muito em relação a ela. Ela é.[21]

O objetivo de Roquentin é vencer a náusea. Passa o livro todo tentando. Quase consegue. Quase desiste. Continua tentando. A narrativa termina com ele ainda na dúvida: "Então pode-se justificar sua existência? Só um pouquinho?".[22]

Vimos, assim, o quanto é necessário um objetivo para o personagem, a fim de que o enredo se sustente. Na maioria das vezes, esse objetivo é claro, como a busca de Akaki Akakiévitch por seu capote roubado, em *O capote* (1842), de Gógol; noutros casos, é bastante sutil — já vimos Meursault —, e se o leitor não o percebe de modo pleno, ele o *sente*. Se, entretanto, o objetivo faltar, a tendência é que o leitor se aborreça: "Afinal, o que quer esse personagem? Ora quer uma coisa, ora outra". Eis aí uma sentença mortal, que põe por terra todo o esforço do ficcionista em construir seu enredo. Mas vamos advertir: esse querer-não querer talvez seja um elemento vital da composição do personagem; assim, ficaria justificada sua conduta na narrativa — mas, mais uma vez, o leitor deve dar-se conta disso.

Neste ponto, não custa deixar bem claro algo que você já intuiu:

---

20 Jean-Paul Sartre, *A náusea*. Trad. de Rita Braga. Rio de Janeiro: Nova Fronteira, 2000, p. 251.
21 Ibid., p. 254.
22 Ibid., p. 257.

|||||||||||||||||||||||||||||||||||||||||||||||||||||||||||||||||||||||||||||||||
¶ Se você não criar um objetivo para o seu personagem, ele não irá inventar um por si próprio.
|||||||||||||||||||||||||||||||||||||||||||||||||||||||||||||||||||||||||||||||||

É claro que há conflitos literários que provocam tensões mais evidentes no leitor, ao passo que, noutros, a tensão significa um desconfortável estranhamento; ambos, contudo, são capazes de nos deixar perturbados. Uma aluna, bastante controlada, me disse que não consegue ler *A trégua* — de que já falamos — sem chorar como uma criança. Há, não obstante, conflitos mais sutis, que nos conduzem a uma tensão menos lacrimosa. Em "Missa do galo", conto de Machado de Assis, o mérito reside na sutileza do conflito, o que resulta numa tensão mais difusa.

Então todas as histórias precisam ter conflito?

Não são todas as histórias que pressupõem um conflito. Um relato de viagem, um ofício que conta o que aconteceu numa inspeção sanitária, uma notícia de jornal que narra como transcorreu uma rodada da segunda divisão não necessitam ter conflito porque são peças informativas, não ficcionais — se bem que mesmo essas modalidades de texto ganham em interesse quando apresentam alguma situação conflitiva.

Agora, quando falamos de narrativas literárias, o conflito é parte integrante de sua existência. Se não há conflito, não há interesse do leitor e, portanto, não há literatura — aliás, não há nenhuma arte.

É HORA DE FALAR SOBRE A FAMOSA TRANSFORMAÇÃO DO PERSONAGEM

No decorrer das narrativas, o personagem age, envolve-se em complicações, tenta sair delas, bate em retirada ou, ao contrário, as domina. Sofre como um cão, tem alguns momentos de felicidade, mas chega um capítulo em que a narrativa deve terminar, porque assim havíamos previsto. E isso tudo faz com que ele se transforme. Será mesmo?

Ou será que, em vez da famosa transformação do personagem — que resolveria sua questão essencial —, ocorre uma *alteração de atitude* perante o conflito da história?

Vejamos. Sempre ouvimos dizer que deve existir uma transformação do personagem quando termina a narrativa. Trata-se de uma ideia a que me habituei sem muita crítica, embora algo me incomodasse: afinal, não é por viver uma história que alguém faz sua questão essencial desaparecer como mágica. Se isso não acontece na vida, muito menos aconteceria na literatura, pois esta tem mais compromisso com a veracidade do que com a própria vida.

No decorrer do tempo de reflexão e docência, procurei entender melhor meu desconforto com esse tema e fui à busca da *natureza* da transformação do personagem. Cheguei a um resultado que, sem renegar a fórmula consagrada — a transformação —, lhe faz um ajuste.

O que balizou meu percurso reflexivo foi o drama de Raskólhnikov. Quando termina o texto, somos tentados a pensar que ele se transformou por completo no momento em que confessou o crime e foi mandado para cumprir sua pena de sete anos na prisão da Sibéria. Não é bem assim. Dostoiévski põe algo nas linhas finais que merece atenção:

> Mas [Sônia] estava tão feliz que a sua felicidade quase a assustava. Sete anos, só sete anos! No princípio de sua felicidade, houve alguns momentos em que estiveram dispostos a considerar aqueles sete anos como sete dias. Ele nem sequer sabia que a vida nova não lhe seria dada de graça, mas que ainda teria de pagar muito caro por ela, pagar por ela com uma grande façanha no futuro...
> Mas aqui já começa uma nova história, a história da gradual renovação de um homem, a história da sua transição progressiva de um mundo para outro, do seu contato com uma nova realidade, completamente ignorada até então. Isto poderia ser o tema de uma nova narrativa... mas a presente narrativa termina aqui.[23]

Na aparência, está resolvida a questão essencial dele, mas, na verdade, o que se resolveu foi sua *atitude perante o conflito* exposto no romance. E que conflito é esse? Há concordância entre os leitores: seu conflito é a tensão entre sua consciência e o fato de haver cometido dois assassinatos.

---

23 Fiódor Dostoiévski, op. cit., p. 590.

Não acreditamos que Dostoiévski achasse muita graça em escrever um romance inteiro para mostrar a regeneração de um homem em direção a uma vida feliz sem nenhum problema — tanto isso é verdade que jamais escreveu a tal "nova narrativa".

O final de *Breve romance de sonho* (1926), de Arthur Schnitzler — novela a que nos referiremos mais vezes —, ocorre ao amanhecer de uma noite fantasmagórica, de fatos reais e sonhados. O casal Fridolin e Albertine está aconchegado na cama.

> [...] "O que vamos fazer, Albertine?"
> Ela sorriu e, após breve hesitação, respondeu: "Agradecer ao destino, penso eu, por termos escapado incólumes de todas as aventuras — as reais e as sonhadas".
> "Você tem certeza de que é o que você quer também?", perguntou ele.
> "Estou tão certa quanto suspeito que a realidade de uma noite ou mesmo de toda uma vida não representa sua verdade mais íntima".
> "Nem sonho algum", suspirou Fridolin baixinho, "é totalmente sonho."
> Ela tomou a cabeça dele nas mãos e aninhou-a com carinho sobre o peito. "Agora estamos os dois acordados", disse, "e assim será por muito tempo."
> Para sempre, ele quis acrescentar, mas antes ainda que houvesse pronunciado as palavras, ela colocou-lhe um dedo nos lábios e, como se o fizesse para si mesma, sussurrou: "Melhor não perguntar ao futuro".[24]

É nítida a certeza de Albertine de que aquilo não foi o fim. Ambos sabem que algo de transcendental aconteceu naquela longa noite, mas, à investida de Fridolin, que pretende antever uma situação estática e definitiva, ela o chama à realidade: "Melhor não perguntar ao futuro".

O final de *A resistência*, de Julián Fuks, é um exemplo de ausência de transformação do personagem:

> Meu irmão abre a porta e não me traz respostas: em sua presença as perguntas se dissipam. Meu irmão é um corpo firme postado de perfil, é um braço estendido que me convida a entrar, é um quarto que surpreende de tão pacífico. Está sem camisa, e seu torso não é gordo nem magro, sua cicatriz não é mais que um traço largo que eu me obrigo a

---

24 Arthur Schnitzler, *Breve romance de sonho*. Trad. de Sérgio Tellaroli. São Paulo: Companhia das Letras, 2008. (E-book).

procurar. Noto que fujo de seus olhos, não os quero contemplar. Entro de cabeça baixa no quarto e é como se o ocupasse, como se não restasse espaço para mais nada; noto que no quarto não cabem as palavras. Em segundos lhe darei o livro, e talvez as palavras encontrem o seu lugar. Por ora, agora sim, me limito a olhar meu irmão, ergo a cabeça e meu irmão está lá, abro bem os olhos e meu irmão está lá, quero conhecer o meu irmão, quero ver o que nunca pude enxergar.[25]

O que muda é a atitude do personagem central quanto a seu irmão, o que foi fruto de tantas ansiedades e tensões vividas durante a novela. Não sabemos nada sobre o que virá depois.

||||||||||||||||||||||||||||||||||||||||||||||||||||||||||||||||||||||||||||||||||||
¶ Pelos exemplos acima, é possível ver que o acontecido foi uma alteração de atitude do personagem acerca do *conflito da narrativa*, e não de sua *questão essencial*. Esta poderá voltar a qualquer momento, em qualquer outra história, em outra novela, bastando que seja acionada pelos fatores externos de outro enredo.
||||||||||||||||||||||||||||||||||||||||||||||||||||||||||||||||||||||||||||||||||||

O uso intenso do termo "transformação do personagem" gera um pertinaz mal-entendido. Críticos, teóricos e ficcionistas nunca quiseram dizer que o personagem se transforma por inteiro no fim do livro — mas, sim, que ocorre algo, no interior da narrativa, que modifica a *perspectiva do personagem acerca do conflito*. A transformação, portanto, é incompleta e ad hoc, mas, segundo o caso, pode dar a impressão de que o personagem "é outro" depois de tudo o que passou. Apenas em sentido figurado podemos aceitar essa ideia.

Uma proposta de autobiografia

Para ver melhor essas coisas, irei propor agora um exercício de imaginação autobiográfica. Pense em sua vida atual. Vá ao computador. (Ou não vá; poderá apenas mentalizar, caso confie em sua memória.) Anote tudo o que você faz, o que não faz, os amigos que (não) tem, onde mora, grau de escolaridade, como lida com o dinheiro, qual seu emprego ou atividade e se gosta dele.

---

25 Julián Fuks, op. cit.

Passo seguinte: tente descrever para si mesmo como você está *agora*, mas o principal é anotar o que você *pensa e sente*. No que você acredita ou não acredita. O que pensa sobre o amor, por exemplo, ou sobre aspectos mais perenes, como a duração da vida, suas fobias mais ou menos estáveis. Registre o que você sente como sua melhor experiência existencial no presente momento de sua vida.[26]

Agora, pense em você dez anos atrás. Faça a mesma lista. Demorará um pouco mais. Se você não é um robô, vai constatar diferenças que nem imaginava. Procure anotar à parte os acontecimentos que motivaram essas transformações. Pode ser que não se lembre de todos, mas, ao contrário, de alguns eventos ou turbulências mais importantes, talvez decisivos. Trabalhando bem, você irá estabelecer com alguma nitidez o que fez você ter uma atitude tão diferente perante certos fatos. Por exemplo: você não aceitava, há dez anos, a relação de seu pai divorciado com uma garota que podia ser filha dele, e hoje aceita.

Essas diferenças entre ontem e hoje ocorrem porque você, como ser humano, tem uma consistência intrínseca e natural, e, portanto, esse arco biográfico não terá coisas inexplicadas. Tudo fará sentido. Na sua vida pessoal isso pode tanto ser bom como mau; quero dizer, talvez você se arrependa de algo que tenha feito ou deixado de fazer e que resultou, hoje, em algo menos bom. Ou, ao contrário, algum fato levou sua vida a uma situação melhor do que era há dez anos. Em qualquer dos casos, entretanto, haverá lógica nessas transformações.

Sugiro agora que você selecione alguma "história" específica que tenha lhe sucedido no lapso desses dez anos. Um evento marcante que se desenvolveu no tempo e a que é possível atribuir começo, meio e fim — compreensível a ponto de ser contado a outra pessoa. Lembre-se: não há histórias na vida. Elas só existem quando são contadas por alguém

Imagine agora que você seja uma mulher, casada, com três filhos, numa relação estável — ao menos para os outros —, e tivesse tido uma relação amorosa com um colega de trabalho, um caso, como você denominou. Isso passou, mas foi muito doloroso. Você precisa desabafar com uma pessoa de sua inteira confiança. Seu melhor amigo está fazendo um doutorado em filosofia na Victoria University, na Nova Zelândia. Ele é a única pessoa discreta e leal que existe sobre

---

26 Não, este não é um livro de autoajuda.

a face da Terra. Será ele. O meio para isso será o e-mail, e ainda que não seja uma forma segura de correspondência, você prefere correr o risco. Ademais, você se expressa melhor por escrito, pois lhe permite pensar, o que não acontece com o telefone ou o Skype.

Você começa assim: "Gustavo, preciso te contar. Tive um caso".

A partir daí, começa a narrativa de sua história. O casamento não ia bem. Jorge andava afundado no trabalho e ficava cada vez mais arredio a outro assunto que não fosse o trabalho. Seguia bom com as crianças, mas sua atenção estava muito distante. Não havia mulher no meio, que isso você saberia logo. Decerto Gustavo se lembra de Rodrigo, aquele que vinha há muito tempo dando em cima de você. Pois um dia aconteceu o inevitável.

Você explica o que foram as semanas seguintes, com a alma (você gosta dessas palavras dramáticas) partida ao meio, as mentiras diárias, o terror de ser descoberta. Semanas não, foram três meses de céu e inferno (drama é com você mesma). Um dia não deu mais. Rodrigo se revelou um cretino, e tudo acabou da pior maneira, mas acabou. Você relê o e-mail. Ficou enorme. Mesmo assim faltavam alguns pormenores, que foram incluídos.

No dia seguinte vem a resposta, muito apropriada para um filósofo: "Se o caso não era bom, o melhor foi ter acabado a tempo. Mas queria te perguntar: o que mudou em você depois disso?".

Você fica olhando para a pergunta e prefere responder depois. Sim, algo mudou: você não vai deixar de procurar a felicidade, com Jorge ou sem ele. Mesmo com o péssimo resultado desse evento e todas as suas tensões, você recuperou sua sensibilidade, inclusive sua experiência erótica, que pensou que estava adormecida. Hoje você sabe distinguir com mais nitidez o que lhe serve e o que não lhe serve no plano do amor.

Você escreve tudo isso para Gustavo, que, no mesmo dia, em resposta, lhe manda uma selfie sorridente tirada na universidade, com a baía e a cidade de Wellington ao fundo: "Ótimo. Você resolveu por si mesma esse caso. Está pronta para novos amores. Beijos do Gustavo".

Talvez você tenha se cansado desse exercício de se colocar na pele de outra pessoa, mas não esqueça que essa é uma habilidade necessária para quem escreve narrativa de ficção.

Vamos pensar um pouco nessa situação: para contar o que houve a Gustavo e fazer que tivesse sentido, você teve de explicar os antecedentes do caso — o casamento sobre o qual tinha dúvidas —, como foi que aconteceu e como terminou. A surpreendente pergunta que ele fez acabou por gerar uma reflexão bem mais abrangente, em que você se perguntou o que restou disso tudo. Enfim, qual foi sua alteração de atitude perante o amor — ou, vá lá, perante sua sexualidade. O saldo foi positivo — mas poderia não ser.

Revendo os textos — sobre uma história acontecida com você no intervalo de dez anos e sobre a história que acabou de imaginar —, percebemos que têm um óbvio ponto em comum: uma alteração de atitude perante algumas circunstâncias da vida. Uma realizou-se num período de dez anos; outra, em poucos meses. Nas duas histórias, houve bons e maus momentos, mas que resultaram num novo foco sobre determinados problemas, e isso aconteceu porque você é um ser humano. Se o personagem é um ser humano, você logo conclui que ele irá mudar algum de seus conceitos. É isso que o leitor espera.

Veja que não estamos falando na questão essencial, que essa não mudou — se é que você a conhece, o que duvido. Somos muito mais competentes em criar uma questão essencial para nosso personagem do que examiná-la em nós mesmos.

Voltemos à literatura. Nos bons romances, em qualquer boa novela, é perceptível um padrão:

||||||||||||||||||||||||||||||||||||||||||||||||||||||||||||||||||||||||||||||||||
Situação inicial do personagem + fatores externos que geram o conflito da história = alteração da atitude do personagem perante esse conflito
||||||||||||||||||||||||||||||||||||||||||||||||||||||||||||||||||||||||||||||||||

A autobiografia que você imaginou, se pensada em termos literários, preenche esse roteiro. A situação inicial era de desconforto com o casamento e falta de realização sentimental e erótica. Vieram os acontecimentos, que você chamou de caso, mas que significaram muito mais do que isso — foram três meses de experiências dúplices, a que se seguiu um rompimento. O resultado foi que você mudou o modo de encarar sua sexualidade, e talvez todas as relações afetivas, mas não se transformou em outra pessoa, nem estará a salvo de novas dificuldades existenciais. Seria bom se isso acontecesse, mas você não tem garantia alguma de que será feliz para sempre.

O PERSONAGEM COMO UM SER CONSISTENTE EM AÇÃO

Mesmo os romances ruins podem nos ensinar algumas coisas. Uma delas, evidentemente, é o exercício da paciência, e outra, bem mais instrutiva, é o que devemos evitar quando escrevermos nosso próprio livro.

Proponho que tentemos nos lembrar de um desses romances. Mas olhe: vamos esquecer as frases tortas, as redundâncias, a prolixidade, os espaços absurdos, o tempo esquizofrênico. Por um momento, fiquemos apenas com o personagem.

Num romance ruim, o personagem começa de um jeito e chega no capítulo final do mesmo jeito, ou pior: teve sua atitude alterada sem razão alguma. Quer dizer: todas as atribuições foram gratuitas. A vontade é jogar o livro pela janela. Não faça isso, não só porque pode atingir alguém que esteja passando, mas também porque um romance com esse problema nos ensina que a alteração *coerente* da atitude do personagem é tão importante quanto sua *consistência*. Dito de outra forma, precisamos pensar o personagem como um ser consistente *em ação*.

Que tal se víssemos três exemplos disso? São obras de Ian McEwan, Anton Tchékhov e Daniel Galera. Em todos eles, como em qualquer narrativa de qualidade, ocorre, de maneira coerente, a alteração de atitude do personagem perante o conflito da história.

Ian McEwan: uma nova visão da sexualidade

O primeiro é *O inocente* (1990), de Ian McEwan. O inocente de que fala o título é o jovem Leonard Marnham, funcionário do British Post Office, técnico em eletricidade. Ele é mandado para a Berlim de 1955, ocupada por tropas aliadas e em processo de reconstrução, mas ainda com muitas ruínas nas ruas. Sua incumbência é aperfeiçoar as linhas internas de comunicação do Exército britânico. Um trabalho fácil e dentro de seus conhecimentos. Essa é a primeira vez que viaja para o exterior e se afasta dos pais, com quem vivia. É recebido pelo expansivo e caricato Bob Glass, agente americano, que "não era um sujeito de desperdiçar movimentos", seu chefe, encarregado de orientá-lo no trabalho e que desempenhará um papel relevante na história. Leonard passeia por Berlim, treina o seu precário alemão e, tímido, prefere frequentar as tascas simples da redondeza do apartamento que lhe destinaram. Um pormenor, mas decisivo para a história: Leonard ainda é virgem. Um dia Glass leva-o a um bar. Ali, em meio à fumaça e à ensurdecedora música da banda jazzística, Glass lhe passa um bilhete, vindo de uma mulher sozinha a uma mesa. Ela pede que Leonard a convide para dançar.

Ele sabe o que irá acontecer dali em diante — e nós também:

> Leu novamente as palavras alemãs. A mensagem não chegava a ser uma surpresa. Agora que a tinha diante de si, tratava-se antes de reconhecer, aceitar o inevitável. [...]
> [...] Ele pensou — com acerto, como se veria mais tarde — que sua vida estava prestes a passar por uma transformação.[27]

Glass o empurra para atender ao pedido. A mulher é Maria Louise Eckdorf, de trinta anos, datilógrafa e tradutora, divorciada de Otto, um desprezível e violento alcoólico que aparece de quando em vez para pegar dinheiro e "dar-lhe uma pancada na cabeça". Ela vive a vinte minutos do apartamento de Leonard. Não dançam, porque ele alega estar bêbado. Conversam, aprofundando revelações. Ela deixa com Leonard um papel com seu endereço.

Dias depois, preenchidos com um trabalho exaustivo, há um momento crucial em que ele se enche de coragem e vai ao apartamento de Maria. O propósito era deixar uma carta bastante formal debaixo da porta, dando-lhe notícias dele. Maria está em casa e, percebendo que alguém escorrega um envelope por debaixo da porta, o surpreende e o convida para entrar. Pouco depois:

> Ele permanecia sentado à mesa de jantar, observando o grosso tecido de sua saia, atento ao modo como a sala meneava em movimentos retardados, reparando no suéter de caxemira que chegava apenas até o início do plissado e nas meias de futebol com que ela aquecia os pés metidos em pantufas. Esse monte de lã invernal tinha um efeito tranquilizador sobre Leonard, que se deixava facilmente intimidar por mulheres vestidas com roupas provocantes. A lã sugeria uma intimida-

---

27 Ian McEwan, *O inocente*. Trad. de Alexandre Hubner. São Paulo: Companhia das Letras, 2003. (E-book.) Doravante, todas as citações de *O inocente* são retiradas dessa edição.

de mansa, um corpo aquecido que se ocultava com aconchego e recato debaixo das dobras da roupa.

Na mesma ocasião, num momento de maior proximidade, ela pergunta:

"Tem outra amiga em Berlim?"
　"Oh, não, nada disso." Não lhe questionou o direito de fazer a pergunta.
　"E na Inglaterra, tinha namoradas?"
　"Não muitas."
　"Quantas?"
　Hesitou antes de se arrojar à verdade. "Bom, na realidade, nenhuma."
　"Nunca teve namorada?"
　"Não."
　Maria inclinou-se para a frente. "Você quer dizer que nunca..."
　Não aguentaria ouvir a expressão, fosse qual fosse, que ela estava prestes a usar. "Não, nunca."
　Ela pôs a mão na boca para abafar um grasnido de risada. Nos idos de 1955 não era um fenômeno tão extraordinário assim que, com vinte e cinco anos completos, um homem do meio sociocultural e do temperamento de Leonard ainda não tivesse tido nenhuma experiência sexual. Mas era singular que o confessasse.

Não precisamos de mais nada para saber como era Leonard Marnham nos momentos iniciais da novela. A cena continua. Com habilidade, Maria o conduz para o quarto, e seguindo-se a um sexo enérgico e revelador, acontece a sensação de completude.

Pouco depois da meia-noite Leonard já podia se considerar um iniciado no sentido mais preciso do termo, era enfim um homem verdadeiramente adulto e maduro. Todavia, a linha que separava a inocência da experiência era arrebatadoramente vaga.

Aí está uma primeira alteração no personagem, e é relativa à sexualidade.
　Na complexa trama que se segue é possível pensar em dois planos, o público e o íntimo. Leonard é monopolizado pelo serviço ultrassecreto, o que implica passar os dias num túnel que dá direto no subso-

lo de Berlim Oriental. Ainda não há o muro. Aos poucos lhe revelam a verdadeira razão de ele estar ali: grampear as linhas dos russos. Surpreso, mas disposto a colaborar, seu trabalho agora é testar os gravadores que registrarão as conversas dos soviéticos. Ele vai então conhecendo as artimanhas das relações entre as potências da ocupação, levando-o direto ao cerne da Guerra Fria. Mas não é apenas isso que lhe acontece. A relação com Maria se aprofunda, e, embora não vivam juntos, ele passa as noites no apartamento dela. Vai descobrindo os segredos do corpo feminino e de uma personalidade que o cativa. Ele a escuta por horas, mesmo quando ela fala sobre Otto, para se queixar de sua infelicidade com a existência desse homem brutal, que, entretanto, conta com o apoio da polícia.

Apesar de Otto, Leonard e Maria vivem o começo de um namoro. Ele passa todo o tempo disponível com ela, no pequeno apartamento, muitas vezes esquecidos até de comer. Mas quando ele sai, observa que "pessoas e carros circulavam pelas ruas sem saber das grandes mudanças" — ocorridas na sua interioridade.

Essa mudança também se refletiu em sua conduta. Habituado à limpeza e à higiene,

> Nos quatro dias que se sucederam ao início do primeiro relacionamento amoroso de sua vida, ele não trocou de cueca nem de meia, não tinha nenhuma camisa limpa e mal se lavava.

Para mostrar como esse dado é significativo, voltemos atrás, para o capítulo 1, quando ele se olha no espelho:

> Notou sua imagem refletida no espelho da parede e aproximou-se com uma expressão de desamparo. Os óculos, amarelados em virtude da evaporação de gordura corporal — pelo menos era essa a sua tese —, mantinham-se absurdamente empoleirados no nariz. Ao removê-los, ficou com a impressão de que algo lhe faltava ao rosto.

Bem diferente do que constata no capítulo 8:

> Examinou sua imagem refletida no espelho. Ali estava o novo homem. A barba das últimas vinte e quatro horas ainda era rala demais para lhe

dar uma aparência indecente e, do lado do nariz, notava-se a vermelhidão saliente de um princípio de espinha. Não obstante, julgou que seu olhar, apesar de exaurido, estava mais firme.

Sim, continua o mesmo, mas descobriu que a sexualidade não é nada a temer. Saltando vários eventos, o enredo se torna cada vez mais sombrio, com prenúncios de tragédia, o que o leitor percebe pelas alusões, pelos diálogos e pelo aumento das reflexões melancólicas de Leonard.

O pior, que determinará o ápice do conflito da novela, acontece no capítulo 17. Otto, bêbado de cair, volta para mais uma de suas truculentas investidas, e isso acontece num momento em que Leonard está no apartamento de Maria. Segue-se uma luta, em que Otto é morto por um golpe de uma aguda fôrma de sapateiro, aplicado por Leonard em seu crânio. Na sequência, tomados pelo pânico, Maria e Leonard esquartejam o corpo e o colocam em duas malas. A narrativa torna-se, então, macabra: Leonard percorre as ruas de Berlim buscando onde desovar o cadáver, quando dá por acaso com Bob Glass, que o põe dentro de seu carro. Acabam por chegar à linha controlada pelos americanos. Os soldados querem examinar as malas, mas Leonard, numa presença de espírito incomum, consegue convencê-los a deixá-las em um depósito no túnel em que trabalha, e lacradas. Depois irá buscá-las. Convence Bob Glass de que se trata de um equipamento secretíssimo, que não pode ser aberto na presença de outras pessoas.

Experimentando um horror inaudito pelo que vai acontecer dentro de poucas horas, tem uma ideia sinistra: vai à Alexanderplatz, a um lugar onde Bob Glass lhe disse que se comprava e se vendia de tudo em matéria de espionagem, e acaba por revelar a um estranho a existência do túnel e do grampo em andamento. O plano: os russos vão de imediato invadir o túnel, tudo fica de cabeça para baixo, vão fazer estardalhaço e nesse tumulto as malas não significarão nada (e é mais ou menos o que acontece, depois). Ele é, por essa ação, um traidor dos aliados. Mas o assunto do cadáver de Otto está resolvido.

A culpa, entretanto, o persegue — tal como perseguiu Raskólhnikov — e o faz elaborar artifícios mentais que o desoneram:

Era inocente, disso ele tinha certeza. Por que então suas mãos tremiam? Seria o medo de ser descoberto e punido? Mas queria mais é que viessem, e rápido. Queria tirar esses pensamentos obsessivos da cabeça, falar com alguma autoridade e ver suas palavras transferidas para o papel, datilografadas, prontas para receber sua assinatura. Queria narrar os acontecimentos e fazer ver àqueles cujo trabalho era determinar oficialmente a verdade como uma coisa levara à outra e que, apesar das aparências, ele não era nenhum monstro, não era um desequilibrado mental com mania de cortar as pessoas em pedaços, e que não fora um ato insano sair por Berlim carregando sua vítima de um lado para o outro em duas malas. Expôs os fatos inúmeras vezes para suas testemunhas imaginárias, seus acusadores. Se fossem homens comprometidos com a verdade, tomariam seu partido, mesmo que as leis e as convenções os constrangessem a puni-lo. Empenhava todo o seu ser em contar e recontar sua versão. Devotava todos os seus minutos conscientes a explicar, lapidar, esclarecer, praticamente sem se dar conta de que não estava acontecendo nada ou de que já havia fantasiado tudo aquilo dez minutos antes. *Sim, sou culpado da acusação que fazem contra mim: matei, esquartejei, menti e traí. Mas relatarei a seguir as circunstâncias que efetivamente me levaram a isso e então verão que não sou diferente dos senhores, compreenderão que não sou uma pessoa má e que agi o tempo todo em busca do que imaginei ser a melhor solução para o problema.* A cada instante que passava, sua defesa assumia tons mais grandiosos.

Ao voltar ao apartamento de Maria, para dizer a ela que se livrara das malas, encontra-a acompanhada de Bob Glass, que se faz de desentendido e se despede com uma continência irônica. Leonard junta os pontos e cai em si — isso o leitor intui. Já desde muito Bob Glass e Maria eram amantes.

Ao final da história, Leonard é um homem que tem de despegar-se dos epítetos que a si mesmo atribui: assassino, vilipendiador de cadáver, mentiroso e traidor. E — a gota d'água — tem a convicção de que era passado para trás pela mulher que amava.

A prova final da infidelidade de Maria acontece quando ele está no aeroporto de Tempelhof para pegar o avião para Londres. Ela o surpreende com sua presença e insiste que deseja explicar tudo, mas ali é impossível. Despedem-se com um beijo frio, e ela diz que vai acenar para ele do terraço. Ao pé da escada para o avião, ele se volta para também lhe acenar.

Então viu um homem ao lado dela, um homem barbudo. Era Glass. Estava com a mão no ombro de Maria. Ou era seu braço que lhe cingia o ombro? Acenaram para ele como dois pais se despedindo de uma criança. [...]

[...] Que infâmia. Não via a hora de o avião se pôr em movimento. Ela tinha que ter contado, devia ter aberto o jogo antes que ele embarcasse, mas preferira evitar uma cena. Era humilhante. [...] Quando o avião iniciou seu avanço modorrento, Leonard lançou um último olhar pela janela. Permaneciam lá parados, juntos um do outro. Talvez ela não estivesse de fato enxergando seu rosto, pois ergueu uma mão, como se fosse acenar, e a deixou cair.

Então não a viu mais.

E nós pensamos: quando esse avião pousar em Londres, levará o mesmo Leonard Marnham, mas nós sabemos que será um homem que mudou em relação ao modo de entender sua sexualidade, e talvez compreenda o que aconteceu com ele ao passar pela experiência de ter cometido um crime atroz. Talvez fique mais atento às circunstâncias que o deixavam vulnerável a qualquer sedução que lhe aparecesse pela frente. A transferência para Berlim acabou por abreviar um complexo processo de amadurecimento sexual e amoroso.

Anton Tchékhov: outras formas de entender o amor

O segundo texto exemplar de alteração de atitude do personagem é o conto "A dama do cachorrinho" (1899), de Anton Tchékhov. Nele, ela é ainda mais explícita.

No começo, somos apresentados a Dmítri Dmítritch Gúrov. A narrativa nos informa que Gúrov é um homem à beira dos quarenta anos, a quem "fizeram-no casar cedo, quando ainda estava no segundo ano da faculdade"[28], e que considera a esposa "uma pessoa medíocre, estreita, sem graça; tinha medo dela e não gostava de ficar em casa".[29] Tivera inúmeros casos extraconjugais, mas nunca se satisfazia:

> Sua farta experiência, na realidade uma experiência amarga, há muito lhe ensinara que toda aproximação, que no início traz uma agradável variedade à vida e que promete ser uma aventura leve e divertida, no

---

28 Anton Tchékhov, *A dama do cachorrinho e outras histórias*. Porto Alegre: L&PM, 2009, p. 141.
29 Ibid., pp. 141-2.

caso de pessoas da alta sociedade, especialmente os moscovitas, indecisos e lentos na ação, fatalmente se transforma num problema terrivelmente complexo, e no final a situação se torna muito penosa.[30]

Se Leonard Marnham temia a sexualidade feminina, Gúrov não conseguia ficar longe das mulheres. Apesar disso, achava que elas constituíam uma "raça inferior".

Esse é o personagem que, sozinho de férias numa cidade à beira-mar, conhece uma jovem turista que costuma passear com um cachorrinho branco. Ela se chama Anna Serguêievna, é casada, mas o marido não a acompanha na viagem, e Gúrov logo se deixa levar pela "atraente ideia de um relacionamento rápido, efêmero, de um romance com uma mulher desconhecida, de quem não se sabe nem nome nem sobrenome".[31]

A situação, porém, toma um rumo inesperado. Desde as primeiras palavras, iniciam "uma conversa bem-humorada, leve, de pessoas livres e felizes, para quem não importava para onde ir nem sobre o que falar".[32] À primeira vista, ela não tem nada de especial: é baixa, loira, e sente culpa por trair o marido, mesmo que não o ame. Gúrov, no entanto, a enxerga de outro modo:

> E frequentemente, na praça ou no jardim, quando não havia ninguém por perto, ele a puxava para si e a beijava com paixão. O ócio total, os beijos em plena luz do dia, cheios de cautela e do medo de que alguém os pudesse ver, o calor, o cheiro do mar, o perpassar incessante de pessoas bem-vestidas, festivas e bem alimentadas pareciam havê-lo transformado. Ele dizia a Anna Serguêievna o quanto ela era bonita, sedutora; demonstrava uma paixão impaciente, não saía do seu lado; já ela, ficava muitas vezes pensativa e continuava a lhe pedir que reconhecesse que ele não a respeitava, não a amava nem um pouco e só via nela uma mulher vulgar. Quase todas as noites, mais tarde, eles iam para algum lugar fora da cidade, para Oreanda ou para a cachoeira. E o passeio era sempre um sucesso, as impressões eram invariavelmente maravilhosas, grandiosas.[33]

30 Ibid., p. 142.
31 Ibid.
32 Ibid., p. 143.
33 Ibid., p. 149.

Quando ocorre a inevitável separação, os amantes sabem que é melhor nunca mais voltarem a se encontrar. Gúrov não vê nisso um grande problema. Acreditava que Anna ficaria em sua lembrança como mais um de seus casos. Ainda que tivesse sido marcante, achava que a esqueceria assim que voltasse para casa, em Moscou.

Não é o que acontece, e mais de um mês depois "na sua memória tudo permanecia tão claro como se ele tivesse se separado de Anna Serguêievna apenas na véspera".[34] Na verdade, "as recordações avivavam-se cada vez com mais força";[35] nas ruas, olhava as mulheres para ver se encontrava alguma parecida com ela e, por vezes, era como se ouvisse a respiração da jovem que conhecera nas férias e "o suave farfalhar" da roupa dela. Decide então procurá-la. Arrisca-se a ir à cidade onde ela vivia com o marido. Passa a manhã em frente à casa deles, esperando que ela saia para um passeio, o que não acontece. Volta ao hotel e lembra que naquela noite haverá uma estreia no teatro da cidade. Imagina que a mulher a quem procura estará presente. Decide ir ao teatro. Chega cedo e fica observando os espectadores se acomodarem. Até que a distingue em meio aos outros:

> Entrou também Anna Serguêievna. Sentou-se na terceira fila, e quando Gúrov olhou para ela sentiu um aperto no coração, compreendendo claramente que, para ele, naquele momento não existia no mundo ninguém mais próximo, caro e importante. Perdida na multidão provinciana, aquela pequena mulher, sem nada de especial, com um lorgnon vulgar na mão, enchia agora toda a sua vida, era a sua dor, a sua alegria, a única felicidade que ele desejava para si; e, ao som de uma orquestra ruim, de violinos mal tocados e simplórios, ele pensava em como ela era bonita. Pensava e sonhava.[36]

Nesse ponto, podemos supor, Gúrov já não acha as mulheres uma "raça inferior". Ao contrário. No intervalo da apresentação ele aborda Anna, dizendo-lhe que pensa nela sem cessar. Como ela sente o mesmo, eles combinam de se encontrar em Moscou, e, a partir daí, a cada

---

34 Ibid., p. 152.
35 Ibid.
36 Ibid., p. 155.

dois ou três meses, Anna diz ao marido que vai ao médico na capital e, em vez disso, encontra-se com Gúrov. Isso não basta; eles querem ficar juntos, mas como resolver a situação?

A resposta não é dada. Talvez, pelas normas sociais da época, seja impossível que tudo se resolva. Mas o drama desse casal comovente e improvável fica reverberando no leitor. Reparemos também que a força motora da narrativa é a alteração de atitude do personagem acerca do amor. Gúrov deixa de ser um homem para o qual "o tempo passava, ele conhecia outra mulher, começava uma nova relação, depois se afastava" para se tornar alguém que "somente agora, quando sua cabeça já estava ficando grisalha, ele começou a amar de verdade, como deveria — e pela primeira vez em sua vida".[37]

Daniel Galera: um insight revelador

O terceiro texto exemplar de alteração de atitude do personagem a respeito do conflito é *Mãos de Cavalo* (2006), de Daniel Galera. A narrativa retrata duas fases na vida do personagem central, Hermano. Numa delas — o tempo presente do romance —, ele está com trinta anos, casado, tornou-se pai de uma menina e construiu uma carreira de sucesso como cirurgião plástico. No dia em que planejou partir numa excursão de alpinismo com o melhor amigo, acorda de madrugada e sai de carro por Porto Alegre. A princípio, segue rumo à casa do amigo, conforme o combinado. Então começa a se lembrar de eventos marcantes da adolescência, passada num bairro periférico da capital gaúcha, época em que, pelo tamanho de suas mãos, ganhou o apelido de Mãos de Cavalo.

O enredo entrelaça as duas fases de sua vida; os capítulos que tratam da vida adulta são intercalados com os que revisitam as lembranças da adolescência. Em ambas, as atitudes do personagem sofrem uma mutação. Ele aprende a se comportar de maneira diferente em relação ao conflito, e o aprendizado ocorre por vias tortuosas.

Na juventude, Hermano mirava para si um tipo de comportamento viril. Queria ser "machão", alguém que "vivia trombando nas pessoas e atropelando móveis e vasos de planta, jamais pedindo desculpas ou virando o pescoço para conferir o estrago".[38] Seu modelo era

---

37 Ibid., p. 159.
38 Daniel Galera, *Mãos de Cavalo*. São Paulo: Companhia das Letras, 2006. (E-book.) As citações são transcritas dessa edição.

o amigo Bonobo, "o tipo de sujeito que pisa em um caco de vidro e continua andando de chinelo o dia todo, completamente à vontade, deixando atrás de si um rastro de pegadas sanguinolentas".[39]

Ao contrário de Bonobo, Hermano era introvertido, pendendo mais para a contemplação do que para a ação. O estreitamento da amizade o fez sonhar em mudar isso e "intervir no destino, de repente, parecia simples":

> [...] quem sabe não conseguisse se transformar paulatinamente em outra pessoa, alguém menos calado, que conseguisse incorporar na trama da própria vida a belíssima violência das graphic novels coloridas, a virilidade e o magnetismo dos heróis de seus filmes favoritos, a fluidez selvagem das ações e palavras de alguém como... era preciso confessar agora, não apenas para si mesmo mas para todo mundo — alguém como o Bonobo, essa figura quase caricata em sua feiura, cujo maior talento era agredir os outros, mas que encarnava como ninguém algum tipo de ideal obscuro a que Hermano desejava ter acesso.

Num sábado à noite, Bonobo e Hermano encontram uma turma rival, que os persegue. Hermano esconde-se num matagal e, de lá, percebe que Bonobo está sendo espancado, mas não consegue intervir. Fica paralisado enquanto o outro, caído no chão, recebe chutes na cabeça, que acabam por matá-lo,

> [...] uma morte da qual Hermano sentiu-se imediatamente cúmplice devido a uma covardia que finalmente se mostrava inteira e que ele estava convencido a manter em segredo, pois não suportaria continuar vivendo se precisasse ostentar essa covardia dali para a frente como uma cicatriz na testa.

O ocorrido provoca uma alteração de atitude em Hermano. Ele agora enxerga com outros olhos a figura do machão, dando sinais de haver aprendido que o comportamento violento e impulsivo pode ter consequências trágicas. Não quer mais ser como Bonobo. Ainda se projeta como um herói, mas de outro tipo, alguém que seja admi-

---

39 Ibid.

rado por seu autocontrole e inteligência. Abraça, agora, o ideal de se tornar médico:

> [...] a profissão que justificaria sua entrega completa à disciplina e ao mesmo tempo absorveria seu fascínio pelo sangue, pela mutilação, um sentimento ambíguo que combinava a atração estética pela violência a um medo francamente covarde da violência de fato. Aprenderia a domar seu impulso, a domesticar o sangue, a aplicar a violência de forma científica com a nobre finalidade de curar outros seres humanos. Decidiu como seria o resto de sua vida inteira na semana que se seguiu ao funeral. Se tornaria um médico. O melhor médico.

Porém, aos trinta anos, médico de sucesso, Hermano é um homem em crise. "Não tem mais certeza se tudo aquilo era necessário [...]. Tudo que fez desde aquele domingo de 1991." E o motivo remete ao que aconteceu na adolescência, pois se sente "habitado por projeções fantasmagóricas de si mesmo pelo que gostaria de ter sido no passado ou de ser no futuro". Daí que no dia marcado para ir à excursão de alpinismo, dirigindo rumo à casa do amigo com quem combinou de viajar, Hermano decide que é o momento de enfrentar seus fantasmas.

Nunca se perdoou pela morte de Bonobo. Aprendeu que sua fantasia de heroísmo não combinava com o mundo real, mas isso não o fazia se sentir menos culpado. Enquanto rememora os eventos da adolescência, Hermano também se dá conta de que o atual companheiro de alpinismo é um modelo de virilidade na linha de Bonobo. E percebe que, outra vez, precisa se afastar desse modelo. De supetão, desiste da viagem e manobra o carro em direção ao bairro de sua adolescência. É outro ponto de alteração de atitude.

O personagem não quer mais perseguir um ideal de masculinidade que não condiga com sua verdade interior. Talvez não queira mais nem mesmo a vida que construiu para si. Voltar ao cenário em que foi criado é uma forma de reavaliar suas opções, e no fim acaba lhe dando uma espécie de segunda chance, pois se depara com um bando perseguindo um adolescente:

> Para o carro e acompanha pelas janelas a trajetória do fugitivo e dos perseguidores através da praça. Não deve haver polícia naquele bair-

ro, sobretudo naquele horário. O garoto que está fugindo corre a toda a velocidade, salta sobre um obstáculo e some momentaneamente atrás das árvores, ressurgindo logo depois, cada vez mais distante. Será alcançado, fatalmente, e vai apanhar até desmaiar. É assim mesmo. O que pode fazer?

Ele sabe o que pode fazer. O que sente que deve fazer. Vacila, mas decide intervir. O garoto está apanhando, ele o ajuda. Munido dos equipamentos de alpinismo, enfrenta os agressores. Sai ferido, sangrando na testa, o carro com um dos vidros quebrados, mas o importante é que resgata o garoto, o conduz ao hospital e banca as despesas. O que mudou? Ele agiu de modo violento, sem dúvida, mas por pura necessidade, e sua atitude em relação a isso agora é outra:

A fantasia heroica está se esvaindo, mas a imagem que tem de si na realidade não preenche os espaços vazios deixados pela fantasia. Não é nem o herói de sua imaginação nem o médico. Se olha no retrovisor e não se reconhece. Apenas o sangue que sai da testa é incontestável. Desempenha seu papel no mundo, belo e previsível.

Em síntese

A leitura dessas narrativas mostra-nos que as três seguem um padrão mais ou menos identificável:

||||||||||||||||||||||||||||||||||||||||||||||||||||||||||||||||||||||||||||||||||

¶ Uma *situação inicial*, em que o personagem nos é apresentado, e dele intuímos que não vive no melhor dos mundos, isto é, ele tem, dentro de si, conflitos latentes ou explícitos — enfim, sua questão essencial. A virgindade de Leonard, por mais que fosse algo plausível, dadas as condições da época, é uma característica que nos faz depreender sua inexperiência perante o mundo, e não apenas perante o sexo. Em contraste com os fatos da vida, ele possui as condições perfeitas para viver um trauma ou, se quisermos, um conflito.

Os *fatores externos* por que passa o personagem quase sempre significando uma ou várias situações de conflito. Gúrov, de superficial e preconceituoso, apaixona-se, e isso constitui algo poderoso, capaz de abalar suas convicções acerca do amor.

A *alteração de atitude* acerca do modo de entender o conflito. Hermano não é mais o tipo que queria impressionar por sua ostensiva virilidade, entre outras imaturidades. Depois do que passou, ele entende que seu papel social, dali por diante, assim ele conclui, é "belo e previsível". Claro, não sabemos de sua alteração profunda, se é que houve, porque esta sempre poderá apresentar-se de novo, em outra história.

IIIIIIIIIIIIIIIIIIIIIIIIIIIIIIIIIIIIIIIIIIIIIIIIIIIIIIIIIIIIIIIIIIIIIIIIIIII

Outra proposta

Aquele texto "autobiográfico" que você fez, agora faça-o com uma narrativa. Pegue uma das que você mais gosta. Releia-a, anotando como o personagem central se apresenta no início: sua condição psicossocial e, principalmente, os elementos que o caracterizam como um ser humano. Inclua aí as inseguranças e necessidades.

Leia depois o final da narrativa, detectando (em geral, isso é óbvio, mas pode estar bem mascarado) qual a alteração de atitude ocorrida com o personagem, isto é, o que mudou em seu modo de encarar o conflito da narrativa.

Agora vá ao miolo (é um jogo de vaivém), procurando identificar quais eventos motivaram a alteração do personagem.

Nota: sempre que proponho esse exercício aos meus alunos, surge uma pergunta: e se o personagem morre no fim, seja por morte natural, provocada por outro ou por suicídio? A resposta está logo ali: procure conhecer qual o estágio final do personagem antes de sua morte. Ali estará a alteração, que poderá ser uma cálida esperança, como a de Macabéa.

MODALIDADES DO CONFLITO

Seria perda de energia enumerar as modalidades do conflito que encontramos nos manuais. São muitas,[40] algumas bem pitorescas. Podem ser válidas como acrobacias intelectuais, mas serão úteis —

---

[40] Algumas: personagem contra personagem; personagem contra a sociedade; personagem contra si mesmo; personagem contra a natureza; personagem contra a história; personagem contra Deus.

talvez — nos momentos em que as empregarmos em textos críticos. Como já foi reiterado, este é um livro para ficcionistas; assim, preciso excluir desde logo uma modalidade, a que se pode chamar de "a luta de boxe". Todas as outras são válidas.

Você deve estar lembrado de que alguém da Oficina propôs a luta de boxe como um exemplo de conflito. O boxe, sabemos como funciona. O lutador Paulo precisa derrotar o adversário Pedro por uma questão de cumprimento da tabela do campeonato. Quando consegue seu propósito, é proclamado vencedor, e se Pedro estiver em condições físicas, os contendores se cumprimentam, os assistentes aplaudem e, caso não haja outra luta no dia, vão para casa ver televisão.

Essa imagem repetitiva dos lutadores de boxe sempre me ocorre quando leio uma narrativa construída *apenas* — insisto, *apenas* — a partir da rivalidade entre dois personagens.[41] Nesse caso, existe um conflito? Sim, num sentido muito genérico, mas seria mais adequado chamá-lo de briga, peleja, disputa, desavença, ou ainda de alguma destas deliciosas palavras brasileiras: bafafá, rolo, pendenga. Essa é uma ideia que nos remete aos conhecidos conceitos de protagonista e antagonista, que deveriam ser esquecidos por quem pensa em narrativa literária, e que, no entanto, ainda fazem estrago na cabeça de muitos escritores e acadêmicos. Nos westerns de segunda categoria, contrapõem-se duas forças: o *bandido* e o *mocinho*, e nada mais há a fazer senão esperar pela vitória do mocinho e pela morte do bandido. Se, entretanto, o diretor for John Ford, mocinho e bandido são figuras antagônicas, mas ambas com a mesma força e intensa e complexa personalidade.

Muitos dizem que, em *Otelo*, Iago e o Mouro formam o quadro clássico da oposição entre personagens: de um lado, o Mouro, alucinado de ciúmes pela esposa, e, de outro, Iago, que lança mais caraminholas na cabeça dele, inventando histórias difamantes contra a inocente Desdêmona. Engana-se, porém, quem pensa que Iago é apenas um vilão. Ele não é apenas um caluniador que visa a interesses escusos. Ele é, ainda mais, um personagem que não admite que

---

41 Você já percebeu que não me refiro a narrativas em que a luta de boxe significa muito mais do que isso, subindo à condição de metáfora, tal como acontece na novela *Segundos fora,* de Martín Kohan, traduzida por Heloisa Jahn (São Paulo: Companhia das Letras, 2012).

haja alguém que lhe seja superior, em riqueza ou poder. No fundo, ele busca a liberdade e, para atingi-la, não escolhe a natureza dos meios.

AS CIRCUNSTÂNCIAS EM JOGO NO CONFLITO

Há um saboroso dito açoriano, pronunciado quando se está numa situação em que não há saída à vista para circunstâncias incompatíveis entre si, em especial quando nenhuma se realiza por essa mesma causa: "Nem o pai morre nem a gente almoça". A piada nos ganha pelo subtexto: no fundo, o que faz rir é o pai valer o mesmo que o almoço. Se isso fosse verdadeiro, se trataria de um verdadeiro conflito, e as circunstâncias seriam mistas: uma positiva (almoçar) e outra negativa (morrer o pai). Numa situação "normal" — se é que podemos considerar normal esse disparate —, não haveria conflito, pois, no caso, a pessoa nem pensaria em almoço.

Fora do terreno da brincadeira, nem tudo é tão simples. Há casos em que ambas as circunstâncias em conflito são negativas. Pensemos no drama de Hamlet, a que já nos referimos. É o momento de recuperá-lo em seu conflito: no palácio real da Dinamarca ocorreu um crime, conhecido apenas pelo jovem príncipe Hamlet. A vítima foi seu pai, o rei Hamlet, que foi assassinado por Cláudio, seu próprio irmão, esse "carniceiro lascivo, biltre impenitente, cru, traiçoeiro e lúbrico",[42] o qual se casou com Gertrudes, a viúva do rei, por isso sendo elevado à condição de monarca. O príncipe sabe, e só ele sabe — além do autor do crime, é claro —, dessa história macabra porque ela lhe foi contada pelo fantasma de seu pai. Hamlet foi jogado num impasse cruel: não pode passar à ação, denunciando Cláudio, por uma questão legal; não pode invocar o testemunho de um fantasma; então, seu destino será provar de modo público o assassinato. A peça de Shakespeare, entretanto, não é apenas um caso jurídico-penal, que hoje diríamos "policial" — embora o público se deleitasse com esse aspecto —, mas algo bem mais profundo, que vai à raiz da natureza humana quando se vê ante uma situação limite, algo quase insuportável para Hamlet: dado o caos do homicídio, seguido de incesto, o mundo inteiro se transtornou, e cabe a ele restaurar a verdade e o bem.

---

42 William Shakespeare, op. cit., p. 106.

> *O tempo está disjunto. Oh, despeito imundo,*
> *Que para endireitá-lo eu tenha vindo ao mundo!*[43]

O cerco se aperta sobre o fraco e tímido príncipe. Ele se finge de louco para, sob esse viés, obter mais revelações.

É então que ocorre o célebre monólogo (ato III, cena I). Shakespeare reservou-lhe as seguintes palavras, dentre outras:

> *Ser ou não ser: eis a questão:*
> *Saber se é mais nobre na mente suportar*
> *As pedradas e flechas da fortuna atroz*
> *Ou tomar armas contra as vagas de aflições*
> *E, ao afrontá-las, dar-lhes fim. Morrer, dormir.*
> *Só isso. E dizer que com o sono damos fim*
> *À nossa angústia e aos mil assaltos naturais*
> *Que a carne herdou: sim, eis uma consumação*
> *Que cumpre ardentemente ansiar. Morrer, dormir;*
> *Dormir, talvez sonhar — sim, aí está o entrave:*
> *Pois no sono da morte os sonhos que virão,*
> *Depois de repudiado o vórtice mortal,*
> *Nos forçam a refletir. E é bem esse reparo*
> *Que dá à calamidade uma vida tão longa.*
> *Pois quem suportaria o açoite e o esgar do mundo,*
> *A afronta do opressor e o insulto do soberbo,*
> *O baque do amor ferido, o lento da lei*
> *A insolência do mando e esse bruto achincalhe*
> *Que o mérito paciente recebe do inepto,*
> *Se pudesse ele próprio quitar sua quietude*
> *Com um reles punhal. [...]*
> *[...]*
> *E assim a consciência faz todos nós covardes;*
> *E assim a cor nativa da resolução*
> *Ganha o tom doentio do pensamento pálido*[44]

---

43 Ibid., p. 82.
44 Ibid., pp. 111-2. Por uma questão de espaço, fiz uma escolha dos versos; recomendo a leitura integral desse trecho — aliás, de toda a peça —, que antecipa as modernas preocupações acerca da existência humana.

Hamlet está num momento limiar, em que as alternativas são ambas pavorosas: ou ele suporta tudo que, a seu juízo, a vida tem de mau, ou ele mesmo dá um fim a seus dias, "com um reles punhal", para concluir que "assim a consciência faz de nós todos covardes".

A dúvida, na visão do príncipe, é sinônimo de covardia. Hamlet é um jovem avassalado entre duas circunstâncias excludentes entre si, e ambas catastróficas. Ele é empurrado para a destruição, arrastando essa dúvida até o final da peça e, com isso, gerando alguns dos momentos da mais alta expressão humana e estética que a arte do Ocidente alcançou.

Podemos ver o conflito entre duas circunstâncias negativas em outras obras literárias. Talvez essa seja a forma conflitual mais poderosa de todas, aparecendo já na mitologia grega, que, por sua vez, foi a fonte das tragédias clássicas. Penso, por exemplo, na versão de *Antígona* escrita por Sófocles em 442 a.C., uma das três peças da trilogia tebana do dramaturgo. Nela, Antígona, a personagem central, pertence a uma linhagem condenada à desgraça: é filha de Édipo, o rei de Tebas que de modo involuntário matou o pai e desposou a mãe, Jocasta (evento narrado em *Édipo rei*).

A ação de *Antígona* se passa após o exílio e a morte de Édipo (tema de *Édipo em Colona*). Os filhos homens do ex-soberano, Etéocles e Polinice, também morreram enfrentando-se numa batalha pelo trono.[45] Quem ascende ao poder é o irmão de Jocasta, Creonte. O novo mandatário concede a Etéocles as honras da sepultura, mas as nega a Polinice, acusando-o de traidor da pátria. E determina, ainda, que o descumprimento de sua ordem merecerá a pena de morte.

Antígona não pode conceber que um dos irmãos fique insepulto. A tradição, simbolizada pelos deuses, manda que o corpo seja enterrado para que a alma possa descansar. É o que parece justo a Antígona, porém, nesse caso, promover a justiça significa ir contra a lei (por essa razão, a peça é estudada em cursos de direito) e ser condenada à morte. O que fazer? A princípio, ela não gostaria de atentar contra nenhum preceito. Mas é preciso, e, ao contrário de Hamlet, Antígona não titubeia; age com convicção e rapidez, pondo-se a enterrar o irmão. Presa pelo ato, é levada ao rei, que lhe pergunta como pôde ter a audácia de desobedecer à determinação dele. Ao que ela, intrépida, responde:

---

45 A batalha é o mote de *Os sete contra Tebas,* de Ésquilo.

Sim, porque não foi Júpiter que a promulgou; e a Justiça, a deusa que habita com as divindades subterrâneas, jamais estabeleceu tal decreto entre os humanos; nem eu creio que teu edito tenha força bastante para conferir a um mortal o poder de infringir as leis divinas, que nunca foram escritas, mas são irrevogáveis; não existem a partir de ontem, ou de hoje; são eternas, sim![46]

Entre as pesarosas alternativas de desrespeitar a justiça divina e deixar insepulto o irmão ou contrariar a lei dos homens e ser punida com a morte, Antígona se alinha com os deuses e assume as consequências.

Dando um salto de muitos séculos na história da literatura, um romance que funciona como caso exemplar é *A escolha de Sofia* (1979), de William Styron, que nos conta sua relação com Sofia Zawistowska, uma polonesa recém-imigrada aos Estados Unidos. Ele a conhece numa pensão, no bairro nova-iorquino do Brooklyn, em 1947 — portanto, dois anos após o fim da Segunda Guerra Mundial.

Sofia se mostra frágil. Está envolvida numa relação autodestrutiva. Depende, tanto na parte emocional quanto na financeira, de seu instável companheiro. Styron torna-se amigo do casal, motivado pela súbita paixão que sentiu por Sofia ao conhecê-la. Com o tempo, ele se torna seu eventual amante, mas, desde o início, o papel que lhe cabe é mais o de confidente. Logo descobre que Sofia foi prisioneira no campo de concentração de Auschwitz e, como muitos dos sobreviventes, não consegue superar a experiência.

Sofia lhe relata em primeira mão os horrores da ocupação alemã na Polônia e como, mesmo não sendo judia, foi enviada ao campo de concentração com seus dois filhos, Jen, de dez anos, e Eva, de sete. Em Auschwitz, as duas crianças estavam prestes a serem sacrificadas na câmara de gás. Então é dada a opção a Sofia de escolher uma delas para ser poupada e, por consequência, enviar a outra para a morte. Se não escolhesse, ambos os filhos seriam levados de imediato para a câmara.

Trata-se de caso extremo e, por isso mesmo, didático. O personagem — nem seria preciso dizer — se vê forçado a decidir entre essas duas cir-

---

[46] Sófocles, *Antígona*. Trad. de J. B. de Mello e Souza. Rio de Janeiro: Clássicos Jackson, 2005, pp. 30-1.

cunstâncias muito negativas. O autor do romance, é claro, estava consciente disso. Em entrevista, afirmou que na época da escrita da obra:

> [...] ficou obcecado com a metáfora central do livro, que é a escolha [...]. Em outras palavras, [de] tornar-se assassina de um de seus filhos.[47]

Em meio à imensa angústia, Sofia tenta aplicar uma certa lógica à opção. Assim, o menino é poupado, pois ela acha que, por ser mais velho, ele tem chances maiores de sobreviver ao cotidiano do campo de concentração. Depois, ele também acaba morrendo, e a mãe nunca irá se recuperar.

Outro caso de circunstâncias em conflito pode envolver duas situações positivas. É a célebre eleição do que é melhor para nós, que implica uma renúncia, algo muito ruim, especialmente para as pessoas vorazes. Trata-se de um "bom conflito", como me disse um amigo que estava planejando as férias e tinha duas opções: ou ia a Viena, ou percorria os Andes.

A arte narrativa nos oferece exemplos em que ocorre esse conflito. Um desses é o de *D. Giovanni* (d. Juan), na ópera de Mozart, com libreto de Lorenzo da Ponte.

Há um momento em que o célebre — e trágico — sedutor é questionado por seu criado Leporello.

> DON GIOVANNI *Não falemos mais nisso! Você tem coragem para fazer o que eu te mando?*
> LEPORELLO *Sim, desde que o senhor abandone as mulheres.*
> DON GIOVANNI *Abandonar as mulheres? Você ficou louco? Deixar as mulheres! Elas são mais necessárias que o pão que eu como, mais do que o ar que eu respiro!*
> LEPORELLO *E mesmo assim tem coragem de enganar a todas elas?*
> DON GIOVANNI *É tudo amor! Quem é fiel a uma, é cruel para a outra; eu, que tenho esse nobre sentimento, quero bem a todas. As mulheres, porque não sabem distinguir as coisas, chamam de pérfido a esse meu caráter natural.*
> LEPORELLO *Nunca vi um natural tão vasto e tão benigno!*[48]

---

47 James L. W. West III (Org.). *Conversations with William Styron*. Jackson: University Press of Mississippi, 1985, p. 258. (Trad. de Luís Roberto Amabile.)
48 Disponível em: <http://www.librettidopera.it/zpdf/dongiov.pdf>. Acesso em: 7 nov. 2018. (Tradução minha.)

Em sua sede de não perder nada da vida, de não renunciar a nada, d. Giovanni tem na sua lista de conquistas amorosas 1003 mulheres — apenas na Espanha. Essa conduta devoradora e abusiva levou-o ao grande erro de pensar que o mundo era uma imensa loja em que tudo lhe era oferecido de graça, e que não existia conflito algum em escolher a tudo. Como Hamlet, sem o saber, d. Giovanni pavimentava a estrada que o levaria à destruição, o que acontece no epílogo, quando é devorado pelas chamas infernais, na imaginosa criação do século XVIII.

Em obras de nossos dias, já libertas da obediência a um código moral rígido, é possível ver como as circunstâncias positivas, quando excludentes, estão na base de muitas histórias.

E já que estamos no terreno das conquistas amorosas, examinemos o caso de Tomas, o personagem central de *A insustentável leveza do ser* (1983), de Milan Kundera. Tomas leva uma vida plena de "amizades eróticas" e acredita que o amor deva ser excluído de sua vida. Quando conhece Tereza, essa convicção sofre um abalo. Sente um inexplicável amor por essa moça que mal conhece. Ao mesmo tempo, não quer desistir das amantes. Gosta das duas situações, mas teme que uma atrapalhe a outra. Por isso, fica em dúvida sobre convidar Tereza para morar com ele:

> Devia propor que ela viesse se instalar em Praga? Essa responsabilidade o assustava. Se a convidasse agora, ela viria para junto dele e lhe ofereceria toda a sua vida.
>
> Ou seria melhor desistir? Nesse caso, Tereza continuaria como garçonete num restaurante de uma cidadezinha do interior e ele não a veria nunca mais.
>
> Queria que ela ficasse? Sim ou não?[49]

Tomas opta pelo meio-termo. Depois de muito titubear, acolhe Tereza. Ainda assim, continua a alimentar algumas amizades eróticas. Uma tentativa, nesse caso, de conciliar o inconciliável e que, como ele mesmo previu, desencadeia conflitos futuros.

---

49 Milan Kundera, *A insustentável leveza do ser*. Trad. de Tereza B. Carvalho da Fonseca. São Paulo: Companhia das Letras, 2017, p. 13.

Em outro momento da narrativa, Tomas está novamente em face de um conflito. Dessa vez, nada tem a ver com a vida amorosa. O romance de Milan Kundera se passa na então Tchecoslováquia, nos anos 1960 e 1970, quando o país estava sob um regime socialista fechado. Nesse contexto, Tomas cai em desgraça por causa de uma carta que envia ao jornal. Na carta, há trechos com críticas veladas ao governo, que o intima a se retratar. Ele é médico e, caso não escreva a retratação, corre sério risco de ter de abandonar seu posto num reputado hospital de Praga. Seu superior o aconselha a fazer o que lhe pedem:

> — Você sabe o que está em jogo? — perguntou o cirurgião-chefe.
> Ele sabia: havia duas coisas na balança. De um lado, sua honra (que exigia que ele não se retratasse) e, do outro, o que se habituara a considerar como o sentido de sua vida (seu trabalho como cientista e como médico).[50]

Como se nota, Tomas está diante de duas circunstâncias positivas: a honra e o trabalho. Dessa vez, não há meio-termo. A um dos dois ele terá de renunciar. Pede uma semana para pensar e, por fim, procura o cirurgião-chefe e comunica que não se retratará. Ainda tenta: "Chefe, talvez você possa me conservar aqui, mesmo sem a declaração". Mas, um pouco mais tarde, Tomas tem de deixar o hospital.

Voltando ao conflito entre uma circunstância positiva e outra negativa, é preciso esclarecer melhor, utilizando dados que vão além do dito açoriano.

A experiência humana nos diz que, algumas vezes, ao optarmos por algo positivo, estamos enfrentando uma contrapartida, que pode implicar a anulação, ou mascarar aquilo que atingimos de bom com nossa opção. Esse também é um conflito bastante versado nas narrativas, e um bom exemplo está em *A morte em Veneza* (1912), de Thomas Mann.

Gustav Aschenbach é um escritor de meia-idade, que vive em Munique. Tenso, exausto pelo trabalho sem descanso, decide partir de férias de verão. Depois de uma estada em Pula, no Adriático, resolve ir a Veneza. Conhecia a cidade de outras estadas. Lá, instala-se num belo hotel, frequentado por gente rica, disposto a desfrutar um pouco da vida. Sua

---

50 Ibid., p. 181.

história pregressa de homem reservado e melancólico, entretanto, faz antever a densidade emocional da narrativa. A vida não lhe é simples, pois tudo passa pelo filtro de sua sensibilidade exasperada. Impressiona-se, com uma facilidade que beira a morbidez, ora com um tipo sinistro que avistou num cemitério ainda em Munique, ora com o encontro de pessoas horrendas a bordo do barco que o deixa no cais de Veneza.

Já ao jantar do primeiro dia, sua atenção é capturada por um adolescente polaco, Tadzio, cuja perfeição fisionômica o fascina e deixa-o siderado.

> O rosto pálido, fino, fechado, os cabelos ondulados cor de mel que emolduravam a boca meiga, o nariz reto, a expressão de suave e divina dignidade — tudo isso lembrava esculturas gregas dos melhores tempos e, ao lado da pureza ideal das formas, tinha um encanto tão raro, tão pessoal que o observador julgava jamais ter visto, nem na natureza nem nas artes plásticas, alguma obra igualmente perfeita.[51]

Seguem-se dias de puro êxtase e desgaste nervoso. Aschenbach procura Tadzio em toda parte, cada vez mais submisso àquela beleza, e, pelo visto, o jovem dá-se conta disso, lançando-lhe olhares dúbios, interrogativos.

Em meio a tudo isso, de modo sorrateiro, Veneza começa a ser tomada pela epidemia de cólera indiano, que mata 80% das pessoas contaminadas, mas que as autoridades fazem tudo para abafar do conhecimento público. Um agente inglês põe Aschenbach a par da gravidade do problema, aconselhando-o a partir no mesmo dia. A quarentena está por ser decretada a qualquer momento. Os turistas mais atentos às evidências da peste cancelam suas estadas e abandonam Veneza. É preciso sair dali com urgência, e qualquer pessoa sabedora da extensão do risco faria isso, mas Aschenbach hesita. Tadzio e sua família, talvez ignorando o perigo iminente, permanecem no hotel. Aschenbach fantasia que fala com a mãe do adolescente:

> Que tal se, por exemplo, aproveitasse a noite desse mesmo dia para se aproximar, depois do jantar, daquela senhora enfeitada de pérolas e

---

[51] Thomas Mann, *A morte em Veneza*. Trad. de Herbert Caro. In: *A morte em Veneza & Tonio Kröger*. São Paulo: Companhia das Letras, 2015. (E-book).

proferisse as palavras que esboçava textualmente: "Madame, permita a um estranho que lhe ministre um conselho, uma advertência, que os outros, por egoísmo, escondem da senhora. Parta imediatamente, com suas filhas e com Tadzio! Veneza está empestada". Estão deitaria a mão na cabeça do instrumento de uma divindade sardônica, num gesto de despedida, e a seguir se viraria para fugir desse charco. Ao mesmo tempo, porém, percebia que estava longe de querer seriamente dar tal passo. Este o faria voltar a si, restauraria o seu verdadeiro eu.[52]

Esse "verdadeiro eu" era sua situação antes de ser seduzido pela figura de Tadzio. Seria muito doloroso abandonar para sempre aquela contemplação diária da Beleza. Algo, todavia, vai mal. Aschenbach tem de lutar

> [...] contra acessos de tontura, de origem apenas parcialmente física, que andavam acompanhados de uma violenta angústia, sensação de desesperança e frustração, cuja natureza não se conseguia definir, ficando incerto se ela se referia ao mundo exterior ou à sua própria existência.

Ele foi contaminado pelo cólera, e sabe disso.
Aschenbach está entre duas possibilidades: uma má, triste e pesarosa — sair de Veneza — e uma boa — ficar junto a Tadzio. Decide-se por ficar. Consumido pela doença, agora já não há mais volta. Tadzio vai embora com a família, e, quanto a Aschenbach, seu destino está no próprio título da narrativa de Thomas Mann.

É claro que a questão essencial do personagem escritor situa-se noutro plano, de caráter psicanalítico ou metafísico; mas no momento privilegiado pela história, esse conflito é metaforizado pela divisão do personagem central entre essas duas opções que desembocam, ao fim de tudo, na sua ruína.

Outro personagem de Thomas Mann, o jovem alemão Hans Castorp, de *A montanha mágica* (1924), enfrenta um dilema semelhante, apesar de menos trágico. O romance se passa às vésperas da Primeira Guerra Mundial. O cenário é um sanatório para tuberculosos na região de Davos-Platz, nos Alpes suíços. Hans Castorp vai ao local para visitar um primo e descobre que também está com tuberculose. A contragosto, interna-se, só que o período inicial de seis meses não

---

52 Ibid.

se mostra suficiente para curá-lo. A estada se alonga, e ele acaba se habituando ao lugar. Faz amigos, apaixona-se, envolve-se na rotina.

Um ano e meio se passa até que o primo resolve abandonar o tratamento e se juntar ao exército da Alemanha. Hans Castorp então o acompanha numa consulta com o médico responsável pelo sanatório. Ouvem que, se um dos dois jovens está apto a descer da montanha, é Hans Castorp.

Enquanto o primo decide desobedecer às recomendações médicas, Hans Castorp se questiona. Como não pretende se alistar, poderia voltar para casa e retomar seus projetos de antes da internação. Mas estaria disposto a viver doravante entre os ignorantões no ambiente da planície, entre os que "nada sabiam do termômetro, nem da arte de se envolver nos cobertores, nem do saco de peles, dos três passeios cotidianos"?[53]

Para ele, a possibilidade impregnada de negatividade é, naquele momento, abandonar o sanatório, mesmo que provavelmente esteja curado da tuberculose, e voltar a levar uma "vida normal":

> Hans Castorp estava acostumado a isso e aceitava com gratidão o estilo de vida ali de cima, que havia muito era para ele o único imaginável e lhe outorgava a bênção de ficar deitado ao abrigo de tudo e de poder entregar-se a toda sorte de pensamentos.[54]

Resolve então continuar em seu inesperado refúgio, um microcosmo algo incerto e melancólico, porém, de qualquer forma, mais seguro e sem as obrigações da vida mundana.

No romance *O sol também se levanta* (1926), de Ernest Hemingway, o personagem central, Jake Barnes, um veterano da Primeira Guerra Mundial que trabalha como jornalista em Paris, encontra-se diante de uma escolha penosa.

Assim como em *Suave é a noite*, estamos na França dos anos 1920, mas, em vez da Riviera, os personagens vivem na capital, e a rotina inclui uma ronda por cafés e clubes noturnos, tudo encharcado de muito álcool.

---

53 Thomas Mann, *A montanha mágica*. Trad. de Herbert Caro. Rio de Janeiro: Nova Fronteira, 2000, p. 573.
54 Ibid.

É nessa *ambiance* que Jake conhece uma mulher arrebatadora, Brett Ashley. Eles se apaixonam; porém, entre eles se impõe um problema incontornável. Jake foi ferido na guerra. Nunca sabemos ao certo qual é o ferimento, mas se trata de algo que o deixou incapacitado para manter relações sexuais:

> Eu tirava a roupa, olhava-me ao espelho do grande armário, perto da cama. A mobília do quarto bem francesa, prática também, imagino. De todos os ferimentos possíveis... Enfim, talvez fosse muito engraçado.[55]

Como podemos supor, na verdade, ele não via graça nenhuma na situação:

> Deitado, não conseguia dormir, pensava, e meu cérebro saltava de uma ideia a outra. E acabei por não conseguir mais desviar o espírito: comecei a pensar em Brett e tudo mais desapareceu. Pensava em Brett e meu cérebro, deixando de trabalhar aos saltos, começou a funcionar como em ondas suaves. E subitamente comecei a chorar.[56]

Atormentado pelo sentimento, Jake vive em dúvida: deve se afastar de Brett? É bom encontrá-la e passar um tempo com ela; mas também é uma convivência triste, ainda mais por Brett se envolver com outros homens. Veja o diálogo a seguir:

> — Não poderíamos viver juntos, Brett? Não poderíamos viver juntos?
> — Não creio. Eu iria enganá-lo com todo o mundo e você não suportaria isso.
> — Não suporto, agora?
> — Depois seria diferente. A culpa é minha, Jake. Eu sou assim mesmo.[57]

Um caso curioso, pois, na perspectiva de Jake, a mesma alternativa concentra uma forte circunstância positiva — ficar junto a Brett — e uma inegável e também potente circunstância negativa — não conseguir manter relações sexuais e assistir à amada fazê-lo com outros.

---

55 Ernest Hemingway, *O sol também se levanta*. Trad. de Berenice Xavier. São Paulo: Abril Cultural, 1980, p. 37.
56 Ibid., p. 38.
57 Ibid., p. 64.

Como o diálogo insinua, Jake escolherá sempre estar disponível quando Brett quiser ou precisar. Um autêntico "amor de perdição".

Conclusão sobre as circunstâncias dos conflitos

Pelo que foi visto, você pode ficar com a ideia de que as circunstâncias dos conflitos (positivas e negativas) apresentaram-se de maneira nítida aos ficcionistas no momento da escrita ou até que eles pensaram no assunto antes de começar a escrever. É possível que isso tenha acontecido num ou noutro caso, mas também pode ocorrer que, atentos a tantos aspectos na construção do personagem e da narrativa, nós nos esqueçamos do dilema (conflito) central. Desse modo, colocamos o personagem central perante duas realidades que não são excludentes, e se não o são — se o personagem não precisa decidir nada — não há conflito e, portanto, não há narrativa literária.

COADJUVANTES TAMBÉM TÊM SUAS QUESTÕES ESSENCIAIS

Em minhas leituras de boas narrativas, e mesmo ao ver bons filmes, desconcertava-me perceber a existência de personagens coadjuvantes que traziam, dentro de si, questões apenas entrevistas, mas que eram abandonados pelo ficcionista ou diretor, que os deixavam às voltas com seus problemas. Meu desconcerto vinha do fato de que o resultado final funcionava e era, por vezes, brilhante.

Não estou a falar em personagens que vêm trazer um copo d'água numa bandeja, ou no dono da banca de jornais que entrega uma revista; falo em personagens a que o ficcionista atribui questões autênticas, *embora sem o desejo de aprofundá-las, nem sequer de levá-las adiante*. Perguntava-me a razão pela qual isso acontecia. Percorri um longo estudo, que não cabe explicar agora, mas que me levou a uma conclusão: o ficcionista respeitou, na obra, o sentido de realidade.

Vejamos como isso acontece. Em nossa existência real, mesmo estando com um problema que consome nossos pensamentos e ações e até pode tirar o gosto pela vida, não deixamos de circular pelas ruas, falar ao telefone, ir a uma festa, fazer uma viagem, interagir. Nesses momentos, ficamos mais propícios a reconhecer no olhar ou na palavra alheios uma questão — ou, para ficarmos dentro do tema, uma questão essencial, potencial. Isso não diminui o que sentimos, e pode até agravá-lo. É um contato que, ao mesmo tempo que propicia um possível diálogo entre sofredores, paradoxalmente pode colocar o outro numa ilha inacessível para além do céu ou do inferno. Esses encontros humanos, entretanto, dão sentido de realidade à nossa vida, visto que, mesmo centrados em nossos problemas, não somos por inteiro impermeáveis ao outro. São descobertas fugazes, claro, e é muito provável que nos esqueçamos delas ao dobrar a esquina. Mas algo ficará.

Ora, se o personagem — repito — não deve ser um manequim que levamos de um capítulo a outro e, ao invés disso, precisa se assemelhar a um ser humano, tampouco esse mesmo personagem-ser-humano deve estar cercado por manequins. O leitor não acreditaria em nossa história.

Por tudo isso, abandonei nas minhas aulas da Oficina o preceito de que o ficcionista deve se concentrar *apenas* no conflito que envolve o personagem central. E confesso: poderia ter tomado essa providência antes, mas temia que nas ficções dos meus jovens alunos pudesse ocorrer uma pulverização do conflito. Eu esquecia que algumas narrativas de qualidade demonstram, sem equívoco, o quanto os personagens coadjuvantes merecem cuidado igual ou similar aos personagens centrais. Isso pesa em favor da realidade da história. Ajuda o leitor a sentir que está diante de uma narrativa verossímil e que aquele mundo ficcional faz sentido.

Nas primeiras páginas de *Hanói*, de Adriana Lisboa, somos apresentados a David, um músico amador que, aos 32 anos, descobre estar com câncer. Na mesma tarde em que recebe a notícia, David vai fazer compras num mercado asiático e conhece Alex, uma jovem mãe solteira que trabalha como caixa.

David e Alex se apaixonam, mas o caso de amor será de curta duração. Entre eles, impõe-se uma doença em estado terminal:

> O médico havia sido claro. Já era, rapaz. Seu tempo acabou — noutras palavras mais gentis, disfarçadas, medicinais.[58]

Esse é o principal núcleo de conflito do romance. David e Alex pre-

---

58 Adriana Lisboa, *Hanói*. Rio de Janeiro: Alfaguara, 2013, p. 69.

cisam lidar com o fato de que o relacionamento já nasceu condenado. Necessitam entender que "a única característica comum a todas as coisas [...] é que elas num determinado momento começam a existir e num momento deixam de existir".[59] Acompanhamos então os questionamentos e os esforços de ambos para desdramatizar a situação e aproveitar o (pouco) tempo que lhes resta.

Apesar de a focalização estar em David e Alex, outros personagens guardam questões potenciais. David é filho de um imigrante ilegal brasileiro, Luiz, e de uma mexicana, Guadalupe, e conhecemos um pouco da história do casal:

> Em dado momento da vida, Guadalupe desistiu de Luiz e de David, e saiu em busca de alguma coisa que nunca ficou cem por cento clara.[60]

Como Guadalupe é um personagem coadjuvante, o conflito relacionado a ela — deixar a família por algo que não pode definir — não é desenvolvido. Porém, uma vez que o leitor perceba a potencialidade desse conflito, ele aceita que Guadalupe não foi colocada ali pela ficcionista apenas para servir de suporte à história de David — mesmo que esse seja o caso!

O conflito potencial que pode decorrer de um personagem coadjuvante também pode simbolizar ou recrudescer o drama vivido pelo(s) personagem(ns) central(ais). No caso de *Hanói*, isso acontece quando entra em cena a avó de Alex. Ela é vietnamita e, durante a Guerra do Vietnã, apaixonou-se por um soldado estadunidense, do qual engravidou. A avó, que há muito tempo mora nos Estados Unidos, conta a Alex que sente saudades do país natal. Quando a neta lhe pergunta, porém, se gostaria de voltar para lá, ela responde que não:

> Alex sabia o que era. Uma outra vida que sua avó teria vivido em lugar daquela. Como se voltasse o filme a um determinado ponto e as cenas seguintes fossem outras.[61]

---

59 Ibid., p. 31.
60 Ibid., p. 100.
61 Ibid. p. 80.

Com certeza, Alex também gostaria de rebobinar o filme de sua vida com David e mudar as cenas para que fosse possível um final feliz.

Retomemos agora duas narrativas cujos personagens centrais já foram aqui usados como exemplos de personagens que alteram sua perspectiva relativamente ao conflito. Como já visto, o romance *Mãos de Cavalo*, de Daniel Galera, entrelaça duas fases da vida de Hermano. Numa delas, durante a adolescência, ele convive com um grupo de amigos, entre eles uma garota chamada Naiara. Ainda que de modo tímido, Naiara dá sinais de estar apaixonada por Hermano. De fato, ela gosta dele e sofre com isso, mas não saberemos muito de seu sofrimento. Acompanhemos a cena:

> Ela sentou em cima da coxa dele do modo mais recatado que é possível sentar na coxa de uma pessoa, dobrou os braços contra o peito e apoiou a cabeça contra o seu ombro. Estava gelada e respirava em suspiros. Era um filhote de mamíferos. Se fosse possível amá-la, ele a amaria agora. Esperou um tempo para dar a algum sentimento profundo a chance de se manifestar, de vir para ficar, mas isso não aconteceu.
> "Naiara, eu não gosto de ti. Quer dizer, gostar do tipo ficar junto. Desculpa."
> "Que pena, porque eu gosto de ti."[62]

Em seguida, ela pede que fiquem abraçados por mais um tempo. Hermano concede e, enquanto a enlaça sem muita intensidade, põe-se a pensar:

> Queria se apaixonar por ela, mas não conseguia. Essa incapacidade o intrigava. Se por um lado trazia uma sensação de impotência, por outro ia tornando mais claro, por contraste, que tipo de coisa ele queria e poderia conseguir. Decidiu se concentrar nisso, na diferença entre uma coisa e outra. Endireitou a coluna e se reacomodou na cadeira. Só sairia dali quando estivesse cheio de certezas.[63]

Aqui, a questão essencial de Naiara já não importa. Se era insinuada em certas passagens, quando veio à tona cumpriu a função de

---

62 Ibid. p. 187.
63 Ibid.

revelar, ou ressaltar, uma característica do personagem central. Ao acompanhar o comportamento de Hermano face a Naiara, o leitor enxerga o quanto ele é racional e necessita traçar planos, almejando controlar todas as circunstâncias da vida.

Outro texto que já visitamos, *A dama do cachorrinho*, de Anton Tchékhov, apresenta como personagem central Dmítri Gúrov. A focalização recai sobre ele, e o conflito que vemos se aprofundar é o que decorre dele. Gúrov tem um casamento de conveniência e nunca amou de verdade até conhecer Anna Serguêievna.

Apesar de Anna não ser um personagem coadjuvante (afinal, o título do conto se refere a ela), o que sabemos a seu respeito nos chega através da percepção de Gúrov. Isso não nos impede de compreender a situação de Anna. Ela também está presa a um casamento que não lhe satisfaz. Vejamos o que diz quando ele a procura:

> — O senhor deve ir embora... — sussurrou Anna Serguêievna. — Está ouvindo, Dmítri Dmítritch? Vou me encontrar com o senhor em Moscou. Eu nunca fui feliz, sou infeliz agora, e nunca, nunca serei feliz, nunca! Não me faça sofrer ainda mais! Juro que vou a Moscou. Mas agora vamos nos separar. Meu querido, meu bom amigo, meu amor, vamos nos separar![64]

No fundo, Anna e Gúrov vivenciam o mesmo conflito. Ele a ama e ela afirma sentir o mesmo. Assim como ele, porém — e mais ainda por ser mulher —, ela precisa seguir certas normas da sociedade da época, na qual o divórcio está fora de cogitação. Nesse caso, o conflito de Anna, ao refletir e se misturar ao de Gúrov, torna-o mais acirrado.

Mas, e esse é um alerta necessário, tenha cuidado para que a narrativa não se desequilibre, ao ampliar a relevância de um personagem secundário.

Se, em *Dom Casmurro* (1899), Machado de Assis viesse a dar conteúdo complexo e consistente também a Capitu, personagem coadjuvante, o romance estaria inviabilizado. Essa é uma narrativa que não comporta dois focos de interesse no mesmo plano, pois está toda baseada nas dúvidas de Bentinho em relação à fidelidade da esposa; por hipótese, se leitor a conhecesse "por dentro", saberia ser culpada

---

64 Anton Tchékhov, op. cit., p. 156.

ou inocente.[65] Sem a dúvida, *Dom Casmurro* resultaria num péssimo romance de vitimização e sadismo, indigno do refinamento do grande autor brasileiro.

Por tudo isso, tente evitar dois problemas. *O primeiro*: não exponha a interioridade mais profunda dos coadjuvantes; mostre apenas suas camadas mais externas. Caso essa anomalia técnica — o escancaramento dessa intimidade — venha a acontecer, o interesse do leitor será deslocado para o coadjuvante, e isso fará com que este obtenha um upgrade, tornando-se também central, desequilibrando a narrativa a que nos havíamos proposto. *O segundo*: na relação do personagem coadjuvante com o central, evite que o coadjuvante conheça o "eu profundo" do personagem central. O cuidado em evitar esse problema assegurará que o personagem central não venha a ficar desnudado perante os que com ele contracenam — isso lhe retiraria o mistério e, portanto, o interesse do leitor. Você já imaginou o desastre literário que aconteceria se o dr. Watson conhecesse tudo que está na cabeça de Sherlock Holmes?

O CONFLITO SEMPRE DERIVA DA NECESSIDADE DE UMA ESCOLHA

Nos exemplos vistos, independentemente das circunstâncias em jogo serem positivas ou negativas, há um item em comum: a necessidade de o personagem optar por uma ou outra realidade que ele mesmo criou (Werther, d. Giovanni) ou que as circunstâncias lhe impuseram (Antígona, Sofia Zawistowska). O que os une é a premência de uma escolha. Isso é que encaminha a um conflito.

Para que a escolha funcione leve em conta que as circunstâncias sob escolha devem ser fortes, com repercussões que afetarão a vida que o personagem tem pela frente. Muita narrativa se perde porque está focada em escolhas repetitivas, aquelas que fazemos em nosso cotidiano e pouco o alteram.

O personagem deve estar diante de escolhas em que as circunstâncias se equivalem em gravidade (veja-se o caso de Antígona).

---

65 Aliás, sempre a entendi inocente, dado o moralismo de Machado.

Dentro dessa lógica, faz sentido, por exemplo, uma escolha como esta: "Falo francamente com Marta, tentando recuperar o amor que tínhamos há vinte anos, ou digo para Luísa que estou largando tudo e quero viver com ela?". Não faz sentido o que na minha juventude se dizia quando se estava entediado: "Não sei se caso ou compro uma bicicleta". É uma caricatura, mas há inúmeros exemplos em que isso acontece de modo muito sutil, e às vezes não percebemos na hora de escrever. Olhar atento, pois.

Por fim, o personagem deve ser livre no momento da escolha. Embora pressionado pelas circunstâncias e por todo o peso do passado, ele precisa dispor de um momento crucial em que possa decidir de maneira autônoma. Se não houver autonomia, ao menos nesse momento, se ele não tiver outra escolha a não ser a circunstância A, o leitor perceberá que algo está errado. Por um lado, caso essa circunstância A seja negativa, ocorre o martírio do personagem, o que fica melhor nas biografias de santos, mas não na literatura que, imagino, você deseja escrever. Por outro, se for positiva, teremos uma narrativa rival de *Poliana*, que, também penso, não seria o seu propósito como escritor de ficção. Quanto a esse segundo caso, lembro mais uma vez a novela *O visconde partido ao meio*, de Italo Calvino. Medardo di Terralba, depois do tiro de canhão de que foi vítima, vê-se dividido numa metade má e noutra boa. A boa é uma chatice só; depois de "obrigada" a apenas fazer bondades, é hostilizada por seus conterrâneos, e o assunto só se resolve quando o cirurgião sutura as duas partes, mostrando, numa metáfora singela, que só somos completos na convivência dos opostos dentro de nós.

O ficcionista, um ser feito de conflitos

Criar conflitos parece ser a prática mais aparente da humanidade, desde as cavernas até o confuso conglomerado da sociedade contemporânea. Como vimos, eles percorrem também todos os minutos de nossa existência pessoal, com sua infeliz presença. Por isso a urgência em superá-los, tentando retomar desde logo a bem-vinda estabilidade. Eis aí uma luta de antemão derrotada, pois sabemos que à harmonia vão se seguir novos conflitos, porventura mais ameaçadores.

A literatura, no contexto, assume o papel de expressão desses conflitos, visíveis em nossas mesquinhas tragédias e nas grandes ações coletivas. Costumo dizer, e repeti neste livro, que a literatura faz isso porque o leitor assim o espera. É uma explicação real, mas não suficiente. Haverá um quid especial e próprio que explique a presença do conflito em todas as narrativas. Em vez de contemplar a questão apenas pela perspectiva do leitor, talvez seja o caso de pensar ao lado do ficcionista. O mais simples seria dizer que o ficcionista instaura conflitos em suas obras porque não pode deixar de fazê-lo, porque o conflito está em toda parte e eles transitarão para sua obra. É outra explicação legítima, mas ainda incompleta.

Quando, na extrema juventude, li *Os irmãos Karamázov*, senti-me fisicamente mal perante a violência que existe na tortuosa relação de Fiódor Pávlovitch com seus filhos. Embora hipertrofiadas à caricatura pela prosa de Dostoiévski, ali estavam, genuínas, as mesmas desavenças que um jovem da minha geração experimentava em casa. Fiquei mal, mas segui até o fim, até o comovente sepultamento do pequeno Iliúcha. Ao fechar o livro, abalado, me dei conta do quanto o ficcionista conhecia a alma humana. Meus conflitos estavam, todos, retratados nos personagens Dmitri, Ivan e Aliócha. Sim, valera a pena seguir na leitura. Ali encontrei eixo, consolo e recompensa. E entendi, como numa iluminação, que esse romance só poderia ser escrito por alguém que tivesse passado pelas mesmas tribulações em sua própria vida. Mais tarde, ao ler os elementos biográficos de Dostoiévski, em especial sua relação com o próprio pai, entendi que foi uma vida de culpas que o levou a dar o tom dominante em *Os irmãos Karamázov*. Com isso, entendia a si mesmo e, assim, procurava entender os outros. O resultado foi uma obra-prima absoluta.

E então me pergunto: se o ficcionista preenche seus livros com conflitos da mais variada natureza e gravidade, não será porque busque sempre e sempre, de maneira desesperada e infatigável, resolvê-los para si e pelos outros, atingindo, assim, uma espécie de perdão?

DE ONDE VÊM AS DIFICULDADES REFERENTES À QUESTÃO ESSENCIAL E AO CONFLITO DA HISTÓRIA?

Caso algum dia você enfrente problemas para descobrir a questão essencial do personagem e/ou para elaborar o conflito da história, convém, antes de qualquer outra providência, procurar saber qual a origem da dificuldade. Dentre várias, cito algumas alternativas logo a seguir.

Se você não encontra a questão essencial...

Pense se o personagem está nítido na sua cabeça. Essa é a principal causa. Um personagem bem construído terá sua questão essencial com elementos conflitivos suficientes para provocar uma narrativa ficcional. Neste caso, reveja se você criou esses elementos; caso não, repense as características desse personagem. É bem provável que o problema esteja aí.

Pense em seus temores. Você exerce autocensura em seus próprios textos, ou se preocupa com o que os outros vão pensar? Assim pode ser difícil escrever uma literatura que valha esse nome.

Se você não está conseguindo criar um conflito que se sustente...

Pense na natureza do conflito. Claro que posso transformar a dificuldade em fazer um adolescente acordar pela manhã numa tragédia grega; é bastante improvável que seu leitor vá se interessar por sua história, exceto se for mãe ou pai de adolescente, mas aí o interesse não será literário — nesse caso, poderão consultar um psicólogo ou psicanalista, e com maior ganho. Agora, se o livro retratar uma mãe que escreve cartas ao ex-marido para relembrar a história familiar e discutir a situação do filho adolescente que cometeu uma chacina na escola, o conflito, nem seria preciso dizer, tem força suficiente — como prova, *Precisamos falar sobre o Kevin* (2003), de Lionel Shriver.

Pense na intensidade do conflito. Se o personagem tem condições de superá-lo com facilidade, é como se não existisse. Se ele quer se inscrever para correr uma São Silvestre, se o foco for apenas esse e se trata de pessoa jovem e robusta, não haverá problema algum. Porém, se for alguém nada atlético e que estabelece o propósito de aprender a correr e completar a São Silvestre como um antídoto para superar o traumático fim de seu casamento, como acontece na novela *Divórcio* (2013), de Ricardo Lísias, pode funcionar. Atenção também para outra armadilha, que consiste em criar um conflito tão intenso que o personagem jamais poderá resolvê-lo, pois há o risco de que ele seja vítima o tempo todo, como nas narrativas dos mártires. Crie um conflito que fique entre esses dois extremos.

Pense nas suas leituras. Você está lendo narrativas de qualidade e que, portanto, têm um conflito nítido e estimulante do interesse do leitor? Você consegue reconhecer esse conflito durante a leitura? Comentei, neste capítulo, que até mesmo os romances ruins podem nos ajudar — no caso, a enxergar o que não fazer. Mas se você quer crescer na escrita literária, leia apenas ficcionistas que escrevam melhor do que você.

Pense em sua formação escolar. As leituras desse período podem ser bastante equivocadas. Na intenção de não escandalizar os pais, algumas escolas indicam obras de fraco conteúdo conflitivo, e isso passa como sendo a melhor literatura. Você deve estar lembrado de alguns desses livros água com açúcar. Em casos extremos, os estragos podem ser irrecuperáveis. Conheço duas ou três situações concretas que ocorreram com pessoas da minha geração, e menos — felizmente — nas gerações mais jovens.

Não sei se esgotei as possíveis causas que levam ao travamento para incluir conflitos nas narrativas; mas, caso você se enquadre numa dessas, o simples fato de reconhecê-las já é um avanço para sua solução. E em alguns casos, você já percebeu, essa solução está distante da literatura.

4.
ESCREVER FICÇÃO É TRAMAR

O ENREDO E A ESTRUTURA[1]

Quando as agruras do cotidiano se acumulavam, fosse escassez de dinheiro na paróquia de Nossa Senhora da Conceição, um casamento em perigo ou até pecados veniais não suficientemente purgados, minha avó Petrona, feito uma cassandra de sacristia, declarava: "Isto vai mal, isto vai mal, mas pode ficar pior".

A frase era a forma de vovó, catolicíssima, esférica e autocrata, dizer que não deveríamos nos queixar do tempo presente. Mas também ocultava uma perspectiva algo trágica da vida, o que pode nos ajudar neste momento do livro. Afinal, vamos tratar de enredo, um elemento cuja função primordial é agravar mais e mais o conflito, levando o personagem a um estágio em que qualquer decisão conduzirá à ruína.

Antes, eu disse que na vida não há histórias, e que elas só existem quando são contadas por alguém. Agora, complemento: quando as histórias são transformadas em narrativas ficcionais — ou seja, numa série de eventos que visa causar uma impressão no leitor —, é o enredo que os organiza. Ao pensar em enredo, pensamos em organização da história, na estrutura que vai constituí-la. Aqui vem bem a propósito a referência a um escritor que trouxe uma ideia original sobre o tema. Ele é Novalis, pseudônimo de Georg Friedrich Philipp, barão Von Hardenberg.

NOVALIS E O (DES)ENCOBRIMENTO DO CAOS

Gênio que faleceu antes dos trinta anos com aura de profeta romântico,

---

[1] Este capítulo é de proveito mais imediato para a escrita da novela e do romance. Quando couber, referirei a um ou outro desses dois gêneros.

quando não, maldito, Novalis segue alimentando as emoções de uma falange de adoradores. Inúmeras frases apócrifas são atribuídas a ele, mas há uma, verdadeira, que faz todo sentido quando avaliamos as relações entre conteúdo e forma. Nós a encontramos em seu inconcluso romance *Heinrich von Ofterdingen* (1802, póstumo). Há um momento em que o poeta Kligshor diz ao personagem-título: "Em toda poesia o caos deve transparecer sob o véu sólido da ordem". Gosto disso. A frase subverte o que seria o esperável: que o véu sólido da ordem devesse encobrir o caos.

Em se tratando de Novalis, a lógica é sempre às avessas, mas, aceitando-a, podemos tirar uma conclusão: o poeta (o ficcionista, eu amplio) deve escrever o enredo de tal maneira que deixe à vista o caos que existe por detrás dele; em outras palavras, a ordem do texto só é admissível se houver "frestas" por onde o leitor tenha acesso ao subterrâneo babélico que são as emoções que presidem a história.

Ao mesmo tempo que o ficcionista se esforça para que o caos não venha a tumultuar sua narrativa, ele precisa dele para que sua história tenha conteúdo humano. De todo o tumulto que é a imaginação deve resultar uma obra compreensível, mas não fria; e, assim, o desvelamento do caos deve ser, como nas fórmulas dos remédios, quantum satis para essa compreensão.

Machado de Assis é o mestre incontornável da arte do ocultamento e desvelamento; *Dom Casmurro* é prova disso. Como a narra Bentinho, sua história hoje talvez parecesse desinteressante para os novidadeiros e os apressados, pois gira em torno de uma dúvida trazida ao enredo em conta-gotas, de modo que o caos que nela habita é apenas antevisto em momentos bem dispostos na narrativa. E, quando aparecem, trazem a marca de um espírito em devorador tumulto. Administrar a história, ou seja, fazer com que ela não sufoque o caos e tampouco o exponha ao leitor em toda a sua voracidade, é função do enredo, e criar o enredo é uma arte do ficcionista.

Bem sei que trato desse tema apenas agora, decorridas mais de 150 páginas. Não, não desprezo o enredo. Tanto que dedico este capítulo a ele e à estrutura. Assim como os outros elementos da narrativa, o enredo deve ser, no mínimo convincente, como o personagem e o conflito.

CHARACTER IS PLOT

Essa é uma célebre frase que você já deve ter visto atribuída a quatro ou cinco ficcionistas, entre eles Henry James e F. Scott Fitzgerald, o que nos indica que teve autoria anônima e depois foi colada a um grande nome para dar-lhe dignidade.

Plot — não é fácil encontrar palavra correspondente na língua portuguesa, por causa de seu esgarçamento semântico, mesmo no idioma original. Mas porque neste momento tratamos do conflito, e este se manifesta no enredo, aceitemos que *plot* é enredo; por essa razão, a tradução ficaria assim: "Personagem é enredo".

Personagem (também) é enredo

Sim, concordo, não é uma definição objetiva, mas expressa a proposição — e não estou sozinho nisso — que assumo na íntegra: o enredo da novela ou do romance só será bom se provier de um personagem consistente. Precisamos apenas repassar algumas ideias.

|||||||||||||||||||||||||||||||||||||||||||||||||||||||||||||||||||||||||||||

¶ A consistência do personagem implica que ele possua uma questão essencial, anterior à própria narrativa e que seguirá com ele mesmo depois do ponto-final. Essa questão é que dará sentido e, de certo modo, provocará a história e, assim, o enredo.

|||||||||||||||||||||||||||||||||||||||||||||||||||||||||||||||||||||||||||||

"Enredo" é uma palavra que soa um pouco antiga, usada por meus pais quando se referiam a filmes e radionovelas, e vejo que hoje é retomada e atualizada no campo literário como sinônimo de "trama", "intriga", palavras interessantes, a que se somam outras, bem conotativas, como "teia" e "urdidura".

Lembremo-nos do verbo "enredar", no seu sentido mais corrente, que é o de "emaranhar", ou, na sua forma pronominal, "emaranhar-se". Isso pode ajudar. Também pode ajudar se imaginarmos que, se já temos um personagem consistente e o conflito, precisamos decidir como contar essa história,[2] transformando-a numa narrativa literá-

---

2 O modo como contaremos a história, como você sabe, passa também pela escolha de *quem* conta essa história, assunto de nosso próximo capítulo.

ria. O que vamos contar primeiro? Qual evento? De que maneira os fios de nossa narrativa serão tramados? Ou seja, como vamos estruturá-la?

A resposta: essas questões são resolvidas na organização do enredo. Para começo, é possível propor:

||||||||||||||||||||||||||||||||||||||||||||||||||||||||||||||||||||||||||||||||

¶ O enredo é uma estrutura que organiza os eventos da narrativa, ligando-os pela relação de causa e efeito, na intenção de *apresentar* e *agravar* o conflito, resolvendo-o ou não.

||||||||||||||||||||||||||||||||||||||||||||||||||||||||||||||||||||||||||||||||

Embora eu já tenha usado várias vezes a palavra, não custa deixar claro que *evento* é um fato que acrescenta algo novo ao enredo. Pode ser vivido pelo personagem central ou pelo coadjuvante; pode ser um acontecimento do mundo natural, como uma tempestade, ou do mundo social, como uma greve de motoristas de ônibus; pode estar concentrado num capítulo, ou ser parte integrante dele; o mesmo evento pode, inclusive, ocupar mais de um capítulo. Caso a narrativa seja de caráter intimista, os eventos são focados mais na interioridade dos personagens, como acontece em Virginia Woolf, Clarice Lispector, Caio Fernando Abreu, Raduan Nassar ou Lya Luft; se for uma narrativa em que as ações externas são mais importantes, como nas obras populares de Alexandre Dumas, Stephen King ou Thalita Rebouças, os eventos se sucedem numa sequência acelerada. Ágeis ou intimistas, o que importa é que os eventos se organizem num enredo que convença o leitor.

O ENREDO CONVINCENTE

Certa vez, o ficcionista Josué Guimarães me disse algo que não esqueci. Estávamos de pé, no lobby de um hotel, em Passo Fundo (RS), à espera da van que nos levaria a uma sessão das míticas Jornadas Literárias. Perguntei a ele o que considerava um enredo convincente. A resposta: "Essa é fácil, meu jovem, eu li num livro: se o personagem morre de tuberculose pulmonar no décimo capítulo, deve ter tossido um pouco no quarto capítulo, ter baixado no hospital no sétimo, até morrer naturalmente no décimo. Isso é que convence o leitor. E basta de teorias que a van já chegou".

Mesmo que não tivesse chegado, eu já tinha a resposta.

O enredo convincente é aquele em que não há evento sem motivo que o provoque, mesmo que esse motivo seja apresentado a posteriori, como acontece nos romances policiais.

A razão é simples: na vida, e também na natureza, tudo acontece mediante a relação de causa e efeito. Que o digam os filósofos, físicos, astrônomos e biólogos. Trata-se do princípio da *causalidade*, em que todas as mudanças acontecem segundo a relação de um fato com sua causa. Durante bom tempo, excluídas as explicações metafísicas, acreditou-se que a vida surgira na Terra por geração espontânea, o que vinha contrariar o princípio. Hoje, esse pensamento não é mais sustentado por ninguém.

Você deve ter de memória vários casos em que, nas narrativas escritas por diletantes, surgem eventos saídos "do nada", que não encontram explicação nem antes, nem durante, nem depois. É uma situação bem desagradável, e que tira todo o crédito do que estamos lendo. Via de regra, isso acontece porque o ficcionista pôs-se a escrever sua história ao sabor do acaso, empilhando eventos sobre eventos. Quase sempre o tempo tem parte da responsabilidade: quando a dedicação à escrita é parcial,[3] decorrem dias, semanas ou mais em que o livro "fica parado". Se não houve o cuidado de um planejamento, é fácil esquecer o que já se escreveu e o que se vai escrever, e daí surge o risco de não haver concatenação entre os diferentes momentos do livro.

Conheci um ficcionista de qualidade razoável e carreira discreta. Escrevia romances. Por vezes me ligava, empolgado com uma ideia nova para incluir no livro em andamento. Não eram ideias ruins, pois ele tinha imaginação — só que não cabiam *naquele* romance. Como ele estava me consultando, eu lhe dizia isso. Ele se entristecia ("pena, é uma ideia tão boa...") e algumas vezes aceitava minhas sugestões, outras não. Você pode prever o resultado disso tudo.

Em Flaubert, como poderíamos esperar, as coisas se passam de modo diferente. Se Emma Bovary se suicida ingerindo arsênico, é

---

3 Quase todos nós, infelizmente, temos de lidar com essa contingência.

porque o leitor sabe que esse ato extremo tem uma causa: ela está desesperada, e esse desespero decorre de estar cheia de dívidas, de seu ex-amante recusar-lhe 3 mil francos e, mais, de não conseguir suportar o peso da própria infidelidade, a qual aconteceu porque estava em busca de experiências amorosas fora de um casamento monótono e, causa remota, porque tinha a cabeça revirada em função dos livros melosos que lia — isso é o que diz Flaubert —; assim podemos retroceder até o início. Tudo funciona, e dizemos no final, encantados: puxa, mas que livro!

Flaubert organizou os eventos de seu romance de maneira impecável, inclusive nos pormenores que, longe de ser dispensáveis, ajudam a dar verdade a todo o enredo. Um exemplo, apenas: a cena do suicídio acontece no capítulo VIII da terceira parte. Emma vai à loja do farmacêutico Homais e pede ao criado, o jovem Justin, que lhe dê a chave de certo gabinete reservado, situado no sótão, onde são guardadas várias substâncias, algumas delas perigosas, como o arsênico. Ela justifica a necessidade do veneno por causa dos ratos que infestam sua casa. Subjugando a fraca resistência de Justin, que quer pedir licença ao patrão, vai ao laboratório e ali vê, pendurada na parede, uma chave com a etiqueta "cafarnaum", que abre a porta do gabinete. Pega-a, praticamente arrasta Justin escada acima, e

> A chave girou na fechadura, e ela foi diretamente à terceira prateleira, no tanto que a lembrança a guiava, pegou a garrafa azul, tirou a rolha e, metendo a mão nela, retirou-a cheia de um pó branco que se pôs a comer no mesmo instante.[4]

Vendo essa cena em separado, é natural a dúvida: como Emma conhecia os espaços da casa do farmacêutico? Como sabia que no "cafarnaum" havia uma garrafa com arsênico? Retrocedendo ao capítulo II da mesma parte, lá encontramos uma cena em que Emma é chamada com urgência à casa de Homais e o encontra encolerizado, repreendendo Justin. A razão: o rapaz fora mandado buscar um tacho para confecção de geleia, e então:

---

4 Gustave Flaubert, *Madame Bovary*. Paris: Michel Lévy Frères, 1857, p. 442. Disponível em: <http://gallica.bnf.fr/ark:/12148/btv1b8619658w/f9.image>. Acesso em: 21 nov. 2018. (Tradução minha.)

— [...] ele, por pura indolência, por pura preguiça, foi pegar a chave que está pendurada na parede do meu escritório, a chave do "cafarnaum".

O boticário assim chamava um gabinete que ficava no sótão, cheio de utensílios e de mercadorias de sua profissão.[5]

O rapaz tenta explicar-se, e Homais continua a descompostura:

— Não, me deixe! Você sabe a que você se expunha?... Você não viu nada no canto, à esquerda, na terceira prateleira? Fale, responda qualquer coisa!
— Eu não... sei nada — balbuciou o jovem.
— Ah, você não sabe nada! Mas eu sei, eu! Você viu uma garrafa de vidro azul, tampada de cera amarela, que contém um pó branco, sobre a qual eu escrevi: "Perigoso". E você sabe o que tem ali dentro? Arsênico! E você a tocou! Para pegar um tacho que estava ao lado![6]

Está feito o link entre um evento e outro. Emma assistira à cena em que Homais revelou a existência do arsênico numa garrafa azul no cafarnaum. Uma sutil mestria técnica de Flaubert: sempre preocupado com as sonoridades, deu ao gabinete o raríssimo nome de cafarnaum.[7] Se fosse apenas "gabinete", não garanto que Emma se lembrasse, em meio às tantas coisas que escutou naquela ocasião, mas cafarnaum é inesquecível, em especial para quem já andava com ideias estranhas.

No enredo ocorre o agravamento do conflito

Logo na abertura deste capítulo, citei uma frase da minha avó Petrona: "Isto vai mal, isto vai mal, mas pode ficar pior". O enredo convincente costuma deixar cada vez mais agudo o conflito vivido pelo personagem central.

Lembremos que o personagem precisa ter um objetivo na história, e que são os fatores externos, opostos a esse objetivo, que criam o conflito e, dessa maneira, movem a engrenagem do enredo.

---

5   Ibid., p. 349
6   Ibid.
7   Tanto em francês (*capharnaüm*) como em português, a palavra, no contexto, designa um lugar em que se guardam objetos sem nenhuma ordem. Seria o que no Brasil chamamos de "quarto da bagunça".

Então, uma vez que definimos nosso personagem, que sabemos qual é seu objetivo *naquela* história — e qual a motivação desse objetivo —, precisamos reiterar que são os fatores externos contrários a esse objetivo que vão potencializar o conflito do enredo. A consequência é simples assim:

¶ Se o conflito não se agravar, se não piorar a cada capítulo, não há narrativa de ficção.

Você, é claro, já intuiu um fato, mas não custa deixá-lo explícito neste ponto: o conflito não é criado para existir por um momento e desaparecer, como um meteoro. O conflito veio para ficar e agravar-se.

Na nossa vida é diferente. Em primeiro lugar, tudo fazemos para que nem surja um conflito. Cumprimentamos nosso cunhado e até sorrimos para ele; controlamos o uso do cartão de crédito; contamos até dez antes de dizer um bom desaforo a quem o merece. Caso esses estratagemas não venham a dar certo, tentamos — nem sempre conseguimos — fazer com que os conflitos já instalados não fiquem piores do que já estão. Nosso dia a dia é todo dedicado a essa tarefa exaustiva.

Já na narrativa ficcional, nosso personagem insulta o cunhado, estoura o limite do cartão, não conta até dez antes de dizer uma barbaridade. Ou então, ele não percebe que se está armando uma tempestade e, naturalmente, não tem como evitar que ela desabe sobre sua cabeça. O padrão, na escrita ficcional, é mais ou menos o seguinte: no início da narrativa o personagem cria — ou não percebe — todos os conflitos possíveis e, depois, passa o resto das páginas tentando resolvê-los.

Exemplos?

Eu poderia citar milhares de narrativas. Aliás, basta serem obras literárias. Pense em qualquer romance ao qual você atribui qualidade. Ali acontece o padrão. Está presente no enredo de *Hamlet*, cujas linhas mestras vimos no capítulo anterior, ao tratarmos da questão essencial do príncipe. A cada vez que Hamlet transita de uma cena a outra, as coisas só pioram: ele já está incomodado com o casamento da mãe, então ocorre a revelação do fantasma do pai; depois, ao fazer-se de louco, atrai a incompreensão de Ofélia; lá pelas tantas, envolve-se na morte do tolo Polônio; e assim vai a tragédia a seu ponto máximo, em que ele se entrega ao destino e tudo acaba em moticínio. Você, como leitor contumaz, há muito já sabe: muda a história, mudam os personagens, alteram-se os conflitos, o tempo, o espaço, e o roteiro é sempre esse.

E nos romances em que não percebemos o agravamento do conflito?

Você decerto se lembra do momento em que falei de *Memórias póstumas de Brás Cubas*, *Um coração singelo* e *Uma vida em segredo*, nos quais não há história. Se não há história, aparentemente não há conflito — e muito menos seu agravamento.

Nesse tipo peculiar de romance, porém, acontece algo muito estranho.

No decorrer do enredo, assistimos à passividade do personagem, que vive sua história como se nada o perturbasse. Como é bem construído, ele dá sentido a toda a história, e não precisa viver grandes eventos. Onde então vai parar o agravamento do conflito?

O algo "muito estranho" de que falei é que o conflito *parece* não existir e, sem nos darmos conta, ele *transita para nós*, aumentando a voltagem tensional decorrente do ato de lê-lo. Ocorrem-nos perguntas óbvias: mas esse cara não vai fazer nada? Ele não vê que só está aumentando seu problema?

Uma vez, viajando num trem de Rothenburg-ob-der-Tauber para Colônia, na segunda classe — tempos de bolsista —, tive a atenção captada por uma jovem, sentada na minha frente na cabine, que lia um grosso volume, de capa dura, visivelmente um romance, de que eu só via o colorido da sobrecapa. Ela parecia inconformada com o enredo, e submetia o livro a tapas e safanões. Quando percebeu minha curiosidade, sorriu embaraçada, recolocou um marcador de página — estava no início, calculei que pela página 50 — e largou o livro no banco, desviando o olhar para a paisagem, para o Reno. O resto da viagem foi normal. Antes de sair da cabine, olhei de viés para o livro quando ela o guardava no bolso externo da maleta: era *Die Blechtrommel*,[8] de Günter Grass, que eu ainda não conhecia. Anos depois, li-o e, claro, logo me lembrei da jovem passageira, pois quase

---

8 Em português, literalmente, "o tambor de lata". Publicado no Brasil como *O tambor*.

tive as mesmas reações dela; sou mais contido, e então meus tapas e safanões foram apenas imaginários. Não aceitava a inércia de Oskar, o personagem central, ao menos no começo do livro. Então: a tensão que deveria ser sentida por Oskar passava para os leitores. No final sabemos que ele acaba num sanatório para loucos.

Em *Memórias póstumas de Brás Cubas* acontece isso. Brás não faz nada para mudar seu destino e dar uma finalidade ao seu *taedium vitae*, mas tem uma peculiaridade: de tanto acumular problemas insolvidos — a efemeridade de suas relações afetivas, o autocentramento, por exemplo —, ele passa a delirar no final da vida, nos esforços para criar o fantasioso Emplasto Brás Cubas. Infortúnio semelhante acontece com Felicidade, de *Um coração singelo*: não suportando mais uma vida de quem "não quer nada", ela deposita seu afeto final num papagaio e enlouquece. A prima Biela, de *Uma vida em segredo*, segue um itinerário quase idêntico: submissa, ela se desliga dos desejos e desliza de modo esquizofrênico para o refúgio da fantasia. Poderia acrescentar outros, como o personagem da novela *Bartleby, o escriturário* (1853), de Herman Melville. Ele repetia de modo obsessivo a seu patrão a frase "Prefiro não fazer", mesmo necessitando com desespero do emprego. Como os outros, acaba confinado — desta vez numa prisão, acusado de vadiagem.

Com isso quero dizer que, sim, há conflito e, sim, ele cresce durante a narrativa e se acumula na interioridade do personagem — e, enquanto isso, nós, os leitores, por contágio, somos submetidos a uma tensão crescente.

Quis dar aqui essa pequena mas importante informação, que será necessária para o entendimento completo do capítulo 9, em que proponho a escrita de um romance linear.

UMA PALAVRA SOBRE SISTEMA

O enredo convincente também revela um sistema muito bem azeitado. O motivo?

Os eventos devem guardar relação de causa e efeito, mas nem sempre, ou quase nunca, são dispostos em sequência.

Como ficcionistas, temos de organizar tudo para que a obra seja compreensível. Para tanto, a ideia que deve presidir a elaboração do enredo é a de *sistema*. Nele, todos os elementos são conectados entre si, um explica o outro, todos são indispensáveis, ou seja, nenhum sobra; e mais: um sistema é mais do que a soma das partes que o compõem.

A natureza é um sistema, já disse Alexander von Humboldt no seu *Kosmos* (1845-62), em que propôs alguns postulados, entre eles o seguinte: se em determinada latitude e altitude há determinados tipos de plantas, algo semelhante acontecerá na mesma latitude e altitude do hemisfério oposto.

Em março de 2017, na semana em que escrevo este capítulo — mas não por isso —, descobriram um sistema solar a quarenta anos-luz da Terra. São sete planetas girando em torno da estrela anã Trappist#1. A comunidade científica está alvoroçada, e eu acompanho o alvoroço geral. De acordo com as observações, pode existir vida em dois ou três desses planetas. E como podem dizer isso? Simples, bastou aplicar a mesma lógica que rege nosso sistema solar: a distância da Terra ao Sol e o tempo em que nosso planeta gira em torno da estrela. Transpondo para nosso ambiente conhecido, é possível prever, com razoável certeza, que lá, a quarenta anos-luz, existe uma réplica da Terra, e o mais instigante: dotada de vida. Quer dizer: não precisamos sair daqui para saber isso.

Ora, se tudo é organizado sob a forma de sistema, por que o enredo também não seria? Nota: não digo o disparate de que devemos aplicar as leis físicas ou naturais a nossos pobres enredos. Não as leis, por certo, mas alguns princípios.

Por mais que um enredo seja complexo, difícil, e aqui cito *O jogo da amarelinha* (1963), de Julio Cortázar, ou mesmo caótico, como o de *Catatau* (1975), de Paulo Leminski (assim gracejou o próprio autor ao me presentear com um exemplar autografado), existe uma tentativa de sistematizar tudo que está ali narrado. No mínimo o autor sabia onde estava e o que queria — em suma, ele dominava seu enredo. Se o leitor irá entendê-lo, é outra questão, e eis um risco assumido pelo ficcionista. Entendi grande parte de *Catatau*, aquele longo monólogo de René Descartes perdido na selva dos trópicos; há relação sistêmica entre vários — não todos, o que me desconcertou — elementos da narrativa.

Todo enredo, na mão de ficcionista competente, tenta ser uma estrutura harmônica. Uma vez que descobrimos o sistema, a narrativa revelará sua coerência.

Consideremos, por exemplo, *As horas nuas* (1989), de Lygia Fagundes Telles, um romance que nos apresenta em profundidade vários personagens, a ponto de, em dado momento, ficarmos em dúvida sobre quem é o personagem central.

Mais: cada qual a seu modo, os personagens se deixam levar pelas recordações, o que ocasiona uma série de idas e vindas em relação ao tempo atual da narrativa.

Além disso, o livro apresenta uma miscelânea de personagens e estilos. Dos dezoito capítulos, treze são em primeira pessoa; desses, sete são contados por Rosa Ambrósio — uma atriz veterana — e seis por Rahul, seu gato de estimação. Os cinco capítulos restantes são em terceira pessoa; em dois deles a focalização interna[9] recai sobre Ananta Medrado, a psicanalista de Rosa Ambrósio, e, nos outros três capítulos, Renato Medrado, o primo que tenta encontrar Ananta após seu desaparecimento.

É um romance que exige deveras do leitor, então não culpemos quem achar essa narrativa algo esquizofrênica, mas, como dirá Polônio sobre Hamlet — veremos isso —, há método na loucura. A ficcionista, de certeza, sabia o que estava fazendo e encadeou as partes do romance em prol de um resultado. Vejamos isso mais de perto.

Em *As horas nuas* são contadas as vidas de Rosa Ambrósio, de Rahul e de Ananta. Rosa é o personagem que mais se aproxima de merecer o título de central. Além de ser quem conta boa parte dos capítulos, também está presente nos outros. Aparece como coadjuvante em relação à sua psicanalista e com mais destaque quando seu gato assume o papel de quem narra a história. Dela, de modo direto ou indireto, ficamos sabendo que ainda é famosa, mas há muito já passou de seu auge; resolveu se ausentar dos palcos e tenta escrever suas memórias; nunca esqueceu o primo por quem foi apaixonada na adolescência; pensa que o ex-marido morreu de ataque cardíaco, mas na verdade ele se matou; sofre de alcoolismo e sonha com a volta do antigo secretário e amante; pensa que a psicanalista é virgem;

---

9 É muito provável que você conheça essa expressão; no próximo capítulo, contudo, haverá um bom espaço para tratar disso.

carrega o gato junto nas sessões de terapia e quase nunca fica até o fim; começa a falar de seus problemas, mas não pode lidar com eles, então de repente se cala e vai embora no meio da sessão.

Desse modo, podemos dizer que o romance de Lygia Fagundes Telles se ancora numa narrativa-eixo (a de Rosa Ambrósio) que, no entanto, contém outras narrativas (a de Rahul e a de Ananta), e essas outras ajudam a contar a principal. Isto é, as três narrativas estão relacionadas como um sistema, daí decorrendo a unidade, a "cola" que dá coesão ao todo, tornando a obra compreensível para seus leitores.

E será que o leitor tem consciência desse encadeamento?

Consciência, não. Toda narrativa cria sua própria lógica: a relação sistêmica entre os diferentes elementos deve ser *sentida* pelo leitor — mais do que deduzida —, pois a conscientização integral dos mecanismos da escrita são verdadeiros entraves à fruição.

No fundo, estamos de volta ao velho problema: como transmitir em palavras, e palavras que façam sentido umas com as outras, tudo o que temos, de início, como um todo difuso?

||||||||||||||||||||||||||||||||||||||||||||||||||||||||||||||||||||||||||||||

¶ Quando você elaborar o enredo, lembre-se de algumas premissas:
- O personagem consistente é que comandará a narrativa;
- A questão essencial, as motivações e o objetivo do personagem, em atrito com os fatores externos, provocarão os eventos e darão sentido ao enredo;
- O enredo surgirá da articulação dos eventos;
- O enredo se organiza como um sistema;
- O enredo agrava o conflito.

||||||||||||||||||||||||||||||||||||||||||||||||||||||||||||||||||||||||||||||

MOMENTO DE FALAR EM ESTRUTURAS

Para consolidar algumas ideias, é preciso dizer algo muito simples: para quem é ficcionista, interessa ter em mente que há apenas duas estruturas, a linear e a fragmentada. Nos cursos de letras são estudadas outras, hábeis para análise de obras literárias, mas, neste livro, interessam apenas essas duas.

A *estrutura linear* é a mais simples, e decorre das histórias orais que a humanidade conta há milênios. Tem começo, desenvolvimento e fim. Mostra os eventos em ordem cronológica crescente. Assim foi contada a maioria dos romances canônicos. *Crime e castigo*, por exemplo, começa pelo assassinato das duas velhotas e termina com a condenação do criminoso e seu envio à prisão. Mas também está presente nos romances de nossos dias, como os de Philip Roth, Nadine Gordimer e Paul Auster. Essa estrutura é muito apreciada pelo leitor. Serve como base de qualquer narrativa e movimenta o mercado de romances. No capítulo 9, será aplicada à proposta de escrita do seu romance.

A *estrutura fragmentada* deriva da linear. Isto é, o ficcionista toma a história em sua linearidade e a divide em fragmentos que são trazidos ao romance em qualquer ordem, como no caso de *As horas nuas*. Caberá ao leitor reunir esses fragmentos e compor sua *história mental*. Isso só será possível, entretanto, se o ficcionista tiver bem claro o sistema que dará sentido a tudo.

PLANEJAR, SIM, MAS PARA SER LIVRE

É possível que você ache o planejamento uma perda de tempo. Minha experiência, contudo, comprova: quem planeja acaba por escrever com mais rapidez, mas não só — escreverá melhor e com mais liberdade, porque o enredo estará imunizado contra os "furos" decorrentes dos eventos mal costurados. Você já imaginou o engenheiro começar uma obra sem um projeto? Ou o diretor de cinema começar a filmar sem um roteiro?

Já ouvi argumentos contrários ao planejamento, é claro. Eles devem ser levados em conta, até para serem desconstruídos. Seguem os mais comuns.

A narrativa tende a ser artificial. Mas é justamente o contrário: se a narrativa estiver bem executada — resultado do planejamento —, mais natural parecerá. Artificial será a narrativa que segue sem rumo. Para consertar esse estrago, você tem de fazer emendas sobre emendas, que se tornam, ao final, visíveis — como os vincos nas roupas tiradas da mala. Se isso acontecer, será necessário reescrever tudo, o que pode se tornar bastante indigesto e, em casos mais graves, levar ao abandono do livro e, até, da literatura. "Mas eu posso reescrever apenas partes do livro, aquilo que estiver ruim." Equívoco. Reescrever *partes* da história é fazer um pacto com o demônio. Costumo comparar essa estratégia à do sujeito que tem uma cadeira com um dos pés desnivelado e, para consertá-la, serra fora o que sobra dos outros pés, gerando novo desequilíbrio, e assim por diante, até o ponto em que só resta jogá-la fora. O dito, no caso, é uma verdade: a emenda, sempre, é pior do que o soneto.

O planejamento é uma camisa de força que tira o prazer da invenção. Esse argumento toca num ponto fundamental da criação literária, o prazer de escrever, e não se sustenta pois, com o planejamento da narrativa, sei *o que* vou escrever no capítulo 10, mas não *como* vou escrever, o que deixa grande margem para a invenção.

O maior de todos os prazeres, todavia, é *quando se tem a ideia*. Esse é um momento de pura exaltação, de êxtase, único, e que só voltará quando tivermos uma nova ideia; costumo compará-lo à inspiração do arquiteto Lucio Costa quando teve a ideia do "avião"[10] do plano-piloto de Brasília. Depois veio a execução da ideia, com a escolha das avenidas, do lugar dos ministérios, do Congresso Nacional, dos "palácios". Porém, com o planejamento, mesmo nos momentos posteriores à ideia, o prazer está garantido.

Se tudo decorre do personagem, então não preciso me preocupar com o enredo

Sim, tudo decorre do personagem. Nada mais certo. Mas isso não quer dizer que devemos nos preocupar só com ele e esquecer o enredo, o que seria um voo cego. Isto é, o ficcionista elabora um personagem e, quando se convence de que está consistente, "larga-o no mundo" e passa a criar os acontecimentos da história, a partir do jogo de causa e efeito. Assim, ele deixa que a história seja completamente gerada pelo personagem. Não digo que não possa funcionar. Jorge Amado, por exemplo, dizia que a história se punha de pé quando ele a escrevia. Os personagens é que a criavam. Isso também ocorreu, imagino, no processo de criação de

---

10 Lucio Costa, diga-se, o comparava a uma borboleta.

dom Quixote. Cervantes o apresenta de modo tão eficiente nas páginas iniciais que, talvez, não tenha sido maior trabalho — para um escritor do gênio de Cervantes, é claro — inventar as dezenas de situações que acontecem no livro, sabendo como o cavaleiro reagirá a cada evento.

O método criativo "jorgiano" ou "cervantino", que se apoia e parte por completo do personagem, pode funcionar para o autor de *Dom Quixote* ou, quiçá, para Jorge Amado. Mas só o recomendo aos mais tarimbados. Mesmo assim, não vi até hoje um comandante de aeronave dizer que prefere o voo cego — e eles devem ter seus motivos, por exemplo, as estatísticas dos desastres aéreos.

E ainda...

Pode ser que minhas respostas contrárias ao não planejamento do enredo não o tenham sensibilizado e você queira concatenar os eventos de sua narrativa conforme vai escrevendo, ou resolva apostar no voo cego. Nesse caso, boa sorte. Mas talvez você deva pensar nas consequências, principalmente em duas, ambas preocupantes.

O inevitável pânico diário. Haverá momentos em que ocorrerá, em meio ao calafrio perante a tela vazia, o pensamento: "E agora, o que vou fazer com esse maldito personagem?". E então surge a ideia maluca de superar o pânico fazendo com que o personagem realize "qualquer coisa". Catástrofe no horizonte. Essa "qualquer coisa" poderá se transformar num pesadelo, levando a história para um impasse.

A quase certeza de que a história fique "bêbada". Esse é o pior risco. A perda do controle do material narrativo leva à hipertrofia de alguns momentos minúsculos e ao desprezo de outros, relevantes, criando assimetrias irremediáveis e, em especial, chegando a um final que não tem nada a ver com o início.

Reitero, *não digo que não possa dar certo*. Há casos interessantes, como o de Haruki Murakami, cujo ideal é saber pouco da história e dos personagens ao começar a escrever. "Escrevo como um músico de jazz improvisa: guiado pelo impulso, sem um plano", disse em entrevista ao jornalista Ben Naparstek.[11]

---

11 Ben Naparstek, *Encontros com 40 grandes autores*. Trad. de Elisa Nazarian. São Paulo: Leya, 2010, p. 108.

Murakami afirma conhecer vários autores que fazem anotações sobre cada capítulo antes de desenvolvê-lo, mas não é seu caso:

> Só sei como começar. Se soubesse como terminar, não seria divertido, porque saberia o que ia acontecer em seguida. Quando você lê um livro, mal pode esperar para virar as páginas. A mesma coisa acontece quando escrevo. Mal posso esperar para virar as páginas. Escrever é como sonhar acordado.[12]

Sem dúvida, dá certo para Murakami. De minha parte, não o recomendo aos iniciantes. Esse não é meu método na hora de escrever nem o que, na prática, funciona melhor com meus alunos. Minha opinião sobre o assunto, como quase todas aqui, está baseada na experiência da Oficina: para iniciantes, sugiro usar o sistema *misto*, em que devemos ter um forte personagem e pensar, *ao mesmo tempo*, a história que ele irá provocar. Foi o que tentamos fazer, Thiago e eu, com seu romance e seu Vladimir.

Grandes autores, grandes planejadores

Para quem conhece a vida dos ficcionistas não é segredo o quanto se preocupam com o enredo de suas obras e com seu planejamento; é comum possuírem cadernos de notas para esse fim. Hoje, e cada vez com maior frequência, utilizam os recursos dos celulares e dos tablets. No espólio literário de Moacyr Scliar, mantido em Porto Alegre no Delfos (Espaço de Documentação e Memória Cultural) da PUC-RS, há não poucos apontamentos, alguns esparsos, nos mais variados suportes. Dele é possível ler a sinopse que fez para a escrita de *O ciclo das águas* (1975).[13] Certa vez, encontrei Scliar no aeroporto de Congonhas planejando num guardanapo; até hoje me arrependo de não haver perguntado a que livro se referia, por puro respeito e timidez. Sei que ele não negaria a informação.

Mesmo que de público diga o contrário, nenhum ficcionista se lança à aventura de um romance sem ter um mínimo de certeza

---

12 Ibid.
13 Disponível em: <http://delfosdigital.pucrs.br/dspace/handle/delfos/307>. Acesso em: 23 nov. 2018.

quanto ao caminho que vai seguir. Um bom exemplo encontramos nos papéis de Flaubert, reunidos, arquivados e estudados no Centre Flaubert, da Universidade de Rouen. Ali estão, por exemplo, os originais do romance *Bouvard e Pécuchet*.[14] Junto deles é possível ler uma nota como esta:

> Descrever o meio social e a aparência dos dois homens... Começar o capítulo II por um grande movimento lírico para celebrar a amizade deles... na qual há, por detrás, um mistério que o leitor não deve compreender e que volta de vez em quando... isto posto desde o primeiro capítulo... no qual a viagem que eles fazem — ou que faz algum deles (Bouvard faz para ver a casa de campo, colocar alguns personagens secundários que serão úteis para a sequência [do romance] [...]).[15]

Por esse fragmento, é manifesto o cuidado obsessivo com os pormenores que justificam situações que aparecem no romance, como incluir personagens secundários que serão úteis mais tarde; são providências autorais que, segundo Flaubert, devem acontecer desde o primeiro capítulo. Trata-se de estabelecer a relação de causa e efeito que deve estar presente em qualquer narrativa.

Dostoiévski levou esse processo de planejamento ao seu grau máximo, e incluía nele inúmeros desenhos e esboços, em particular do personagem central de *Crime e castigo*; os estudiosos não cansam de estudar esses projetos, pois sempre há coisas novas a dizer.[16]

Melhor que uma longa exposição de minha parte, proponho ao leitor recorrer às dezenas de sites da internet, mantidos por instituições acadêmicas nacionais e estrangeiras, que têm por objetivo o estudo desses manuscritos de projetos: por certo, você vai se espantar pela onipresença deles — e, quem sabe, convencer-se de como são úteis.

---

14 Flaubert deixou-a incompleta. Foi publicada post mortem, em 1881.
15 Disponível em: <http://flaubert.univ-rouen.fr/jet/public/trans.php?corpus=pecuchet&id=6768>. Acesso em: 23 nov. 2017. (Trad. de Luís Roberto Amabile.)
16 Para quem tiver interesse, pode consultar, na página do Institut des Textes et Manuscrits Modernes (Item), um excelente estudo a esse respeito: Konstantin Barsht, "Dostoïevski: Le Dessin comme écriture", postado em: 25 fev. 2008. Disponível em: <http://www.item.ens.fr/index.php?id=223406>. Acesso em: 23 nov. 2018.

PENSE TAMBÉM NA PRÉ-HISTÓRIA DE SUA NARRATIVA

Homem de Neandertal; grutas de Altamira; *Homo sapiens* sobrepujando o Neandertal; Flintstones; na TV, um cientista empoeirado segura um osso milimétrico e, a partir dele, reconstitui um dinossauro inteiro — enfim, é a pré-história que navega em nossa imaginação.

Esse mundo estático — para nós, é claro — alterou-se quando, há 5 mil anos, os seres humanos inventaram a escrita. Com a escrita, passamos da pré-história à história. Com a escrita, criamos a literatura.

A história (*story*) que estamos criando também possui a sua "pré-história", constituída de situações e eventos anteriores ao começo da narrativa e que dela fazem parte.

Em *Hamlet*, ao se abrir o pano para o ato I, cena I — com os apavorados sentinelas do castelo de Elsinor vendo o fantasma do rei morto —, já terão ocorrido alguns fatos capitais:

- o rei da Dinamarca e sua esposa, Gertrudes, têm um filho, Hamlet, estudante na Universidade de Wittenberg, Alemanha;
- Hamlet é apaixonado por Ofélia, filha de Polônio, um intrigante e manipulador cortesão;
- o rei é encontrado morto no jardim do castelo, aparentemente picado por uma serpente; todos desconhecem que ele foi assassinado por seu irmão, Cláudio, ambicioso e mau-caráter;
- Hamlet vem da Alemanha para as pompas fúnebres;
- Gertrudes, passados apenas dois meses de viuvez, casa-se com Cláudio;
- Cláudio, por esse fato, se torna o novo rei da Dinamarca;
- Hamlet está desgostoso e incomodado com o casamento, que considera um horrível incesto. Ele odeia Cláudio.

Dado que a "pré-história" e a história devem formar uma linha ininterrupta na cabeça do ficcionista, cabe a ele a sofisticada tarefa de escolher o ponto onde começa a ação na sua obra. Shakespeare teria muitas opções para isso, por exemplo, o dia da morte do rei, mas escolheu um ponto mais adiantado: o momento em que, depois de assistir à festa de casamento da mãe, Hamlet é posto a par das reiteradas aparições do fantasma do rei e decide falar com ele, quando sabe de toda a verdade.

Para que o espectador saiba da "pré-história", Shakespeare utiliza os recursos próprios do gênero dramático.

Assim, sabemos do amor de Hamlet por Ofélia pelas palavras que ela profere quando vê o príncipe, antes tão sensato, agora fazendo coisas desconexas, como se fosse louco:

E eu, a mais penada e infeliz das donzelas
Que sorvi o mel de seus melodiosos votos
Vejo, em vez de seu nobre e soberano senso,
Um gongo em desafino estrepitando tonto;
Esse rosto e perfil sem par e florescentes
Perdidos na demência. Oh, pobre de mim,
Por ter visto o que vi e por ver o que vejo.[17]

Já a causa real da morte é revelada pelo próprio espectro do rei: ele conta que foi envenenado pelo irmão, Cláudio, que lhe entornou no ouvido:

A estilação morfética, da qual o efeito
Impõe ao sangue humano tal hostilidade
Que, rápido como azougue, corre, cruzando
As portas e as veredas naturais do corpo,
Num súbito vigor, talhando e coagulando
Como ácida gota pingada no leite,
O sangue tênue e são. Assim fez com o meu.[18]

O caráter apressado e sôfrego do casamento de Gertrudes vem-nos pela boca de Hamlet, ao falar do pai:

Morto há só dois meses! Não, nem tanto, nem dois.
Um rei tão excelente, comparado a este,
Um Hipérion na frente de um sátiro. [...][19]

---

17 Ato III, cena I.
18 Ato I, cena V.
19 Ato I, cena II.

O ódio de Hamlet por Cláudio, experimentado já antes de saber de toda a verdade, transparece no epíteto que lhe atribui, "sátiro".

Você, agora, tem todo o direito de perguntar: qual é a relação disso tudo com a questão essencial do personagem e também com a sinopse, que começaremos a ver?

Esclareço: a questão essencial do personagem é algo intrínseco, pertence a seu foro íntimo. A "pré-história" diz respeito a eventos já transcorridos e que, no entanto, darão lógica ao enredo.

Para que o leitor tenha acesso à "pré-história", o ficcionista utilizará os recursos técnicos possíveis — bem mais numerosos do que Shakespeare tinha à mão —, como diálogos, flashbacks e monólogos interiores, todos utensílios poderosos que teremos ocasião de conhecer em pormenor.

Prometi a mim mesmo e cumprirei: para não sobrecarregá-lo de dados e sugestões e não incorporar mais um sintagma ("pré-história") a um vocabulário que já se mostra numeroso, não voltarei a esse assunto. Apenas quis dizer que ele existe e merece reflexão, e, se possível, aplicação prática.

A SINOPSE,[20] UMA INESPERADA AJUDA

O trabalho de planejar uma narrativa começa por escrever, ou mentalizar, uma sinopse. Escrever tem a vantagem de estarmos utilizando nosso instrumento de trabalho, a palavra escrita, e ainda de não corrermos o risco de esquecer.

Como sempre, antes de continuarmos, é bom encontrar uma definição para o termo. Para os fins deste livro:

||||||||||||||||||||||||||||||||||||||||||||||||||||||||||||||||||||||||||||

¶ *Sinopse* é um enunciado instrumental de uma única frase, em que o ficcionista define o tema da narrativa, com a identificação da questão essencial do personagem e do conflito da história.

||||||||||||||||||||||||||||||||||||||||||||||||||||||||||||||||||||||||||||

---

20 Do grego *súnopsis, eōs*, que significa, entre outras acepções, "visão de conjunto".

Sim, eu sei que numa única frase é impossível dar conta de todas as sutilezas. Mas acredite: as sutilezas estão implícitas, nós as conhecemos bem, e fatalmente constarão da narrativa. E é preciso que fique bem nítido: sinopse não é itinerário de escrita; é uma *ideia*, uma intenção, que pode nos ajudar no entendimento da nossa história.

Certa vez propus aos meus alunos que fizéssemos uma sinopse de *Hamlet* — sempre ele — a partir da síntese que encontrei no verbete da obra de Shakespeare num monumental (7682 páginas!) dicionário francês de literatura.[21] Essa síntese tem duas páginas, divididas em duas colunas em corpo 8.

Começamos por reduzir ao máximo a síntese do *Dictionnaire*. O texto resultante ocupou um terço de página, em espaço 1,5, e continha várias frases. Reduzimos então esse terço de página para duas ou três frases longas. Em nova redução, conseguimos uma frase única, imensa, cheia de apostos e subordinações. Seguimos no nosso trabalho. No final da aula, depois de todos os cortes — alguns a duras penas e reclamações dos inconformados —, chegamos a algo bem próximo de uma sinopse:

> Hamlet, um reflexivo e indeciso príncipe, precisa vingar o assassinato de seu pai (o rei Hamlet), praticado pelo seu tio (Cláudio), o qual se casou com a viúva, mãe de Hamlet (Gertrudes), tornando-se, ele mesmo, rei e padrasto do jovem.

Note que ficamos na essência (ou "no osso", como disse um aluno que é da região do pampa), excluindo personagens importantes, como a amada de Hamlet, Ofélia, que, apesar de ter papel significativo no enredo, não é determinante deste, nem responsável direta pelo conflito. Ficaram de fora também o velho Polônio, Laertes, Rosencrantz e Guildenstern.

Mas por que escrever uma sinopse?

A razão principal é que o conflito fica identificado, bem como a questão essencial do personagem — a de Hamlet é ser um "reflexivo e indeciso príncipe", o que vem legitimar o conflito (a vingança pelo assassinato do pai).

---

21 *Le Nouveau Dictionnaire des oeuvres de tous les temps e de tous les pays*. Paris: Robert Laffont, 1999, p. 3145. v. III.

Se trabalhamos com uma sinopse, não perdemos de vista o foco, para usar um termo da moda. É natural, principalmente para iniciantes, perder o rumo, uma vez que a escrita de qualquer narrativa se realiza no tempo, no qual estamos sujeitos a muitas alterações pessoais — do que falei no início deste livro —, e isso pode nos levar a certa confusão em meio a personagens, espaços, épocas, trama. Com a sinopse, caminhamos sem desvios significativos de rota.

Talvez a sinopse não seja indispensável; mas até hoje não soube de um caso sequer em que ela tenha sido prejudicial. E pode ajudar, mesmo quando o processo de escrita já vai adiantado, ou até já foi colocado o ponto-final.

Se *antes* da escrita, sabemos sua utilidade. Se *durante*, vai revelar se você está mantendo o foco e, caso o tenha perdido, ajuda a corrigir o rumo. Se *depois*, você poderá constatar se manteve a inteireza narrativa; assim, ao natural, aparecerão as passagens que pode cortar, bem como eventuais reescritas ou acréscimos.[22]

A expansão da sinopse leva a um resumo do enredo

O próximo passo recomendável no planejamento da narrativa é a expansão da sinopse. Daí resultará o resumo do enredo.

||||||||||||||||||||||||||||||||||||||||||||||||||||||||||||||||||||||||||||||||||||

¶ Expandir uma sinopse significa transformar em eventos aquilo que está expresso de maneira abstrata na sinopse.

||||||||||||||||||||||||||||||||||||||||||||||||||||||||||||||||||||||||||||||||||||

Bom será começar por *onde* e *quando* a narrativa se situa. No caso de *Hamlet*, já se sabe: o drama se passa no castelo de Elsinor, na Dinamarca, quando, na Inglaterra, florescia o período elisabetano. É bom fixar esses itens para quando você for escrever sua narrativa. Isso evitará constrangedoras anacronias e o percurso por lugares não condizentes com a *realidade* geográfica — o que não o impede de construir lugares imaginários.

Quanto às anacronias, elas podem ser evitadas com o recurso de

---

22 Claro, as reescritas ou os acréscimos precisam ser *eventuais* — eu diria mesmo *cirúrgicos*, sem novos desvios. Lembre-se da metáfora do homem que serra os pés de uma cadeira.

uma simples *linha de tempo*, na qual você irá colocar os eventos em ordem cronológica, ainda que decida não apresentá-los nessa ordem. A linha é apenas para sua segurança na organização dos eventos e no estabelecimento da relação de causa e efeito entre eles.

Começar por definir esses elementos "concretos" costuma trazer mais segurança para escrever. Em *Hamlet*, sabemos a época histórica, mas falta definir o intervalo de tempo em que a ação central se desenvolve. Shakespeare não foi muito claro, mas, verificando o suceder dos eventos, é possível que tenha sido de alguns poucos meses — aí incluídas as viagens de ida e volta de alguns personagens, inclusive do próprio Hamlet.[23]

Com isso pensado e providenciado, ponha seu personagem em situação. Quero dizer, ponha seu personagem confrontando uma circunstância qualquer: a) ele vê alguém atravessando a rua e, de imediato, quer se tornar invisível; por quê?; b) ele revira uma velha caixa de sapatos; o que encontra?; c) ele está dirigindo num subúrbio isolado e o carro enguiça; o que acontece?

Pode parecer bobo, mas funciona: se seu personagem é consistente, essas situações vão de imediato resultar em conflito.

||||||||||||||||||||||||||||||||||||||||||||||||||||||||||||||||||||||||||||

¶ No resumo, você irá prever os *eventos* do enredo — o que vai acontecer. No resumo e na seleção dos eventos que vão compor a narrativa, você mostra que é um ser humano, que tem experiência de vida e conhece o comportamento das pessoas. Ao escrever os eventos, você mostra que é um escritor.

||||||||||||||||||||||||||||||||||||||||||||||||||||||||||||||||||||||||||||

---

[23] Nessas providências que se referem ao tempo, especialmente se sua história é de longo curso, não será excessivo estabelecer a idade de cada personagem. Se deixamos isso para depois, ficamos sujeitos a situações cômicas, em que o leitor, fazendo as contas, chega à conclusão de que o personagem central casou aos nove anos e teve filhos aos sete, ou pior: morreu antes de haver nascido. Você está rindo, assim como eu estou; mas já vi muitas coisas absurdas nessa área, em alguns originais de concurso e, até, em livros publicados. Shakespeare não atribui idade aos personagens, mas dá elementos para que o leitor possa fazê-lo. Hamlet, seus amigos e Ofélia são jovens; Cláudio e Gertrudes são de meia-idade, e Polônio é velho. E o Bardo nunca se equivoca nesse quesito.

CENAS E SUMÁRIOS: MODO DE USAR

Os eventos, via de regra, são confundidos com ações. Podem ser ações, sim, mas também evocações do personagem ou de quem conta a história, reflexões, descrições, diálogos, entre outras. A maneira de apresentá-los é através de cenas ou de sumários.

A cena

|||||||||||||||||||||||||||||||||||||||||||||||||||||||||||||||||||||||||||||||||

¶ *Cena* é o evento que decorre em "tempo real" diante do leitor, e quase sempre vem escrito no presente do indicativo ou no pretérito perfeito. Digamos assim: a narrativa *mostra* as ações dos personagens como se estivessem acontecendo na nossa frente, num filme ou num palco — daí o nome "cena".

|||||||||||||||||||||||||||||||||||||||||||||||||||||||||||||||||||||||||||||||||

No exemplo abaixo, do conto "Estações tempestuosas", de Raymond Carver, há a narração de um evento único.

Ela para e acende o interruptor de luz acima do espelho. Farrel pega uma revista grossa de fotografias na bancada ao lado da poltrona e estende a mão a fim de acender o abajur, tateando por trás do quebra-luz, semelhante a um pergaminho, em busca do interruptor. A luz fica a sessenta centímetros do seu ombro direito, e o abajur marrom estala quando seus dedos tocam nele.

Está frio lá fora e o ar tem um cheiro de chuva. Iris pergunta se ele não vai fechar a janela. Ele olha para a janela, agora um espelho, vê a si mesmo, e, por trás, Iris sentada à penteadeira, olhando para ele, e um outro Farrel, mais escuro, fitando uma outra janela ao lado de Iris. Ele ainda precisa telefonar para Frank e confirmar a caçada que planejaram fazer na manhã seguinte. Ele vira as páginas. Iris tira a escova do cabelo e bate com ela na beirada da penteadeira.

"Lew", diz ela. "Sabia que estou grávida?"[24]

---

24 Raymond Carver, op. cit.

O fragmento acima está no presente e, portanto, a noção de *cena* torna-se mais nítida; mas o fato de uma cena apresentar-se no pretérito perfeito não impede que assim a chamemos, pois, da mesma forma, ocorreu apenas uma vez. Observe-se uma persuasiva passagem de *Barreira*, de Amilcar Bettega:

> Burcu parecia ter pressa, e Robert não teve tempo de lhe oferecer nada no café. Em poucos minutos já estavam na rua, ela disse "por aqui" e entraram numa ruela ao lado do café-livraria. Caminharam cerca de vinte metros até um local onde estavam estacionados motos, bicicletas, dois patinetes e um triciclo de criança. Burcu aproximou-se de uma Vespa cor-de-rosa, pousou a mochila no banco e destravou a corrente que prendia a roda dianteira a um gancho de ferro engastado na calçada. Depois abriu a mochila e retirou de dentro dois minúsculos capacetes que fizeram Robert pensar nos filmes de guerra dos anos 50 em que sempre aparecia um nazista dirigindo motos com uma espécie de caiaque grudado ao lado, ou, na era pós-Google, a Zundapp ks 750, e dentro do caiaque ia o carona, normalmente um oficial, portando, os dois, ridículos capacetes de coquinho como aqueles. Um era da mesma cor da Vespa, o outro, bege. Trouxe um para você, disse Burcu, estendendo o capacete bege a Robert, que o apanhou e logo o colocou na cabeça com a sensação (agradável) de que a cobria com uma casca de ovo. Burcu pôs também o seu, montou na Vespa e disse "Vamos?". Robert permaneceu em pé, imóvel ao lado dela. Burcu deu a partida e então teve que gritar para elevar a voz acima do barulho do motor: "Vamos?". Um tanto desajeitado, Robert subiu na Vespa e procurou equilibrar-se. Quando Burcu arrancou, ele viu que não seria fácil.[25]

O leitor já sabe que esse foi um acontecimento único. Ainda que os personagens possam fazer o mesmo no dia seguinte, nunca será exatamente como apresentado no trecho, até por causa das alterações sofridas pelos personagens.

Em casos raríssimos, como de uma cena que utilize o tempo verbal do futuro, o princípio é o mesmo. Tomo um exemplo colhido numa aula:[26]

---

25 Amilcar Bettega, *Barreira*. São Paulo: Companhia das Letras, 2013, pp. 206-7.
26 Com permissão da autora, que não quis ser identificada.

Ele irá bater à porta de Magali e ela, quando a abrir, terá à sua frente um desconhecido, não o seu Silvestre de sempre. Ele pedirá licença para entrar, ela hesitará mas afastará a porta e ele de imediato verá a mudança na disposição dos móveis e a substituição dos quadros, que agora são de um único artista, um mau artista, pior do que ele, o mesmo que aparecerá de avental, segurando um saleiro.

Magali dirá:

— Silvestre, este é o Marcos. Nós fomos a um vernissage dele, lembra?

A cena tem várias funções numa narrativa: pode ajudar o leitor a conhecer melhor o personagem; pode definir circunstâncias que estão vagas no enredo; pode até fazer avançar a história (isso, porém, cabe mais ao sumário). A função essencial de uma cena, porém, é reforçar, potencializar, agudizar o conflito. Vejamos o caso de *Cinzas do Norte* (2005), de Milton Hatoum.

O romance se organiza a partir do relato em primeira pessoa de Lavo. Ele relembra a história de seu amigo Mundo, um jovem com aspirações artísticas. Boa parte da ação transcorre na Manaus dos anos 1960, durante a ditadura militar. Filho de um empresário simpatizante dos militares, Mundo sofre e se revolta, tanto na esfera privada quanto na pública, com o ambiente conservador-autoritário. Daí decorre o conflito da narrativa, que retrata a luta do personagem para escapar das restrições desse ambiente, combatendo-as através da arte, algo que se evidencia na cena a seguir.

Era o Três Estrelas, um bar flutuante na boca do igarapé de São Raimundo. Uma mulher gorda, saia curta e camiseta apertada, nos recebeu no atracadouro: mesa na varanda ou na sala? Mundo não quis sentar; ficou procurando Arana na varanda, e eu fui tomar cerveja no balcão. Dei uma olhada na sala cheia de meninas, uma ou outra dançava sozinha, à espera de um parceiro. Vi na penumbra o contorno de um corpo balofo, meio escondido por uma cortina de miçangas. Acenei para o meu amigo e apontei para a extremidade do balcão. Arana estava sozinho à mesa; meninas de treze, catorze anos dançavam por ali. Mundo afastou a cortina e ficou parado diante dele.

"Já?", disse o artista, olhando o relógio. Deu um sorriso forçado, estranhando a minha presença. Ofereceu uísque e puxou uma cadeira, sentei ao lado de Mundo. A dona do bar apareceu com três meninas e piscou para Arana: "Chegaram ontem do interior".

"Hoje não, Dalva. Hoje vou discutir a grande ideia desse jovem artista." E a voz afetada perguntou, como se falasse com uma criança: "Qual é a ideia? O que é esse campo de cruzes?".

Dalva e as três meninas voltaram para a sala. Mundo tirou o papel do bolso e mostrou o desenho: queria espetar uma cruz de madeira queimada diante de cada casinha do Novo Eldorado; ao todo, oitenta cruzes. Depois ia pendurar trapos pretos nos galhos da seringueira no meio do descampado...

"A ideia é queimar também o tronco da árvore", acrescentou.

Arana se deteve no desenho, depois pegou o papel e balançou: por que escolhera o Novo Eldorado?

Mundo contou que no internato tinha pesadelos com a paisagem calcinada: a floresta devastada ao norte de Manaus. Visitara as casinhas inacabadas do Novo Eldorado, andara pelas ruas enlameadas. Casinhas sem fossa, um fedor medonho. Os moradores reclamavam: tinham que pagar para morar mal, longe do centro, longe de tudo... Queriam voltar para perto do rio. Alguns haviam trazido canoas, remos, malhadeiras, arpões; a cozinha, um cubículo quente; por isso, levavam o fogareiro para a rua de terra batida e preparavam a comida ali mesmo. Ele dormira na casa da família do Cará. O sol da tarde esquentava as paredes, o quarto era um forno, pior que o dormitório do internato. Os moradores do Novo Eldorado eram prisioneiros em sua própria cidade. Isso não justificava a escolha?

"Sei que esse bairro é um crime urbano", disse Arana. "Mas é a primeira grande obra do Zanda, o ídolo do teu pai. Foi nomeado prefeito e quer mostrar serviço. Acho que deves usar a revolta para outras coisas, Mundo. Um tronco queimado com um monte de cruzes... Isso não é arte, não é nada."

Mundo tomou um gole de uísque, se virou lentamente para mim e imitou a voz de Arana: "Não é arte, não é nada. Ouviste essa, Lavo?".

"Já bebeste muito", advertiu Arana, incomodado. "Não é arte, não é nada mesmo. É só provocação. Vão te perseguir..."

"E se me perseguirem? Se eu for preso? Vão me dar porrada, me matar? Dane-se!"

"Dane-se? Há quanto tempo tu frequentas o meu ateliê? Todo mundo sabe disso, teu pai foi o primeiro a saber. Queres te vingar dele, não é?

Mas não vai ser com esse Campo de cruzes... nem com a minha ajuda. Não ponho meu nome nisso, nunca!"

Mundo deu um murro na mesa: "Esse é o artista".

Arana ia falar, mas o susto o calou.

"Agora se pela de medo de ser meu amigo", continuou Mundo. "O Eldorado não é só um crime urbano. O Cará morreu no último treinamento, outras pessoas morreram... estão morrendo, aqui e em outros lugares..."

Levantou num ímpeto, virou a cabeça para a sala e começou a gritar, fora de si: "Conhecem o maior artista do Amazonas? Ele vende quadros por uma fortuna e paga uns trocados pra descabaçar essas meninas".

De frente para Arana, perguntou: "Não é pra isso que serve tua arte?".

"Dalva", gritou Arana.

A dona do bar correu até a nossa mesa, e um homem veio por trás, enlaçou Mundo pelo pescoço e o arrastou até o atracadouro. Outros homens pularam de um motor e o cercaram.

"Não batam nele, está bêbado, só isso... bêbado", repetia Arana.

"Vão embora", ordenou a dona do bar ao xará.[27]

O trecho mostra como a construção de uma cena é uma ótima ferramenta para apresentar e agravar o conflito. Milton Hatoum faz isso ao balancear a descrição ("Era o Três Estrelas, um bar flutuante na boca do igarapé de São Raimundo. Uma mulher gorda, saia curta e camiseta apertada, nos recebeu no atracadouro"), ao inserir a narração num cenário ("Dei uma olhada na sala cheia de meninas, uma ou outra dançava sozinha, à espera de um parceiro. Vi na penumbra o contorno de um corpo balofo, meio escondido por uma cortina de miçangas. Acenei para o meu amigo e apontei para a extremidade do balcão") e, ainda, nos diálogos. Veja como o ficcionista torna presente o embate travado pelo personagem central Mundo contra as forças reacionárias. Aqui, tais forças são representadas por Arana, artista que mantém boas relações com os militares e os poderosos em geral, inclusive com o pai de Mundo, gozando de benesses por seu "bom" comportamento. Não lhe interessa que Mundo questione o sistema, e a cena se edifica para que esse atrito se evidencie cada vez mais, culminando com o diálogo posto em discurso direto (a partir de "Sei que esse bairro é um crime urbano"), no qual Arana antecipa o que pode

---

27 Milton Hatoum, *Cinzas do Norte*. São Paulo: Companhia das Letras, 2008, pp. 147-9.

acontecer a Mundo se continuar agindo de forma rebelde ("Não é arte, não é nada mesmo. É só provocação. Vão te perseguir..."), reforçando ainda mais o conflito do personagem.

Quero chamar a atenção para um caso especialíssimo, e talvez único em literatura de qualidade. A novela policial *O falcão maltês* (1930), de Dashiell Hammett, é escrita numa sucessão de cenas, sem o uso de sumários. Claro, trata-se de uma absoluta raridade — Hammett, com sua competência técnica, soube usar esse recurso de maneira a criar uma crescente tensão. A articulação entre as diferentes cenas — na verdade, são cenas-capítulos — é feita no interior delas, quase sempre pelo que um personagem diz, e isso estabelece um link com a cena seguinte.

O sumário

Às vezes, é preciso adiantar o andamento da narrativa, porque seria fastidioso para o leitor conhecer eventos em pormenores quando só precisa saber que aconteceram. Nessas situações, devemos usar um sumário.

|||||||||||||||||||||||||||||||||||||||||||||||||||||||||||||||||||||||||||||

¶ O *sumário* é a síntese de várias cenas abreviadas ou a referência de uma cena que não queremos *mostrar* em todas as suas minúcias, e sim *contá-la* para o leitor. Assim, o sumário, além de outras funções, abrevia o tempo e serve de ligação entre cenas.

|||||||||||||||||||||||||||||||||||||||||||||||||||||||||||||||||||||||||||||

Nosso primeiro exemplo pode ser também de Raymond Carver, agora em "Maçãs vermelhas e lustrosas":

Desde que tinha perdido o movimento das pernas sete ou oito anos atrás, quando derrubava árvores para a empresa Pacifica Lumber, [Ben] precisou arranjar alguma coisa para passar o tempo. Desde então só conseguia mexer a metade superior do corpo; além disso parecia ter perdido a capacidade de falar. Fosse como fosse, o fato é que nunca pronunciou nenhuma palavra desde o dia da queda. Acontece que sempre tinha sido um rapaz calado, desde antes, quando morava em casa; não incomodava ninguém. E continuava sem incomodar, afirmava a mãe, quando lhe perguntavam.[28]

---

28 Raymond Carver, op. cit.

Repare: Carver decidiu omitir as circunstâncias banais do relato, pois importa o fato de que Ben tinha uma deficiência motora bastante severa, que decorreu de um acidente quando trabalhava na Pacifica Lumber, e que, a partir disso, ele não disse mais nenhuma palavra. Carver deseja que o leitor saiba apenas isso — observe que não diz a natureza do acidente, se Ben caiu de uma árvore, se foi atingido por um tronco, ou por um veículo da empresa. O que importa é como ele está no momento *atual* da narrativa, pois esse elemento será relevante para os eventos que vêm a seguir.

O sumário pode fazer mais do que equilibrar o andamento da narrativa. Veja este exemplo bem-sucedido de Leonardo Brasiliense:

"Você continua bonita", Tarcísio fala agora na sorveteria logo que eles sentam.

Ela não sabe se agradece o elogio ou a informação. Teve a resposta que necessitava. Então olha para além do espelho e vê o que o tempo fez com o ex-namorado. Ele também continua bonito, soube envelhecer, para os homens é mais fácil. Cabelo curto, cavanhaque bem aparado, meio grisalhos. E o olhar, um olhar que vê muito, difícil esquivar-se.

Há anos Carmem não tem contato com os amigos em comum. Da última vez, disseram-lhe que Tarcísio ia muito bem na carreira, tinha casamento estável, nada particular ou triste a saber. Depois esses amigos foram sumindo, e a lembrança de Tarcísio foi se apagando no marasmo estável que era seu próprio casamento com José Francisco.

Até hoje de manhã, quando veio a tempestade.[29]

Aqui, o sumário (contido no terceiro parágrafo) recupera informações necessárias e age como separação entre a cena inicial transcrita e a última cena do fragmento, de apenas uma frase. Mas o recurso vai além de separar e informar; serve como preparo para a revelação dramática da última frase do trecho. Repare como o sumário, quando bem empregado, integra-se dinamicamente ao tratamento do conflito, tornando-o mais desconcertante e, portanto, com mais condição de inquietar o leitor.

---

29 Leonardo Brasiliense, "Um dia em comum", *Três dúvidas*. São Paulo: Companhia das Letras, 2010, p. 37.

E se os sumários forem longos?

Até este ponto vimos exemplos de sumários de poucas frases ou de um parágrafo curto. Agora, se formos escrever um sumário mais longo — na maioria das vezes, não é necessário ser tão longo —, devemos estar alertas a um risco, quase uma maldição: ele periga ficar abstrato. Se isso acontece, o leitor não costuma reter nada do que leu.

Mas a solução está à vista:

|||||||||||||||||||||||||||||||||||||||||||||||||||||||||||||||||||||||||||||||

¶ Se você de fato precisa escrever um longo sumário, experimente incluir nele microcenas ou alguns pormenores concretos que lhe deem vida.[30]

|||||||||||||||||||||||||||||||||||||||||||||||||||||||||||||||||||||||||||||||

No já referido *Breve romance de sonho*, de Schnitzler, em certo momento, é necessário um sumário bem mais extenso; o ficcionista, então, o recheia de pequenas *cenas* pontuais, que impressionam pela vitalidade. O que poderia resultar numa enfadonha e abstrata narração da vida de Nachtigall — um músico que o médico Fridolin reencontra depois de anos como pianista de um bar — torna-se bastante vívido.

Somente agora ocorria a Fridolin que, no momento em que entrara no café, e mesmo antes, ao se aproximar, ouvira acordes de piano provenientes das profundezas de algum estabelecimento. "Era você, então!?", exclamou.

"E quem mais poderia ser?", riu Nachtigall.

Fridolin assentiu com a cabeça. Claro — aquela energia peculiar no toque, os acordes singulares da mão esquerda, algo arbitrários, mas de harmonia agradável, haviam de imediato lhe parecido familiares. "Então resolveu se dedicar de vez ao piano?", ponderou Fridolin. Lembrava-se que Nachtigall, logo após o segundo exame preliminar de zoologia — no qual, aliás, passara, embora com sete anos de atraso —, desistira de uma vez por todas do estudo da medicina. Não obstante, seguira ainda circulando durante anos pelo hospital, pelas salas de anatomia, pelos labora-

---

[30] Observe também que, no exemplo retirado de "Maçãs vermelhas e lustrosas", Carver usa alguns índices que dão vivacidade ao sumário. Se não explica a natureza do acidente, entretanto, nos fornece informações sobre outras coisas, como a paraplegia, a mudez e a condescendência da mãe.

tórios e salas de aula, onde, com sua cabeça loira de artista, o colarinho sempre amassado, a gravata esvoaçante que um dia fora branca, exibia sua figura conspícua e, no melhor sentido da palavra, popular, e não apenas entre os colegas, mas também entre muitos dos catedráticos. Filho do proprietário judeu de uma venda de aguardente numa cidadezinha polonesa, deixara a terra natal para ir a Viena, estudar medicina. Já de início, o auxílio insignificante que lhe enviavam os pais não era sequer digno de menção, e, ademais, ele logo deixou de recebê-lo, o que não o impediu de continuar frequentando a mesa dos estudantes de medicina no Riedhof, mesa da qual também Fridolin fazia parte. Sua conta, pagavam-na, a partir de certo ponto, os colegas mais abastados, revezando-se. Às vezes ganhava roupas de presente, as quais aceitava de bom grado e sem qualquer falso orgulho. Ainda em sua cidadezinha natal, aprendera os rudimentos de piano com um pianista fracassado que por lá se perdera, e, em Viena, já estudante de medicina, frequentava ainda o conservatório, onde, supostamente era tido como um talento promissor. Também nisso, porém, não foi sério e dedicado o suficiente para dar prosseguimento adequado à sua formação: logo contentou-se com o sucesso musical no círculo de conhecidos, ou, antes, com a diversão que lhes proporcionava com seu piano. Por um tempo, trabalhou como pianista numa escola de dança de subúrbio. Colegas de universidade e companheiros de bar tentaram arranjar-lhe colocações similares em estabelecimentos mais gabaritados, mas, em tais ocasiões, ele sempre tocava única e exclusivamente o que lhe agradava e enquanto lhe agradasse, iniciando com jovens damas conversações nem sempre conduzidas de forma inofensiva e bebendo mais do que era capaz de aguentar. Certa vez, foi tocar num baile em casa de um diretor de banco. Ainda antes da meia-noite, quando já tinha embaraçado as jovens dançantes com comentários galantes e maliciosos, chocando assim os senhores que as acompanhavam, ocorreu-lhe tocar um dissoluto cancã, acompanhando-o ademais de um dístico de significado ambíguo, cantado com sua potente voz de baixo. O diretor de banco repreendeu-o com veemência. Tomado de bem-aventurado contentamento, Nachtigall levantou-se e abraçou o diretor, que, apesar de igualmente judeu, cuspiu-lhe revoltado e cara a cara um popular palavrão, o qual, sem demora, Nachtigall respondeu com um possante sopapo — o que pareceu colocar um ponto-final em sua carreira nas melhores casas da cidade.[31]

---

31 Arthur Schnitzler, *Breve romance de sonho*, op. cit.

Nesse trecho, encontram-se subsídios importantes para a sequência da narrativa, pois Nachtigall, com o conhecimento que tem da noite vienense, irá conduzir Fridolin a uma festa-bacanal que se constitui no momento deflagrador de uma série de eventos cada vez mais grotescos e determinantes de uma alteração de atitude do personagem central.

No romance *A cidade de Ulisses* (2011), Teolinda Gersão obtém um excelente resultado ao incluir pequenas cenas num sumário que abrange quatro anos, e no qual seria quase impossível superar os momentos de baixa frequência da tensão. Isso é alcançado com fragmentos de cenas nos lugares justos. Nesses quatro anos abrangidos pelo sumário, o leitor toma conhecimento da história de amor entre Paulo Vaz e Cecília Branco, sua aluna, ambos artistas plásticos. Durante esse longo tempo, eles conheciam Lisboa — a "cidade de Ulisses", segundo a lenda — em pormenor, pegavam o carro emprestado de um amigo e partiam ao entardecer "com um concerto de Brandenburgo no leitor de cassetes".

O céu é o limite, pensava, acelerando enquanto a paisagem deslizava na janela, o céu é o limite.

Como se te raptasse e fugíssemos. De quê? De nada, pelo puro prazer de fugirmos juntos, num veloz movimento para a frente.

Mas não era realmente uma fuga: nada nem ninguém nos perseguia. Não fugíamos sequer à rotina, porque para mim ela não existia e para ti era um hábito securizante e bem-vindo, de que não tinhas necessidade de evadir-te.

Eu gostaria de ser como tu, um animal de horários e rotinas. Mas não era: agradava-me o imprevisto, o desarrumar das coisas, o rasgão no mundo conhecido para surpreender além dele uma perspectiva improvável.

Gostava de partir assim, de um momento para o outro, sem plano, à descoberta. Demorando-nos em povoados que não imaginávamos que existissem, fora das estradas principais e dos mapas, falando com as gentes da terra, que nos contavam histórias do lugar e nos indicavam o melhor restaurante, onde eu escolhia a melhor mesa, o melhor vinho, o melhor pão, o melhor queijo de cabra e de ovelha, o melhor de tudo que houvesse. Para ti.

O amor em hotéis casuais, abrir de manhã a cortina e ver uma paisagem desconhecida diante da janela.[32]

---

32 Teolinda Gersão, *A cidade de Ulisses*. Lisboa: Sextante, 2011, pp. 110-1.

Note a habilidade da ficcionista em transmitir ao leitor a sensação efetiva de que muito tempo passou, mas que, para os personagens, não havia nada de enfadonho no relacionamento; para isso, bastou evocar alguns detalhes, usando o pretérito imperfeito do indicativo.

Na abertura de *O melhor tempo é o presente* (2012), Nadine Gordimer recupera uma prática quase tão antiga quanto a existência da própria literatura: oferece-nos um sumário que situa o leitor no tempo e no espaço da narrativa que se seguirá:

> Glengrove Place. Não é um vale (*glen*) e não há nenhum arvoredo (*grove*). O nome certamente foi dado por algum escocês ou inglês em referência à sua terra, que ele deixou para trás quando ganhou dinheiro nesta cidade a mais de mil e quinhentos metros de altitude e entrou no mercado imobiliário.
>
> Mas era um lugar. Um lugar onde eles poderiam morar juntos, num tempo em que em lugar nenhum era possível fazer isso legalmente. O aluguel do apartamento era alto para os dois na época, porém o preço incluía uma certa cumplicidade da parte do proprietário do prédio e do zelador; nada é de graça quando duas pessoas respeitadoras da lei correm algum risco de violá-la. Como locatário, ele tinha o tipo de nome inglês ou europeu que não diferia da maioria dos outros nomes nas caixas de correio dos moradores, ao lado do elevador na entrada; lá havia um cacto num vaso, em vez do arvoredo. Era apenas a "sra." acrescentada como apêndice. Eles eram casados, de verdade, embora isso fosse também ilegal. No país fronteiriço onde ela se exilou para poder estudar, e ele, um jovem branco cuja militância política o obrigava a desaparecer da universidade da cidade por algum tempo, eles dois, afoitos, ignorando a consequência que seria inevitável quando voltassem para seu país, se apaixonaram e se casaram.
>
> De volta à África do Sul, ela foi trabalhar como professora numa escola particular administrada pelos padres de uma ordem católica tolerada à margem da educação pública racionalmente segregada, onde podia usar seu sobrenome de nascimento com base em princípios não raciais.
>
> Ela era negra, ele era branco. Nada mais importava. Identidade era só isso, naquele tempo.[33]

---

33 Nadine Gordimer, *O melhor tempo é o presente*. Trad. de Paulo Henriques Britto. São Paulo: Companhia das Letras, 2014. (E-book.)

A prêmio Nobel de literatura, em poucos e sucintos parágrafos, lança-nos em pleno conflito, indo direto ao ponto num panorama que encerra não apenas duas vidas, mas todo um espectro político-social pós-apartheid, em que persistiam antigas chagas segregacionistas.

Esse sumário funciona justamente por ter realizado uma acertada seleção do que mostrar ao leitor e do que ocultar dele. Não há tempo narrativo para a ficcionista fazer-se de cientista social, historiadora e psicanalista — ela nos fornece o que precisamos conhecer, não mais, não menos. Observe como esse sumário vem assinalado com alguns índices, poucos, mas suficientes: o nome do lugar, o valor alto dos aluguéis, as vistas grossas do zelador do prédio, um cacto junto às caixas do correio, mais o fato de que ali constava o nome dela apenas com um burocrático "sra." que não dizia nada, e assim por diante. Como se vê, é possível, com a atenção aos pormenores, construir um sumário que interesse ao leitor.

Para deixar essas coisas mais nítidas, numa aula apresentei aos alunos um sumário bastante abstrato:

Minha tia Dora morrera havia dois meses, deixando para o filho Jason tudo o que possuía: uma casa em que viviam, um armário de roupas, mais as porcelanas, discos, e algum dinheiro no banco. Ele ficara muito triste e com muito medo, não apenas por ter perdido a mãe, mas também sua vida tranquila e ordeira. Mas, por outro lado, sabia que tinha de tocar a vida. E tocou, como eu mesmo constatei.

Na sequência, pedi que dessem concretude a esse trecho. Eis um dos trabalhos:

Depois da morte da minha tia Dora, há dois meses, tudo para o primo Jason tornou-se novo: a conta no Banco do Brasil, a administração do sobrado do número 32 da rua Gobseck, pintado de branco e azul, o comovente casaco de vison, o armário cheio de blusas, vestidos e saias com cheiro a naftalina, os discos de vinil do Carlos Gardel e, ainda, aquela delicada porcelana do Augarten que, faz dois dias, me deu de presente num caixote. Foi quando me disse: "Tudo isso já cumpriu sua missão". Eu soube que se mudara para um apartamento num edifício recém-construído, em que se avista o Guaíba.

O resultado foi competente. Houve a inclusão de pormenores — a conta no Banco de Brasil, o número e a rua do sobrado "pintado de azul e branco", o "comovente" casaco de vison, o cheiro de naftalina do armário, os discos de Gardel, a origem da porcelana — que, somados, colaboram para conferir maior vivacidade a um relato sem maiores atrativos.

Um sumário não necessita ser algo que o leitor deteste ou que o faça bocejar. Ele precisa encontrar prazer nele, como encontra numa cena.

A celebrada novela *A fera na selva* (1903), de Henry James, trata de uma história que tem apenas dois personagens, John Marcher e May Bartram, que, jovens, estabelecem uma amizade muito próxima. Ele segreda a May que está à espera de um extraordinário acontecimento em sua vida, o "bote da fera". Por anos, ele continua a esperar, enquanto ela definha a olhos vistos. Um dia, quando já estão numa idade considerável, May lhe diz que sabe o que a está matando: o grande acontecimento sucedeu, mas Marcher não se apercebe. Ele só vem a entender muito tarde, no final, que o grande acontecimento, o bote da fera que ele nunca quis ver, era o grande amor que os unia. Afora a força dessa novela, ela também nos ensina como escrever um bom sumário. Ele está na metade do livro.

> Havia muito tempo que tinham se dado conta do quanto a sociedade, felizmente, era um pouco tola, e o espaço que isso propiciava era um lugar-comum entre eles. Havia mesmo momentos em que surgia uma situação nova, quase sempre ao efeito de uma expressão exposta por ela em intervalos generosos. "O que nos salva, você bem sabe, é que nós correspondemos tão completamente a esse aspecto tão banal: o de um homem e uma mulher cuja amizade se tornou um hábito diário — ou quase — que no fim se torna indispensável." Essa era uma expressão que ela costumava usar com frequência, ainda que lhe desse diferentes desenvolvimentos. O que nos diz respeito é a forma que isso tomou numa tarde quando ele foi visitá-la para homenageá-la pelo aniversário. Era um domingo, com intensa bruma e um aspecto melancólico. Ele trazia seu costumeiro presente que, conhecendo-a por tanto tempo, já constituía com ela uma centena de tradições. O presente era a demonstração para si mesmo de que não afundara de vez no total egoísmo.[34]

---

34 Henry James, *The Beast in the Jungle*. Irvine: Xist, 2015. (E-book.) (Tradução minha.)

Henry James nos ensina como tratar o tempo transcorrido entre um e outro encontro entre John e May. O fragmento começa por uma narração típica de sumário, no pretérito imperfeito ("Havia muito tempo que tinham se dado conta..."), o que levaria a uma desanimadora digressão sobre o passado comum de ambos. Essa perspectiva é, entretanto, interrompida pela reprodução de uma fala recorrente de May. Uma fala é normalmente associada a uma cena; e uma cena, mesmo que micro, vitaliza e dá presença a qualquer sumário.

Tudo o que vimos talvez possa ser sintetizado numa questão: o que devo mostrar (cena) e o que devo contar (sumário)?

¶ Use a *cena* quando a questão essencial do personagem ou o conflito da história estiverem presentes. Muitas narrativas se dão mal quando apresentam cenas desnecessárias, meras transições que deveriam ser sumarizadas. Use o *sumário* quando a questão essencial do personagem ou da história não estiver explícita, servindo para estabelecer pontes entre as diferentes cenas ou trazer ao leitor, via flashback, elementos importantes para a história *atual*.

Ao terminar de escrever este capítulo, concluí, também, que estava devendo algo ao leitor deste livro.

Depois de tratar do personagem, sua questão essencial, mais o conflito da narrativa, a estrutura e o enredo, era necessário juntar tudo isso e aplicar numa obra conhecida por todos que têm alguma familiaridade com a literatura. Para tanto escolhi *Ilusões perdidas*, que, a meu ver, é o romance mais bem construído de Balzac. Nem sempre o grande autor atingiu esse grau de inteireza narrativa. Vamos ver como ele utilizava os diferentes elementos da ficção. Espero proporcionar um momento de agradável retomada desse romance e, ao mesmo tempo, de aprendizagem com um autor cuja obra perdura muito mais do que ele mesmo imaginou.

UM ESTUDO DE CASO

Ilusões perdidas constitui-se de três partes — "Os dois poetas", "Um grande homem de província em Paris" e "Os sofrimentos do inventor" —, cada uma delas se dividindo em capítulos. Tratemos, agora, da primeira parte.

Como vimos, uma boa estratégia — talvez a melhor — ao escrever um romance é apresentar, já no início, os elementos que estão em jogo na narrativa e também estabelecer os indícios que darão verossimilhança à alteração de atitude do personagem quanto às questões trazidas pelo romance.

Perguntemos então: o que está em jogo em *Ilusões perdidas*?

Balzac problematiza os meios de ascensão na sociedade, a relação província-capital e o funcionamento da imprensa na França pós-Napoleão. Essas questões estão implícitas na jornada vivida por Lucien, um jovem poeta da provinciana Angoulême. A primeira parte serve para que ganhemos intimidade com ele.

Aqui, vale fazer um parêntese: repare que, no parágrafo acima, já constam o tempo (a França pós-Napoleão) e o espaço (Angoulême) em que se desenrola o romance. Essas informações vão ajudá-lo a compreender minha análise de *Ilusões perdidas*. Pois bem, raciocínio análogo se aplica na hora de escrever ficção. As circunstâncias de tempo e de espaço devem estar claras, para que o leitor saiba onde e quando as coisas se realizam.

Esse modo de proceder se enquadra no conselho que dou aos meus alunos de, sempre que possível, ser generoso com o leitor. Nesse quesito, como acontecia com os ficcionistas de sua época (*Ilusões perdidas* foi escrito e publicado em partes, entre 1835 e 1843), Balzac se mostra até generoso demais, acumulando detalhes verdadeiros e, de fato, curiosos, mas que, aos olhos de hoje, talvez pareçam excessivos. O que importa, porém, é observar que, no primeiro capítulo, ele evidencia a época em que o tempo presente da narrativa se inicia ("Em 1821, nos primeiros dias do mês de maio");[35] constrói uma imagem clara de Angoulême ("os usos e costumes atrasados daquelas casas que

---

35 Honoré de Balzac, *Ilusões perdidas*. Trad. de Rosa Freire d'Aguiar. São Paulo: Penguin Classics Companhia das Letras, 2011. (E-book.) Todas as citações dessa obra de Balzac são transcritas dessa edição.

sofrem de um monarquismo inteligente [...], vivem imóveis como sua cidade e seu rochedo"); recapitula sua história ("Angoulême é uma velha cidade, construída no alto de um rochedo em forma de pão de açúcar, que domina as pradarias onde corre o Charente"); e descreve o modus operandi daquele enclave provinciano:

> A sociedade nobre, unida então ao governo, ali se tornou mais exclusiva que em qualquer outro lugar da França. O habitante de L'Houmeau parecia praticamente um pária. Daí vinham esses ódios surdos e profundos que deram uma assustadora unanimidade à insurreição de 1830 e destruíram os elementos de um duradouro Estado social na França. A arrogância da nobreza da corte fez a nobreza da província perder a afeição pelo trono, tanto quanto esta perdeu a afeição da burguesia ao ferir todas as suas vaidades. Um homem de L'Houmeau, filho de um farmacêutico, introduzido na casa da sra. de Bargeton, era, portanto, uma pequena revolução.

Mas voltemos ao personagem central, cuja história, segundo o autor, é uma "pequena revolução" nos costumes de Angoulême. Também vale a pergunta: qual a questão essencial de Lucien, anterior à própria história? Vejamos: ele é filho de um farmacêutico que esperava ficar rico descobrindo a cura para todas as espécies de gota. O pai o criara sem nada economizar em sua formação; apaixonado pelas ciências naturais, o havia iniciado nesse caminho, e ele tornou-se um dos alunos mais brilhantes do Colégio de Angoulême: "Embora destinado às especulações mais elevadas das ciências naturais, Lucien se encaminhava com ardor para a glória literária". Mas não só. Sua mãe provinha de uma família outrora nobre, os Rubempré, e mesmo que devesse usar o sobrenome do pai — Chardon —, ele sonhava recuperar o sobrenome materno e passar a ser chamado de Lucien "de" Rubempré.

Quando o pai morre de modo repentino, Lucien, a mãe e a irmã se descobrem sem nenhum capital:

> Assim, não só deixou os filhos na miséria, como também, para desgraça deles, a expectativa dos destinos brilhantes em que os educou apagou-se junto com ele.

Se as mulheres mostram coragem e se põem a trabalhar em empregos plebeus e mal pagos — a mãe cuida de parturientes, a irmã dá expediente numa lavanderia —, Lucien é apresentado de maneira que, no decorrer da leitura, vemos o quanto seu temperamento tem algumas características do infeliz Hamlet: indecisão, falta de firmeza na execução daquilo que concebe, dependência da mãe e, nesse caso, também da irmã.

Em *Ilusões perdidas*, contudo, a família não conspira contra o jovem problemático. Ao contrário:

> Na estrita economia daquele lar, tal quantia, quase inteiramente absorvida por Lucien, era apenas suficiente. A sra. Chardon e a filha Ève acreditavam em Lucien assim como a mulher de Maomé acreditou em seu marido; a dedicação delas ao futuro dele não tinha limites.

A dedicação da mãe e da irmã não bastava. Lucien fora forjado para uma vida de grandes realizações e poucas preocupações:

> Essas disposições típicas de um ambicioso estavam então refreadas pelas belas ilusões da juventude, pelo ardor que o levava aos nobres meios que os homens apaixonados pela glória empregam antes de todos os outros. Na época, só devia enfrentar os próprios desejos, e não as dificuldades da vida, sua própria força e não a covardia dos homens, que é um exemplo fatal para os espíritos volúveis.

Esse quadro psicológico deplorável, mas verdadeiro, proporciona-lhe consistência como ser humano. Decorrente de sua personalidade, a questão essencial que o acompanha pode ser definida como: decidir-se entre enfrentar o mundo ou desabar perante as dificuldades.

No primeiro capítulo, inclusive, somos informados de que "cansado de beber no grosseiro cálice da miséria, estava prestes a tomar um desses partidos extremos pelos quais nos decidimos aos vinte anos". Ou seja, Lucien pensa em se matar. É demovido dessa intenção após reencontrar um colega de escola que acabara de regressar de Paris, onde estudou, para assumir a tipografia do pai. David Séchard afeiçoa-se de imediato ao personagem central e lhe oferece um emprego; ensina-lhe o ofício de chefe de oficina e salva-o do desespero.

Por outro lado, Lucien, influenciável como é, tem o ego inflado pela generosidade de David:

> Assim, Lucien foi para David um irmão eleito. Como os ultramontanos que queriam ser mais realistas que o rei, David exagerou na fé que a mãe e a irmã de Lucien tinham em seu gênio, e o mimou como a mãe mima o filho.

Quem também se afeiçoa a Lucien é uma dama da sociedade local. O interesse da sra. de Bargeton advém não só da capacidade intelectual como da beleza do jovem poeta. Ela é casada e, numa estratégia para que possam conviver com mais frequência, apresenta-o à aristocracia de Angoulême. Então, "por volta do início de setembro, Lucien não era mais chefe da oficina, era o sr. de Rubempré", querido pelo bispo, apontado por muitos como um escritor de qualidade, com dom para a poesia.

O triunfo na província eleva a confiança de Lucien às alturas e, claro, mexe com sua vaidade. Afinal, alguém com seu histórico psíquico-social está pronto a nada questionar se, "em torno dele, todos continuavam a erguer o pedestal imaginário sobre o qual ele se instalava".

Nesse ponto, o caldo primordial está apurado. O leitor já sabe quem é o personagem. A questão essencial, e anterior, de Lucien já foi mostrada. Estão presentes, portanto, todos os elementos do infortúnio que ele provocará para si mesmo. Posso imaginar o momento em que Balzac pensou: "Bom, Lucien de Rubempré está pronto; agora basta colocá-lo em Paris, para que o romance aconteça". Pois, uma vez no meio parisiense, conhecendo e interagindo com uma miuçalha do mais baixo calibre, Lucien cederá à tentação do luxo e da boa vida, sem saber que ali começará a decadência moral e financeira que o levará de regresso à cidade natal sem nenhum recurso.

Ressalto: se ele fosse diferente, se tivesse personalidade forte, caráter inabalável, maior senso prático e estratégico, poderia se dar bem nessa primeira investida à capital francesa. Mas não é; portanto, o que acontece está de acordo com sua questão essencial.

Um último ponto. Toda narrativa faz uma promessa ao leitor. É a expectativa de ver cumprida a promessa que o faz virar as páginas. Nesse sentido, na primeira parte do romance, Balzac estabeleceu as tais ilusões de Lucien, que depois serão destruídas, uma a uma, quando ele tentar a sorte na capital francesa. O autor nos dá indícios disso, como no seguinte trecho:

> Entretido por todos, por seus amigos e pela raiva de seus inimigos, em suas crenças ambiciosas, ele andava numa atmosfera cheia de miragens. As jovens imaginações são tão naturalmente cúmplices desses elogios e dessas ideias, tudo contribui tanto para ajudar um rapaz bonito e cheio de futuro, que é preciso mais de uma lição amarga e fria para dissipar tais ilusões.

Podemos dizer, então, que a promessa feita ao leitor é que o jovem poeta vai se aventurar em Paris, onde o mundo lhe será cruel — e, como manda um bom enredo, as páginas serão viradas para saber como isso ocorre.

Balzac usa os cinco capítulos da primeira parte de *Ilusões perdidas* para estabelecer tal promessa, tanto que ela termina com Lucien e a sra. de Bargeton numa carruagem a caminho da capital.

A segunda parte do romance, intitulada, com certa ironia, "Um grande homem de província em Paris", compõe-se de quarenta capítulos, nos quais Balzac nunca perde o controle da história. Ele *conhecia bem o material a ser narrado*. Criou um personagem com poderosa questão essencial, estabeleceu com clareza seus *objetivos* — publicar seu livro, alcançar a glória literária, viver com sua amada, recuperar o direito de usar o sobrenome "de Rubempré" — [36] e fez com que eles se chocassem com os fatores externos.

Na cidade grande, logo de início, Lucien e a sra. de Bargeton se decepcionam um com o outro. Ela sente vergonha ao reparar como ele, por mais que se esforce, comporta-se como um plebeu provinciano em meio à nobreza parisiense. Ele duvida que a ama, agora que conhece outras mulheres tão ou mais atraentes do que ela. No embate entre as duas decepções, ele tem mais a perder. A sra. de Bargeton abandona Lucien, que, uma semana depois de haver ali chegado certo do triunfo, "chorou, pois estava sozinho em Paris, sem amigos, sem protetores".

---

36 Não esqueçamos a motivação da qual derivam esses objetivos, que, como se vê, é encontrar seu lugar no mundo.

Lembremos que uma das funções do enredo é colocar o personagem em circunstâncias nas quais ele seja obrigado a tomar uma atitude. *O personagem precisa agir; o que lhe acontece no romance deve ser fruto, principalmente, de suas ações e escolhas.* E o primeiro revés em Paris faz com que Lucien elabore um plano para que o dinheiro dure mais:

> Ele passava as manhãs na biblioteca Sainte-Geneviève [...]. Depois de jantar no Flicoteaux, descia até a Cour du Commerce, lia no gabinete literário de Blosse as obras de literatura contemporânea, os jornais, as coleções periódicas, os livros de poesia para se inteirar do movimento intelectual, e voltava para seu miserável hotel por volta de meia-noite sem ter gasto lenha nem luz.

Uma vida bem diferente da que sonhou, e ele luta para não sucumbir. Tenta vender seu livro, fracassa, desanima-se; quando o dinheiro está acabando, é salvo por outros jovens em situação parecida: "Uma vez admitido entre aqueles seres de elite e considerado um igual, Lucien ali representou a Poesia e a Beleza". Seus amigos sabem que em Paris só há acaso para pessoas bem relacionadas, mas estão dispostos a tudo enfrentar pelo que acreditam:

> — Mas então você espera sofrer alguns suplícios? — indagou Lucien.
> — Provações de todo tipo, calúnia, traição, injustiça de meus rivais; desaforos, astúcias, a aspereza do comércio — respondeu o rapaz num tom resignado. — Se sua obra for bela, pouco importa um primeiro revés...

Lucien não tem essa força de caráter. Ele é fraco, apesar de ambicioso. Almeja uma vida na alta sociedade, permeada pelo sucesso literário, e vislumbra no jornalismo um meio de realizar seus glamorosos sonhos. Os amigos o avisam: não era uma boa ideia; a imprensa da época vivia de conluios e favores. Lucien os questiona:

> — Não posso me tornar jornalista para vender minha coletânea de poesias e meu romance, e abandonar em seguida o jornal?

A resposta é negativa, numa demonstração de que os amigos já o conheciam bem. Dizem-lhe que ele ainda é ingênuo e, uma vez do lado de dentro da imprensa, poderia sucumbir às tentações. Tornar-se jornalista seria o primeiro passo para a decadência moral.

Nesse ponto, o ficcionista coloca Lucien diante de uma escolha fundamental. Claro que o jovem poeta, sendo quem é, opta por não ouvir os amigos e se lança a um mundo que exercerá nele um misto de repulsa e fascínio, que por um período lhe dará prestígio e poder, mas que o levará à perdição.

Sempre que um aluno me apresenta um projeto de romance, eu lhe pergunto: por que essa história deve ser escrita por você e não por outro?

Imagino a resposta de Balzac. Ele, com sua experiência da vida literária parisiense, era o homem certo para escrever *Ilusões perdidas*; conhecia como ninguém o ambiente dos jornalistas e dos artistas da capital, composto de gente fútil, corrupta, a ponto de vender os ingressos de teatro que os empresários do ramo lhe ofereciam de cortesia. Como afirma um dos jornalistas com o qual Lucien convive:

> Os donos de jornais são empreiteiros, nós somos pedreiros. Por isso, quanto mais medíocre é um homem, mais prontamente triunfa; ele pode engolir sapos vivos, resignar-se a tudo, adular as pequenas paixões baixas dos sultões literários [...].

O romance fez uma denúncia da França pós-Napoleão, uma sociedade arrivista e até mesmo ridícula, e Balzac o considerava "um ato de coragem tanto quanto uma história plena de verdade", "contra os invejosos emboscados por trás das colunas ou acocorados nos subterrâneos dos jornais".[37]

Apesar de seu envolvimento com o tema do livro, Balzac nunca se deixa dominar pelo enredo; ao invés disso, e é assim que deve ser, ele o domina, para que siga à risca os passos habituais da escalada do agravamento do conflito.

O personagem central, uma vez cooptado pelo jornalismo, surpreende-se e reprova as tramoias, "perdido num abismo de pensa-

---

[37] Essa "resposta" de Balzac foi tirada da dedicatória do livro, dirigida a Victor Hugo.

mentos, sobrevoando o mundo tal como ele é". Não cogita, porém, afastar-se e, conforme vai se integrando àquele métier, passa a aceitar com normalidade tudo o que ali ocorre. Desse modo, vinga-se da sra. de Bargeton e de seus pares com um artigo em que os ridiculariza, e impõe a um livreiro a publicação de seu volume de poesias.

As atitudes mesquinhas não impedem Lucien de conquistar o coração de uma jovem e bela atriz, Coralie, em cuja casa passa a morar. Ela também tenta avisá-lo da falsidade daquele meio:

> — Bem, vejo-o entrando no mundo literário e jornalístico cheio de ilusões. Você acredita nos amigos. Somos todos amigos ou inimigos dependendo das circunstâncias.

Lucien não dá ouvidos. A guinada em sua vida faz com que ele volte a dar-se ares de celebridade:

> A vaidade peculiar aos escritores acabava de ser afagada em Lucien por gente que conhecia isso a fundo, ele fora elogiado por seus futuros rivais. O êxito de seu artigo e a conquista de Coralie eram dois triunfos a virar uma cabeça menos jovem que a sua.

Já famoso como jornalista, surgem os convites para eventos sociais. Sua agenda é tomada de ceias, jantares, almoços e festas, e ele "foi arrastado por uma corrente invencível num turbilhão de prazeres e trabalhos fáceis". Bebe demais. Passa a jogar.

> Como a maioria dos jornalistas, Lucien viveu no dia a dia, gastando dinheiro à medida que o ganhava, não mais pensando nas despesas rotineiras da vida parisiense, tão esmagadoras para os boêmios.

Tudo isso faz com que deixe de escrever literatura. Endivida-se, mas não quer largar a boa vida, e "insensivelmente renunciou à glória literária, acreditando que a fortuna política era mais fácil de conseguir".

O sucesso político virá, ele acha, com uma troca de lado. À época, havia na imprensa uma querela entre liberais e realistas. Lucien, mais por interesse, menos por convicção, militava em veículos liberais, até que os realistas lhe acenam com uma proposta tentadora:

o acesso à nobreza e a obtenção de um decreto real autorizando-o a usar o sobrenome "de Rubempré".

É mais um episódio-chave do enredo de *Ilusões perdidas*. O ficcionista, outra vez, coloca o personagem em face de uma escolha determinante de seu destino. E, de novo, Lucien faz a opção errada. Todos os que se afirmavam seus amigos — os liberais — tornam-se seus inimigos, enquanto seus supostos novos amigos — todos da antiga nobreza — se mostram apenas interessados em usá-lo como massa de manobra:

> Tudo lhe acontecera com demasiada felicidade no mundo e na literatura; fora muito feliz, deveria ver os homens e as coisas se virarem contra ele.

Desfaz-se a promessa do decreto que devolveria a partícula nobiliária de sua família. O livro de Lucien é achincalhado. Ele se envolve num duelo, por causa de uma crítica que escreveu, e é ferido. Coralie deixa de conseguir papéis de destaque no teatro, e o casal, endividado, é obrigado a mudar para uma residência humilde.

Estamos no ponto da narrativa em que qualquer decisão do personagem vai conduzi-lo à ruína. E salientemos: o ficcionista faz decorrer esse contexto de um traço marcante da personalidade de Lucien:

> Na vida dos ambiciosos e de todos os que só conseguem triunfar com a ajuda dos homens e das coisas, graças a um plano de conduta mais ou menos bem concertado, seguido, mantido, chega um cruel momento em que não sei qual força os submete a duras provas: tudo falta ao mesmo tempo, de todos os lados os fios arrebentam ou se embaralham, a desgraça aparece em todos os cantos.

Lucien, como sabemos, não tem estrutura para aguentar os piores momentos, o que o faz pensar numa renúncia existencial que sabe vergonhosa. Coralie, a única pessoa em Paris que o estimava, adoece e morre. Para agravar a situação, ele perde as últimas economias numa roda de apostas. Encontra-se desempregado, ludibriado, humilhado. Sem amigos, sem dinheiro, sem perspectivas:

> Quando se viu no quarto miserável, na rua de la Lune, pediu a Bérénice o xale de Coralie. Com alguns olhares a boa moça compreendeu,

depois da confissão que Lucien lhe fez sobre o prejuízo no jogo, qual era o objetivo do pobre poeta desesperado: queria se enforcar.

Bérénice, a empregada doméstica de Coralie, é a única a ajudá-lo. Consegue-lhe algum dinheiro, e ele, "atarantado de dor", "achando-se diminuído, só", "teve sede das alegrias da família", e decide regressar à cidade natal. A segunda parte do romance acaba nesse patamar.

Os primeiros capítulos da terceira parte retratam a viagem para Angoulême. Mesmo exausto, mas sem dinheiro para fazer o trajeto inteiro em carruagem, Lucien caminha por cinco dias; então, para numa chácara à beira do caminho e implora à proprietária:

— Minha boa mulher — disse Lucien avançando —, estou bem cansado, com febre e só tenho três francos; não quer me alimentar com pão dormido e leite, e me deixar sobre a palha durante uma semana? Terei tempo de escrever a meus parentes, que me mandarão dinheiro ou virão me buscar aqui.

A proprietária e o marido acolhem-no e, vendo sua deplorável condição, chamam um médico e um padre. O médico os tranquiliza: o jovem tivera uma crise nervosa e apenas precisava de descanso. Ainda assim, Lucien, achando-se moribundo e disposto a aceitar a morte, confessa suas faltas ao padre. Este, comovido com "as lágrimas daquele arrependimento assustador", promete ajudá-lo, ao que o autor nos relembra:

O cura não sabia que, fazia dezoito meses, Lucien tinha se arrependido tantas vezes, que seu arrependimento, por mais violento que fosse, não tinha outro valor além do de uma cena perfeitamente representada e de novo representada, de boa-fé!

Eis uma indicação de que o personagem central continua propenso a cair em tentações como as que o levaram à ruína; a longa temporada em Paris, mesmo com suas experiências dolorosas, não alterou sua atitude inicial. Mas isso não poderia ter acontecido?

Até poderia, mas Balzac optou por alongar a história. Uma escolha justificável: do modo como concebeu seu personagem nem o retumbante fracasso na capital teria sido, como não foi, suficiente para

Lucien deixar de alimentar ilusões. Isto é, o personagem "provocará" para si novas turbulências.

Outra escolha de Balzac foi, nos primeiros capítulos da parte conclusiva, retirar Lucien do centro das ações. Em vez disso, recupera-se o que aconteceu com sua família enquanto ele morou em Paris; ganham protagonismo os esforços de seu cunhado e fiel amigo David Séchard para triunfar como industrial e inventor.

Repare: em prol de uma maior inteireza narrativa, você poderia escolher outra opção e se ater à trajetória do personagem central. Balzac, por sua vez, como era de praxe à época, preferiu contextualizar o leitor, explicitando a situação com a qual o "filho pródigo" teria de lidar em sua volta:

> Coisa estranha, enquanto Lucien entrava nas engrenagens da imensa máquina do jornalismo, arriscando-se a ali deixar em frangalhos sua honra e sua inteligência, David Séchard, do fundo de sua tipografia, estudava o movimento da imprensa periódica em suas consequências materiais.

Séchard empenha todos os seus recursos na tentativa de inventar uma maneira barata de produzir papel. Ele acredita que isso o tornará rico, mas as circunstâncias não conspiram a seu favor: sofre sabotagem dos poderosos donos da outra tipografia da cidade; endivida-se; por fim, precisa viver escondido, sob a ameaça de ser preso, em função de não conseguir honrar uma promissória na qual Lucien, precisando de dinheiro em Paris, falsificou sua assinatura.

Se achar que esse trecho do romance pende para o rocambolesco, não incorrerá em erro. São variadas peripécias e figuras caricatas. Exemplo: ao contrário de Lucien, que possui uma multiplicidade interior, David é retratado como apenas virtuoso, "corajoso e inteligente como aquele boi que os pintores dão como companheiro ao evangelista", alguém que deseja "fazer uma grande e rápida fortuna, menos para ele que para Ève e Lucien". Dessa maneira, unidimensional, David não convence como ser humano: enquadra-se naquele caso de personagens que agem como um boneco à mercê da história; caso fosse a figura central, isso comprometeria a verdade da obra.

Felizmente, tudo muda quando Lucien volta a estar no centro do enredo. *Ilusões perdidas* retoma, então, a plenitude de sua força narrativa, o que, aliás, só comprova a vital importância de um personagem bem construído.

De retorno a Angoulême, Lucien é recebido com desconfiança pela mãe:

— Não o repreendo por ter tentado fazer reviver a nobre família de que sou descendente; mas para uma empreitada dessas é preciso, antes de mais nada, ter uma fortuna e sentimentos altivos: você não teve nada disso.

A irmã demonstra mais simpatia, pois, compreendendo "os elementos da vida literária em Paris, entendeu como Lucien conseguira sucumbir na luta". Só que tampouco tem confiança nele: quando ele anuncia que tomou para si a tarefa de recuperar a reputação de David, a irmã lhe diz, com veemência, para não interferir:

— Não se meta nisso, temos como adversários as pessoas mais pérfidas e as mais hábeis.

Embora perceba que um novo deslize vai torná-lo persona non grata em sua própria família, Lucien assume o risco. E recai nos mesmos pecados. Quando o jornal local o trata com deferência por ele ter atuado na grande imprensa e publicado um livro em Paris, Lucien toma a sério essa condição de celebridade da província e passa a frequentar os salões nobres de Angoulême. Arma um plano: usar da influência que acredita ter adquirido para sanar as dívidas da família, e pensa que dessa vez foi bem-sucedido:

— Minha querida Ève — disse Lucien, acordando sua irmã —, uma boa notícia! Daqui a um mês David não terá mais dívidas!...
— E como?
— Pois bem, a senhora du Châtelet escondia sob a saia minha antiga Louise; e me ama mais do que nunca, e vai fazer um relatório ao Ministério do Interior por meio de seu marido, em favor da nossa descoberta!...

Uma vez mais, porém, fracassa: David acaba preso; ao receber a notícia, a irmã sofre uma crise nervosa e Lucien é "fulminado por um olhar de maldição de sua mãe". De novo, ele se convence da necessidade de uma solução extrema. Escreve uma carta de suicídio e se afasta da cidade em busca de um lugar para encher os bolsos de pedra e se atirar ao rio. É quando, "ao pé de uma dessas colinas que tão frequentemente encontramos nas estradas da França", avista uma carruagem parada. Nela está um "viajante todo vestido de preto, com os cabelos empoados, calçando sapatos de couro de vitela de Orléans com fivelas de prata, rosto moreno e cicatrizes, como se, na infância, tivesse caído no fogo". O viajante se apresenta como o reverendo Carlos Herrera, espanhol que está a caminho de Paris para atuar como diplomata a serviço da monarquia da Espanha.

Esse personagem foi posto aqui por Balzac com a nítida utilidade de ser o agente da transformação de Lucien. O espanhol enxerga potencial nele; acha-o inteligente e de belas feições; procura demovê-lo da ideia do suicídio, propondo não só sanar suas dívidas como também contratá-lo como seu secretário particular. Além disso, com "malicioso sorriso", oferece-lhe uma lição de como alguém deve se portar para ascender na sociedade:

> [...] não veja nos homens, e sobretudo nas mulheres, mais que instrumentos, mas não os deixe perceber isso. Adore como ao próprio Deus aquele que, em posição mais alta que você, pode lhe ser útil, e não o largue até que ele tenha pago muito caro sua servidão.

Mesmo que duvide das intenções daquele homem misterioso, Lucien quer ouvir mais. E escuta outro preceito para alcançar o sucesso: "os fatos já não são mais nada em si mesmos, estão inteiramente nas ideias que os outros povos têm a respeito deles", do que deriva que se deve cometer tantas covardias quantas forem necessárias, desde que se façam às escondidas.

Quando Lucien deixa escapar sua surpresa por tais afirmações virem de um reverendo, o homem lhe dá razão, sem, no entanto, assumir a culpa:

> Raciocinemos? Quando você se senta a uma mesa de jogo de bouillotte, discute as condições? As regras são aquelas, você as aceita. [...] Não há mais leis, só há convenções, isto é, fingimentos: sempre a forma.

Seduzido pelo encanto dessa "conversação cínica", Lucien pondera sobre a proposta do reverendo. Para tomá-lo como secretário, o homem impõe apenas uma condição: fidelidade a toda prova.

Eu o pesquei, devolvi-o à vida, e você me pertence como a criatura pertence ao criador, [...] como o corpo é da alma!

Apesar de não se sentir confortável com essa situação, diante da promessa de que sua família será salva, pois jamais faltará dinheiro, e de que o manterá "com mão poderosa no caminho do poder", Lucien acede.

O romance está chegando ao fim, e, para marcá-lo, o autor insere uma carta de Lucien à irmã. Ele conta que está de volta a Paris e maneja "uma existência terrível", o que faz supor que essa terribilidade se deva ao seu comportamento sob a tutoria do reverendo Carlos Herrera.

Para nós, ficcionistas, vale notar que a mudança de atitude do personagem, enfim, sucedeu. Sua questão essencial continua lá, mas ele, a duras penas, aprendeu a lidar com ela. Lucien continua ambicioso, mas agora consegue não desabar diante das dificuldades. Age de modo cínico e estratégico. Já não se ilude.

5.
APLAINANDO UM TERRENO DE INTENSO TRÂNSITO
A FOCALIZAÇÃO

Uma vez que, como ficcionistas, somos responsáveis por criar as narrativas, podemos concluir que somos nós mesmos quem as contamos.

Até aí tudo bem, não é mesmo?

O caso é que podemos escrever textos na primeira, na terceira ou ainda, de modo raríssimo, na segunda pessoa do singular. Como você sabe, em nenhum desses casos, o "eu", o "ele/ela" ou o "você" corresponderão a pessoas reais: sempre serão pessoas inventadas. Em suma: serão personagens. Precisamos, então, relativizar a afirmativa inicial: sim, somos nós quem narramos as histórias, mas para isso nos socorremos de artifícios que tentem acomodar certas peculiaridades.

E quais são essas peculiaridades?

Uma delas: em determinadas ocasiões desejamos que o leitor saiba os mínimos pensamentos, desejos e emoções do personagem; noutras, é melhor que ele tenha um conhecimento *parcial* disso tudo; ainda, há a hipótese de acharmos melhor que saiba *mais* do que o personagem.

Outra peculiaridade: nem sempre é interessante que o leitor conheça todos os eventos da história — os romances policiais gostam muito desse estratagema — ou talvez seja útil que ele saiba tudo o que aconteceu. Às vezes, o leitor deve receber certas informações para entender por inteiro o que está lendo, mas, ao mesmo tempo, não queremos fazer com que essas informações passem pela consciência do personagem.

Não se preocupe com tantas ideias e "problemas", nem com a gravidade que parece ser inerente a eles: tudo isso pode ser controlado por nós. Basta usarmos o recurso da *focalização*.

Não se trata de um tema (apenas) acadêmico, pois implica sugestões para a maneira como vamos escrever nossas histórias. E é dessa perspectiva — do ficcionista e do leitor — que procurarei tratar desse assunto, tentando diminuir sua possível aridez.

||||||||||||||||||||||||||||||||||||||||||||||||||||||||||||||||||||||||||||||||||

¶ Para fins práticos, importam, de verdade, duas modalidades de escrita de ficção — em primeira ou terceira pessoa — e cada uma delas permite diferentes *focalizações*.

||||||||||||||||||||||||||||||||||||||||||||||||||||||||||||||||||||||||||||||||||

UM CONCEITO UTILITÁRIO

A focalização, você já percebeu, é uma ideia que, talvez, não seja de seu uso diário, mas para a qual eu pediria que você atentasse.[1] Encontram-se nos manuais as expressões "foco narrativo" e "ponto de vista", que poderiam ser sinônimos desse fenômeno. Sim, até certo ponto, mas nenhum tem a amplitude, a simplicidade e a leveza da focalização.

Estou deixando de lado, portanto, toda uma terminologia escolar[2] para me fixar nesta que é suficiente para o trabalho do ficcionista.

Segundo a utilizo neste livro, a focalização pode ter três formatos:
- A *focalização interna*, quando a história é vista, sentida e "vivida" pelo personagem. Pode ser em primeira, segunda (raramente) ou terceira pessoa.
- A *focalização externa*, quando são relatadas apenas as ações "visíveis" ou falas dos personagens, sempre em terceira pessoa.
- A *focalização onisciente*, também em terceira pessoa, quando nós, ficcionistas, damos acesso ao leitor a tudo que diz respeito

---

1 Sirvo-me de uma expressão da narratologia francesa, proposta pelo estruturalista Gérard Genette. Não me apaixono pelo estruturalismo, mas é inegável a contribuição dessa corrente teórica para trazer certa ordem aos estudos literários.

2 Durante muito tempo utilizei — e mais uma legião de professores no mundo inteiro — a taxonomia dos narradores como proposta por Norman Friedman, em artigo clássico, agora com mais de sessenta anos: "The Point of View in Fiction: The Development of a Critical Concept" (*PMLA*, v. 70, n. 5, pp. 1160-84, dez. 1955). A partir de certo momento, percebi que essa nomenclatura, se útil para os estudos literários, já não correspondia às formas assumidas pela narrativa atual; a multiplicidade e a minúcia das técnicas narrativas mais confundiam do que ajudavam os escritores em formação.

ao personagem, seu passado, presente e futuro; além disso, nos permitimos emitir juízos de natureza ideológica, moral e política, e ainda sobre a história, sobre o personagem.

A FOCALIZAÇÃO INTERNA: NÓS NA PELE DO PERSONAGEM

Nesse tipo de focalização, o leitor é colocado dentro da cabeça e das emoções do personagem, e sabe tanto quanto ele. O que o personagem sentir, o leitor sente junto. O que o personagem imaginar, o leitor imaginará também. Na focalização interna, a narrativa pode se apresentar em primeira, segunda — em casos raríssimos — ou terceira pessoa.

Eu, a primeira pessoa

Não sei se você gosta de escrever narrativas em primeira pessoa. Se gostar, aproveite. De qualquer modo, será útil saber quais as vantagens e as desvantagens de seu uso.

Bom de escrever e bom de ler. A focalização interna em primeira pessoa seduz qualquer leitor. Há várias razões para isso. A possibilidade de aquilo ter "ocorrido de fato" é um atrativo picante. Quase todas as pessoas têm um lado voyeur. Se você perguntar aos leitores, verá que um expressivo número prefere esse tipo de narrativa. A primeira pessoa reproduz o modo como as pessoas contam as coisas umas para as outras. Essa perspectiva pode ser muito interessante, em especial se seu personagem for ou se considerar um outsider, como Bukowski. A regra é simples: nos identificamos com a focalização interna de um personagem que viva uma vida diversa da que levamos. E por quê? Talvez você se surpreenda, mas todos nós nos consideramos pessoas *diferentes* — quando não, outsiders — ainda que os outros vejam em nós pessoas *integradas*, para usar um termo caro a Umberto Eco.

A primeira pessoa tem limitações. Salvo se você quiser criar uma nova forma de encarar a focalização, a primeira pessoa vai se limitar ao que passa pela consciência ou pelos sentimentos do personagem; portanto, irá para a narrativa apenas o que o personagem vê, sente, experimenta, pensa. "O resto" dos elementos terá de ser imaginado pelo personagem e, junto, pelo leitor. Em contrapartida, pode ser uma vantagem se quero escrever uma história com uma visão unilateral dos fatos.

Algumas ideias para quando você usar a primeira pessoa

Vamos imaginar que você escolheu narrar sua história usando a primeira pessoa. Já sabe de suas vantagens e desvantagens. É uma excelente aventura. Para vivê-la, atente para algumas questões.

O personagem não é você, mas você deve ser o personagem. Fácil e óbvio. O que você pensa sobre o mundo, suas opiniões filosóficas e políticas, seus temores e certezas, tudo isso precisa ser trocado pelas sensações e convicções do personagem. A lógica é a mesma do ator de teatro, segundo o sistema do professor e diretor Constantin Stanislavski: o ator em cena deve parecer o mais possível com pessoas da vida real. Você, ficcionista, precisa "transformar-se" no seu personagem. Como propunha o mestre russo, pergunte-se, perante situações de sua vida: "O que faria meu personagem agora?". Lembre-se: não é o que você faria, mas o que seu personagem faria.

O personagem usará um vocabulário e um tipo de frase que correspondam a formação escolar, vivências e leituras dele, e não os que você usa. Esse aspecto costuma ser negligenciado.

Na abertura de *O apanhador no campo de centeio* (1951), de J.D. Salinger, vemos que o autor incorporou a fala — bem preservada na tradução brasileira — de Holden Caulfield, um adolescente revoltado da classe média americana do pós-guerra:

> Se querem mesmo ouvir o que aconteceu, a primeira coisa que vão querer saber é onde eu nasci, como passei a porcaria da minha infância, o que meus pais faziam antes que eu nascesse, e toda essa lenga-lenga tipo David Copperfield, mas, para dizer a verdade, não estou com vontade de falar sobre isso. Em primeiro lugar, esse negócio me chateia e, além disso, meus pais teriam um troço se eu contasse qualquer coisa íntima sobre eles. São um bocado sensíveis a esse tipo de coisa, principalmente meu pai. Não é que eles sejam ruins — não é isso que estou dizendo — mas são sensíveis pra burro. E, afinal de contas, não vou contar toda a droga da minha autobiografia nem nada. Só vou contar

esse negócio de doido que me aconteceu no último Natal, pouco antes de sofrer um esgotamento e de me mandarem para aqui, onde estou me recuperando. Foi só isso o que contei ao D.B., e ele é meu irmão e tudo. Ele está em Hollywood. Não é muito longe deste pardieiro, e ele vem me visitar quase todo fim de semana.[3]

O esquecimento da regrinha básica da reprodução da fala do personagem pode levar o leitor a não acreditar no que está lendo — e por aí se frustra um romance inteiro. Mas não se guie apenas pela formação escolar: os indivíduos emergem de seu meio social, mas, dependendo do grau de acesso às possibilidades da cultura e da informação, alguém com o terceiro ano do ensino fundamental pode expressar-se com o mesmo vocabulário de quem teve acesso ao ensino superior completo. Não raramente, melhor. Conheço várias situações iguais a essa. Portanto, atenção para não criar falas estereotipadas de acordo com o estrato social do personagem.

Em contrapartida, nem sempre o que o personagem diz e pensa é o que de fato ele experimenta. Em outras palavras: o personagem pode estar mentindo aos outros e a si mesmo. Mesmo quando você trouxer para a narrativa uma reflexão direta do personagem, como "Que lindo dia! Como me sinto feliz!", pode não ser nada disso; é provável que ele desejasse que fosse assim — e esses podem ser, por exemplo, os últimos pensamentos de um suicida. Saber lidar com esse jogo de esconde-esconde do personagem em primeira pessoa é uma das artes mais valiosas do ficcionista.

Quando leio *São Bernardo* (1934), de Graciliano Ramos, me ocorre a sensação de que Paulo Honório, o personagem central, nem sempre pensava o que dizia para si mesmo. No capítulo XI há uma dessas passagens características:

Amanheci um dia pensando em casar. Foi uma ideia que me veio sem que nenhum rabo de saia a provocasse. Não me ocupo com amores, devem ter notado, e sempre me pareceu que mulher é um bicho esquisito, difícil de governar.

A que eu conhecia era a Rosa do Marciano, muito ordinária. Havia

---

[3] J.D. Salinger, *O apanhador no campo de centeio*. Trad. de Alvaro Alencar, Antonio Rocha e Jorio Dauster. Rio de Janeiro: Editora do Autor, 2012, p. 7.

conhecido também a Germana e outras dessa laia. Por elas eu julgava todas. Não me sentia, pois, inclinado para nenhuma: o que eu sentia era desejo de preparar um herdeiro para as terras de São Bernardo.[4]

Penso que isso era da boca para fora, por tudo o que vem depois.

Tenha alguma empatia pelo personagem. Na Oficina, isso é sempre motivo de mal-entendidos. Mesmo que o personagem seja alguém odioso, poderá acontecer alguma situação em que haja coincidência de pontos de vista entre você e ele, ou, pelo menos, em que você esteja disposto a aceitar pontos de vista diferentes. Acabamos de falar em *São Bernardo*. Sei que não estou sendo imaginativo em demasia se disser que Graciliano nutria alguma espécie de secreta admiração por Paulo Honório.

||||||||||||||||||||||||||||||||||||||||||||||||||||||||||||||||||||||||||||

¶ Se você tiver uma repulsa completa por seu personagem, essa primeira pessoa não vai convencer ninguém, porque, de alguma forma, aparecerá essa rejeição. Eu, por exemplo, teria impossibilidade absoluta de criar um personagem em primeira pessoa inspirado em Hitler. Aliás, nem em terceira nem em segunda.

||||||||||||||||||||||||||||||||||||||||||||||||||||||||||||||||||||||||||||

Dos monólogos interiores, fluxos de consciência e outras astúcias

Tanto o monólogo interior como o fluxo de consciência não se constituem em modalidades autônomas de focalização; são apenas *técnicas* por meio das quais é possível apresentar a focalização interior em primeira pessoa.

Vamos dar um crédito: o criador mundial do monólogo interior foi — circunstância inclusive reconhecida por Joyce — o francês Édouard Dujardin, em *A canção dos loureiros* (1887),[5] publicado quando ele estava na casa dos vinte anos.

Abaixo, o primeiro capítulo, que pega o momento em que Daniel

---

[4] Graciliano Ramos, *São Bernardo*. 88. ed. Rio de Janeiro: Record, 2009. (E-book.)
[5] Em francês, *Les Lauriers sont coupés*, literalmente, "os loureiros são/estão cortados". Concordo com a alteração do título na edição brasileira, pois *Les Lauriers sont coupés* é um verso da cantiga de roda francesa "Nous n'irons plus au bois", a qual faz sentido com o enredo da novela.

Prince, tão jovem quanto ingênuo, vagueia pelas ruas de Paris, numa ação de poucas horas. Ele vive um momento de grande vitalidade. É a tarde de um dia em que ele, logo mais, irá se encontrar com Lea d'Arsay, uma atriz de teatro por quem está apaixonado — e, por causa disso, arruinado — até a medula: um quadro clássico da cultura cortesã e mundana na França do final do século XIX.

> Uma tarde de sol poente, de ar longínquo, de céus profundos e de massas confusas; barulhos, sombras, multitudes; espaços infinitamente estendidos; uma vaga tarde...
> Pois sob o caos das aparências entre as durações e os lugares, na ilusão das coisas que se engendram e que se concebem, um entre os outros, distintos dos outros, semelhantes aos outros, um mesmo e uma a mais, do infinito de possíveis existências, surjo; e eis o tempo e o lugar se precisam; é o hoje, é o aqui, a hora que soa; e, em torno a mim, a vida; a hora, o lugar, uma tarde de abril, Paris, uma tarde clara de sol poente, os monótonos ruídos, as casas brancas, as folhagens de sombra; a tarde mais suave e uma alegria de ser alguém, de ir; as ruas e as multitudes, e no ar muito longinquamente extenso, o céu; Paris ao redor canta, e na bruma das formas divisadas, brandamente ela emoldura a ideia.
> ... A hora soou; seis horas, a hora esperada. Eis a casa onde devo entrar, onde encontrarei alguém; a casa, o vestíbulo, entremos. A tarde cai, o ar está bom, há uma alegria no ar. A escada, os primeiros degraus. Se, por acaso, ele tivesse saído antes da hora? Isso acontece algumas vezes; entretanto quero lhe contar sobre o dia de hoje. O patamar do primeiro piso, a escada ampla e clara, as janelas. Confiei, a este bravo amigo, minha história amorosa. Que boa noite ainda terei! Afinal ele não zombará mais de mim. Que deliciosa noite será! Por que o tapete da escada está virado nesse canto? Isso cria uma mancha cinza no vermelho que sobe, no vermelho que sobe de degrau em degrau. O segundo andar, a porta à esquerda: "Estúdio". Contanto que não tenha saído; onde correr a encontrá-lo? Menos mal, irei ao boulevard. Vivamente entremos. A sala do estúdio. Onde está Lucien Chavainne? A vasta sala e o arranjo circular das cadeiras. Ei-lo, perto da mesa, curvado; veste o sobretudo e o chapéu, põe em ordem papéis, e apressadamente como um notário. A biblioteca de capas azuis, ao fundo, com os laços amarrados. Paro na soleira. Que prazer contar essa história! Lucien Chavainne levanta a cabeça, me vê: boa tarde.[6]

---

6 Édouard Dujardin, *A canção dos loureiros*. Trad. de Élide Valarini. Globo: São Paulo, 1989, p. 7.

O mais interessante é como Dujardin faz seu leitor não apenas colocar-se na pele do personagem, mas o acompanha em tempo presente pelas ruas de Paris até chegar à casa de Lea. Também impressiona como o ficcionista nos dá acesso aos mínimos pensamentos e emoções do personagem, revelando sua obsessão pelos pormenores — hoje seria diagnosticado como portador de TOC —, como uma dobra do tapete das escadas que sobe. Alguém poderia pensar "Isso não tem nada de novo" — e concordo, mas se fosse escrito hoje. Compare o ano de lançamento: no Brasil ainda vivíamos sob o regime da escravidão, e Machado de Assis publicara *Memórias póstumas de Brás Cubas* havia apenas seis anos.

A canção dos loureiros pegou os críticos desprevenidos. Como qualificar esse gênero de narrativa? As pessoas conheciam, e bem, a escrita em primeira pessoa ficcional, e isso desde o *Werther*. A novidade vinha dessa imersão profunda e dramática na primeira pessoa e, ainda, utilizando o presente do indicativo. O resultado foi o silêncio que recaiu sobre a novela: o que não se entende, se ignora.

Os ficcionistas mais atentos, todavia, deixaram-se tocar pela estranha obra de Dujardin. Um dos que leram esse livro foi Arthur Schnitzler, que utilizou o monólogo interior em *O tenente Gustl* (1901), publicado catorze anos depois do livro de Dujardin, e do qual destaco uma passagem em que o personagem-título está num teatro, assistindo à apresentação de uma peça musical:

> Agora a coisa deve estar acabando de uma vez por todas... "Vós, seus anjos, louvai o senhor"... Com certeza, esse é o coro final... Maravilha, não há como se queixar. Uma maravilha!... Mas agora acabei esquecendo completamente a mocinha do camarote, que até antes estava me provocando. Onde será que ela está?... Já deve ter ido. Aquela outra também parece ser bem agradável... Uma burrice não ter trazido meu binóculo! O Brunnthaler é que está certo, deixa o seu sempre à disposição no balcão do Café, aí não há como algo dar errado...
>
> Se a pequena ali na minha frente se virasse pelo menos uma vez! Está ali sentada, tão comportadinha. Aquela que está a seu lado deve ser sua mãe... Será que eu não deveria mesmo pensar a sério em casamento, algum dia? O Willy não era mais velho do que eu quando foi fisgado. Tenho de confessar que há algo interessante em ter sempre

uma mulherzinha bonita de reserva em casa... Pena que a Steffi não tenha tido tempo, e justo hoje! Se eu pelo menos soubesse onde ela está, iria me sentar de novo numa mesa perto dela. Seria uma bela de uma história.[7]

Mais tarde, em *Senhorita Else* (1924), Schnitzler viria a aprofundar a técnica. Há, nessa novela, um drama íntimo: Else vê-se numa situação que, se não é nova em literatura, na ópera e no teatro — a da jovem que recebe um convite para entregar-se por dinheiro aos caprichos sexuais de um homem rico para ajudar a família —, é entretanto nova pela utilização do intenso e extenso monólogo interior ligado a um personagem feminino. Atormentada pela proposta insultuosa do sr. Von Dorsday — queria vê-la nua por quinze minutos em troca do pagamento de uma dívida do pai com um sr. Fiala —, Else varia de percepção quanto ao que está passando; há um momento em que pretende matar-se. Volta atrás, pensa noutra solução. Os pensamentos lhe ocorrem durante um passeio solitário e noturno:

> Mas onde eu estava? Muito longe daqui. Com que sonhei? Acho que havia morrido. Não tinha mais problemas, não tinha que quebrar a cabeça. Trinta mil florins, trinta mil, trinta mil... ainda não os consegui. Preciso consegui-los. E fico sentada à beira do bosque. As luzes do hotel chegam até aqui. Tenho que voltar. É horrível, mas tenho que voltar. Não há tempo a perder. O senhor von Dorsday espera minha decisão! "Não, não, senhor von Dorsday, em poucas palavras, não. Evidentemente foi uma brincadeira, senhor von Dorsday." É o que lhe direi. É perfeito. "Sua brincadeira não foi das mais finas, mas eu o perdoo. Telegrafarei amanhã cedo a papai comunicando-lhe que o dinheiro estará pontualmente nas mãos de Fiala..." Perfeito. É o que vou lhe dizer. Não lhe restará outra saída senão enviar o dinheiro. Não? Por que não? E se ele tivesse que fazê-lo, se vingaria de mim de algum jeito. Faria com que o dinheiro chegasse tarde. Ou enviaria o dinheiro e contaria a todos que dormiu comigo. Mas não, ele não mandará o dinheiro.[8]

---

7 Arthur Schnitzler, *O tenente Gustl*. Trad. de Marcelo Backes. Rio de Janeiro: Record, 2012, pp. 12-3.
8 Arthur Schnitzler, *Senhorita Else*. Trad. de Marijane Lisboa. Rio de Janeiro: Paz e Terra, 1996, p. 66.

São essas idas e vindas psicológicas que tornam o personagem verossímil. Com o uso da primeira pessoa, e do presente do indicativo, mais verdadeiras se tornam. Não acreditamos que Else pudesse levar adiante seu projeto de negar-se ao sr. Von Dorsday e, mesmo assim, conseguir o dinheiro. O final surpreende. Leia.

Nesses casos, o ficcionista deixou que os personagens "pensassem por si mesmos", respeitando seu modo de entender o mundo e a situação por que estão passando.

Já o fluxo de consciência, que nas primeiras décadas do século XX notabilizou escritores como Virginia Woolf e James Joyce, é uma técnica que aprofunda o monólogo interior. Essa prospecção nos leva, digamos assim, ao córtex cerebral do personagem. Pensando em autores mais recentes, no romance *Eles eram muitos cavalos* (2001), de Luiz Ruffato, há um curto fluxo de consciência. É o capítulo denominado "Insônia":

> [...] quebrou mesmo, tombo, pique nas grimpas da mangueira, vou cair, vou, margarina ou manteiga?, braço quebrado, futebol, bola cruzada, isaías cabeceia, escorrega no canto esquerdo, eu te amo, eu te amo, o marcílio está me sacaneando, vai me derrubar, vou perder o emprego, o que é? o que é?, carla voz melíflua anda atrás de mim, negativo, negativo, pego o dinheiro no banco e compro uma casa pra minha mãe, ela vai ficar contente, e você?, e você?, ela está me esperando, na hora agá não consigo, e se usasse viagra?, prozac está é me derrubando mais ainda, mais ainda, pão-de-batata, pão-de-canela, pão-de-forma, pão-francês, pão-de-queijo, pão-pão, queijo-queijo, filipe nunca mais me ligou, tenho sido bom pai?, heim?, você é um cara legal, super, hiper, mega, todo mundo já te gelou, não vão fazer nada por enquanto, quando você menos esperar, cortador de unhas, a marilza some com os cortadores de unha, sirenes, polícia?, bombeiros?, polícia, alguém passa gritando, corinthians, corinthians, coringão ê ê ê, fogos de artifício, vão te derrubar, a taxa de desemprego vem diminuindo, em brasília dezenove horas, o guarani, um tango, um samba, um bolero, rádio nacional, queria mandar dizer pro reinaldo que a mãe tá indo no dia 15 e que é para ele esperar ela em, a vizinha do 43, gostosa, modelo?, atriz?, modelo-e-atriz?, seu luiz, seu luiz, o condomínio está atrasado, quatro meses já e, luzes desnudam a parede, a rede, olha a rede, essa rede é diretamente de fortaleza, o senhor pode, simpatia é quase amor, submarino, se você ficar comigo vou fazer nevar em são paulo, os

três porquinhos, cartaz pendurado na parede da sala, um lobo mau eternamente dentro de uma panela na fornalha, os olhos esbugalhados [...].[9]

Veja: aqui acontece uma desagregação da forma sob o ponto de vista da sintaxe, e as ideias são erráticas, tal como acontece quando alguém fica deitado à noite sem dormir. O que acontece no fluxo de consciência é uma *radicalização* do monólogo interior, que dá a ideia de que o leitor está *dentro* do puro ato de pensar do personagem, durante o qual as ideias vêm à mente de forma errante.[10]

Usar ou não usar o monólogo interior e o fluxo de consciência?

Mais uma resposta insatisfatória: você usará se quiser. Mas pense em algo que pode ajudá-lo a decidir-se:

¶ Tanto o fluxo de consciência como o monólogo interior são técnicas das mais trabalhosas de ler. Use-as com moderação. Caso contrário, use-as sabendo do risco de provocar a má vontade do leitor. Há bons leitores, conheço-os, que se impacientam com trechos que usam essas técnicas.

A razão desse meu lembrete é fácil de entender: tanto uma como outra técnica foram mediocrizadas por autores que arremedam Joyce e Virginia Woolf, e, portanto, já não representam novidade alguma, às vezes resultando em medonhos clichês narrativos — e pior de tudo: em aborrecidos percalços de leitura.

Não digo que não possa dar certo. Funcionou no caso de *Eles eram muitos cavalos*, mas repare que o autor utilizou o fluxo de consciência em apenas um dos curtos capítulos (ou fragmentos) de que se compõe o livro.

Talvez devamos apelar para outra artimanha: que tal deixar em paz provisória essas formas tão gastas e tão copiadas? Você pode, usando a narrativa regular, dizer as mesmas coisas, e com o ganho da imediata compreensibilidade. Experimente.

---

9 Luiz Ruffato, *Eles eram muitos cavalos*. São Paulo: Companhia das Letras, 2013, pp. 122-3.
10 O artigo de Norman Friedman, já referido, traz uma contribuição ainda válida para o estudo dessas técnicas.

Será preciso passar um bom tempo para que o fluxo de consciência e o monólogo interior voltem a ser originais. Se estivermos vivos, falaremos, certo?

E a autoficção? Você ainda será tentado por ela

A focalização interna em primeira pessoa ficcional não significa, por esse fato, que seja reflexo dos elementos biográficos do ficcionista.[11] O contrário disso aconteceria a partir das décadas finais do século XX e chega até hoje. Essa "escrita do eu" (que alguns espirituosos chamam de literatura do "*I, me and myself*") tem uma presença tão intensa que formou um gênero próprio: é a chamada *autoficção*.[12]

A autoficção ocorre quando a focalização interna em primeira pessoa é *muito próxima* de seu autor; e ainda quando o autor não se julga no dever — o ficcionista, aliás, não tem dever algum — de explicar se aquela história aconteceu ou não com ele.

Exemplos? Pense em qualquer novela publicada dos anos 1990 para cá. É muito provável que seja em primeira pessoa, e você ficará em dúvida sobre a "veracidade" daquilo que está ali relatado. Para já, digo que é uma perda de tempo intrigar-se com isso. Fazendo um paralelo: os gregos não se perguntavam se a Guerra de Troia havia acontecido como está na *Ilíada*, nem se Ulisses passou por todas aquelas aventuras ao cruzar o Egeu em direção à sua Ítaca, como está na *Odisseia*. Os gregos apenas se deliciavam com essas histórias. Por que não fazer o mesmo com as narrativas em primeira pessoa?

Concordo que nem tudo é tão simples. As narrativas de autoficção são sempre perturbadoras, por jogarem com esse plano fluido entre a ficção e a realidade. Confesso que até hoje não vi explicação convincente para essa prática dominante entre jovens ficcionistas.[13]

Se você pratica ou quer praticar a autoficção, é interessante que eu traga, de novo, o caso de Thiago e sua novela.

---

11 Exceto quando se trata de autobiografia ou de memórias, o que logo veremos.
12 O termo vem de *autofiction*, definição cunhada pelo francês Serge Doubrovsky para se referir ao seu romance *Fils* (1977).
13 Em luminoso artigo para a revista *Babelia*, do jornal *El País*, de 6 de janeiro de 2017, denominado "Cansados do eu?", Anna Caballé diz: "Aqui e ali há mostras de fadiga em relação à autoficção, apesar de seu êxito aplastante nas últimas décadas. Fadiga devida em parte à extrema dificuldade em reconhecer os limites do gênero e de saber o que estamos lendo". (Tradução minha.)

E PARA QUEM ESTAVA COM SAUDADE, THIAGO VOLTA À CENA

Você deve lembrar que meu ex-aluno Thiago estava com uma história completa para contar, mas se esquecia de algo fundamental: o personagem.

Pois então, vamos dizer que ele se tenha convencido da necessidade de pensar de início no personagem e que, baseado nisso, tenha dado consistência a Vladimir. E, como você também deve se lembrar, Thiago estava em dúvida se escreveria sua história na primeira ou na terceira pessoa. Bem, usando manobras diversionistas, empurrei o assunto para a frente, mas sabia que, em dado momento, o tema seria incontornável. Foi o que aconteceu quando Thiago, com alguma cautela, me disse:

— Estou pensando em escrever em primeira pessoa. Mas acho que você é contra narrativas em primeira pessoa, não é?

Não gosto de fazer esse tipo de jogo, mas, enfim, perguntei:

— Por que você diz isso?

— É o que escutei por aí.

— Mas não é o que eu digo nas aulas. — Eu ri. E, já sabendo que ia falar uma tremenda bobagem, acrescentei: — Acho que você não esteve na aula em que tratamos disso.

— Eu não faltei a nenhuma aula.

Percebi então que, talvez por minha falta de clareza, eu tenha causado essa ideia equivocada acerca da minha relação com a primeira pessoa. Era preciso ver o assunto de perto, para não criar mais problemas ao jovem ficcionista — nem a mim mesmo.

Thiago queria escrever uma novela baseada numa história que acontecera com ele; para isso, havia criado o personagem Vladimir. Tudo passaria pela consciência de Vladimir. Thiago seria Vladimir. Vladimir seria Thiago. Usaria, para tanto, a focalização interior desse personagem, que "contaria a história" em primeira pessoa.

Portanto, nesse jogo, Thiago queria contar sua própria história — ainda que pela boca de Vladimir. Não se dava conta de que incidia num equívoco elementar: se Thiago julgava conhecer-se bem, não tinha sentido aplicar-se em dotar Vladimir de consistência, pois essa consistência aconteceria *de modo natural*. Afinal, Vladimir era Thiago.

Eis aqui um pensamento que, embora pareça lógico, é apressado. E por quê?

É apressado porque não nos conhecemos, tanto que nos vemos a fazer coisas que não fazem sentido. O melhor, nessa linha de raciocínio, é criar nosso personagem, ainda que ele seja nós mesmos.

Mesmo no uso da autoficção, o personagem deve ter a consistência que tem qualquer personagem. O motivo? Caso o ficcionista não proceda desse modo, o personagem será inverossímil.

||||||||||||||||||||||||||||||||||||||||||||||||||||||||||||||||||||||||||||||||

¶ No fundo, a autoficção é *apenas uma questão do grau de semelhança entre o personagem e o ficcionista*. O óbvio: quanto mais estreita for essa relação mais autoficcional será a narrativa. O problema é aferir essa semelhança. Por isso é impossível dizer, de imediato, se uma novela escrita em primeira pessoa pode ser incluída nessa categoria. Vejo, contudo, que há muita perda de tempo nesse debate adjetivo; ao fim e ao cabo, autoficcionalidade é uma circunstância irrelevante, em relação à qualidade da obra.

||||||||||||||||||||||||||||||||||||||||||||||||||||||||||||||||||||||||||||||||

Pronto, está dito, e, espero, de maneira pouco maçante. Não gosto de categorizações, mas em algum momento teria de tratar desse assunto.

Se você está tentado pela autoficção, você é livre.

E dentro do domínio do "eu", como ficam as autobiografias e os livros de memórias?

Este me parece um bom momento para frisar que, em literatura (e em tudo mais), não cabem generalizações nem afirmações categóricas. Mas é inevitável: toda história que vai para o papel transforma-se de imediato em ficção, mesmo que tenha no título "autobiografia" ou "memórias".

Como?

Simples: sempre haverá alguém que seleciona *o que dizer* e *o modo como vai dizê-lo* — além de, talvez, inventar de modo descarado. E tudo isso junto só pode ter um nome: ficção.

Imaginemos que você queira escrever sua autobiografia. Não importa sua idade, embora o natural é que ocorra na velhice. Ninguém imagina ou deseja encontrar ali o dia do seu nascimento, todos os dias, meses e anos que se seguiram, tudo em detalhe.[14] Então você vai escolher o que contar, para que sua autobiografia tenha um fio condutor.

Escrever uma autobiografia é dar sentido a uma vida. E, nessa busca de sentido, você vai escolher também o que não contar, como as trivialidades do dia a dia, seu regime intestinal, as contas que pagou ou não pagou, o modo como você viaja de avião — mas também pode deixar de lado assuntos que alguns consideram relevantes, como um casamento que não deu certo. Assim fez Pablo Neruda no livro de memórias *Confesso que vivi* (1974, póstumo) em relação a Maria Antonieta Hagenaar: "Conheci [em Java] uma *criolla*, o que quer dizer uma holandesa com sangue malaio, de quem eu gostava muito. Era uma mulher alta e suave, totalmente estranha ao mundo das artes e das letras".[15] Foram essas duas frases o que restou de seis anos de convivência e uma filha. Não tenho tempo nem interesse para julgar qualquer pessoa sob o aspecto moral, mas esse caso famoso nos mostra o quanto as autobiografias — no caso, memórias — podem conter de invenção. Apagar a pessoa com quem se viveu durante anos é um ato ostensivamente ficcional, mas Neruda, claro, tinha todo o direito de praticar esse "apagamento".

Por outro lado, imagino que você, ao se interessar por este livro, que traz a palavra "ficção" no título, interpretou-a de maneira corrente, e não deseja escrever sua autobiografia.

Bem: depois desse pequeno compêndio sobre os tipos de texto em primeira pessoa que coexistem na contemporaneidade, pensemos em desafios. Pensemos na segunda pessoa.

A focalização interna usando a segunda pessoa

Isso é possível? Conhecer os sentimentos, entrar "dentro da cabeça" de um personagem, usando como pronome pessoal a segunda pessoa? Sim, é possível, mas muito excepcionalmente. Um ficcionista

---

14 Há uma graciosa passagem de Santo Agostinho em que ele ousa narrar seus dias de bebê: "A pouco e pouco ia reconhecendo onde me encontrava. Queria exprimir os meus desejos às pessoas que os deviam satisfazer e não podiam, porque os desejos estavam dentro, e elas fora. [...] Estendia os braços, soltava vagidos, fazia sinais semelhantes aos meus desejos, os poucos que me era possível esboçar, e que eu exprimia como podia". Pura ficção. Ver: Santo Agostinho, *Confissões*. Trad. de J. Oliveira Santos e Ambrósio de Pina. São Paulo: Nova Cultural, 2000, p. 42.

15 Pablo Neruda, *Confieso que he vivido*. Santiago do Chile: Pehuén, 2005, p. 148. (Tradução minha.)

pode passar a vida inteira sem usar uma única vez uma segunda pessoa que conta a história. De quantos textos com essa técnica você se lembra? Viu? Eles são raros.

Lembro-me de dois: uma novela do mexicano Carlos Fuentes e outra, muito importante na cultura de seu país, do açoriano-português José Martins Garcia.

A novela de Carlos Fuentes é *Aura* (1962). Toda ela é narrada em segunda pessoa (o pronome pessoal "tu" da língua espanhola foi traduzido por "você", usado na maior parte das regiões brasileiras).

O personagem central é o jovem Felipe Montero, historiador e professor em escola particular, que atende a um anúncio de jornal que pede alguém com sua formação profissional e que tenha conhecimentos de francês, o que ele tem de sobra, pois foi bolsista na Sorbonne. Um dia depois, ele vai ao endereço indicado.

> Você bate em vão com essa aldrava, essa cabeça de cão em cobre, gasta, sem relevos, semelhante à cabeça de um feto canino dos museus de ciências naturais. Imagina que o cão lhe sorri e larga logo o seu contato gélido. A porta cede ao levíssimo empurrão de seus dedos, e antes de entrar olha pela última vez sobre os ombros, franze as sobrancelhas porque uma longa fila de parada de caminhões e automóveis chia, apita, solta a fumaça insana de sua presa. Você tenta inutilmente reter uma única imagem desse mundo exterior indiferente.
>
> Fecha a porta do vestíbulo atrás de si e procura penetrar na escuridão dessa ruela coberta — pátio, porque você pode sentir o musgo, a umidade das plantas, as raízes apodrecidas, o perfume entorpecedor e espesso. Você procura em vão uma luz que o guie. Procura a caixa de fósforos no bolso de seu casaco, porém essa voz aguda e alquebrada o adverte de longe:
>
> — Não... não é necessário. Peço-lhe. Ande treze passos para a frente e encontrará a escada à sua direita. Suba, por favor. São vinte e dois degraus. Conte-os.[16]

Primeira observação sobre narrativas em segunda pessoa: elas ajudam a estabelecer uma relação de intimidade entre o personagem e o leitor. Percebe-se isso no trecho selecionado de *Aura*: é quase

---

16 Carlos Fuentes, *Aura*. Trad. de Olga Savary. Porto Alegre: L&PM, 2005. (E-book).

impossível não se projetar na figura do personagem central e entrar com ele na escuridão do pátio que recende a um "perfume entorpecedor e espesso" e onde se escuta "essa voz aguda e alquebrada". Esse elo entre o personagem e o leitor é importante no caso dessa novela, pois se torna mais fácil acreditar na gradual mistura de realidade e fantasia que a narrativa propõe. Carlos Fuentes também mostra habilidade para escapar a um risco das narrativas em segunda pessoa — eis aqui uma segunda observação —, o de serem estilisticamente monótonas. Como ele faz isso? Um modo é incluir diálogos, ou seja, se faz presente a perspectiva de outro personagem que não o central.

Passemos para uma novela de José Martins Garcia. Chama-se *Imitação da morte* (1982) e traça a vida de António Cordeiro por diversas paragens do mundo. A narrativa usa a segunda pessoa do início ao fim de suas 208 páginas. Dela é o excerto abaixo:

> Passas por esta vida com uma displicência tantas vezes manifesta que ninguém chega a reparar na tua inquietude, nem se calhar no teu irrequietismo. Afinal dormes quando tens sono, ensurdeces quando não há nada para ouvir, comes quando o pitéu te desperta o apetite, e fazes greve de fome por fastio ou por financeira imposição. Outrora desejarias conhecer o recheio de certas cabeças, famosas ou maldosas ou cruéis. Hoje que já lhes conheces os não-conteúdos, ficas parado enquanto não te chega a metamorfose, ou liberdade, ou morte, ou lá o que as palavras não encerram.[17]

Aqui, o intimismo proporcionado pela segunda pessoa se ajusta à temática emigratória. António Cordeiro tem uma trajetória de errância. Como professor, aceita um posto universitário na Nova Inglaterra, região dos Estados Unidos com forte presença açoriana. Ali, ele se transforma em alguém capaz de refletir sobre a situação dos emigrantes, percebendo neles — e em si mesmo — a constatação dolorosa da ausência de um lugar que lhes pertença.

Esses dois casos exemplares são incomuns, e em ambos a opção pela segunda pessoa se mostrou bem-sucedida. No entanto, meu conselho, útil para os iniciantes: vá por outro caminho. Salvo em

---

17 José Martins Garcia, *Imitação da morte*. Lisboa: Moraes, 1982, p. 114.

narrativas muito curtas ou breves passagens, não recomendo o uso da segunda pessoa, que exige redobrada atenção na hora da escrita. Como qualquer recomendação que faço, empregue seu livre-arbítrio para decidir.

A focalização interna usando a terceira pessoa

Se eu disse que a primeira pessoa é a maneira mais natural de alguém contar suas histórias para outrem, é também verdade que a terceira pessoa frequenta desde sempre a literatura. A criação do mundo, em qualquer religião histórica, é contada em terceira pessoa.

Embora a presença massiva da primeira pessoa, *ainda* existem brilhantes narrativas em terceira pessoa sendo escritas hoje, como a maioria das obras de Haruki Murakami, Alice Munro, Alessandro Baricco, Joyce Carol Oates, Ian McEwan, Lygia Fagundes Telles.

Preciso dar meu depoimento acerca de um fato que vem ocorrendo nos últimos dez, quinze anos na Oficina. Proposto um exercício de escrita de uma história, sem que eu ofereça qualquer pista quanto à focalização, disso resulta, na maioria dos casos, uma narrativa em primeira pessoa e, pelo tom, muito próxima do universo pessoal de quem a escreveu. Até aí é o esperável, considerando-se a atual estética narrativa.

Tudo se complica quando peço que a narrativa seja em terceira pessoa. Alguns alunos "travam", em pânico. Como estão deixando tudo — às vezes emprego, estado onde vivem, convívio familiar — para se qualificarem como escritores, isso soa como uma pequena tragédia: "Como posso pensar em ser escritor se não consigo escrever em terceira pessoa?". Quando pergunto a causa do problema, a habitual resposta é: "O texto ficou falso. Não parece que fui eu que escrevi". Lido para os demais colegas, o texto não parece nada falso e, por vezes, vem dotado de qualidade estética. Sim, você já entendeu: mais uma vez o fator humano interferiu na autoavaliação do aluno.

Essa é uma questão que cada um precisa resolver consigo mesmo, até chegar ao ponto de aceitar, com naturalidade, que aquele texto é seu mesmo, e que tem valor. Como auxílio, por vezes pedia que escrevessem em primeira pessoa e, depois, fizessem a transposição para a terceira. Os resultados não eram muito animadores, e por isso desisti. O texto deve mesmo sair de modo natural em terceira pessoa — ou em primeira.

Sinto, entretanto, que é meu dever, como professor, pedir que escrevam narrativas em terceira pessoa, não apenas para vencer o bloqueio, mas porque nessa pessoa é possível fazer uma avaliação textual mais acurada de eventuais dificuldades. Em primeira pessoa, os problemas podem ficar mascarados por causa da oralidade, isto é, a primeira pessoa tem o "direito" de errar.

Veja agora esta narrativa, criada ad hoc para uso em aula:

CAPÍTULO DE ROMANCE

Do fundo de sua poltrona, Paulo percebia: um vulto, entrando na sala, materializava-se em meio à névoa do cigarro.

— Isabel? — ele perguntou, tentando vencer o torpor da meia garrafa de uísque ordinário.

O vulto tornou-se mais nítido, veio em sua direção.

— Sim. E se fosse outra?

— Ora, deixe de bobagem. Eu sabia quem era. Perguntei apenas por perguntar. — Paulo olhava para Isabel: ela nunca estivera tão bonita, aquele ar sério, como se quisesse tratar de uma questão gravíssima.

Ela veio sentar-se à sua frente. Não desvestira a capa de chuva. Os pingos de água caíam no tapete. Tomou uma posição mais cômoda. Sua voz saiu calma.

— Sempre a bebida. — Não era, contudo, a habitual censura, mas uma amarga constatação.

Paulo sentiu-se um miserável. Desejava agora estar bem-vestido, barbeado, pronto para enfrentá-la. Disse:

— Ao menos eu tenho o pudor de confessar que a bebida me faz falta. — Ele sabia do perigo dessa frase. Tentou emendar: — Me faz falta se os seres humanos não me dão bola. — Enterrava-se cada vez mais.

— Sempre a vítima. — Isabel abanou a cabeça. — Mas vamos dar um fim nisso. — E levantou-se, tirando uma pequena pistola Rossi da bolsa.

— O que é isso? — assustou-se Paulo.

— Você esqueceu, ontem. É sua. — E largou-a sobre a mesa. Em dois passos estava na porta. Saiu, sem olhar para trás. Paulo ficou mirando a arma. Era mesmo dele? Desde quando? Ah, maldito uísque!

Fácil entender, nesta cena, que há uma focalização interna e está no personagem Paulo, pois vai para a narrativa *apenas* aquilo que é *focado* por sua sensibilidade, e que se expressa por alguns verbos típicos, como "perceber", "sentir-se". Ingressamos em cheio, portanto, nos sentimentos de Paulo, mas não nos de Isabel.

É interessante observar como toda focalização interna em terceira pessoa tem, por detrás, uma primeira pessoa oculta. Abaixo, o mesmo texto, no qual fiz uma simples transposição[18] para a primeira pessoa:

CAPÍTULO DE ROMANCE

Do fundo de minha poltrona, eu percebia: um vulto, entrando na sala, materializava-se em meio à névoa do cigarro.

— Isabel? — perguntei, tentando vencer o torpor da meia garrafa de uísque ordinário.

O vulto tornou-se mais nítido, veio em minha direção.

— Sim. E se fosse outra?

— Ora, deixe de bobagem. Eu sabia quem era. Perguntei apenas por perguntar. — Eu olhava para Isabel: ela nunca estivera tão bonita, aquele ar sério, como se quisesse tratar de uma questão gravíssima.

Ela veio sentar-se à minha frente. Não desvestira a capa de chuva. Os pingos de água caíam no tapete. Tomou uma posição mais cômoda. Sua voz saiu calma.

— Sempre a bebida. — Não era, contudo, a habitual censura, mas uma amarga constatação.

Senti-me um miserável. Eu desejava agora estar bem-vestido, barbeado, pronto para enfrentá-la. Disse:

— Ao menos eu tenho o pudor de confessar que a bebida me faz falta. — Eu sabia do perigo dessa frase. Tentei emendar: — Me faz falta se os seres humanos não me dão bola. — Eu me enterrava cada vez mais.

— Sempre a vítima. — Isabel abanou a cabeça. — Mas vamos dar um fim nisso. — E levantou-se, tirando uma pequena pistola Rossi da bolsa.

— O que é isso? — assustei-me.

— Você esqueceu, ontem. É sua. — E largou-a sobre a mesa. Em dois passos estava na porta. Saiu, sem olhar para trás. Fiquei mirando a arma. Era mesmo minha? Desde quando? Ah, maldito uísque!

---

18 *Transposição* é também um termo musical: é quando se altera a tonalidade de uma peça. Exemplo: a peça foi escrita em dó maior; podemos transpô-la para lá maior, para ajustar-se à tessitura de uma voz ou de outro instrumento. Nem todos os compositores gostam disso, pois entendem que cada tonalidade tem seu caráter. Assim também a primeira e a terceira pessoa: cada ficcionista com suas idiossincrasias.

Fiz esse pequeno exercício de transposição apenas para que você, usando o mesmo recurso, possa verificar, em seu próprio texto, se está sendo coerente. Se escolheu narrar sua história na terceira pessoa com uma focalização interna imutável, a mera transposição para a primeira pessoa vai lhe provar se não houve *desvios*. Se funcionar bem em primeira pessoa, é porque seu texto não vai criar confusão para o leitor.

Desvios: o que é isso que agora apareceu?

Você conhece a expressão algo humorística, mas que tem muito de verdade, e é inclusive uma imposição jurídica: quem põe filho no mundo, tem de criá-lo.

Se em dado texto você acostuma o leitor a certa focalização — digamos, nos dois textos acima, ela está com o personagem Paulo —, cuide para não criar *por descuido* outra focalização. Qual é o problema?, você pode pensar. Nenhum, digo eu, mas caso isso aconteça, você precisará dar-lhe um destino, enfim, "resolvê-lo". O leitor ficará esperando por isso.

Vamos fazer uma experiência. Considere as linhas iniciais do "Capítulo de romance", no original em terceira pessoa. Fiz um pequeno acréscimo, que logo você perceberia, mas deixei em itálico para maior evidência:

> Do fundo de sua poltrona, Paulo percebia: um vulto, entrando na sala, materializava-se em meio à névoa do cigarro.
> — Isabel? — ele perguntou, tentando vencer o torpor da meia garrafa de uísque ordinário.
> O vulto tornou-se mais nítido, veio em sua direção.
> — Sim. E se fosse outra? — *Isabel procurava manter a calma, mas não era nada fácil. Desde ontem estava agoniada com a certeza daquele encontro que, entretanto não queria como definitivo.*
> — Ora, deixe de bobagem. Eu sabia quem era. Perguntei apenas por perguntar. — Paulo olhava para Isabel: ela nunca estivera tão bonita, aquele ar sério, como se quisesse tratar de uma questão gravíssima.

Note: o texto assinalado representa uma troca de focalização, a qual derivou para Isabel. Começou com Paulo e, de repente, resvalou para Isabel e depois voltou para Paulo e foi com ele até o final. Normal, você poderia pensar, onde está o problema?

O problema está em que o leitor, com esse "desvio", tem acesso aos sentimentos de Isabel; isso em si não é mau, mas agora o mesmo leitor ficou interessado com o que acontecerá com ela, e não apenas com o que acontecerá com Paulo. Quando termina o capítulo, se a focalização não retornar para Isabel, o leitor ficará frustrado, pois ela foi "esquecida" pelo ficcionista. Esse é apenas um capítulo de romance — mas o leitor irá até o fim do livro para ver se Isabel e suas questões não voltam. Se não voltarem, a frustração será ainda maior. Para dizer de maneira mais simples: nesse texto, foi um equívoco entrar na interioridade de Isabel. Agora, penso, faz sentido o ditado, que eu adapto: quem abre focalização para um personagem, tem de "resolver a vida" desse personagem, pois é o que o leitor espera.

¶ Você pode usar quantas focalizações internas quiser, mas deve ter razões para isso.[19]

Caso você opte por narrar em terceira pessoa, será útil saber das vantagens e desvantagens de seu uso.

Bom de escrever e bom de ler. Desde que você não caia na tentação de inventar por inventar, poderá obter um bom resultado com o emprego da terceira pessoa. É certo que a grande liberdade que oferece pode, ao fim e ao cabo, representar um risco — a possibilidade de entrar na interioridade do personagem é tentadora. Mas já se sabe, e não custa sublinhar:

¶ Quanto maior o número de personagens que tenham sua intimidade revelada, mais fraco se torna o conflito.

---

19 Observe-se o conto "Senhorita Cora", incluído em *Todos os fogos o fogo* (1966), de Cortázar, e o romance *Reprodução* (2013), de Bernardo Carvalho, em que entendemos essas razões.

A terceira pessoa tem limitações. Por mais bizarro que pareça, a terceira pessoa sofre de uma limitação: dependendo do grau de aprofundamento na intimidade do personagem, mais e mais você se compromete com ele; assim, use esse "aprofundamento mais profundo" apenas para o personagem central ou para mais um ou dois personagens.

Usar quando a terceira pessoa?

Aqui repito o que disse quanto à primeira pessoa: use-a quando quiser. E vale a mesma regra: no primeiro momento, confie em seu instinto; depois, veja se é isso mesmo o que você quer.

||||||||||||||||||||||||||||||||||||||||||||||||||||||||||||||||||||||||||||||||||

¶ Se quiser manter forte o conflito da narrativa, procure contá-la na perspectiva de um só personagem.

||||||||||||||||||||||||||||||||||||||||||||||||||||||||||||||||||||||||||||||||||

Pensemos numa novela, que é uma estrutura mais simples. Você pode escrevê-la com uma focalização única, da primeira à última página. Grandes textos praticaram e praticam essa modalidade. *O inocente*, de Ian McEwan, é um desses: o leitor conhece a história sob a perspectiva do personagem Leonard.

Mas, se você quiser apresentar "o outro lado" do conflito, então precisará usar mais de uma focalização. Em *O inocente*, por exemplo, o autor poderia querer que o leitor tivesse acesso aos sentimentos e às percepções de Maria, a namorada alemã de Leonard; em contrapartida, haveria o sério risco de diluir a força do conflito, criando uma versão "aguada". O leitor, que adora tomar partido, não saberia para quem "torcer". Assim, como se trata de Ian McEwan, a escolha foi acertada: concentrando-se apenas em Leonard, é possível aprofundar até o fundo do poço os sentimentos do jovem, pois, afinal, a novela é a história de Leonard, não a de Maria, por mais que ela tenha "material genético" para ser uma arrasadora bomba de conflitos. Assim, em *O inocente*, ficamos com essa visão parcializada, e isso vai tão longe que esperamos que ele se safe no final — e é o que acontece.

Usar a focalização interna disseminada por mais de um personagem, inclusive com mudança do "eu" para o "ele" e vice-versa, contudo, é uma tentação recorrente entre iniciantes; por vezes, se trata de uma decisão a priori, feita apenas para exibir técnica, que não brota de uma necessidade interna da narrativa. Os resultados não são os melhores, para não dizer que quase nunca dão certo.

A FOCALIZAÇÃO EXTERNA:
UM OLHAR QUE NÃO SE COMPROMETE

A *focalização externa*[20] se limita a descrever as ações dos personagens. Por isso, o texto acaba sendo sempre em terceira pessoa, mas sem ingressar em sua interioridade. É como se houvesse uma câmera de cinema que apontasse seu foco para diversos alvos. Isso acontece na cena a seguir, que achei entre meus papéis:

> É quase noite. Chove um pouco, e há poças de água na calçada da rua deserta. Um homem avança, olhando para os lados. Aparenta cinquenta anos. É meio calvo e grisalho, e usa uma capa de microfibra. O homem procura caminhar por baixo das marquises. Seu pequeno guarda-chuva pouco adianta. Um automóvel passa e respinga a calça do homem; este para, vira-se e, feroz, ergue o punho e grita "corno". Logo seu olhar vai para um ponto à sua direita, no outro lado da rua; seus olhos brilham, e seu rosto contrai-se num sorriso. Olha para o céu e fecha o guarda-chuva. Logo seu rosto se desfaz, torna-se tenso. Põe a mão no bolso, retira um maço de cigarros e, logo, um isqueiro. Desiste, põe tudo de volta no bolso. Continua olhando, agora determinadamente, para o outro lado de rua. Num gesto decidido, atravessa a rua. Seus sapatos de couro envernizado pisam nas poças de água, levantando pequenos respingos. Uma jovem o avistou, e espera, na outra calçada. Ela veste uma jaqueta e calças jeans rasgadas. No pescoço pende um colarzinho de pérolas. Está séria, mas à medida que o homem se aproxima, começa a sorrir. Estende os braços. O homem corre para ela, segura-lhe as mãos. Ela diz: "Pai". Ele faz um gesto constrangido e a beija na testa. Ele diz: "Há quanto tempo?". Ela responde: "Cinco anos". Ele a toma pelo braço e a conduz em direção à esquina. A poucos metros há uma Toyota estacionada. Ele abre a porta, a filha entra. Ele faz a volta

---

20 *Merci*, Genette, por esse termo e também pelo termo "focalização onisciente".

e entra também. Sua mão põe a chave na partida e faz girar o motor. A jovem mexe no equipamento de som e ouve-se o *Allegro maestoso* do Concerto para piano nº 25 de Mozart. Ela aperta outra tecla, e o carro é inundado por Elton John. O carro põe-se em movimento, e pouco a pouco vai tomando ruas mais tortuosas. O homem a todo momento olha para a jovem. Ela aparenta despreocupação, ao contrário do pai. Sobem uma ladeira bastante larga. Surge um cemitério. O homem manobra, entram pela grande portada sobre a qual está escrito, em ferro, *Revertere ad locum tuum*. Estacionam, ambos descem do carro e vão rumo a uma das capelas mortuárias. Lá fora há umas vinte pessoas, e conversam entre si. Alguns riem. Um casal se aproxima, os rostos condoídos. A mulher diz à jovem: "Meus pêsames". A jovem mal responde, e entra na câmara-ardente, na qual, cercado de coroas de flores, está um esquife fechado; ela chega perto, faz o sinal da cruz. O pai vem por detrás e põe-lhe a mão sobre o ombro. Ela diz: "Quarenta e nove anos". O pai nada diz, e baixa a cabeça. Passado um tempo, ele diz: "Foi a última vingança dela". A filha responde: "E nisso de vinganças a mãe era mestre". Saem dali, recebem mais pêsames e voltam para o carro. Ela mexe no som: David Bowie. O homem dá a partida.

Uma narrativa rara, não é mesmo? A narrativa limita-se a apresentar as ações externas de seus personagens. Esse é um ótimo recurso quando — por alguma exigência da narrativa, não apenas de brincadeirinha, senão fica esquisito — precisamos que o leitor conclua *por si mesmo* o que se passa na intimidade dos personagens. Se você quiser usar essa modalidade de focalização, cuidado para não exagerar no número de páginas, pois, como tudo que é raro, exige mais atenção e, portanto, leva logo ao cansaço. E isso você não deseja para o leitor, não é mesmo?

A FOCALIZAÇÃO ONISCIENTE: TÃO ANTIGA QUANTO A LITERATURA

Vejamos agora o avesso da focalização externa, isto é, quando o ficcionista se imiscui no que está contando, e entra a fundo. Eis aí um velho conhecido dos leitores de todas as épocas: a focalização que não é externa, tampouco é *apenas* interna, mas é de *alguém* que tem juízos — e os emite — a respeito do assunto sobre o qual escreve,[21] e não só: faz projeções, imagina coisas, entra e sai da cabeça dos personagens e muito mais — e que usará, sempre, a terceira pessoa. É a onisciência a que chamo *tradicional*. Observe o seguinte trecho em itálico num excerto de *Ilusões perdidas*, de Balzac, cujo enredo tratamos no capítulo anterior:

> Nem Lucien, nem a sra. de Bargeton, nem Gentil, nem Albertine, a camareira, jamais falaram sobre os acontecimentos dessa viagem; mas é de crer que a presença contínua desses criados a tenha tornado muito maçante para um apaixonado que esperava por todos os prazeres de um rapto. Lucien, que pela primeira vez na vida viajava de diligência, ficou muito espantado ao ver se dissipar na estrada de Angoulême a Paris quase toda a verba que ele destinava à sua vida durante um ano. *Como os homens que unem as graças da infância à força do talento, ele cometeu o erro de expressar seus espantos ingênuos diante das coisas novas para ele. Um homem deve estudar bem uma mulher antes de deixá-la entrever como se produzem suas emoções e seus pensamentos. Uma amante tão meiga quanto generosa sorri das criancices e as compreende; mas, basta que tenha um pouco de vaidade, não perdoa ao amante ter tido um comportamento de criança, vão ou trivial. Muitas mulheres exageram tanto seu culto ao amor que querem sempre encontrar um deus em seu ídolo; ao passo que aquelas que amam um homem por si mesmo antes de amá-lo por elas adoram tanto suas mediocridades como suas grandezas.* Lucien ainda não tinha percebido que para a sra. de Bargeton o amor estava enxertado no orgulho. Cometeu o erro de não explicar a si mesmo certos sorrisos que escaparam a Louise nessa viagem, quando, em vez de contê-los, ele se deixava se levar por suas gentilezas como um ratinho recém-saído da toca.[22]

Essa mesma focalização poderá ser encontrada desde Voltaire, por exemplo, em sua obra fundamental *Cândido ou O otimismo* (1759).

---

21 Assisti a uma conferência de José Saramago em que um jovem da plateia, possível estudante de letras, perguntou-lhe como se comportava seu narrador em *A jangada de pedra*. (Friedman diria ser um "narrador onisciente intruso".) A resposta imediata, cortante: "Como, 'meu narrador'? Sou eu, José Saramago, que digo tudo o que está nos meus livros". Seguiram-se alguns risos nervosos que logo se transformaram num silêncio preocupado.

22 Honoré de Balzac, op. cit. (Grifo meu.)

O primeiro capítulo denomina-se "Como Cândido foi criado num belo castelo, e como foi expulso dali".[23]

> Na Vestefália, no castelo do sr. barão de Thunder-ten-tronck, havia um jovem a quem a natureza dera os hábitos mais doces. [...]
> O sr. barão era um dos mais poderosos senhores da Vestefália, porque seu castelo tinha uma porta e janelas. Sua grande sala era ornada com uma tapeçaria. Todos os seus cães domésticos compunham uma matilha em caso de necessidade; seus cavalariços eram seus feitores; o vigário do lugarejo era seu Grande Esmoler. Todos o chamavam de Monseigneur quando ele fazia as contas.
> A sra. baronesa, que pesava mais ou menos trezentas e cinquenta libras, atraía por isso mesmo uma grande consideração, e fazia as honras da casa com uma dignidade que a tornava ainda mais respeitável. Sua filha Cunégonde, com dezessete anos, era corada, tenra, gorda, apetitosa. O filho do barão mostrava-se em tudo digno de seu pai. O preceptor Pangloss era o oráculo da casa, e o pequeno Cândido escutava suas lições com toda boa-fé de sua idade e de seu caráter.
> Pangloss ensinava a metafísico-teólogo-cosmólogo-nigologia. Ele provava admiravelmente que não existe efeito sem causa e que, no melhor dos mundos possíveis, o castelo de Monseigneur era o mais belo de todos os castelos, e madame a melhor das baronesas possíveis.

Para escrever dessa maneira humorística, Voltaire empregou uma linguagem irreverente e intrusa, capaz de lançar sua pesada ironia sobre todos os ridículos senhores e os pseudossábios de seu tempo.

Chega até nossos dias a persistência dessa focalização, que muitos consideravam desaparecida; é a *focalização onisciente*, que sabe tudo.[24]

O romancista francês Éric Holder publicou em 1998 uma novela com o título *Mademoiselle Chambon*, a qual narra uma contida história de amor entre Véronique Chambon, professora de ensino fundamental, e Antônio, imigrante português, marceneiro. Num

---

23 Voltaire, *Candide ou l'Optimisme*. Sttuttgart: Reclam, 2017. (E-book.) (Título do capítulo e trecho seguinte com tradução minha.)

24 Do latim *omni*, que significa "todo", mais *sciente* ("ciente"): aquele que sabe tudo. Por isso entendemos o fato de que, na França, alguns teóricos chamavam a esse modo literário de "narrateur-Dieu" ("narrador-Deus").

ponto da narrativa somos chamados a testemunhar os momentos antecedentes ao primeiro encontro não oficial entre ambos. Eles mal se conheciam, ela era apenas a professora de Kevin, filho de Antônio.

> Ele [Antônio] nunca ia ao bistrô: sonhava vagamente que hoje faria uma exceção. Uma boa cerveja, dessas que não se paga mais que quinze francos ao balcão, e vinte à mesa.
> *O sol desse fim de tarde prematuramente primaveril jogava um brilho alegre nas fachadas de tijolos vermelhos e nos duros balcões de cimento.* Antônio, ainda que conhecesse Montmirail desde a infância, não amava esse lugarejo sem graça. Ele às vezes sentia, por causa de uma lembrança ou de um instante como aquele, uma espécie de simpatia pelo lugar. Mas isso logo acabava.
> *É preciso crescer, e depois viver numa mesma cidade do interior para experimentar o peso do encalhe, as grandes esperanças reduzidas às proporções de uma conta bancária, a náusea da qual não se escapa senão por pequenos detalhes: uma loja que abre, o fechamento de uma antiga, o voto do Conselho Municipal acerca de uma nova fonte.*[25]

Chamo atenção para a descrição do dia e da cidade:

> *Até mesmo a cidade parece se desfazer, e seus contornos se tornam embaciados. O espírito, por falta de surpresas, renuncia à curiosidade acerca das formas e das pessoas. Não se conversa mais com os colegas da escola, dos quais já se pensa saber tudo. Os grandes momentos da História provêm de um longínquo cenário, e nem sequer imaginamos como seja. A luta é consigo mesmo: seja no trabalho, seja na criação de um lar, seja na bebida.*[26]

Assim, se você quiser usar esse tipo de focalização onisciente, sirva-se. Ele vai causar um bom estranhamento na época atual, e enfim você poderá dizer algo que não o leve a usar a primeira pessoa.

---

25 Éric Holder, *Mademoiselle Chambon*. Paris: J'ai Lu, 1998. (Tradução minha.)
26 Ibid., pp. 31-2.

A onisciência contemporânea: uma notícia interessante para quem escreve narrativa de ficção

Ainda no campo da focalização onisciente, Alicia Rasley, novelista norte-americana, deu nome a uma técnica corrente entre ficcionistas atuais quando escrevem em terceira pessoa: a onisciência contemporânea (*contemporary omniscient*).[27] Tal modo de narrar permite incluir elementos informativos "neutros", mas relevantes, na história. Por que "neutros"? Porque não passam pelo filtro da subjetividade do personagem nem representam juízos de uma hipotética pessoa que narra, como acontece, por exemplo, em Balzac e em todos os ficcionistas que praticam a onisciência tradicional. A autora apresenta uma metáfora rica de conteúdo:

> Pense no narrador da onisciência tradicional como um filtro colorido que muda sua perspectiva das pessoas e eventos. A onisciência contemporânea parece mais a vidraça de uma janela; a distorção é mínima, mas você ainda está separado dos personagens.[28]

Essa peculiar onisciência torna-se útil, entre outras razões, quando se deseja confrontar o "real" com a percepção que o personagem tem dessa mesma realidade. Rasley opina, entretanto, que a grande vantagem da onisciência contemporânea é a chance dada ao ficcionista de estar, de modo simultâneo, dentro e fora do mesmo personagem; isso, digo eu, enseja condutas narrativas lúdicas e contrastantes, tão ao gosto do leitor de hoje.

No passado, eu recebia mal essa atitude nos textos dos meus alunos, pois considerava uma interferência indevida e um didatismo execrável e, de brincadeira, um golpe baixo na ficção, uma preguiça de escrever. Defendia então que os eventos deveriam transitar pela consciência do personagem ou de alguma voz que conta a história e, dessa forma alterados, serem repassados ao leitor.

Agora as coisas mudaram e, penso eu, para melhor. Bom que a literatura de vez em quando seja sacudida por pequenos terremotos

---

27 Alicia Rasley, *The Power of Point of View*. Cincinnati: Writer's Digest Book, 2008. (E-book.)
28 Ibid. (Tradução minha.)

formais. Se assim não fosse, estaríamos ainda narrando com a linguagem das lendas egípcias.

Melhor do que ensaiar qualquer monótona teoria, eu retorno para a prática, trazendo alguns exemplos de como essa onisciência se comporta.

Lanço de novo luzes sobre a novela *O inocente*, de Ian McEwan. Há um momento em que Leonard vai pela primeira vez ao apartamento de Maria. Ele sobe até o último andar e está diante da porta. A focalização é dele mesmo, Leonard, isto é, tudo passa pela sua percepção. Assim consta no final do capítulo 5:

> Pôs a mão na maçaneta e pressionou-a para baixo. Talvez esperasse encontrá-la trancada. Talvez fosse apenas mais uma daquelas pequenas ações sem sentido de que o dia a dia está repleto. A porta cedeu e escancarou-se. E lá estava ela, bem defronte dele.[29]

A seguir, a narrativa deixa essa cena estática, como se fosse o fotograma congelado de um filme. Na página seguinte já estamos no capítulo 6:

> *Nos antigos edifícios de Berlim, os apartamentos do bloco dos fundos eram tradicionalmente os piores e mais apertados. Haviam a certa altura abrigado os empregados cujos patrões ocupavam as instalações mais luxuosas do bloco da frente, voltado para a rua.* As janelas dos apartamentos dos fundos davam para o pátio interno ou para o estreito espaço que separava o prédio do edifício vizinho. Era portanto um mistério, que Leonard jamais procurou elucidar, o fato de que os raios de fim de tarde do sol invernal pudessem se projetar pela porta aberta do banheiro e atravessar o assoalho entre eles, formando uma coluna oblíqua de luz rubro-dourada que realçava as partículas de pó rodopiando no ar.

Observe o itálico, de minha responsabilidade. Não se trata de um pensamento de Leonard, muito menos de Maria, nem de alguma entidade misteriosa. É uma informação da própria narrativa para que entendamos as precárias condições econômicas da jovem.

---

29 Ian McEwan, op. cit. Pertencem a essa edição as citações seguintes.

Voltemos à cena, que agora já se descongelou. Maria recompôs-se da surpresa, já convidou Leonard a entrar e agora estão conversando, bem próximos um do outro. Para que você não seja obrigado a voltar atrás neste livro, repito a transcrição de parte do diálogo. É Maria quem fala:

"Nunca teve namorada?"
"Não."
Maria inclinou-se para a frente. "Você quer dizer que nunca..."
Não aguentaria ouvir a expressão, fosse qual fosse, que ela estava prestes a usar.
"Não, nunca."
Ela pôs a mão na boca para abafar um grasnido de risada. *Nos idos de 1955 não era um fenômeno tão extraordinário assim que, com vinte e cinco anos completos, um homem do meio sociocultural e do temperamento de Leonard ainda não tivesse tido nenhuma espécie de experiência sexual. Mas era singular que o confessasse. E ele imediatamente se arrependeu.*

Nesse fragmento, destaquei uma frase que talvez você não tenha notado de modo consciente, mas de que decerto assimilou o conteúdo. Nela, é explicada e reforçada a inexperiência erótica de Leonard, dado fundamental para o desenvolvimento do enredo. Seria preciso um malabarismo textual do ficcionista para inventar um momento em que Leonard dissesse — ou pensasse — essas coisas. Talvez fosse necessário alterar esse fragmento de cena. Com minhas desculpas a McEwan, ficaria mais ou menos assim:

Ela pôs a mão na boca para abafar um grasnido de risada.
Leonard se arrependeu do que dissera. Mas — pensou — como explicar para Maria que na Inglaterra os rapazes de seu nível socioeconômico e temperamento como o dele demoravam muito a ter experiências sexuais?
"Não é difícil", ele disse, por fim, "que os rapazes ingleses do meu grupo social cheguem virgens à minha idade."

O que aconteceu? Está diferente, não? E em que está diferente? Relendo, você notará que as informações necessárias — as razões da virgindade de Leonard — tiveram de ser transmitidas por seu pensamento e sua fala. Nada mais artificial. Ficamos com a impressão de que estamos sendo ludibriados em nossa inteligência, e que as informações, como estão dadas, são um "remendo" para que tenhamos acesso ao que precisamos saber.

Assim, com a utilização da onisciência contemporânea, como o faz McEwan, o caso fica resolvido: o ficcionista dá a informação de maneira direta, e o leitor sabe que se trata de uma opção narrativa às claras.

Outro exemplo: logo no início do romance *1Q84* (2011), de Haruki Murakami, vemos a jovem Aomame em ação. Ela está num táxi, dirigindo-se a um hotel, onde vai matar um homem. O taxista escuta uma música:

> [...] quantas pessoas no mundo seriam capazes de identificar que aquela era a *Sinfonietta* de Janáček, ouvindo apenas os primeiros acordes? Provavelmente seriam entre "muito poucas" a "quase nenhuma". Por acaso, Aomame era uma delas.[30]

A essa informação, saída "do nada", o ficcionista acrescenta:

> Janáček compôs a pequena sinfonia em 1926. A princípio, a parte introdutória fora composta para servir de tema de fanfarra numa competição esportiva.

O que aparentemente é um fútil ataque de didatismo do autor, na verdade serve de preparação para um pensamento do Aomame, poucas linhas abaixo:

> Aomame imaginou uma delicada brisa deslizando sobre as planícies da Boêmia; imagem que a instigou a pensar nos rumos da História.

A seguir, outra informação para o leitor:

> Em 1926, com a morte do Imperador Taishô, dava-se início ao período Shôwa. Mudança que também marcava o começo de uma era negra e som-

---

30 Harumi Murakami, *1Q84*. Trad. de Lica Hashimoto. Rio de Janeiro: Alfaguara, 2013. (E-book.) Pertencem a essa edição as próximas citações dessa obra.

bria, prestes a assolar o Japão. Findava o breve interlúdio entre o modernismo e a democracia; e o fascismo começava a mostrar suas garras.

O leitor de Murakami, num primeiro momento, pode se perguntar o motivo pelo qual deve saber essas coisas; mas são importantes para evidenciar o quanto Aomame tem uma cultura superior — ela é capaz de conhecer tanto música tcheca de concerto quanto história do Japão —, e isso é necessário para que o leitor entenda a sofisticação intelectual e emocional de uma jovem que consegue articular sua sensibilidade com a tarefa de ser uma justiceira capaz de assassinar homens execráveis. Um deles está hospedado num hotel de qualidade superior, e é para lá que Aomame se dirige.

As pessoas que se hospedam neste hotel são de outra categoria. São aquelas que, sempre que precisam vir a Tóquio a trabalho, viajam de primeira classe nos vagões verdes do trem-bala e se hospedam em hotéis de luxo. Após o trabalho, seguem para o bar do hotel e procuram relaxar com bebidas caras. Muitas delas trabalham em grandes empresas e possuem cargos executivos. Algumas são donas de empresas ou profissionais liberais que atuam em áreas específicas tais como médicos e advogados. Homens de meia-idade, financeiramente estáveis. E que, muito ou pouco, costumam se divertir.

Essa informação, que Aomame já tem — tanto que foi para lá —, é, contudo, desconhecida do leitor; mas esse dado é relevante para caracterizar o tipo de pessoa que ela procura. Qualquer um de nós acharia pouco natural se a descrição do hotel viesse pela voz ou pelo pensamento de Aomame.

Por vezes essa onisciência, ao incluir suas informações, adota uma voz conotativa, quase poética, como acorre com Pascal Quignard, em *Villa Amalia* (2006):

— Eu não quero aperitivo — diz Ann Hidden, percebendo os rostos esfaimados.
Todos se precipitaram à volta da mesa de ferro e vidro despolido, e mal tiveram tempo para se sentar. Ninguém falava. Eles estendiam as mãos. Seus lábios brilhavam, seus olhos luziam.

***

Estava tão extraordinariamente quente que as serpentes saíram de seus ninhos e foram para a sombra, o pátio, as pedras que ladeiam a água quente.
Os aracnídeos foram para a escuridão e o frescor debaixo das camas.
Os homens, a noite, a lembrança.[31]

Essa técnica, entretanto, é *contemporânea* em sentido *lato*, pois aqui e ali, já antes do século XXI, ela aparece em textos precursores. Na abertura de *Lucialima* (1983), da ficcionista portuguesa Maria Velho da Costa, há a descrição de uma madrugada de Lisboa. A observar a ampla movimentação de foco, que se permite percorrer todos os quadrantes de uma capital aparentemente adormecida, mas que, com essa onipresença, surge ante o leitor com uma existência pulsátil, viva.

A noite vai alta e escura, A terra por debaixo da cidade emana um hausto fresco, os parques e os jardins abertos ao ar, húmidos como as narinas de um gato. Tudo está quieto, espesso sob a pelagem da noite sem estrelas, mas tão-pouco velada. Ou velada lá tão alto que o que resulta é esta quietação da cidade numa treva, um escrínio. Não está frio. Pelas quatro da manhã fez um jorro de vento, um único. Uma pancada de ar marítimo que avançou sobre as ruas baixas e os espaços abertos, cidade acima. A roupa meio seca estalou nas cordas, enfunando corpos, as copas das árvores moveram-se. A maré ia vaza. Empurrados pelo golpe de aragem os detritos estremeceram sobre a babugem suja e brilhante das orlas de cimento e de areia parda.[32]

Na frase que vem a seguir é possível perceber essa espantosa ubiquidade, típica da onisciência contemporânea:

Um pequeno caranguejo negro desceu em direção às águas, estacou irisado no fervor amarelo da espuma, as duas tenazes sondando a viração do ar.[33]

---

31 Pascal Quignard, *Villa Amalia*. Paris: Gallimard, 2006, p. 204. (Coleção Folio.) (Tradução e grifo meus.)
32 Maria Velho da Costa, *Lucialima*. Lisboa: O Jornal, 1983, p. 5.
33 Ibid.

A sequência de *Lucialima* transita, depois, para as focalizações típicas dos romances da mesma autora, e que poderíamos nomear como onicientes tradicionais. A informação sobre os movimentos do pequeno caranguejo, entretanto, não vem de nenhuma personagem, nem denota qualquer juízo ou conceito autoral. Limita-se ao registro, mas com intenso resultado poético quando contrastado com a descrição que o antecede.

Para concluir, vejamos a mesma onisciência utilizada por um ficcionista brasileiro de nossos dias, Paulo Scott, na novela *Habitante irreal* (2011). Paulo (o personagem), que vive de expedientes em Londres, consegue um emprego num bar de yuppies em Covent Garden, "cuja carta básica de coquetéis continha nada menos do que cento e vinte drinques", e

> A grana recebida no Rumours é ótima, e inclui as meninas mais lindas de Covent Garden, muito melhor do que o Restaurante Sol. É o paraíso para qualquer brasileiro, na verdade pra qualquer um de vinte e poucos anos que esteja querendo trabalhar em Londres, se não fosse a pressão constante dos libaneses, que aparecem no bar uma vez por semana, pedindo drinques de graça e sempre informando novos acréscimos à conta do que é devido. Nos filmes, nos livros, nas histórias em quadrinhos, o protagonista sempre dá um jeito de se vingar da forma mais brilhante possível e de escapar deixando para trás a derrocada fatal de seus inimigos, entretanto por mais que virasse noites pensando não conseguia encontrar uma saída. [34]

No trecho destacado, embora a focalização esteja centrada na interioridade de Paulo, abre-se espaço para uma descrição vivaz do Rumours, dando uma informação que — este é o ponto — é suficientemente objetiva para valer para Paulo ou qualquer outro personagem.

Por que a onisciência contemporânea interessa a quem escreve narrativa de ficção?

O simples andamento do item anterior, assim penso, deve ter sido o bastante para explicar a utilidade da onisciência contemporânea, mas não custa deixá-la evidente.

---

34 Paulo Scott, *Habitante irreal*. Rio de Janeiro: Alfaguara, 2011, p. 123.

||||||||||||||||||||||||||||||||||||||||||||||||||||||||||||||||||||||||||||||||

¶ O uso da onisciência contemporânea evita que o ficcionista se obrigue a passar tudo pela consciência do personagem. Informações relevantes ou necessárias, aquelas que o leitor precisa saber para entender a história, podem ser mostradas claramente — sem nenhuma espécie de pudor.

||||||||||||||||||||||||||||||||||||||||||||||||||||||||||||||||||||||||||||||||

A onisciência contemporânea permite deslocamentos rápidos no tempo e no espaço, com isso vencendo a imobilidade que por vezes nos deixa atascados numa cena para a qual não enxergamos saída a não ser pelo que o personagem vê, sente ou imagina. Isso causa um "mal-estar narrativo" que pode levar a decisões equivocadas; não esqueça de que tudo o que cruza pela consciência do personagem terá de ter a sua (dele) marca e, portanto, sua perspectiva de mundo — e isso nem sempre é conveniente para a sequência dos eventos; às vezes precisamos que essa sequência seja isenta das ambiguidades naturais de um ponto de vista subjetivo. Pode não ser relevante que a marca de uma caixa de fósforos chegue ao leitor pela consciência moduladora do personagem — pois, parodiando a frase apócrifa atribuída ao dr. Freud, pode ser que uma caixa de fósforos seja apenas uma caixa de fósforos.

Essa onisciência, entretanto, tem seus riscos, como a aparente facilidade para narrar *tudo*. Livres para criarmos *o que bem entendermos*, seduzidos por nossa própria virtuosidade, podemos rechear a narrativa de informações ligeiras ou inúteis, que não se articulam com o conflito nem servem para dar ambiência a uma cena — ao contrário, podem se transformar num formidável estorvo. Aqui, como em tudo que se refere à ficção narrativa, a solução é *conhecer a medida*, algo que não me cansarei de repetir neste livro.

Um peão de estância pode bem nos ensinar

Qualquer que seja a forma que assume a focalização, ela decorre do ato natural de contar uma história, sim, mas a que damos uma roupagem literária.

Há pessoas, contudo, que têm capacidade natural no uso das focalizações, criando realidades surpreendentes.

Posso trazer o depoimento de quem já ouviu muitas histórias dos peões das estâncias do pampa do Rio Grande do Sul. A seu modo expressivo, eles podem nos contar isto:

> Um dia o João pegou uma soga para campear uma rês perdida. *Soga é o mesmo que vocês chamam de "corda" na cidade, e pode ser trançada ou não* [onisciência contemporânea]. Ele perdeu quase um dia nisso. *O patrão, que é homem muito desconfiado* [onisciência tradicional], disse que o João não tinha procurado bem, e devia continuar procurando no outro dia.

Assim, caso tenha restado alguma dúvida, lembre-se do peão, que sabe dessas coisas muito melhor do que nós — e sem que ninguém lhe ensine. Ele de imediato se deu conta de que seu ouvinte necessitava saber de algo que não era do vocabulário urbano e não teve cerimônia alguma em explicar.

MAS NÃO É SÓ A FOCALIZAÇÃO QUE CONTA. NO DIÁLOGO, OS PERSONAGENS CONTAM DE SI MESMOS

Esse subtítulo, cheio de jogos de palavras e adulterações de sentido, é para ser assim mesmo. Na verdade, ele mistura um pouco as coisas, mas não vejo nenhum problema especial em incluí-lo aqui, pois, se atribuímos toda a força ao personagem central, é muito importante o que ele fala; mas não só ele: também os coadjuvantes.
    Tratemos disso, então. Alejo Carpentier expressava ideias categóricas acerca do diálogo. Eis aqui duas:

> O diálogo em excesso é uma solução fácil.[35]

> Dizem que uso muito pouco o diálogo em meus romances. É verdade, e creio que uma das causas é minha resistência ao diálogo, tão em moda durante anos, sem nenhuma contribuição para minha verdadeira obra.[36]

---

35 Disponível em: <http://www.cubaencuentro.com/dennys-matos/blogs/paisajes-impersonales>. Acesso em: 21 nov. 2018. (Tradução minha.)
36 Disponível em: <http://www.letras.mysite.com/carpentier260702.htm>. Acesso em: 21 nov. 2018. (Tradução minha.)

Quando ele diz "solução fácil", por óbvio que está dizendo: "solução pobre, vulgar". De fato, a leitura de Carpentier comprova que ele pratica o que diz. A melhor qualidade de seus romances é a narração, opulenta, com um léxico que impressiona pela variedade e colorido, resistente a traduções. Seus personagens pouco falam, e, quando o fazem, o ficcionista usa o discurso indireto ou o indireto livre. Para ficarmos na novelística hispano-americana, o mesmo ocorre com García Márquez, nem tanto com Vargas Llosa.

Não por isso vou condenar o diálogo. Apenas gostaria de observar que o uso de longas passagens dialogadas pode encobrir deficiências da narração. Por vezes tomo contato com textos dessa natureza, e, quando peço que o autor os substitua por narração, os problemas aparecem.

||||||||||||||||||||||||||||||||||||||||||||||||||||||||||||||||||||||||||||||||

¶ Caso você tenha extrema facilidade em escrever diálogos, ótimo, pois isso é raro, mas pergunte a si mesmo se, por acaso, e sem o saber, você não está evitando narrar. Lembre-se: é na narração que se prova a competência de um ficcionista.

||||||||||||||||||||||||||||||||||||||||||||||||||||||||||||||||||||||||||||||||

Dado esse aviso, já posso seguir.

O diálogo não existe para "fazer andar" a narrativa, nem passar informações para o leitor. Usar o diálogo para isso parece, no mínimo, uma impropriedade. Considere esta passagem, criada para uso em aula:

— Então, o que você fez ontem?

— Fui ao cinema. Depois fui visitar minha tia no Hospital São Lucas. Desde que ela me fez aquela revelação...

— Que revelação?

— A de que sou filho adotado.

— Anh... isso não tem importância, porque o que interessa é o amor dos pais adotivos. Mas como você encara isso?

— Normal, também. Pena que meus pais adotivos em 2010 morreram naquele acidente na estrada São Paulo-Santos, sem terem a oportunidade de me dizer isso.

— Pena.

— Depois eu casei, tive filhos, e a minha tia praticamente me adotou. Ela toca piano, sabia?
— E você nunca se interessou pela música?
[E blá-blá-blá.]

Quando leio algo dessa natureza, me sinto um pouco tolo, porque o ficcionista, em vez de narrar e me convencer pela narração, passou tudo para o diálogo. Costumo brincar com meus alunos, dizendo-lhes que isso é de uma covardia sem tamanho. Possivelmente o ficcionista não soube narrar tudo que põe na boca do personagem.

Você pode pensar: por que não devo fazer isso? Explico: não é que não deva fazer, mas será mais eficiente reservar o diálogo para que o leitor *conheça* o personagem, que, assim, será incrementado em sua consistência, levando a narrativa a um melhor resultado. Imagine uma situação em que um senhor idoso entra na sala de espera de uma dentista. Observe o que ele diz à secretária:

— A doutora ainda não chegou, já vi. Que horas ela chega? Já está atrasada. Tenho muito o que fazer hoje, mas nada de trabalho. Além disso, nem sei por que eu vim. Na minha idade, tanto faz arrumar ou não arrumar os dentes.
— Mas, senhor...
— Até logo.

Mesmo que ele esteja mentindo, já começamos a acreditar nesse senhor, isto é, na sua unicidade, na sua consistência como personagem, e até podemos prever sua ação seguinte, se ele resolver aguardar a dentista.

E se o texto for todo dialogado?

Na maior parte dos casos, será mais eficiente reservar o diálogo para cenas de revelação do personagem ou, ainda, de acirramento do conflito. Algumas vezes, todavia, encontramos textos que se sustentam, e muito bem, só com diálogos. Na literatura brasileira, um ficcionista que faz seus personagens conversarem de forma memorável é o mineiro Luiz Vilela. Veja este fragmento do conto "Confissão":

— Conte os seus pecados, meu filho.
— Pequei pela vista...
— Sim...
— Eu...
— Não tenha receio, meu filho, não sou eu quem está te escutando, mas Deus Nosso Senhor Jesus Cristo, que está aqui presente, pronto a perdoar aqueles que vêm a Ele de coração arrependido. E então.
— Eu vi minha vizinha... sem roupa...
— Completamente?
— Parte...
— Qual parte, meu filho?
— Pra cima da cintura...
— Sim. E ela estava sem nada por cima?
— É...
— Qual a idade dela? Já é moça?[37]

Esse é um conto todo dialogado, um artifício mais afeito a esse gênero curto de ficção. No texto de Vilela, escrevê-lo só com diálogo possibilitou ao autor mostrar que o padre fez tantas perguntas pontuais sobre a vizinha que suspeitamos de algo estranho.

Também há os que se aventuram a escrever novelas dialogadas. O próprio Luiz Vilela é um deles, vide sua primeira novela, *Os novos* (1971). Alguns anos depois, outro expert em criação de diálogos, o argentino Manuel Puig, concebeu *O beijo da mulher-aranha* (1976). Trata-se de uma novela toda narrada em forma de diálogo entre um homossexual e um ativista político numa cela de prisão em Buenos Aires. Claro, é um exemplo radical, mas que, por sua alta concentração dramática, consegue captar a atenção do leitor como se este estivesse numa sala de teatro. E mostra como não há inocência no diálogo ficcional.

Dizer que não há inocência nesse recurso significa concluir que, quando falam, os personagens têm uma intenção. Por isso, o diálogo ficcional é inventado pelo ficcionista a partir das motivações do personagem e insere-se nos propósitos gerais do conflito.

Não há inocência, também, porque as falas dos personagens não podem ser meras transcrições do modo como alguém falaria no mundo real. Nem as entrevistas publicadas em jornais ou revistas o são.

---

37 Luiz Vilela, *Melhores contos de Luiz Vilela*. São Paulo: Global, 2015. (E-book.)

Imagine se o jornalista não editar todas as hesitações e as gaguejadas do entrevistado. Pior ainda se o ficcionista puser na boca de seus personagens uma sucessão de falas descosidas, como se fosse uma conversa real entre pessoas reais, em que ocorrem brancos, elipses, além de fatores não verbais como tom de voz, expressões fisionômicas, linguagem corporal. Nada mais equivocado.

Levando isso em conta, devemos escrever o que os personagens precisam dizer, mas, ao mesmo tempo, temos de fazer com que pareça natural.

||||||||||||||||||||||||||||||||||||||||||||||||||||||||||||||||||||||||||||||

¶ O diálogo ficcional é diferente do diálogo real. Os personagens não falam "o que querem", mas, sim, o que o ficcionista previu que eles falassem.

||||||||||||||||||||||||||||||||||||||||||||||||||||||||||||||||||||||||||||||

A apresentação do diálogo

Serei honesto de novo: acho esse tema dispensável, por ser muito simples. Escrevo sobre ele apenas para mostrar como o diálogo pode ser um fator interessante para qualificar a escrita de ficção.

Não sei como você gosta de apresentar as falas dos seus personagens. No decorrer da história, a literatura apresentou uma grande variedade de escolhas para resolver esse assunto, ao sabor da vontade do ficcionista e até do preço do papel — ou do pergaminho, na Idade Média. Este último fator, o custo econômico, fez surgirem maneiras curiosas de grafar as falas, para ocuparem o menor número de linhas.

Nos dias atuais, em que não é preciso levar tão a sério a questão da economia do suporte, há basicamente duas formas de indicar o diálogo: usar o travessão, que abre a fala e a fecha, se vem seguida de uma narração; ou as aspas, vindas das literaturas anglo-saxônicas. Dou preferência à primeira, pois, no decorrer desses anos, consolidei a ideia de que o travessão, por ser um sinal que se incorpora na linha, causa menos ruído visual do que as aspas.

Veja como ficaria o diálogo do texto de Luiz Vilela, que transcrevi acima, e tire suas conclusões:

"Conte os seus pecados, meu filho."

"Pequei pela vista..."

"Sim..."

"Eu..."

"Não tenha receio, meu filho, não sou eu quem está te escutando, mas Deus Nosso Senhor Jesus Cristo, que está aqui presente, pronto a perdoar aqueles que vêm a Ele de coração arrependido. E então."

"Eu vi minha vizinha... sem roupa..."

"Completamente?"

"Parte..."

"Qual parte, meu filho?"

"Pra cima da cintura..."

"Sim. E ela estava sem nada por cima?"

"É..."

"Qual a idade dela? Já é moça?"

Quanto a mim, me parece um texto escrito durante um tremor de terra.

Além dessas duas formas básicas, encontramos outras, como a que mostra os diálogos sem indicação alguma, bastante usada por autores jovens:

Conte os seus pecados, meu filho.

Pequei pela vista...

Sim...

Eu...

Não tenha receio, meu filho, não sou eu quem está te escutando, mas Deus Nosso Senhor Jesus Cristo, que está aqui presente, pronto a perdoar aqueles que vêm a Ele de coração arrependido. E então.

Eu vi minha vizinha... sem roupa...

Completamente?

Parte...

Qual parte, meu filho?

Pra cima da cintura...

Sim. E ela estava sem nada por cima?

É...

Qual a idade dela? Já é moça?

Não é mau, desde que em nenhum momento o leitor venha a confundir a fala com a narração. E isso acontece com muita frequência, o que aborrece qualquer pessoa.

Vemos, ainda, textos que incorporam as falas *dentro da narrativa*, sem nenhum sinal indicativo ou destaque. Embora tenha alguns entusiastas atuais, trago um fragmento do mineiro Autran Dourado,[38] retirado de *O risco do bordado* (1970):

> Agora João tinha de praticar sozinho as suas reinações ou então ir procurar outros meninos. Tuim por exemplo, com Tuim não tinha graça nenhuma. João logo se entediava, com Zito é que era gostoso.
> E muitas vezes ia para a loja de seu Bernardino, ficava assuntando os fregueses que por ali faziam ponto, até que Zito dizia vem cá, João, me dá uma mão nestas peças de fazenda. Ficavam em silêncio, seu Bernardino era muito zeloso do serviço dos empregados. Mesmo assim melhor do que com Tuim, se sentia compensando, solidário.
> Não diga, disse João segurando uma peça de brim. Você foi mesmo? Me conta. Depois, lá fora, disse Zito baixinho olhando de viés para seu Bernardino.[39]

Outra forma, que ganhou imitadores e ares de moda depois da obra de José Saramago, mostra a fala do personagem indicada apenas pela letra maiúscula da palavra inicial. Você, imagino, conhece bem esse uso do ficcionista português, mas não custa reavivar a lembrança, com um trecho de *Ensaio sobre a cegueira* (1995):

> O cego ergueu as mãos diante dos olhos, moveu-as, Nada, é como se estivesse no meio de um nevoeiro, é como se tivesse caído num mar de leite, Mas a cegueira não é assim, disse o outro, a cegueira dizem que é negra, Pois eu vejo tudo branco, Se calhar a mulherzinha tinha razão, pode ser coisa de nervos, os nervos são o diabo, Eu bem sei o que é, uma desgraça, sim, uma desgraça, Diga-me onde mora, por favor, ao mesmo tempo ouviu-se um arranque do motor. Balbuciando, como se a falta de visão lhe tivesse enfraquecido a memória, o cego deu uma direcção, depois disse, Não sei como lhe hei-de agradecer, e o outro

---

38 Certa vez perguntei a Autran Dourado por que razão usava apenas o verbo "dizer" ligado à fala de seus personagens. Admirado por alguém dar-se conta desse fato, a resposta foi: "Porque o verbo 'dizer' é o mais comum; se eu usar outros, como 'responder', 'exclamar', 'retrucar', aparece o truque. O verbo 'dizer' ninguém nota e, no entanto, sabe que o personagem 'disse'". "Eis aí!", pensei — e passei a usá-lo também. Ninguém nota, mesmo.

39 Autran Dourado, *O risco do bordado*. Rio de Janeiro: Rocco, 2011. (E-book.)

respondeu, Ora, não tem importância, hoje por si, amanhã por mim, não sabemos para o que estamos guardados, Tem razão, quem me diria, quando saí de casa esta manhã, que estava por me acontecer uma fatalidade como esta.[40]

O bom da nossa época literária é que não há um molde textual que você precise obedecer. O que importa, repito, não é o certo ou o errado, mas, sim, o que funciona bem e o que funciona menos. Escolha a forma do diálogo que achar mais interessante; feito isso, pergunte-se se há alguma razão especial, imperiosa, para essa escolha. Se ficar em dúvida, lembre-se da forma que você mais gosta de ler nos diálogos. Use-a. É o caminho mais lógico, exceto se você quiser inovar seus próprios métodos — mas imagino que terá uma razão para isso, além do "... não sei, me deu na cabeça...". Se você não souber, é bem possível que o leitor também não venha a saber.

||||||||||||||||||||||||||||||||||||||||||||||||||||||||||||||||||||||||||||||||||

¶ Não importa como você marque as falas dos personagens. Você só precisa atentar para umas questões simples: 1) que essa forma não resulte cansativa para o leitor; 2) que não leve a confusão entre o que é fala e o que é narrativa; 3) que você se mantenha fiel do início ao fim à forma que escolheu; caso contrário, o leitor ficará perdido.

||||||||||||||||||||||||||||||||||||||||||||||||||||||||||||||||||||||||||||||||||

Há vida além do travessão, das aspas e do nada

O que vimos até agora sobre o diálogo refere-se a um modo de apresentação em que a fala do personagem aparece na forma exata em que ele a proferiu. Os teóricos costumam chamar a isso de *discurso direto*. Sempre achei que poderia ter outra denominação, menos ambígua, dada a plurivalência semântica do vocábulo *discurso*.

Agora, considere esta passagem (texto A):

Então Flávia disse ao Carlos que ele estava exagerando no preço daquela mesa, ao que ele respondeu que nunca, aquela mesa estava no preço justo, pois a havia comprado por oitocentos dólares, e esta-

---

[40] José Saramago, *Ensaio sobre a cegueira*. São Paulo: Companhia das Letras, 1995. (E-book).

va vendendo a seiscentos perdendo portanto duzentos dólares. Explicou que era uma mesa Biedermeier, autêntica, com o nome do fabricante alemão. Flávia não se convenceu e pediu para estudar o caso. Ela voltou dois dias depois, e ofereceu quinhentos e cinquenta dólares, dizendo que era o máximo que podia pagar. Carlos então respondeu que sim, que aceitava. Intimamente, ele aceitaria até quinhentos dólares. Na saída, Flávia ainda disse que ia recomendar o antiquário de Flávio aos amigos.

Você notou o que aconteceu, já que estamos justamente tratando das falas dos personagens. Todas as falas são *referidas* pela narrativa, com a fórmula "disse que". Isto é, as falas não são apresentadas de maneira direta, tal como os personagens as disseram: é a narrativa que diz o que eles falaram. Na verdade, essa forma — *discurso indireto*, em linguagem da teoria — é bem interessante, e evita o recurso de destacar as falas com aspas ou travessões, ou escolher alguma solução exótica. Em discurso direto o trecho acima ficaria assim (texto B):

Flávia disse a Carlos:
— Você está exagerando no preço desta mesa.
— Nunca — ele respondeu. — Esta mesa está no preço justo. Eu comprei ela por oitocentos dólares, e estou vendendo a seiscentos, perdendo, portanto, duzentos dólares. — Explicou que era uma mesa Biedermeier autêntica, com o nome do fabricante alemão.
Flávia não se convenceu:
— Me deixe estudar o caso.
Ela voltou dois dias depois:
— Olha, quinhentos e cinquenta dólares é o máximo que eu posso pagar.
— Sim, aceito — disse Carlos, embora intimamente aceitasse até quinhentos dólares.
— Olhe — disse Flávia, ao sair —, vou recomendar o seu antiquário para os meus amigos.

— Está bem — você diz mais uma vez —, entendi. Mas por que me interessa conhecer essas formas de apresentação do diálogo?
Logo responderei. Peço um pouco de paciência para que eu possa mostrar uma terceira — e última — forma.
Agora o texto do antiquário volta. Leia-o, por favor (texto C):

Então Flávia disse ao Carlos que ele estava exagerando no preço daquela mesa, ao que ele respondeu que nunca, aquela mesa estava no preço justo, pois a havia comprado por oitocentos dólares, e estava vendendo a seiscentos, perdendo portanto duzentos dólares. *Era uma mesa Biedermeier, autêntica, com o nome do fabricante alemão.* Flávia não se convenceu, *queria estudar* o caso. Ela voltou dois dias depois, e ofereceu quinhentos e cinquenta dólares. *Era o máximo que podia pagar.* Carlos então concordou, aceitava. Intimamente, ele aceitaria até quinhentos dólares. Na saída, Flávia ainda disse que ia recomendar o antiquário de Flávio aos amigos.

Parece igual ao texto A, não? Mas não é. Há algumas diferenças tênues. Observe as passagens em itálico. Comparando-as com as originais do texto A, você verá que desapareceram alguns dos verbos que indicam a fala do personagem (verbos *dicendi*, verbos "que dizem", em latim): *disse, respondeu, explicou*. Costumam chamar essa forma de *discurso indireto livre*.

Há ficcionistas que são muito hábeis no uso dessas três formas de apresentação do diálogo. García Márquez, por exemplo, bastante econômico nesse quesito, como já visto, escreve assim numa passagem de *Do amor e outros demônios* (1994):

Só para sondar o humor da menina [Delaura] perguntou-lhe se tinha visto o eclipse. Sim, tinha-o visto do terraço. Não entendeu que ele levasse um pano no olho, se ela olhara o sol sem proteção e estava bem. Contou que as freiras tinham visto o eclipse ajoelhadas e que todo o convento tinha parado até que os galos começaram a cantar. Mas ela não achara aquilo nada do outro mundo.
— O que vi é o que se vê todas as noites — disse.[41]

Trata-se de outro virtuosismo autoral. Note como o ficcionista, em apenas um parágrafo curto e mais uma linha, usa as três formas do discurso. Apenas para ficar bem claro quando isso acontece:

Só para sondar o humor da menina [Delaura] perguntou-lhe se tinha visto o eclipse. [Discurso indireto.] Sim, tinha-o visto do terraço. Não

---

41 Gabriel García Márquez, *Do amor e outros demônios*. Trad. de Moacir Werneck de Castro. Rio de Janeiro: Record, 1995, p. 138.

entendeu que ele levasse um pano no olho, se ela olhara o sol sem proteção e estava bem. [Discurso indireto livre.] Contou que as freiras tinham visto o eclipse ajoelhadas e que todo o convento tinha parado até que os galos começaram a cantar. [Discurso indireto.] Mas ela não achara aquilo nada do outro mundo. [Discurso indireto livre.]

— O que vi é o que se vê todas as noites — disse. [Discurso direto.]

Creio que agora posso responder à sua pergunta, quer dizer, por que isso interessa a um ficcionista?

Para começar, é bom deixar explícito que o uso de uma ou outra forma não é algo aleatório, mas proposital. Agora, sim, isso lhe diz respeito.

||||||||||||||||||||||||||||||||||||||||||||||||||||||||||||||||||||||||||||||||||

¶ Você poderá usar as três formas do discurso pelas seguintes razões: 1) para dar maior variedade à sua narrativa, não "empilhando" as falas dos personagens, o que se torna bastante monótono depois de um tempo; 2) para dizer o que é menos importante na forma do discurso indireto e discurso indireto livre; 3) para dizer o mais importante na forma do discurso direto.

||||||||||||||||||||||||||||||||||||||||||||||||||||||||||||||||||||||||||||||||||

No texto de García Márquez, ele tinha suas razões para usar o discurso direto na última fala da menina. A estratégia permitiu reforçar o caráter firme das opiniões dela, o que é muito importante para a conhecermos melhor e também para o agravamento do conflito. Daí que o autor pôs em sua boca aquela frase. Ficaria bem menos expressivo se ele seguisse usando o discurso indireto livre: "o que ela viu era o que via todas as noites".

E o uso do inciso?

A palavra "inciso" é de uso regular na língua espanhola, significando uma breve narrativa — às vezes, só um verbo — que separa dois elementos de uma fala para dar alguma explicação ou criar um suspense. A palavra existe também na língua portuguesa com esse sentido, embora de uso quase inexistente e substituída, via de regra, por "aposto".

— Vamos ver um filme na TV? — *ele perguntou, apontando para um ponto do jornal.* — Vai passar às nove horas. Estão, depois de tantos anos, recuperando o *Morte em Veneza*. — *Ele fez uma expressão de quem não acredita*. — Sabia que, quando passou aqui na nossa cidade, em 1971, ficou apenas uma semana em cartaz, por total falta de interesse do público? Que província, a nossa.

Note como, com apenas dois incisos — assinalados em itálico —, a fala ganha "verdade"; nós podemos "ver" o personagem dizendo aquilo.

Mas o inciso pode ter, também, como eu disse, a função de criar um suspense, uma ênfase ao que vem a seguir.

— Quero que você saiba de algo — ela disse. — Fui demitida hoje à tarde.

O inciso, aqui, retarda um pouco e reforça a informação que vem a seguir.

Veja como ficaria bem menos expressivo se fosse assim:

— Quero que você saiba de algo. Fui demitida hoje à tarde — ela disse.

Tenho pena de ver que certos ficcionistas ainda não se deram conta de como o inciso, quando bem empregado, é capaz de vitalizar um texto, aumentando em muito sua eficiência.

||||||||||||||||||||||||||||||||||||||||||||||||||||||||||||||||||||||||||||
¶ Para remate: não escreva diálogos de modo automático. Pense se ele é imprescindível naquele momento.
||||||||||||||||||||||||||||||||||||||||||||||||||||||||||||||||||||||||||||

Este é o final de um capítulo que me exigiu especial cuidado, porque nele discuti saberes consolidados em área tão sensível como a da focalização; para isso, foi necessário realizar deslocamentos de significados que implicaram importantes alterações de nomenclatura.

Caso você queira seguir com a tipologia tradicional, não foi em vão a leitura, pois a essência dos fenômenos foi preservada, e as alterações nominais e conteudísticas que propus visaram apenas tornar mais simplificadas as escolhas técnicas de um ficcionista.

6.
ONDE ACONTECEU ISSO TUDO?

O ESPAÇO

> *Não se encontra o espaço, é sempre necessário construí-lo.*
> GASTON BACHELARD, *O novo espírito científico*

Fiquei um bom tempo sem receber notícias de Thiago. Eu não queria mandar um e-mail a ele para não bancar o controlador, mas, por outro lado, me preocupava aquela ausência. E se tivesse acontecido algo? Sim, ia mandar um e-mail. Quando abri o laptop, entretanto, havia uma mensagem dele. "Preciso de uma conversa. Posso aparecer?"

Dois dias mais tarde, ele entrou no meu gabinete, me explicou que andava muito atarefado com o livro e me entregou algumas folhas impressas. Li uma delas. O romance/novela ia adiantado. Depois da cena do assalto no bar, Vladimir foi levado para o hospital. Fez uma tomografia para verificar se não havia nenhum problema no cérebro. Se havia, não era pelo assalto, mas pelo efeito que Caroline causara nele. Ela o acompanhou ao hospital, ficou ao lado dele na maca, esperando que fosse atendido. Eles conversaram, e Vladimir já nem falava do assalto. A conversa foi pendendo cada vez mais para o lado pessoal. E o que mais falaram foi sobre a vida e sobre si mesmos.

A cena era narrada com propriedade e força. Thiago crescia como ficcionista e, com uma ponta de incômodo, vi que crescia sem que eu tivesse muito a ver com aquilo. Ele não discutira comigo a cena do hospital.

Repetem por aí que a maior alegria do professor é quando seu aluno o supera. Talvez, naquele momento, eu tenha descido de meu augusto patamar de nobreza. A vantagem que tenho, contudo, é a de me recuperar com facilidade desse sentimento que não ajuda a ninguém, muito menos a mim.

— Não falta nada? — ele perguntou.

Acordei para a presença de Thiago.

— No plano da densidade dos personagens está perfeito. O diálogo está excelente, essencial. Você sabe fazer isso.

— Mas, pela sua cara, acho que faltou alguma coisa.

Thiago conhecia muito bem a arte de decifrar o que os outros estão pensando, em especial o que *eu* estou pensando. Por princípio se adquire essa competência depois de alguns anos de vida.

"Faltou mesmo", pensei.

— Talvez — eu disse.

— O quê?

Minha resposta: ao ler a cena, eu não me *sentira* dentro de um hospital. Faltavam os cheiros de desinfetante e éter, as vozes das pessoas, o frio dos corredores.

— Mas na minha cabeça — Thiago disse — eu me senti no hospital.

— Sim, falta agora que o leitor também tenha a mesma sensação.

Descemos ao bar. Pedi um cafezinho e ele, uma coca.

— Ouça — eu disse. — Escute o que atinge seus ouvidos.

Thiago fechou os olhos e ficou em silêncio por alguns segundos.

— Que confusão — disse.

— Agora coloque as duas mãos na mesa, com as palmas viradas para baixo. — Ele fez. — Está sentindo o quê?

— O gelado da fórmica.

— Só?

— Também o liso da fórmica.

— Quantas sensações temos ao mesmo tempo, não é?

Thiago abriu os olhos no momento em que moça do bar veio trazer o cafezinho e a coca.

Nossa conversa não durou muito, não só pela agitação do bar, mas também porque Thiago — eu o conhecia — começava a ficar inquieto. Já no último encontro ele me dera a impressão de que preferia que falássemos pouco, para ficar na essência do tema.

Levantamos e fomos até a porta do bar que se abre para o jardim do campus.

— Esqueci de fazer mais uma pergunta — eu disse. — O que você tem na boca?

— Nada.

— Tem sim. O gosto da coca-cola.

— É mesmo! — Ele entendeu logo. — Até a próxima, professor. Qualquer dia eu volto.

— Vou esperar. Não esqueça de colocar tudo isso na cena do hospital.

No elevador que subia, eu vinha com a sensação de que dissera alguma coisa útil. Um professor também deve reconhecer quando acerta, e orgulhar-se disso.

O ESPAÇO, UM LUGAR QUASE SEMPRE ESQUECIDO

No debate que se seguiu à invenção da fotografia por Louis Daguerre, um de seus mais ativos críticos foi Charles Baudelaire. Pôs-se desde logo contra a novidade, escrevendo um brilhante e irônico texto na *Revue Française* com o título de "O público moderno e a fotografia" (1859), do qual escolhi um breve trecho.

> Nestes dias deploráveis, criou-se uma nova indústria, que muito contribui para confirmar a estupidez dessa crença do público moderno e para destruir o que restava de divino no espírito francês. Essa multidão idólatra postulava um ideal digno de si mesma e apropriado à sua natureza, isso está claro. Em matéria de pintura e escultura, o Credo atual da elite, sobretudo na França (e não creio que haja alguém que ouse afirmar o contrário), é o seguinte: "Eu creio na natureza, e em nada mais que a natureza (e há boas razões para isso). Eu creio que a arte é e nada mais possa ser do que a reprodução exata da natureza (uma facção tímida e dissidente quer que os objetos de caráter repugnante sejam postos de lado, tais como um penico ou um esqueleto). Desse modo, a indústria que nos oferecesse um resultado idêntico à natureza seria a arte absoluta". Um Deus vingador aceitou os pedidos dessa multidão. Daguerre foi seu Messias.[42]

---

42 Charles Baudelaire, "Le Public moderne et la photographie". *Études photographiques*, n. 6, maio 1999. Disponível em: <http://etudesphotographiques.revues.org/185>. Acesso em: 21 nov. 2018. (Tradução minha.)

O poeta, contudo, não foi fiel às suas próprias ideias, entregando-se com bastante aplicação a "essa nova indústria", invenção do "Messias Daguerre": Baudelaire foi um dos intelectuais mais fotografados de seu século, inclusive pelo célebre Nadar, de quem se tornou amigo e correspondente.

Como essa história se relaciona com a literatura? A questão tem validade, e a resposta, quero eu, não é difícil. No fundo, Baudelaire levanta a antiga disputa acerca das relações entre arte e realidade. Sua posição: a arte é uma *reprodução* da natureza, do real, mas na qual há a intervenção do artista, enquanto a fotografia nos quer dar uma imagem *idêntica* à natureza, não uma representação artística. Logo, uma "indústria" a ser execrada. Mais tarde, como sabemos, a fotografia também se revelou uma arte, e uma das menos objetivas que se conhecem, pois sempre haverá o olho seletivo do fotógrafo por detrás de uma câmera.

A narrativa ficcional, por ser uma arte, não tem nenhum compromisso com o real; assim, mesmo quando descreve uma mesa de modo *realista*, há sempre o olho seletivo do ficcionista por detrás da descrição, e isso dá *sentido* à mesa no enredo. Quero dizer: essa mesa será incorporada às intenções da narrativa e corresponderá sempre à perspectiva do personagem. Pelo menos é o que se espera de boas ficções.

Não estranhe se incluo uma mesa ao tratar do espaço. Para as finalidades deste livro, adoto a ideia de que o espaço não é apenas aquilo que entendemos como tal — um bar, uma barbearia, uma sala de cinema, um campo aberto, as nuvens, uma quadra de tênis —, mas também seres que se impõem ao nosso conhecimento, como um vaso de flores, uma caneta, um cão e até uma pessoa, desde que se integrem às percepções gerais — visuais, auditivas, táteis, gustativas, olfativas —, de que logo falaremos.[43]

||||||||||||||||||||||||||||||||||||||||||||||||||||||||||||||||||||||||||||||||

¶ O espaço objetivo é uma convenção humana. O espaço, na narrativa ficcional, é uma percepção subjetiva. Personagens diferentes têm percepções diferentes do mesmo espaço, e, por isso, irão referir-se a ele de acordo com sua afetividade e eventuais convicções ideológicas.
||||||||||||||||||||||||||||||||||||||||||||||||||||||||||||||||||||||||||||||||

---

43 Você já percebeu que essa reflexão amplia bastante a ideia de espaço.

Esclarecido isso, chego aonde quero, com a ajuda da epígrafe de Bachelard: não há espaço *inocente* na narrativa. A descrição do espaço não existe numa narrativa para enfeitar. Seja a tal mesa, ou um barco, ou um quadro, nada deve ficar ao acaso, ao simples desejo de "ilustrar com palavras" ou à inspiração súbita. O espaço é uma decisão do ficcionista, ainda que não tenha consciência disso. Mas convenhamos: é melhor estar consciente, para evitar escolhas desastrosas. Por exemplo, se vou fazer com que João e Maria se encontrem para discutir a relação, preciso saber que será muito diverso se a conversa acontecer numa pujante metrópole ou numa cidadezinha abandonada. Consideremos, por exemplo, o início do conto de Ernest Hemingway "O fim de alguma coisa":

> Houve um tempo em que Hortons Bay era uma cidade madeireira. Ninguém que vivia lá ficava livre do zumbido das grandes serras da beira do lago. Mas veio um ano em que faltaram toras para fazer tábuas. As escunas madeireiras entraram na baía e carregaram todas as tábuas da serraria que estavam empilhadas no pátio. Todas as pilhas de tábuas foram levadas. Toda maquinaria transportável do grande prédio da serraria foi retirada e levada para bordo de uma escuna pelos homens que haviam trabalhado lá.
>
> [...]
>
> Dez anos depois nada mais restava da serraria, a não ser a pedra branca dos alicerces no meio da vegetação secundária do pântano quando Nick e Marjorie remavam rente à praia. Remavam acompanhando a linha da amurada onde o fundo de repente mergulha para quatro metros de água escura. Iam para o promontório preparar linhas para pescar trutas arco-íris durante a noite.[44]

Mesmo que não reflita sobre o assunto, o leitor, ao longo do conto, vai sentir que o cenário, assim como é descrito, simboliza a desgastada relação de Nick e Marjorie. O resultado seria diferente — talvez pior, talvez melhor, dependendo da intenção da narrativa — se a conversa entre os dois acontecesse no escurinho de um bar ou numa cama de motel, num restaurante iluminado ou numa praia cheia de gente.

---

44   Ernest Hemingway, *Contos*. Rio de Janeiro: Bertrand Brasil, 2015. v. 1. (E-book.)

Descrever as coisas em estado de atividade, trunfo esquecido do ficcionista[45]

Em cada sala de aula da minha infância havia uma coleção de cromos — como eram designadas umas gravuras coloridas, impressas em série — que representavam cenas de uma ingenuidade tocante, todas ao ar livre. Algumas: uma paisagem dos Alpes nevados, é o que sei hoje, uma fazenda habitada por patinhos, leitõezinhos, perus, galinhas, vaquinhas, ovelhinhas, tudo numa confusão extravagante, em que os cães se davam bem com os gatos e, na precária perspectiva, um coelho tinha o mesmo tamanho de um cavalo. Havia um cromo especial: era de uma paisagem evidentemente da Europa Central, com um lago cercado de pinheiros e ao fundo uma cabana com a chaminé fumegante. O que tinha de diferente era um balão colorido que cruzava os céus, e do qual pendia uma bandeira vermelha e branca, que hoje identifico como sendo as cores da Áustria. Conversando com pessoas da minha idade e formação, pude constatar que esses *auxílios didáticos* estavam em todas as escolas.

A professora, no dia específico destinado à escrita, fixava uma dessas figuras no prendedor de roupa colado ao quadro-negro e mandava que fizéssemos uma *descrição* com, no mínimo, 25 linhas. Eu sempre pedia para fazer uma *composição*, em que era permitido escrever uma história. A professora, inflexível: não, não podia. Com um suspiro, eu olhava para aquilo e me punha a trabalhar. Era uma atividade de uma monotonia cruel: "Na frente da figura têm patinhos, vaquinhas"... "No fundo, tem um cata-vento"... Linha 15, ai... "No céu azul tem nuvens"... Linha 19... "as galinhas têm pintinhos em redor"... até que a contagem, enfim, me indicava a meta: 25 linhas! Eu me levantava e ia deixar a descrição sobre a mesa da professora. Ela, uma distraída, não se dava conta de que já tínhamos usado aquele mesmo cromo noutras aulas. Quanto a notas, eu ganhava 100 todas as vezes — mas ela, desatenta, dava 100 para todos.

---

45 Atenção: esse subtítulo pode levar ao equívoco de que estou incentivando as prosopopeias; não sei quanto a você, mas a respeito delas tenho a pior das opiniões. "Uma janela alegre", "um vento cerimonioso", "um barco audaz" me deixam num estado de quase alucinação. Até podem funcionar na poesia ou no gênero híbrido da assim chamada "prosa poética", e também na boa literatura destinada às crianças, mas penso que em ficção "para adultos" já não cabem, por causa do uso irresponsável que delas fizeram o romantismo e seus epígonos contemporâneos.

Essas descrições descontextualizadas arruinaram várias gerações de escolares. Muitos, ainda hoje, as entendem como boas e, até, modelares.

Trazendo o tema para a literatura, encontro, aqui e ali, ficcionistas que não passaram da fase dos patinhos e ovelhinhas. Com isso quero dizer que são pessoas literariamente infantilizadas, e apenas muita leitura de bons textos pode mudar esse estado de coisas.

Não raro as pessoas perdem a oportunidade de integrar a descrição à narrativa. Veja este texto, colhido ao acaso:

> Cheguei de viagem, abri a porta do apartamento e larguei a mala. Ainda pensava no que Alícia me dissera ontem à noite. É verdade que preciso tomar uma decisão urgente, e tomar decisões não é comigo. Sentei-me na poltrona. No meu quarto de solteiro há um tapete de sisal, duas prateleiras de livros, uma cadeira de escritório, dois quadros antigos, um aquecedor e uma lâmpada de cabeceira.
>
> Cinco minutos depois, fui abrir a janela. Começara a chover.

À primeira vista está tudo bem; mas note que o personagem vive um problema que precisa enfrentar, provocado por algo que Alícia lhe disse; senta-se na poltrona e olha para os móveis do quarto; a partir daí, segue-se uma descrição esquizofrênica, que nada tem a ver com as circunstâncias. Só falta dizer que no quarto há patinhos e porquinhos.

Não, esses objetos não podem permanecer estáticos. O personagem precisa, em algum momento, interagir com o espaço. Observe agora:

> Cheguei de viagem, abri a porta do apartamento e larguei a mala. Ainda pensava no que Alícia me dissera ontem à noite. É verdade que preciso tomar uma decisão urgente, e tomar decisões não é comigo. Sentei-me na poltrona. No meu quarto de solteiro, o tapete de sisal, agora eu notava, tinha envelhecido. Já li todos os livros que há nas duas prateleiras e preciso trocar aqueles dois quadros antigos que, com a luz mortiça da lâmpada de cabeceira, só me deprimem. O aquecedor, no verão, é de uma completa inutilidade.
>
> Cinco minutos depois, fui abrir a janela em busca de ar. Começara a chover.

Não sei se você gostou, mas isso é o que Aristóteles, na *Retórica* (século IV a.C.), chama de *descrever as coisas como se elas estivessem em estado de ação*.[46] Elas aparecem *envoltas* por uma narrativa que lhes dá sentido e, assim, tornam-se vivas perante o entendimento do leitor. Esse é um trunfo que você não deve deixar de lado. A ficcionista Hilda Simões Lopes sabe disso. Avaliemos o seguinte trecho de seu romance *A superfície das águas* (1997), no qual é retratado um ambiente aristocrático de Pelotas em seu apogeu político e econômico:

> Fica logo à entrada, a "sala do piano"— assim a chamam —, o lugar em que está a árvore de Natal. Há, ali, quase cem presentes, e deve ser este o número das pessoas esperadas; só a família, disseram. Seguindo pelo hall chega-se ao salão da frente e logo se vê, à esquerda, a sala de jantar. Tiraram as vinte e quatro cadeiras da mesa oval, que está revestida pela toalha de linho vermelho bordado em *richelieu* branco. Há salvas de prata cheias de tâmaras, passas e castanhas; nas compoteiras de Limoges colocaram as nozes e as amêndoas.[47]

Essa descrição apresenta-se com uma "visível" presença humana a ordenar e atribuir função àquilo que poderia ser apenas o retrato estático de uma opulência. Essa presença é indicada por verbos dispostos de maneira estratégica: "assim a chamam", "disseram", "tiraram", "colocaram", que se referem, por óbvio, não apenas aos ilustres proprietários que ali viviam, mas também à sua criadagem, treinada para servir. Disso resulta um quadro exuberante e ativo.

Simone de Beauvoir também nos fornece um ótimo exemplo de uso de espaço em que as coisas se apresentam em estado de ação. E se trata de um caso único. Seu primeiro livro foi publicado quando Paris ainda estava sob ocupação alemã na Segunda Guerra Mundial. O título é *A convidada* (1943), e tem o selo da prestigiada Gallimard. É uma novela com ressonâncias autobiográficas, cuja trama se passa em 1938, portanto um ano antes do início da guerra. O que a torna excepcional é trazer, por inteiro, a influência da filosofia existencialista.

---

46 Aristóteles, *Rethoric*. Trad. de W. Rhys Roberts. Nova York: Cosimo Classics, 2010, pp. 137-8. (Trad. de Luís Roberto Amabile.)
47 Hilda Simões Lopes, *A superfície das águas*. Porto Alegre: Instituto Estadual do Livro, 1997, p. 35.

Para relembrar: o existencialismo diz que a existência precede a essência; as coisas só existem a partir da presença do ser humano, que, assim, passa a ser o fiel do Ser e de tudo que existe. Nessa síntese grosseira, não seria de todo insensato afirmar que o existencialismo põe o homem "em estado de ação"; ele tem de lidar com o absurdo da conjuntura humana num mundo sem sentido — para além do sentido que damos a ele. Isso se expressa numa cena de *A convidada*, em que Françoise, escritora e mulher de um ator, e Gerbert, um jovem dramaturgo, estão trabalhando no escritório de um teatro. São duas da madrugada. Tudo é sombra e silêncio.

> Françoise pousou a caneta.
> — Quer beber mais um trago? — perguntou.
> — Bom, isso nunca se recusa — respondeu Gerbert.
> — Vou buscar outra garrafa ao camarim de Pierre.
> Saiu do escritório. Na verdade, o que desejava não era tanto o uísque: sentia-se atraída pelos corredores negros. Quando não estava presente, este cheiro a poeira, esta penumbra, esta solidão desolada, nada disso existia, para ninguém, não existia absolutamente. Agora, porém, à sua passagem, o tapete vermelho quebrava a obscuridade, como uma luz tímida. Françoise possuía, portanto, este poder: arrancar, graças à sua presença, as coisas do estado de inconsciência, dar-lhes uma cor própria, um cheiro. Desceu um andar e abriu a porta da sala de espetáculos. Sentia que recebera uma missão: dar vida a esta sala, deserta e possuída pela noite. A cortina de ferro estava abaixada e as paredes exalavam um cheiro de tinta fresca. As poltronas, de veludo vermelho, alinhavam-se inertes, como se estivessem à espera. Há pouco nada aguardavam. Agora, graças à sua presença, estendiam os braços, olhavam o palco, escondido atrás da cortina de ferro, chamavam Pierre, as luzes da ribalta e a multidão concentrada. Para perpetuar esta solidão e esta expectativa, seria preciso ficar aí, para sempre; mas seria necessário, também, estar alhures, no depósito dos acessórios, no hall da entrada — em toda a parte ao mesmo tempo. Françoise atravessou o proscênio e subiu ao palco. Abriu a porta que dava para os bastidores e desceu ao pátio do teatro, onde alguns cenários velhos criavam bolor. Sentia que era a única pessoa a compreender o significado desses objetos adormecidos; enquanto ali estivesse, eles pertenciam-lhe. O mundo pertencia-lhe.[48]

---

48 Simone de Beauvoir, *A convidada*. Trad. de Vítor Ramos. São Paulo: Difusão Europeia do Livro, 1956, pp. 7-8.

Considero essa uma das cenas mais expressivas da narrativa ficcional do século XX. Quando publicou a novela, Simone de Beauvoir tinha 35 anos, e já narrava com a segurança de veterana. A leitura desse fragmento vale por sua absoluta qualidade literária, mas também como exemplo da aplicação sensível dos pressupostos da filosofia que era a vaga intelectual europeia.

Esse trecho diz respeito ao tema que estamos vendo, pois nele tudo passa pela descrição do espaço, que ganha vida pelo olhar de Françoise. Repare que ela "possuía, portanto, este poder: arrancar, graças à sua presença, as coisas do estado de inconsciência". Antes, no escuro da noite, eram coisas amorfas, sem finalidade — nem sequer existiam. Foi preciso que um intelecto humano viesse a dar significado a esse espaço, mostrando-o em estado de ação.

O que acabamos de ver leva-nos a uma reflexão conexa que faremos no item seguinte. Mas, antes, anote:

|||||||||||||||||||||||||||||||||||||||||||||||||||||||||||||||||||||||||||||||||||

¶ Antes de começar a descrever, pense se o espaço que você imaginou é o mais adequado para a cena que vai narrar. Pergunte-se: esse espaço não se encaixaria melhor em outro tipo de evento da história?

|||||||||||||||||||||||||||||||||||||||||||||||||||||||||||||||||||||||||||||||||||

A RELAÇÃO ENTRE O ESPAÇO E O ESTADO MORAL DO PERSONAGEM

Peço sua licença para quebrar o paradigma deste livro e trazer as duas quadras iniciais de um conhecido poema de Paul Verlaine, "Chora em meu coração", publicado em seu livro *Romances sans paroles* (1874):

Chora em meu coração
Como chove sobre a cidade;
O que é esta languidez
Que penetra meu coração?

Ah, o ruído doce da chuva
Pela terra e sobre os telhados!

Para um coração que se entediava,
Ah, o canto da chuva![49]

Esses versos evidenciam a relação entre o modo como o poeta se sente e sua percepção do espaço. Esse procedimento autoral, que se tornou corrente também na narrativa, chega até nossos tempos.

Ilustremos tal fato com outro exemplo. Está no capítulo VIII da segunda parte de *Madame Bovary*. É a cena de uma feira agrícola, que ocorre na praça de Yonville, onde fica o prédio da prefeitura. Emma e Rodolphe Boulanger vão para lá. Rodolphe está no início de seu assédio sobre a futura amante.

> Nesse meio-tempo, Rodolphe, com a sra. Bovary, subiu ao primeiro andar da prefeitura, na sala do conselho, e, como esta estivesse vazia, ele disse que ali estariam bem à vontade para assistir ao espetáculo. Ele pegou três tamboretes da mesa oval onde estava o busto do rei, e, levando-os junto a uma janela, sentaram-se bem próximos.[50]

A partir desse momento, a narrativa divide-se em dois espaços: o da sala do conselho da prefeitura, onde estão Rodolphe e Emma, e o outro, lá embaixo, da praça. O diálogo entre Rodolphe e Emma é intercalado com as palavras do presidente da feira, o que produz um efeito inesperado, que muitos tomam como apenas cômico.

> E pegou a mão dela; ela não a retirou.
> "Conjunto de boas culturas!", gritou o presidente da feira.
> — Há pouco, por exemplo, quando fui a sua casa...
> "Ao senhor Bizet, de Quincampoix."
> — Sabia eu, talvez, que a acompanharia?
> "Setenta francos!"
> — Uma centena de vezes quis partir, e no entanto eu a segui, fiquei.
> "Estrumes."
> — Assim como ficaria esta noite, amanhã, nos outros dias, toda a minha vida!

---

49 Paul Verlaine, *Romances sans paroles*. Paris: Maurice L'Hermitte, 1874, p. 9. Disponível em: <http://gallica.bnf.fr/ark:/12148/btv1b86108292/f13.image.r=Romances%20sans%20paroles%20Paul%20Verlaine>. Acesso em: 21 nov. 2018. (Tradução minha.)
50 Gustave Flaubert, *Madame Bovary*, op. cit., pp. 209-11.

"Ao senhor Caron, de Argueil, medalha de ouro!"

— Porque nunca encontrei na companhia de ninguém um encanto tão completo.

"Ao senhor Bain, de Givx-y-Saint-Martin!"

— Por isso a levarei na lembrança.

"Por um carneiro merino..."

— Mas você vai me esquecer, e terei passado como uma sombra.

"Ao senhor Belot, de Notre-Dame..."

— Oh, não, serei eu alguma coisa nos seus pensamentos, na sua vida?

"Porco, prêmio ex-aequo: aos senhores Lehérissé e Cullembourg; sessenta francos!"

Rodolphe apertava-lhe a mão e sentia-a muito tépida e trêmula, igual a uma pombinha rola cativa que quer retomar o voo, mas, ou porque tentasse desprendê-la, ou porque correspondia àquela pressão, ela fez um movimento com os dedos, e ele exclamou:

— Oh!, obrigado! Vejo que não me repele! É muito generosa! Compreendeu que sou inteiramente seu! Deixe-me vê-la, deixe-me contemplá-la!

Um pé de vento que entrou pelas janelas franziu a toalha da mesa e, lá embaixo na praça, todas as grandes toucas das camponesas se levantaram, como asas de borboletas brancas que se agitassem.

"Aproveitamento de bagaço de sementes oleaginosas", continuava o presidente.

O homem apressava-se:

"Adubo flamengo, cultura do linho, drenagens, arrendamentos a longo prazo, serviços domésticos."

Rodolphe não falava mais. Eles se olharam. Um desejo supremo fazia-lhe estremecer os lábios secos; e, suavemente, sem esforço, os dedos se confundiram.[51]

Esse trecho é extraordinário porque, a princípio, não seria aconselhável pôr no mesmo texto duas cenas simultâneas ocorridas em dois espaços tão diferentes. O ficcionista se arrisca a não entendermos se ele quis se divertir conosco ou se não sabe o que deseja dizer. Mas Flaubert consegue sobrepujar esses problemas. Ao estabelecer os dois espaços — um, público; o outro, também público, mas nessa oca-

---

51 Ibid.

sião transformado em privado —, ele mostrou o quanto o pregão de animais e a referência ao estrume, permeando o diálogo entre Emma e seu apaixonado, servem como espelho da sordidez da situação forjada por Rodolphe. Só uma leitura superficial pode levar alguém a pensar em comédia.

Essa mesma relação espaço-personagem usou-a também Eça de Queirós em vários romances. Vejo isso representado numa obra que os críticos sempre aproximam de *Madame Bovary*, que é *O primo Basílio* (1878). Para lembrar o enredo até o ponto que nos interessa: Jorge, marido de Luísa, é mandado para um trabalho no Alentejo. Em sua ausência, chega a Lisboa, vindo do Brasil, um primo dela, Basílio. Este, um conquistador barato, passa a cortejar a prima, ex-namorada de adolescência; ela cede, e, em tempos sem motéis, ele aluga um apartamento para se encontrarem, a que chama de Paraíso. Cheia de fantasias românticas, sentindo-se uma personagem de Paul Féval, ela vai encontrá-lo pela primeira vez nesse ninho de amor.

> A carruagem parou ao pé de uma casa amarelada, com uma portinha pequena. Logo à entrada um cheiro mole e salobro enojou-a. A escada de degraus gastos subia ingremente, apertada entre paredes onde a cal caía, e a umidade fizera nódoas. No patamar da sobreloja, uma janela com um gradeadozinho de arame, parda do pó acumulado, coberta de teias de aranha, coava a luz suja do saguão. E por trás duma portinha, ao lado, sentia-se o ranger dum berço, o chorar doloroso de uma criança.
> Mas Basílio desceu logo, com o charuto na boca, dizendo baixo:
> — Tão tarde! sobe! Pensei que não vinhas. O que foi?
> A escada era tão esguia, que não podiam subir juntos. E Basílio, caminhando adiante, de esguelha:
> — Estou aqui desde a uma hora, filha! Imaginei que te tinhas esquecido da rua...
> Empurrou uma cancela, fê-la entrar num quarto pequeno, forrado de papel às listras azuis e brancas.
> Luísa viu logo, ao fundo, uma cama de ferro com uma colcha amarelada, feita de remendos juntos de chitas diferentes: e os lençóis grossos, de um branco encardido e mal lavado, estavam impudicamente entreabertos...
> Fez-se escarlate, sentou-se, calada, embaraçada. E os seus olhos,

muito abertos, iam-se fixando nos riscos ignóbeis da cabeça dos fósforos, ao pé da cama; na esteira esfiada, comida, com uma nódoa de tinta entornada; nas bambinelas da janela, duma fazenda vermelha, onde se viam rasgões; numa litografia, onde uma figura, coberta duma túnica azul flutuante, espalhava flores voando... Sobretudo uma larga fotografia, por cima do velho canapé de palhinha, fascinava-a: era um indivíduo atarracado, de aspecto hílare e alvar, com a barba em colar, o feitio dum piloto ao domingo; sentado, de calças brancas, com as pernas muito afastadas, pousava uma das mãos sobre um joelho, e a outra muito estendida assentava sobre uma coluna truncada; e por baixo do caixilho, como sobre a pedra dum túmulo, pendia dum prego de cabeça amarela uma coroa de perpétuas!

— Foi o que se pôde arranjar — disse-lhe Basílio. — E foi um acaso: é muito retirado, é muito discreto... Não é muito luxuoso...

— Não — fez ela, baixo. Levantou-se, foi à janela, ergueu uma ponta da cortininha de cassa fixada à vidraça: defronte eram casas pobres: um sapateiro grisalho batia a sola a uma porta; à entrada duma lojita balouçava-se um ramo de carqueja ao pé dum maço de cigarros pendente dum barbante; e, a uma janela, uma rapariga esguedelhada embalava tristemente no colo uma criança doente que tinha crostas grossas de chagas na sua cabecinha cor de melão.[52]

A degradação moral de Luísa — assim ela o sentia — é contada por estágios. Em primeiro lugar, sua fantasia já está atiçada pelos romances populares de Paul Féval, e ela atribui ao Paraíso seduções de sonho — ela é, não esqueçamos, uma das *vítimas* do romantismo detestado por Eça. A seguir, o choque de realidade: o lugar escolhido por Basílio era uma casa amarelada, com uma pequena porta. A partir daí, tudo piora: o cheiro salobro, a escada estreita, o reboco descascado, a "luz suja", os cômodos habitados por pessoas pobres, o quarto com lençóis grosseiros e meio encardidos, riscos de fósforos nas paredes. Para a sensibilidade burguesa de Luísa, esse lugar era o que poderia haver de mais repugnante.

Ora, você já percebeu o quanto as passagens de Flaubert e Eça se aproximam. Utilizando o espaço com intenções descritivas de estados emocionais ou morais, eles cooptam o leitor sem que seja preciso

---

52 Eça de Queirós, *O primo Basílio*. Porto Alegre: L&PM, 2011. (E-book.)

explicar as intenções de Rodolphe ou o sentimento de desonra experimentado por Luísa.

Interessante é constatar como o espaço, em vez de espelhar, pode ser o oposto do que está sentindo o personagem. O efeito é o mesmo: agravar o estado emocional. Isso se comprova noutro romance de Eça, pouco lido no Brasil, *A capital* (1925, póstumo).[53]

O enredo nos apresenta a um poeta romântico, Artur Corvelo, que, desesperado pela falta de perspectivas em sua pequena Oliveira de Azemeis, parte para Lisboa com uma herança no bolso. Lá, ele é extorquido por falsos amigos, que lhe prometem promovê-lo literariamente. Nada disso acontece. Por exemplo: do jornal *O Século*, esperava um elogio, e o que sai publicado é um grotesco final de parágrafo, o que lhe provoca uma justificada ira. Depois,

> Artur galgou a Calçada do Correio, falando alto de indignação. Na sua necessidade de desabafar, de rugir, correu ao quarto de Nazareno. Não o encontrou. Então foi sentar-se para o Passeio, debaixo de uma árvore, e ali ficou ruminando sua cólera. Uma grande doçura parecia cair do alto azul, puríssimo; o rumor da cidade chegava por fragmentos abafados, como se ficasse preso, enleado nas ramagens meio despidas. Um jardineiro regava. E na rua, onde a areia reluzia ao sol tépido, duas crianças muito loiras corriam, vigiadas por uma inglesa vestida de Verão, de lunetas azuis, que lia num banco, com um King Charles no regaço. Mas aquela paz de jardim burguês não o calmou. O mundo oficial, de que o "Século" era a expressão literária, parecia-lhe agora vil, de uma vileza pequena, piegas, com alguma coisa de senil e estúpido.[54]

Do que vimos, podemos concluir:

||||||||||||||||||||||||||||||||||||||||||||||||||||||||||||||||||||||||||||||

¶ Espaços descritos com intencionalidade conduzem o leitor a perceber por si mesmo o estado emocional dos personagens.

||||||||||||||||||||||||||||||||||||||||||||||||||||||||||||||||||||||||||||||

---

53 Embora não seja nosso atual tema, você perceberá que *A capital* apresenta muitos pontos de contato com *Ilusões perdidas*.
54 Eça de Queirós, *A capital*. Jaguaré: Montecristo, 2013. (E-book.)

Quando a focalização transforma o espaço

Poucos ficcionistas se dão conta de quanto o focalizador onisciente pode *transformar* o espaço, como se o submetesse a um poder mágico. Isso se observa no conto "A próxima linha", de Amilcar Bettega:

> De longe, tudo é exato e perfeito como num cartão-postal. O Morro de Santa Teresa é um bom lugar para ver o sol morrer no Guaíba. A cidade, metálica e contra o rio que só se vê do alto, é cristalizada sob uma camada de sons abafados, num murmúrio espesso, severa respiração de máquina deitada. Depois, reflexos mais amarelos, como bruscas pinceladas.

Aqui, há a interferência do focalizador onisciente:

> E de repente, como se os olhos queimassem, o que se vê é uma invenção: o céu tingido de vermelho, o próprio ar adquire uma atmosfera de sonho.
> A imagem nunca é real.

E logo há o retorno à estabilidade:

> Em seguida todas as coisas retomam suas cores, mais difusas, menos puras.
> Ali adiante, Carlos e Maria estão sentados no mirante de uma pracinha em frente aos prédios das emissoras de TV, olham-se nos olhos, os perfis recortados sobre a paisagem ao fundo, cada vez menos nítida.

E o texto conclui:

> A cidade já não tem horizonte.[55]

QUANDO O ESPAÇO CONDUZ A NARRATIVA

A descrição do espaço também pode ser uma ferramenta valiosa quando você *precisa* levar a história para a frente. Assim o ganho é duplo: você mescla narração e descrição, poupando passagens intei-

---

[55] Amilcar Bettega, "A próxima linha", *Os lados do círculo*. São Paulo: Companhia das Letras, 2004, p. 23.

ras. É o que vejo no texto abaixo, de Clarah Averbuck, quando o personagem descreve sua casa.

> Pelo menos tínhamos luz. Porque o telefone e a internet haviam sido cortados. Por algum milagre, ainda tínhamos água. Precisava me mandar logo. Não podia mais ficar naquela casa. Antônio aparecia em cada canto do quarto, eu o via dormindo na minha cama, nas paredes, nos rabiscos das paredes, sentado na cozinha com o violão no colo, na sala. E também porque temia que Dona Gemma surgisse acompanhada de homens fortes e armados com tacos de hóquei para me expulsar de lá.
> Mudar. Mudar de ares, mudar de casa, mudar de vida. Oitavo andar, com vista para a cidade. Uma casinha com um quintal cheio de plantinhas, com meus gatos espalhados ao sol enquanto eu fumava um cigarro. Um apartamentinho em Copa. Um muquifo em Nova York. Meu quarto de adolescente na casa dos meus pais. Qualquer lugar, menos aquela casa.[56]

No mesmo sentido, o texto de Carol Bensimon, ao descrever uma piscina, conta em síntese a história dos desajustes da família.

> A piscina é um buraco azul sem sentido, vazia, com uma água rala de chuva no centro e contornos pretos de sujeira, além de um tipo de besouro morto sobre uma folha maior do que ele. Parece mais funda que antes. Piscina vazia é a coisa mais deprimente que pode existir, porque está sempre nos levantando a placa do algo-não-vai-muito-bem. Acabou a infância, o almoço de domingo acabou, brigou um tio com o outro, acabou a paciência para o cloro e o ar livre foi ficando cada vez menos livre, furou o colchão e ninguém se preocupou em comprar outro três vezes sem juros no hipermercado mais próximo, é quente demais no verão e fria demais no inverno, tem folha que cai e doença de água parada e, se é só para olhar pela janela, não vale o trabalho e o custo, tudo tão menos divertido do que a gente imaginava que ia ser para sempre.[57]

Fazem sentido os sinais do abandono, dispersos em imagens conotativas, como o besouro morto sobre uma folha, o vazio da piscina,

---

56 Clarah Averbuck, *Vida de gato*. São Paulo: Planeta, 2004, p. 61.
57 Carol Bensimon, op. cit., p. 24.

doença de água parada. Eis como é possível ir à raiz das questões humanas tendo como ponto de apoio o espaço.

Em *Lolita* (1955), de Vladimir Nabokov, ainda nas páginas iniciais e antes da hecatombe que seguiria à paixão pela heroína do romance, vemos Humbert Humbert em Paris às voltas com sua "esposa de opereta" Valeria-Valetchka. Ele a expulsa de casa, depois de descobrir que ela tinha um amante russo. Valeria-Valetchka, então, derramando "torrentes de lágrimas tingidas por vestígios borrados de sua maquilagem multicor", coloca, sem muita ordem, seus pertences dentro de um baú, duas malas e um caixote. Está presente no apartamento o amante, que Humbert Humbert denomina *le gredin* (o desprezível). Num momento,

> Valetchka removeu, com um gesto floreado, sua calcinha cor-de-rosa da corda estendida acima da banheira; mas dava a impressão de ocupar todos os cantos da casa ao mesmo tempo, *le gredin*, ajustando sua compleição à anatomia do apartamento, lendo na minha poltrona o meu jornal, desatando o nó de um barbante, enrolando um cigarro, contando as colheres de chá, visitando o banheiro, ajudando sua comparsa a embrulhar o ventilador elétrico que o pai dela lhe dera e carregando sua bagagem para a rua.[58]

Veja o quanto a situação enfurecia Humbert Humbert, que via o amante "ocupar todos os cantos da casa ao mesmo tempo" e se ajustar à "anatomia do apartamento". Eis aí um hábil recurso, que aprofunda a humilhação de Humbert, algo que não ficará sem consequências no decorrer do romance.

||||||||||||||||||||||||||||||||||||||||||||||||||||||||||||||||||||||||||||||||

¶ Experimente *integrar* a narração com a descrição. Você não terá a soma das duas, mas uma nova realidade.

||||||||||||||||||||||||||||||||||||||||||||||||||||||||||||||||||||||||||||||||

---

[58] Vladimir Nabokov, *Lolita*. Trad. de Sergio Flaksman. Rio de Janeiro: Alfaguara, 2012. (E-book).

VOCÊ USA TODOS OS SENTIDOS EM SUA FICÇÃO?

Não encontrei melhor lugar para falar desse assunto senão aqui, onde estudamos o espaço: as sensações humanas decorrem da consciência de elementos externos, e estes compõem o espaço onde as coisas acontecem.

Os sentidos clássicos, os que aprendemos na escola, são cinco: visão, audição, tato, paladar e olfato. Os fisiologistas de hoje, porém, propõem acrescentar outros, como a dor, a fome, a temperatura corporal, a sensação de plenitude depois de comer, a premência de evacuar o intestino e a bexiga, o sentido de equilíbrio, a coceira. São sensações corpóreas *internas* e, por isso, entram como clandestinos neste capítulo; mas vamos admiti-los, pois interessam a nós como ficcionistas.

O assunto começa com uma pergunta: por que, se sentimos tudo isso em nosso corpo, não o colocamos em nossa ficção? Já pensei muito nesse tema, e minha tentativa mais consistente de responder passa pela tradição literária, que teima em privilegiar apenas dois sentidos: a visão e a audição, considerando os demais indignos de habitar a literatura. Eis aí uma hipótese, que não tenho como demonstrar. De qualquer maneira, é certo que estamos exercendo todos os sentidos *de modo contínuo e simultâneo*. Preste atenção em si mesmo. Você, se não tiver deficiência visual absoluta, está vendo algo, este texto. Ao mesmo tempo, está percebendo sons, sente cheiros indefiníveis, suas mãos são tocadas pelo contato macio deste livro — ou tablet —, está com frio ou calor ou sente a temperatura agradável, sua boca ainda guarda o sabor do café ou do vinho que bebeu há pouco, e sente uma leve dor, à qual atentou apenas agora, quando trago este assunto. Na Oficina realizamos alguns exercícios e, aos poucos, consolidamos uma ideia instrumental que pode ser expressa da seguinte forma:

||||||||||||||||||||||||||||||||||||||||||||||||||||||||||||||||||||||||||||||||

¶ Quanto maior o número de sensações físicas experimentadas pelo personagem, mais o leitor acreditará nele.

||||||||||||||||||||||||||||||||||||||||||||||||||||||||||||||||||||||||||||||||

Veja este fragmento de ficção de Monique Revillion:

Do mato brotava uma escuridão completa e uma umidade quase névoa que tornava viva a respiração do homem, a farda empapada de suor e medo. Junto, uma algazarra de insetos cercando a clareira, e a luz frágil da lanterna feito vaga-lume, detalhes revelados a esmo enquanto a vista se acostumava. Evitava os rostos, depois voltavam as noites, os olhos vagos, as bocas entreabertas, línguas repentinamente anfíbias a assombrar o sono.[59]

O soldado Ezequiel experimenta uma mescla de sensações, desde as exteriores — a visão do escuro e da "luz frágil da lanterna", a audição da algazarra dos insetos — até aquelas interiores — a "farda empapada de suor e medo". Neste último caso, há a fusão da percepção da umidade da farda com o medo, o que resulta num momento de forte presença dramática que prepara o conflito.

WERTHER E A CONSTÂNCIA ATUAL DO OLHAR ROMÂNTICO

A paisagem, e toda a natureza, é, como sabemos, uma invenção literária do romantismo — mas não só dele —, movimento que encontrou seu deflagrador na publicação de *Os sofrimentos do jovem Werther*, em pleno século XVIII. Essa novela de Goethe, da qual já nos ocupamos no capítulo dedicado ao personagem, também se impõe quando tratamos de nosso tema atual, pois o espaço em *Werther* é maleável de acordo com a percepção do personagem. Ao escrever ao amigo, ele projeta seus sentimentos no espaço rústico do entorno da pequena cidade.

Na carta de 10 de maio, primórdios da primavera no hemisfério Norte, ele relata a Guilherme o seu deslumbramento. Nesse ponto da novela, Werther está em paz consigo mesmo, sem imaginar a tragédia que lhe estava reservada. Sua percepção é positiva, quase mítica, exaltada:

Não poderia desenhar agora, nem sequer um traço, embora jamais tenha sido tão grande pintor quanto neste instante. Quando a bruma do vale se levanta a minha volta, e o sol altaneiro descansa sobre a

---

59 Monique Revillion, "Soldado Ezequiel", *Teresa, que esperava as uvas*. São Paulo: Geração Editorial, 2006, p. 50.

abóbada escura e impenetrável da minha floresta, e apenas alguns escassos raios deslizam até o fundo do santuário, ao passo em que eu, deitado no chão entre a relva alta, na encosta de um riacho, descubro no chão mil plantinhas desconhecidas... Quando sinto mais perto de meu coração a existência desse minúsculo mundo que formiga por entre a relva, essa incontável multidão de ínfimos vermes e insetinhos de todas as formas e imagino a presença do Todo-poderoso, que nos criou a sua imagem e semelhança, e o hálito do Todo-amado que nos leva consigo e nos ampara a pairar em eternas delícias...

A conclusão do parágrafo é reveladora de um anseio muito próprio da juventude de Werther, e da juventude do Sturm und Drang:[60] a paixão, o amor, o arroubo sentimental. Ele parece estar em busca de uma amada que representará, ainda que não o queira, a desgraça do jovem:

Ah, meu amigo, quando o mundo infinito começa a despontar assim ante meus olhos e o céu se reflete todo ele em minha alma, como a imagem de uma amada...

Já no ano seguinte, consumido pelo amor não correspondido por Carlota,[61] ele vê a paisagem com outros olhos, sensivelmente mais sombrios.

Do mesmo modo que a Natureza se inclina ao outono, o outono principia em mim e ao redor de mim. As minhas folhas amarelam, e as folhas das árvores vizinhas já caíram.

Poucos dias depois, ele está tomado pela saudade e por terríveis premonições:

Tantas vezes havíamos contemplado juntos aquele magnífico espetáculo e agora... Ia e vinha pela alameda que eu tanto amava; um quê de secreta simpatia tinha me levado para ali tantas vezes, antes mesmo de

---

60 Literalmente, "tempestade e ímpeto". É a expressão que caracteriza o movimento protorromântico alemão, inspirado por Herder e a que pertenciam também Goethe e Schiller.
61 Charlotte, no original. Apesar de adotar o nome traduzido aqui, é muito estranho chamá-la de "Carlota".

conhecer Carlota, e como nos alegramos quando descobrimos nosso afeto comum àquele lugarzinho, que realmente é um dos mais românticos que eu já vi ser pintados pela arte!

Primeiro tens a ampla perspectiva entre os castanheiros... Ah tá, agora me lembro que, pelo menos assim creio, já te escrevi longas páginas acerca disso, contando-te como as paredes de faias escurecem cada vez mais a alameda, até tudo terminar, ao final, num lugarzinho fechado que encerra todo o tremor da solidão. Sinto ainda a sensação de mistério que tomou conta de mim quando, sol a pino, entrei ali pela primeira vez; no fundo de minha alma já pressentia vagamente que cenário de felicidade e de dor ele haveria de ser um dia.

É curioso verificar a persistência centenária dessa perspectiva romântica em relação ao espaço. Claro que não falamos em romantismo tout court, pois agora os tempos são outros, e os personagens, bem mais *cínicos*, ou, pelo menos, com dificuldade em assimilar e repetir sem critério imagens que eram inéditas nos séculos XVIII e XIX, mas que se transformaram em clichês.

Acompanhemos o personagem Ann, da obra de Pascal Quignard, a já vista *Villa Amalia*, quando ela vai visitar, com seu amigo Georges, uma casa em que ele havia vivido.

A casa à direita, dissimulada pela hera, estava desabitada havia anos. Na primeira peça, que dava para o jardim, havia um velho aquecedor à lenha e uma grande mesa de bilhar carunchada. Na peça que dava para o rio Yonne, um leito de antigamente, com balaústres muito altos, cercado de prateleiras. No piso superior, um quarto vazio, com valises rebentadas no chão. As janelas, as três peças jogadas ao abandono, as velhas cortinas devoradas pelo cupim, tudo estava coberto de poeira.

— É insuportável!

Ann tinha o rosto de novo coberto por uma teia de aranha.

— Está infestado de teias de aranha.

— Meu vizinho é maluco por limpeza.

— Não vejo a relação.

— Tudo ali é passado por desinfetante, inclusive o poste da televisão, o forno, a caixa da correspondência. Ele é uma pessoa encantadora, mas não para de perseguir com uma bomba de inseticida todos os insetos que ele descobre. Assim eu explico por que nosso jardim regurgita. Todas as aranhas perseguidas encontram aqui o seu refúgio.[62]

Passa longe do romantismo essa reação espontânea de Ann a um ambiente decrépito e, para nós, assustador, em que uma teia de aranha lhe vela o rosto: "É insuportável!". Porém o fragmento (na verdade, o capítulo III) termina com uma descrição da paisagem com evocações românticas:

> Na beira d'água, ele lhe mostrou os inhames, o imenso roseiral, agora selvático, subindo a partir da margem, a velha barca do Loire, negra, pomares, os patos selvagens que mergulhavam debaixo das avelaneiras e vinham repousar a oeste, na canoa sob o salgueiro.
> A chuva muito fina caía sempre, sem romper o fio da bruma sobre o rio.
> A velha ponte de Teilly parecia flutuar fora do mundo, debaixo da bruma pluvial.[63]

Com esse exemplo, quero mostrar que, mesmo corrompida por longo uso e nem sempre da melhor maneira, a associação espaço-sentimentos do personagem ainda pode dar bons resultados. Basta que o *tom* dominante guarde a marca da atualidade, a qual, nessa obra de Pascal Quignard, é representada pela exclamação de Ann — impossível num personagem romântico —, bem como pelo diálogo dela com Georges a respeito do desinfetante usado pelo vizinho.

UM OLHAR DE PRIMEIRA VEZ

Certas ficções apresentam o espaço como uma *descoberta* do personagem. Há um ficcionista brasileiro, João Anzanello Carrascoza, que escreveu um conjunto de contos pensando nisso. Em *Aquela água toda* (2012), Carrascoza retrata personagens, em geral crianças, em face da primeira vez que vivenciam algo do mundo. Segundo o ficcionista: "Em

---

[62] Pascal Quignard, *Villa Amalia*, op. cit., p. 43. (Tradução minha.)
[63] Ibid., p. 44.

certas ocasiões, acho que só conseguimos mesmo mirar as pessoas e as coisas com um olhar de primeira vez, quando, vendo-nos sem a lente da expectativa, elas acabam por se revelar a nós, inteiras".[64]

Acompanhe um trecho do conto que dá título ao volume e talvez você se lembre da primeira vez que entrou no mar:

> Foi entrando, até que o mar, à altura dos joelhos, começou a frear o seu avanço. A água fria arrepiava. Mas era um arrepio prazeroso, o sol se derramava sobre suas costas. Deitou de peito na prancha e remou com as mãos, remou, remou, e aí a primeira onda o atingiu, forte. Sentiu os cabelos duros, o gosto de sal, os olhos ardendo.

Mas nem só crianças descobrem novos espaços. A técnica do olhar de primeira vez também pode ser usada com personagens adultos. Um bom exemplo é este trecho de *Um perigoso leitor de jornais* (2017), de Carlos Tomé:

> A Poterna superou as piores expetativas de Carlos. A entrada não era mais do que uma porta minúscula e, uma vez no interior do túnel, uma escadaria íngreme parecia mergulhar no vazio, tal era a escuridão. Às apalpadelas nas paredes foi descendo, receoso de escorregar nos degraus húmidos. Atrás de si António Faria soltava um gemido a cada degrau e murmurava algo indistinto. Julgou ouvi-lo dizer "merda!" quando chegaram a terreno plano, embora irregular. Uma luz difusa, que se foi tornando perceptível à sua frente, permitia a visão imprecisa de uma sala, aparentemente circular com, talvez, o dobro da largura e da altura do túnel, que logo prosseguia.
> — Exatamente como descreveu José Gregório. Só não me tinha falado desta escuridão. Não me espantaria que houvesse aqui morcegos.[65]

Nesse caso, há uma hábil descrição, dinâmica, em que o leitor é convidado a acompanhar a descoberta de Carlos e, junto com ele, sentir toda a ansiedade que advém de um espaço com esse grau de assombro e temor, para o que colabora um léxico que pertence ao

---

64 Esta e a próxima citação foram retiradas de: João Anzanello Carrascoza, *Aquela água toda*. São Paulo: Cosac Naify, 2012.
65 Carlos Tomé, *Um perigoso leitor de jornais*. Ponta Delgada: Artes e Letras, 2017, p. 203.

mesmo campo de significados: *porta minúscula, túnel, vazio, escuridão, degraus úmidos, luz difusa, visão imprecisa, morcegos.*

||||||||||||||||||||||||||||||||||||||||||||||||||||||||||||||||||||||||||||

¶ Não se preocupe em criar e descrever *de modo completo* os espaços durante a escrita — exceto se lhe ocorrerem ao natural. Se isso acontecer, aproveite. Você pode deixar para depois, quando já estiver com o texto adiantado e os personagens já bem nítidos. Com os recursos dos processadores de texto, é possível voltar a uma descrição, melhorá-la, seguir escrevendo, voltar a ela novamente, melhorá-la uma segunda vez, e assim por diante, até que fique no ponto desejável, isto é, em que o espaço esteja ali para ajudar sua narrativa, seja para fixar a questão essencial, seja para intensificar o conflito. Experimente.

||||||||||||||||||||||||||||||||||||||||||||||||||||||||||||||||||||||||||||

Espaços se aperfeiçoam, ou A ex-estância de Mariana

Relatarei agora um caso, ocorrido com uma aluna, em que o espaço principal de sua novela foi inicialmente descrito de maneira insatisfatória — resquício de um momento em que a autora começou a escrever quando ainda não tinha bem precisos a questão essencial do personagem e o conflito. Já sabemos que não é da melhor técnica avançar o texto sem ter razoavelmente nítidos esses dados fundamentais. Mas se isso acontecer com você, sempre há uma saída técnica. Mostrarei como evoluiu o caso e saída encontrada pela aluna.

É personagem central da novela uma mulher de meia-idade, Mariana, que retorna ao pampa e à estância onde viveu até a adolescência. Depois de trinta anos de visitas intermitentes e efêmeras, ela vem para retirar os últimos objetos, porque a casa, galpões, instalações, campo e gado, tudo já fora vendido em leilão, e era necessário desocupar o lugar para os novos donos.

Abaixo, uma descrição que estava no primeiro capítulo, quando Mariana chega à porteira:

> A casa da estância é grande, térrea. A fachada principal, deteriorada, tem duas portas e seis janelas. O telhado é de quatro águas e faltam algumas telhas. Salvo pelo abandono, em nada é diferente das seculares casas de estância do pampa.

A autora já ia pelo terceiro ou quarto capítulo quando concluiu que essa descrição, por vaga, quase abstrata, não representava a questão essencial de Mariana, pessoa generosa, mas impressionável, introvertida, que cultivava um temor indefinido pela vida e pelo futuro. A autora voltou à descrição e a retocou, no que resultou este segundo tratamento:

A casa de estância, vista da porteira, parece menor do que é. Mais de perto, Mariana constata sua grande dimensão, e o quanto as paredes estão tomadas pela umidade. Das duas portas, uma é apenas um vazio. Nenhuma das janelas está com seus vidros intactos. A cumeeira da cobertura de quatro águas apresenta várias telhas faltantes. Já viu inúmeras dessas casas no trajeto, mas nenhuma em tão mau estado.

A autora seguiu seu trabalho e, num capítulo bem avançado, concluiu que a descrição ainda não expressava Mariana. Voltou à descrição, mexeu aqui, ali, e assim ficou:

A casa de estância, vista da porteira, parece menor do que é. Mais de perto, Mariana constata como é grande, e, também, o quanto as paredes estão tingidas pela umidade que toma conta de tudo. Das duas portas, uma é apenas um vazio. Nenhuma das seis janelas está com seus vidros. Na cumeeira da cobertura de quatro águas faltam algumas telhas. Já viu inúmeras dessas casas no trajeto, mas esta parece destruída pela ação de um fantasma maléfico.

Quase ao final da novela, nossa autora concluiu que essa descrição era incompatível com o modo de ser de Mariana, que, além do receio visceral de tudo, suportava um temperamento sonhador, que elaborava hipóteses fantasiosas para explicar o mundo. Foi necessário fazer mais retoques:

A casa de estância, vista da porteira, parece menor do que é. Mais de perto, Mariana constata sua amplidão, e o quanto as paredes estão tomadas pela umidade que sobe até quase os beirais. Das duas portas, uma é apenas um vão aberto ao vento. Todos os vidros das seis janelas de guilhotina estão quebrados. Na cumeeira da cobertura faltam três telhas, o que é suficiente para provocar uma inundação. Ela viu umas dez dessas casas no trajeto, e, como escreverá em seu diário hoje à noite, "foi devastada pela ação dos fantasmas dos que aqui viveram e que talvez ainda vivam".

Olhando de perto essas quatro versões — a autora diz que deixou a última como definitiva —, é possível apreciar que se alteraram, e isso em dois sentidos.

Primeiramente, ganharam em concretude, o que fez com que a casa viesse para a frente do leitor. Assim, a fachada, que de início era apenas "deteriorada", na versão final passou a ter paredes "tomadas pela umidade que sobe até quase os beirais". Depois, na cumeeira onde faltavam "algumas telhas", a descrição ganhou mais força: "Na cumeeira da cobertura faltam três telhas". No segundo tratamento, sabemos que "Nenhuma das janelas está com seus vidros intactos", e na versão definitiva que "Todos os vidros das seis janelas de guilhotina estão quebrados" — ela insere uma ponta de drama ao incluir "de guilhotina" e ao terminar a frase em "quebrados", em vez do anterior e fraco adjetivo "intactos".

Em segundo lugar, ao final do parágrafo da versão final foi acrescentada uma brevíssima narração, em que Mariana, possivelmente à luz de uma vela — isso fica para a dedução do leitor —, escreve em seu diário. Olhando por cima do ombro dela, vemos que a casa, antes destruída por um único "fantasma maléfico" que assombrava o terceiro tratamento, agora "foi devastada" — melhor do que o medíocre "foi destruída" — "pela ação dos fantasmas dos que aqui viveram e que talvez ainda vivam".

É possível que você, se tiver paciência para tal, venha a descobrir novas alterações, mais sutis, de um tratamento para outro. Coisas foram acrescentadas, outras subtraídas, algumas entraram e desapareceram na versão final.

O exemplo mostra como uma descrição pode alterar-se — no caso, *deve* alterar-se — para evidenciar a complexidade do personagem e agravar o conflito. E demonstra, mais uma vez, como nenhum espaço pode ser inocente e sempre será uma *construção*, como quer Bachelard.

Quanto à novela da ex-aluna, pelo que me disse, ainda aguarda publicação — ou, o que eu suspeito, ainda está sendo objeto de inúmeros retoques.

ESPAÇO & TEMPO, UMA EQUAÇÃO LITERÁRIA

Nem todas as pessoas notam como o decurso do tempo é capaz de alterar nossa visão de um mesmo espaço, pessoa ou objeto. Você, como ficcionista e, portanto, atento a todas as experiências, já deve ter percebido esse fenômeno: ao voltar à casa ou ao apartamento da infância, tudo parece menor, mesquinho e, francamente, mais feio. Quanto a parecer menor, os estudiosos dizem que isso decorre do fato de que nossa estatura mudou nesse meio-tempo, levando-nos a uma alteração de escala. Quanto a achar pior — não sei o porquê disso. Talvez na infância nosso gosto estético fosse mais elástico. Talvez o espaço, naquela época, tivesse outra função — era nele que aconteciam nossas brincadeiras e projetávamos nossas fantasias. Hoje, com nossas conquistas, perdas, incoerências, estamos mudados — também no modo como entendemos o mundo. É fatal o contraste.

Se essas especulações adiantam pouco para a articulação lógica entre o tempo e o espaço em nossa cabeça, é certo que há inúmeros exemplos literários — e não precisamos procurar fora do nosso país — em que o tempo modificou, e muito, a perspectiva do personagem acerca do mesmo espaço, incluindo-se aí as pessoas e as coisas.

No início de *Barreira* (2013), de Amilcar Bettega, Ibo volta a Istambul após meio século, desde que a família imigrou para o Brasil. O que o personagem não compreende, antes da viagem, é que espera visitar uma cidade que já não existe a não ser em suas lembranças, que estão envoltas "por essa bolha concentrada de presente que a gente chama de infância".[66] Nessa bolha, estão "as idas ao colégio nas imediações de Galata e o futebol nos becos de Kasimpaşa" e as caminhadas de mãos dadas com o pai, "entre os pombos que disputam restos de comida, cascas de pistache e farelos de milho espalhados pelo amplo espaço lajeado à frente da Mesquita Nova".[67] Contudo, ao chegar à capital turca, Ibo sente que ninguém ali pode ser mais estrangeiro do que ele. Sua percepção de Istambul perdeu o prazo de validade. Pensa até mesmo em dizer ao motorista do táxi para conduzi-lo de volta ao aeroporto:

---

66 Amilcar Bettega, *Barreira*. São Paulo: Companhia das Letras, 2013, p. 14.
67 Ibid., p. 22.

> [...] não quero fazer de conta que retorno a um lugar onde nunca estive, não quero ver prédios e passar por praças e ruas sem as reconhecer e com a sensação de ter sonhado, ou inventado, que um dia passei por elas [...].[68]

Por fim, ele se dá conta de que foi "um absurdo imaginar que poderias encontrar alguma coisa que condissesse com a tua memória pálida de cinquenta anos atrás".[69]

Trata-se de um caso extremo, de uma visita feita depois de muitas décadas. Mas a percepção sobre um fato ou alguém pode se alterar num período de tempo bem mais curto. O personagem central de *O ventre*, de Carlos Heitor Cony, serve de exemplo. Aos olhos da família, ao contrário do irmão, um "prodígio no rebanho", ele é um "rude espinho".[70] Por isso, acaba enviado a um internato. Um ano depois, quando retorna para a temporada de férias escolares, a moldura na qual sua memória tinha fixado a casa e também a mãe não faz mais sentido:

> A mãe pareceu-me mais velha, os cabelos brancos acentuavam o silêncio de sua cabeça. Dentro das órbitas escuras, dois olhos tristes. A casa, pequena e ridícula. Habituado aos dormitórios, aos refeitórios, a tudo terminado em ório e grande, achei ridícula a nossa velha sala de jantar, atravancada de móveis complicados.[71]

Observe que o tempo que ele passou distante faz com que note detalhes para os quais não atentava antes. Ele não diz que a mãe tem mais cabelos brancos do que há um ano. É que, para ele, os cabelos brancos agora "acentuavam o silêncio de sua cabeça" e contrastam com os olhos escuros e tristes. Essa nova percepção, moldada pela distância temporal, "envelhece" a mãe. No que se refere à casa, os cômodos continuam iguais em sua metragem objetiva. Só que no ano vivido no internato o personagem passou por novas experiências, ampliou seu conhecimento de mundo, acostumou-se a construções mais espaçosas, então a casa lhe parece "pequena e ridícula".

---

68 Ibid., p. 26.
69 Ibid., p. 25.
70 Carlos Heitor Cony, *O ventre*. São Paulo: Companhia das Letras, 1998, p. 15.
71 Ibid., p. 28.

UM ESPAÇO PARA PROUST

Esse título deveria ser "Um espaço *de* Proust", mas o deixei assim mesmo, com seu instigante duplo sentido. Importa que o trecho abaixo é próprio para fechar este segmento. Gosto dele. Proust reflete de modo delicado e arrasador na perspectiva da díade espaço-tempo. Não farei qualquer comentário, deixando isso para sua percepção sensível. E assim nos preparamos para o próximo capítulo, que tratará justamente do tempo. Agora, Proust:

> Ai!, na avenida das Acácias — a alameda dos Mirtos — tornei a ver algumas, velhas, que não eram mais do que as sombras terríveis do que tinham sido, errantes, a procurar desesperadamente não se sabia o quê, pelos bosques virgilianos. [...] grandes pássaros cruzavam rapidamente o Bosque, como a um bosque, e, soltando gritos agudos, pousavam um após outro nos grandes carvalhos, que, sob a sua coroa druídica e com uma majestade dodônea, pareciam proclamar o vazio inumano da floresta desapropriada, e me ajudavam a melhor compreender a contradição que existe em procurar na realidade os quadros da memória, aos quais faltaria sempre o encanto que lhes vem da própria memória e de não serem percebidos pelos sentidos. A realidade que eu conhecera não mais existia. Bastava que a sra. Swann não chegasse exatamente igual e no mesmo momento que antes, para que a avenida fosse outra. Os lugares que conhecemos não pertencem tampouco ao mundo do espaço, onde os situamos para maior facilidade. Não eram mais que uma delgada fatia no meio de impressões contíguas que formavam a nossa vida de então; a recordação de certa imagem não é senão saudade de certo instante; e as casas, os caminhos, as avenidas são fugitivos, infelizmente, como os anos.[72]

---

72 Marcel Proust, *No caminho de Swann*. Trad. de Mario Quintana. São Paulo: Globo, 2006, pp. 507-8.

7. PERSONAGENS DESDENHAM SEUS RELÓGIOS DE PULSO
O TEMPO

> *Se não me perguntam, eu sei o que é o tempo.*
> *Se me perguntam, não sei dizer o que é.*
> AGOSTINHO DE HIPONA, *Confissões*

> *Os dias talvez sejam iguais para um relógio,*
> *mas não para um homem.*
> MARCEL PROUST, "Feriados de Páscoa", *Le Figaro*,
> 25 de março de 1913

Pelas epígrafes acima, e por sua experiência de vida, você já percebeu que o tempo é uma questão irresolvida. Escutamos dizer: "Este ano, diferente do anterior, está muito devagar", "Não vi a semana passar", ou "Fiquei uma eternidade na sala de espera do dentista". "Como o Natal está custando a chegar", diz a criança em julho. Há também uma ideia, expressa pelos velhos, de que o tempo vai mais ligeiro do que quando eram novos.[1] Numa carta que Mona escreve à amiga Lolita — personagens de Nabokov no romance *Lolita* (1955) —, falando de uma peça de teatro, ela diz:

> Agora que está tudo acabado, as aulas, a peça, toda a confusão em torno de Roy, o confinamento da mãe (nosso bebê, infelizmente, não sobreviveu!), tudo parece ter acontecido muito tempo atrás, embora eu praticamente ainda traga no rosto alguns vestígios de pintura.[2]

---

1 Posso assegurar que isso é verdadeiro. E como.
2 Vladimir Nabokov, op. cit.

É evidente o descompasso entre o relógio e o tempo que sentimos passar. Se Agostinho renuncia a nos esclarecer esse assunto, Proust, no entanto, lança uma ideia interessante, que podemos transpor para a escrita de ficção através de algumas ferramentas.

||||||||||||||||||||||||||||||||||||||||||||||||||||||||||||||||||||||||||||

¶ O tempo invariável é uma convenção dos relógios e dos calendários. Na ficção, assim como o espaço, é uma percepção subjetiva do personagem. Personagens diferentes têm percepções diferentes do mesmo tempo.

||||||||||||||||||||||||||||||||||||||||||||||||||||||||||||||||||||||||||||

O TEMPO INVARIÁVEL

Desde alguns milênios, medido por instrumentos dos mais primitivos — como a clepsidra — aos mais aperfeiçoados — como o relógio atômico —, o tempo vem regendo a vida de todos. O relógio é uma (ótima) invenção dos astrônomos, ainda que nos falem o quanto se alterou o conceito de tempo depois da teoria da relatividade geral. Por razões práticas, o tempo é medido por instrumentos cada vez mais aperfeiçoados, e mesmo nos aparelhos primitivos — como a clepsidra — vem regendo a vida de todos há alguns milênios. E o tempo não tem retorno: é uma marcha inexorável para adiante, que jamais se detém e jamais retroage. Nem pode ser apressado, nem retardado.

Por isso, nos impressiona a passagem do conto "O Sul", de Jorge Luis Borges, narrativa da qual já falamos, transcrita abaixo. Sabemos que Juan Dahlmann, depois de uma grave enfermidade, tem alta da clínica e, por conselho médico, deve ir para o Sul. Decidido a isso, encaminha-se para a estação férrea, a fim de pegar o trem. Como falta ainda meia hora para o horário da partida, vai gastá-la num café, onde

> [...] havia um enorme gato que se deixava acariciar pelos clientes, como uma divindade desdenhosa. Entrou. Lá estava o gato, adormecido. Pediu uma xícara de café, adoçou-o lentamente, provou-o (esse prazer lhe tinha sido vedado na clínica) e pensou, enquanto alisava o pelo negro, que aquele contato era ilusório e estavam como que separados

por um vidro, porque o homem vive no tempo, na sucessão, e o mágico animal, na atualidade, na eternidade do instante.[3]

A passagem diz bem quanto o tempo estacou para o animal, que vive a eternidade do presente, ao passo que, para o homem, o tempo corre (*tempus fugit*, lia-se nos relógios), fazendo dele um ser que vive "na sucessão" que o leva ao aniquilamento.

Essa fatalidade, entretanto, pode ser subvertida pela arte, e quem mais tem esse poder é o ficcionista. Você pode narrar eventos do futuro, voltar ao passado, deter-se no presente, acelerar o tempo, comprimi-lo, invertê-lo, enfim, fazer o que lhe pareça mais interessante. É isso que veremos neste capítulo.

Usando o tempo do relógio a seu favor

Poucos ficcionistas usam o tempo "oficial" como demarcação do tempo da narrativa; caso usem, ele pode vir expresso em horas, dias, meses, anos. É um recurso interessante, que poderia ser mais utilizado, mas considerando que essa marcação do tempo transcorrido *deve fazer sentido dentro da narrativa*.

As cartas de Werther, por exemplo, são datadas com o dia e o mês em que foram escritas. Nesse caso, a datação faz sentido, possibilitando que o leitor compreenda melhor o desenvolvimento das emoções do jovem e avalie como sua "doença" se acelerou num curto tempo: a primeira menção a Carlota ocorre na carta destinada a Guilherme, escrita em 16 de junho de 1771; ali, ela é uma desconhecida, e a menção de que está noiva o deixa indiferente. Ao conhecê-la, porém, Werther fica logo encantado, tanto que, em 1º de julho, a carta termina referindo-se a ela com: "Oh, meu anjo! E é por ti que devo viver". Transcorreram, portanto, apenas quinze dias para Werther considerar-se encantado — e apaixonado — por Carlota. Essa paixão progride de modo acelerado até o ponto do suicídio. Em 21 de dezembro do ano seguinte, antes de matar-se, escreve uma carta a Carlota, que é entregue a ela após a morte de Werther. Entre o surgimento da paixão e o suicídio, tudo durou dezoito meses. Pouco? Muito? Eis a pergunta que Goethe deixa para o leitor. Uma aluna me disse, entre séria e

---

3 Jorge Luis Borges, op. cit.

engraçada, que esse é o tempo que duram as relações amorosas hoje. "No máximo, dois anos", concluiu, "só que não terminam em suicídio."

O tempo "oficial" também está expresso em *De mim já nem se lembra* (2016), de Luiz Ruffato. O texto inicia com uma explicação de um homem maduro, que conta ter encontrado um maço de cartas escritas por seu finado irmão, um jovem do interior de Minas Gerais que, na década de 1970, migra para São Paulo para trabalhar como metalúrgico. A seguir, o leitor tem acesso às cartas. A primeira é de 2 de fevereiro de 1971; a última de 5 de março de 1978, data próxima à morte do irmão num acidente automobilístico. A delimitação temporal se justifica, primeiro, pelo contexto da época retratada: o país estava sob ditadura e nas cartas se percebe como o personagem vai ganhando consciência política a partir de seu envolvimento com o sindicato. A datação também é fundamental para mostrar que o jovem, um dos muitos que enchiam "os ônibus alugados por firmas de São Paulo, abandonando desconsoladas mães e namoradas",[4] escrevia com regularidade no começo de sua vida na capital paulista, mas, pouco a pouco, seus laços com a cidade natal vão se esgarçando, e o período entre uma carta e outra se alonga.

Além da expressão desse tempo "oficial", o livro também nos fornece um exemplo de percepção subjetiva do tempo. No capítulo final, composto de uma carta ao irmão morto, em que relembra que "hoje faz trinta anos da sua morte", ele reflete:

> Nunca mais soubemos da Nena, da mãe dela, da Eliane... Engraçado que, para mim, ficou a impressão de que elas nunca existiram no tempo, mas apenas naquele momento específico, como se criadas para coadjuvar uma rara ocasião de felicidade em nossa família, tão afeita a tragédias. Não me lembro de rostos, indumentária, situações, nada, somente vozes que ecoam suspensas num universo sem relógios nem idades. Na fotografia em que estamos juntos, entretanto, o tempo está presente: seus olhos miram o retratista e o que vemos é a imagem de alguém que parecia saber que nunca iria frutificar. A Celeste casou, mudou para Vitória, teve dois filhos, envelheceu... Envelheci, envelhecemos todos... Menos você, que permanece com 26 anos, ardendo inexoravelmente em minhas lembranças.[5]

4 Luiz Ruffato, *De mim já nem se lembra*. São Paulo: Companhia das Letras, 2016, pp. 133-4.
5 Ibid., pp. 135-6.

Voltando a falar de obras que adotam o tempo "oficial" para demarcar os acontecimentos, parte dos capítulos de *Outra vida*, de Rodrigo Lacerda, romance já tratado neste livro, tem como título a hora exata em que a ação transcorre. Relembremos: a história se passa numa rodoviária, onde o marido, a esposa e a filha pequena aguardam o momento do embarque. O primeiro capítulo está "registrado" às 7h15 da manhã, o último, às 9h30. Nessas duas horas e quinze minutos, o casamento soçobra, e o leitor vai acompanhando a crise aumentar conforme os minutos avançam.

O tempo "real" desempenha um papel preponderante também no conto "Sobre pessoas normais" (2016), de Marcela Dantés. A narrativa retrata um homem internado há cinco meses e que, desde que o irmão lhe trouxe um relógio de parede, "uma caixa redonda de aço inox, números pretos dançando num fundo quadriculado, tudo muito modernista ou obsceno para a assepsia do hospital",[6] acostumou-se a cronometrar a rotina. Assim, ele repara, de modo obsessivo, nos horários e na duração de tudo que lhe acontece. O jantar, por exemplo, é servido às 6h46 em ponto, exceto aos sábados, quando atrasa exata meia hora. O médico nunca permanece mais do que três minutos na visita diária para fazer o prontuário, ao contrário das enfermeiras, que nunca se demoram menos de três minutos.

No final, o leitor descobre que o personagem ficou paraplégico e que o presente da narrativa é o último dia de sua internação. Todos ao seu redor consideram a data especial, mas ele se atém ao relógio: às 5h39, a enfermeira entra no quarto, "sorridente e verborrágica", para trocar o soro; às 5h41, ele pede água pelo interfone, e a água é trazida sete minutos mais tarde; às 6h20, o irmão chega "sempre bem-humorado", empurra-o na cadeira de rodas para uma volta pelo hospital, depois esperam pelo médico por 45 minutos, até que este aparece, preenche o último prontuário e dá alta ao paciente. O personagem, então, encontra-se apto a voltar ao mundo das "pessoas normais" — como ele se refere aos não cadeirantes —, mas não se mostra empolgado. Talvez fosse mais fácil continuar no hospital, guiando-se pelo relógio de parede que "estava ali para fazer o tempo passar".

---

6 Marcela Dantés, *Sobre pessoas normais*. São Paulo: Patuá, 2016, p. 55.

Não posso terminar este segmento sem evocar uma experiência única na literatura: a novela *O cerco* (1956), de Alejo Carpentier,[7] ficcionista de que já falamos.

A ação se passa em Havana, durante a ditadura de Fulgencio Batista — pelo menos, assim leitores e críticos têm situado o tempo e o espaço da narrativa. Um jovem militante de esquerda é perseguido por seus ex-camaradas, porque acabara de romper com sua facção revolucionária após uma tortura que lhe é aplicada pela polícia. Consideram-no traidor e assassino, tanto a polícia como os camaradas. Na sua fuga, desnorteado, ele se depara com a Sala de Concertos (Teatro Nacional de la Habana?), decide entrar, entrega uma nota graúda ao homem da bilheteria e, sem esperar o troco, irrompe pela porta principal e se esconde entre o público que procura seus lugares para assistir à orquestra interpretar a *Sinfonia heroica*, de Ludwig van Beethoven. Seus dois perseguidores, aproveitando-se da confusão, embarafustam também no teatro. O que se segue é o cerco a que refere o título. O jovem, oculto entre os assistentes, ainda aterrorizado, escuta o primeiro movimento da sinfonia (*Alegre com brio*, traduzindo), interagindo com a execução:

> Oh! Esses instrumentos que me batem nas entranhas, agora que estou melhor; aquele que bate nos seus caldeirões,[8] batendo-me, a cada vez, no meio do peito; esses de cima, que tanto soam na minha direção, com essas vozes que saem dos seus buracos negros; esses violinos que parecem serrar as cordas, desgarrando, rangendo nos meus nervos; isto cresce, cresce, me fazendo mal [...].[9]

Carpentier, ele mesmo musicólogo de competência profissional, utilizou os movimentos da célebre sinfonia para marcar as ações interiores do rapaz na sala de concertos; são quatro os movimentos dessa obra de Beethoven, cada qual com seu próprio "espírito".

Seus perseguidores, entretanto, aguardam a presa nas últimas fileiras detrás da plateia, o que só faz aumentar a angústia da cena.

---

7 Alejo Carpentier, *O cerco*. Trad. de Eliane Zaguri. São Paulo: Global, 1988.
8 Assim parecem ao olhar do pouco familiarizado com a música sinfônica; são simplesmente os tímpanos, que têm a aparência de caldeirões.
9 Alejo Carpentier, op. cit., p. 20.

O rapaz assim reage ao segundo movimento (*Marcha fúnebre*):

A orquestra torna a tocar; alguma coisa grave, triste, lenta. E é a estranha, surpreendente, inexplicável sensação de conhecer isso que estão tocando [...] mas eu quase poderia cantarolar essa melodia que agora se ergue e marcar o compasso desse deter e adiantar um pé e outro pé, lentamente, como se fosse andando, e entrar em alguma coisa onde domina aquele canto de tom ácido e depois a flauta e depois essas pancadas tão fortes, como se tudo tivesse acabado para tornar a começar. "Que linda essa marcha fúnebre" — diz a mulher da raposa para o homem de mais adiante.[10]

O decorrer da sinfonia provoca diversos monólogos silenciosos no fugitivo, o que é coroado com um *Final muito alegre*, mas que, de modo irônico, acaba em tragédia.

O tempo habitual de execução dessa obra é de 45 minutos — embora na novela um personagem fale em 46 minutos, mas isso não importa —, e esse é o tempo demarcado da narrativa *atual*. Tudo está comprimido nesses três quartos de hora que abrem espaços para flashbacks estonteantes.

Em suma, aqui faz sentido utilizar o tempo cronológico, pois este é capaz de catalisar nosso interesse, e isso porque logo percebemos que, a cada minuto, mais um drama se acrescenta a essa verdadeira *audição* ficcional. Costumo indicar *O cerco* aos meus alunos quando preciso de um exemplo a mais do bom uso do tempo dos relógios, que, como adverti antes, é pouco prestigiado pelos ficcionistas. Não tenho uma explicação convincente para isso, quiçá se considere um recurso pobre em possibilidades dramáticas, quando é justo o contrário.

||||||||||||||||||||||||||||||||||||||||||||||||||||||||||||||||||||||||

¶ Caso você queira escrever uma narrativa marcada pelo tempo "oficial", atente à circunstância de que deve haver uma relação perceptível desse tempo medido com o conflito da narrativa. Faça algumas experiências, tendo um relógio à vista, e veja como ficou. Pode ser que você se surpreenda.

||||||||||||||||||||||||||||||||||||||||||||||||||||||||||||||||||||||||

10 Ibid., pp. 20-1.

Em vez de delimitar o tempo com rigor, há quem prefira deixar vagas ou até inexistentes as marcações temporais, como acontece nos contos de fadas, com o "Era uma vez..." que nos embalou as leituras da infância. É curioso: não desgostamos dessas histórias, ainda hoje, pois essa atemporalidade nos contempla com um universo em que toda fantasia é possível.

Pensando em tempos míticos, Mário de Andrade, em *Macunaíma* (1928), faz um exercício do gênero:

> No fundo do mato-virgem nasceu Macunaíma, herói da nossa gente. Era preto retinto e filho do medo da noite. Houve um momento em que o silêncio foi tão grande escutando o murmurejo do Uraricoera, que a índia tapanhumas pariu uma criança feia. Essa criança é que chamaram de Macunaíma.
>
> Já na meninice fez coisas de sarapantar. De primeiro passou mais de seis anos não falando. Si o incitavam a falar exclamava:
> — Ai! que preguiça!...[11]

Esse recurso de um tempo-sem tempo permite ao ficcionista interpretações de caráter histórico, artístico e sociológico. Hoje esse procedimento é mais raro, persistindo em obras de conteúdo alegórico, como em *A jangada de pedra* (1986), de José Saramago, e *Lueji* (1990), de Pepetela, ou nas obras de J. J. R. Tolkien e, ainda, nos dias que correm, nas de George R. R. Martin.

A PERCEPÇÃO DO TEMPO

A realidade interior do personagem funciona com outro timing, ora transcorrendo mais rapidamente do que as horas oficiais, ora de modo mais lento. Isso, ao contrário do que parece, é uma grande ajuda para nós, ficcionistas, pois nos possibilita aumentar o número de artifícios para reforçar o conflito.

---

11 Mário de Andrade, *Macunaíma, o herói sem nenhum caráter*. São Paulo: Penguin Classics Companhia das Letras, 2016, p. 39.

Antes de prosseguir, preciso mostrar que todos os escritores têm de lidar com uma realidade a que chamo de "quadrilátero do tempo".

Decifrando os ângulos:

TE: tempo da escrita, isto é, o tempo que o ficcionista leva para escrever, por exemplo, um capítulo curto. Digamos, seis horas.

TN: tempo da narrativa, que vem a ser o tempo abrangido por esse capítulo. Digamos, três horas.

TP: tempo como percebido pelo personagem, que, como sabemos, pode variar ad infinitum.

TL: tempo da leitura; é o que levamos para ler esse capítulo. Digamos: doze minutos.

O ficcionista deve lidar, *de modo concomitante*, com as seis horas que leva a escrever, sabendo que a narrativa se desenvolve em três horas e que talvez essas três horas sejam percebidas como vinte minutos ou como doze horas pelo personagem. Além disso, em especial se for uma cena — em que há identidade entre o tempo da leitura e o tempo transcorrido —, deve-se considerar que o leitor levará doze minutos para ler.

Parece confuso, eu sei, mas é algo inescapável, com o qual teremos de lidar. Então melhor saber do principal risco envolvido em não considerar esses tempos.

||||||||||||||||||||||||||||||||||||||||||||||||||||||||||||||||||||||||||||||

¶ O risco é o de equiparar o tempo da escrita com o tempo decorrido na narrativa. Por um mecanismo que não entendo bem, se o ficcionista leva seis horas para escrever o capítulo, ele é tentado a pensar que na narrativa também transcorreram seis horas, e não apenas três. O risco é mais recorrente quando escrevemos *cenas*. Mas essa sensação só a experimenta na integralidade quem já passou pela experiência de escrever textos ficcionais.

||||||||||||||||||||||||||||||||||||||||||||||||||||||||||||||||||||||||||||||

Certa vez, líamos em aula "Os pistoleiros",[12] clássico conto de Hemingway. Nosso interesse focava-se apenas na construção do diálogo. Como de costume, a leitura era interrompida a todo momento, para observações dos alunos e minhas. Concluído o trabalho e antes que fôssemos para o intervalo, um aluno pediu que relêssemos o início, em que ele havia notado "uma coisa". Entre algumas reclamações dos que queriam tomar café, mas também estavam intrigados, fizemos a vontade dele. Tentarei sintetizar.

No conto de Hemingway, dois tipos suspeitos chegam ao bar de George, sentam-se ao balcão e, depois de uma tensa conversa, fazem seus pedidos. Atenção: o diálogo transcorre em *tempo real*, sem interrupções, exceto brevíssimas descrições dos dois fregueses, mas que não implicam transcurso de tempo.

— Me dê presunto com ovos — disse o homem chamado Al. Usava chapéu-coco e sobretudo preto estilo jaquetão. Tinha rosto pequeno, pele branca e lábios finos. Usava luvas e cachecol de seda.
— Eu quero bacon com ovos — pediu o outro. Tinha mais ou menos a mesma estatura de Al. As feições eram diferentes, mas os dois se vestiam como gêmeos. Ambos usavam sobretudo muito apertado. Sentavam-se inclinados para a frente, os cotovelos no balcão.
— Tem alguma coisa para beber? — perguntou Al.
— Cerveja clara, bevo, ginger-ale — informou George.
— Perguntei se tem alguma coisa para beber.
— O que eu disse.
— Esta cidade é muito quente — reclamou o outro. — Como é o nome?
— Summit.
— Já ouviu falar? — perguntou Al.
— Nunca — afirmou o amigo.
O que é que as pessoas fazem aqui de noite? — perguntou Al.
— Jantam — disse o outro. Todos vêm aqui e comem o jantarão.
Acertou — assentiu George.
— E você acha que está certo? — perguntou Al a George.
— Acho.
— Você sabe das coisas, hein?
— Sei — concordou George.
— Pois não sabe — retrucou o outro. — Será que sabe, Al?
— Ele é tapado — tachou Al. Virou-se para Nick. — Como é seu nome?

---

12 Por vezes referido como "Os assassinos".

— Adams.
— Outro rapaz sabido — debochou Al. — Ele não é sabido, Max?
— A cidade é cheia de rapazes sabidos — disse Max.
George pôs no balcão os dois pratos, um com presunto e ovos, o outro com bacon e ovos. Ao lado pôs mais dois pratos com batatas fritas e fechou a portinhola da cozinha.[13]

"Espere, aqui tem um problema", disse o aluno. "Sei fazer presunto com ovos e nunca conseguiria em um minuto e vinte segundos." Perguntamos de onde ele tirara aquilo. "É fácil: contei no cronômetro do celular o tempo a partir do momento em que Al faz o pedido até o momento em que George põe no balcão o prato já pronto. Um minuto e dezoito segundos. E isso que não somei o pedido do outro homem, bacon com ovos. E na cozinha tinha apenas um cozinheiro." Contamos e recontamos o tempo, apelamos para os conhecimentos culinários de pessoas consultadas por telefone e concluímos que o aluno tinha razão. Pessoas práticas são atentas aos pormenores, e não podemos subestimar suas observações.

Depois do intervalo, discutimos o assunto, e imaginamos que Hemingway levou um tempo bem maior do que um minuto e dezoito segundos para escrever o que acontece entre o pedido e a entrega dos pratos, e identificou o tempo da escrita com o da narrativa. O mais curioso é que resistiu a todas as revisões, inclusive às do próprio ficcionista.

O mesmo aluno se empolgou com a possibilidade de encontrar "falhas de continuidade" em grandes obras da literatura e, na aula seguinte, veio com outro exemplo. Ele cronometrou o tempo de leitura da cena do jantar que consta no capítulo VI de *O retrato de Dorian Gray*, de Oscar Wilde.

Dorian, seu amigo Lord Henry e Basil Hallward, o pintor do famoso retrato, encontram-se numa "sala privativa no Bristol, onde o jantar fora servido para três",[14] e, assim como no conto de Hemingway, o diálogo transcorre em *tempo real*, apenas com ligeiras interrupções para descrever algum gesto ou reação dos personagens.

---

13 Ernest Hemingway, "Os pistoleiros", *Contos*. Trad. de J. J. Veiga. Rio de Janeiro: Bertrand Brasil, 2015. v. 2. (E-book).
14 Oscar Wilde, *O retrato de Dorian Gray*. Trad. de Paulo Schiller. São Paulo: Penguin Classics Companhia das Letras, 2012. (E-book.) As próximas citações dessa obra também são transcritas dessa edição.

Pois bem, do momento em que "eles se sentavam à pequena mesa redonda", quando Dorian diz que "Na verdade não há muito para contar", até o fim do jantar, inferido pela pergunta de Lord Henry: "Querem um pouco de café, amigos?", foram sete minutos de leitura.

"Ora", o aluno disse, "nem num fast-food a gente come em tão pouco tempo, quanto mais no restaurante de um hotel chique."

Sim, era verdade, e o problema se repete na continuação da cena. Repare você mesmo:

"Garçom, traga café, e fine-champagne, e alguns cigarros. Não: esqueça os cigarros; eu tenho alguns. Basil, não posso lhe permitir que fume charutos. Você tem de fumar um cigarro. Um cigarro é a forma perfeita de ter um prazer perfeito. Ele é primoroso e não deixa ninguém insatisfeito. O que mais alguém pode querer? Sim, Dorian, você sempre vai ter apreço por mim. Eu represento para você todos os pecados que nunca teve coragem de cometer."

"Como você fala bobagens, Harry", exclamou o rapaz, aproveitando a chama de um dragão de prata que cuspia fogo posto pelo garçom sobre a mesa. "Vamos ao teatro. Quando Sibyl entrar no palco você terá um novo ideal de vida. Ela vai representar algo que você nunca conheceu."

"Eu conheci tudo", disse Lord Henry, com um ar cansado nos olhos, "mas estou sempre pronto para uma nova emoção. Receio, porém, que para mim, seja como for, não exista tal coisa. Ainda assim, a sua garota maravilhosa pode me excitar. Eu adoro o trabalho dos atores. Ele é muito mais real que a vida. Vamos. Dorian, você vem comigo. Sinto muito, Basil, mas há lugar somente para dois na carruagem. Você deve nos seguir em uma charrete."

Eles se levantaram e vestiram os casacos, sorvendo o café de pé.

Mesmo que poucos leitores se deem conta dessas minúcias, os mais rigorosos podem se incomodar com o criado ter trazido à mesa o "dragão de prata que cuspia fogo" em poucos segundos. O mesmo quanto ao café. Em aula, nosso tempo de leitura dessa parte da cena foi de pouco mais de um minuto. Um café mais que *espresso*, digamos.

Deixando de lado a piada, os exemplos nos alertam para um desajuste: Oscar Wilde, assim como Hemingway, devem ter identificado o tempo da escrita com o da narrativa, em vez de, como seria ideal, equiparar o tempo transcorrido na cena ao de leitura. Em ambos os casos — é bom deixar claro —, essa falta de ajuste não desmerece a qualidade das obras. Porém, dependendo da maior ou menor atenção do ficcionista, isso pode levar a equívocos catastróficos.

REGULANDO O TIMING DOS EVENTOS

O ficcionista, já vimos, detém a autoridade de submeter o tempo a todas as torções possíveis. Num texto bem trabalhado, através da técnica adequada, um único instante pode ocupar várias páginas. Ainda mais se esse instante representar algo decisivo. Atentemos para o conto de José Saramago "A cadeira", incluído na coletânea *Objecto quase* (1978),[15] em que o ficcionista narra a queda de uma cadeira com seu dono nela sentado. Um evento como esse dura dois ou três segundos, e, no entanto, a leitura ocupa mais do que meia hora. Imagino o quanto Saramago sentiu-se vingado ao fazer essa cadeira cair no decorrer de quase vinte páginas. Trata-se de uma escancarada alegoria do final da ditadura portuguesa, à qual o ficcionista se opunha, e o homem que vai ao chão é o próprio ditador, António Salazar. Aqui vão alguns trechos, escolhidos por sua relevância na narrativa e porque mostram a deliberada assincronia entre o tempo real e o tempo narrado:

> A cadeira começou a cair, a ir abaixo, a tombar, mas não no rigor do termo, a desabar. Em sentido estrito, desabar significa caírem as abas a. [...]
> Se de ébano fosse, teríamos provavelmente de acoimar de perfeita a cadeira que está caindo, e acoimar ou encoimar se diz porque então cairia ela, ou viria a cair muito mais tarde, daqui por exemplo a um século, quando já não nos valesse a pena sua de cair. [...]
> [...] Em algum lugar foi que o coleóptero, pertencesse ele ao género Hilotrupes ou Anobium ou outro (nenhum entomologista fez peritagem ou identificação), se introduziu naquela ou noutra qualquer parte da cadeira, de qual parte depois viajou, roendo, comendo e evacuando, abrindo galerias ao longo dos veios mais macios [...].
> Também agora se sentou este homem velho que primeiro saiu de uma

---

15 José Saramago, "A cadeira". In: Id. *Objecto quase*. São Paulo: Companhia das Letras, 1994. (E-book.) As citações são dessa edição.

sala e atravessou outra, depois seguiu por um corredor que poderia ser a coxia do cinema, mas não é, é uma dependência da casa, não diremos sua [...]. Vê-a de longe o velho que se aproxima e cada vez mais de perto a vê, se é que a vê, que de tantos milhares de vezes que ali se sentou a não vê já, e esse é que é o seu erro, sempre o foi, não reparar nas cadeiras em que se senta por supor que todas são de poder o que só ele pode.

E a lei da gravidade cumpre seu inexorável papel:

E ela parte-se. Parte-se a perna da cadeira, rangeu primeiro, depois dilacerou-a a acção do peso desequilibrado [...]. Por causa da conhecida diferença entre as velocidades da luz e do som, entre a lebre e a tartaruga, a detonação ouvir-se-á mais tarde, surda, abafada como um corpo que cai. [...]
[...] Este velho não está morto. Desmaiou apenas, e nós podemos sentar-nos no chão, de pernas cruzadas, sem nenhuma pressa, porque um segundo é um século, e antes que aí cheguem os médicos e os maqueiros, e as hienas de calça de lista, chorando, uma eternidade se passará.

Repare como a queda se alonga com a inserção de comentários que dissecam o evento, explicando-o em detalhes como se fosse mesmo uma prosaica cadeira a cair, mas aludindo ao contexto histórico da época.[16] Assim, as diferenças de tempo — "porque um segundo é um século" e "uma eternidade se passará" — aqui têm um propósito político-ideológico: o de servir de espelho à ditadura de Salazar, que impôs um tempo-sem tempo estagnado, medido em "séculos" e em "uma eternidade".

PERSONAGENS, TAL COMO NÓS, COSTUMAM PERDER A NOÇÃO DO TEMPO

Quando submetidos a tensões, é comum os personagens — como qualquer um de nós — perderem a noção do tempo transcorrido. Veja como isso se dá em *Breve romance de sonho*, que mais uma vez

---

16 António de Oliveira Salazar, ditador português por décadas, faleceu na sequência de ferimentos cranianos que lhe ocorreram ao cair no ato de sentar-se numa cadeira.

trago para este livro. Albertine está contando ao marido um sonho significativo pelo seu conteúdo erótico.

"Um sonho curioso", disse ele. "Já acabou?" E, como ela negasse, emendou: "Então continue".
"Não é fácil", recomeçou Albertine. "Na verdade, essas coisas mal se deixam exprimir em palavras. Enfim... era como se eu estivesse vivendo dias e noites inumeráveis, não existia tempo ou espaço, e eu não estava mais na clareira cercada de floresta e rocha, e sim numa ampla planície colorida por flores, estendendo-se infinitamente até perder-se no horizonte. Ademais, fazia tempo — estranho esse 'fazia tempo' — que eu já não me encontrava sozinha com aquele homem na grama. [...]"[17]

No trecho, a tensão e a consequente perda da noção temporal têm lugar no sonho, e por um motivo não necessariamente ruim para quem está sonhando. Porém, essa sensação de que "não existia tempo" pode acontecer com o personagem acordado, como no romance *Liquidação* (2003), o primeiro que o húngaro Imre Kertész lançou após ter recebido o Nobel de 2002. Na trama, um escritor se suicida, deixando uma última obra, a peça de teatro *Liquidação*, recheada de personagens baseados em seus conhecidos. Seu editor, que é nela retratado, busca encontrar no próprio texto o motivo do suicídio. Ao recuperar sua relação com o escritor, ele relembra quando ficou detido por dez dias, sob a acusação de "preparar e difundir periódicos ilegais". Ao falar dos dias seguintes à soltura, ele os classifica como "breves e escuros", uma referência ao inverno, mas também ao atordoamento que sentia e que influenciava sua percepção da passagem do tempo:

> Certamente não foi intencional, mas nos breves e escuros dias seguintes, em que despenquei como se, ao sair pela porta de casa, tivesse tropeçado num buraco de obras destapado, de repente descobri que me libertaram da prisão no dia de Natal. Não havia nada que eu pudesse fazer. Andei a esmo, encontrei com um e outro: não consigo dizer nada de mais preciso.[18]

---

17 Arthur Schnitzler, *Breve romance de sonho*, op. cit.
18 Imre Kertész, *Liquidação*. Trad. de Paulo Schiller. São Paulo: Companhia das Letras, 2005, p. 43.

Agora, um caso brasileiro, e mais ligado a uma experiência cotidiana. Está no romance *O passeador*, de Luciana Hidalgo, que estabelece como personagem central o escritor Lima Barreto. Com as devidas doses de imaginação, a ficcionista o representa em sua juventude, quando era conhecido por seu primeiro nome, Afonso. O ano é 1904, e o Rio de Janeiro se encontra em meio à reforma urbanística promovida pelo prefeito Pereira Passos, uma iniciativa amaldiçoada pelo personagem por afastar os pobres da área central e transformar "a capital brasileira numa trôpega Paris".[19] No livro, o jovem Lima Barreto "flana, fiscaliza, zela pela dignidade da cidade que lhe cabe",[20] com frequência durante a madrugada. Num desses passeios, ele é seguido por Sofia, a jovem que trabalha no sebo favorito dele:

> Ela se conservava muitos passos atrás, certa de ter tropeçado e caído num desvão de tempo. Afinal, horas se passaram em total desacordo nessa labiríntica madrugada desde que resolveu segui-lo. Entre idas e vindas, ela jamais viu a cidade tão íntima e desabrida. Entre fatos e ficções, entre o que ela vê e ele fantasia, Afonso lhe é cada vez menos evidente.[21]

Quando se decide a acompanhar Afonso de longe, observando-o incógnita, Sofia perde a noção do tempo, como evidencia a impressão de que "as horas se passaram em total desacordo". Isso acontece com frequência em nossa vida; por que não aconteceria na literatura?

E SE DOIS OU MAIS PERSONAGENS SENTEM DE MODO DIFERENTE O MESMO TEMPO?

Há circunstâncias que fazem dois ou mais personagens perceberem de modo diverso o tempo decorrido. Caso interessante é o de Naziazeno, o personagem central de *Os ratos* (1935), de Dyonélio Machado, para quem os ponteiros do relógio giram com mais velocidade do que para os demais personagens.

---

19 Luciana Hidalgo, *O passeador*. Rio de Janeiro: Rocco, 2011, p. 8.
20 Ibid.
21 Ibid., p. 11.

Relembremos o enredo dessa novela: Naziazeno é um funcionário público do baixo escalão. Mora no subúrbio com a mulher e o filho pequeno, que se recupera de uma doença. Seus rendimentos mal cobrem as despesas, e ele tem uma dívida urgente com o leiteiro. Recebeu um ultimato. Se não a pagar, deixará de receber o leite, item fundamental na dieta do filho. Vai trabalhar, então, preocupado. A princípio, pensa em pedir ao chefe na repartição, mas, como não obtém sucesso, recorre a alguns amigos e até à jogatina. O fato é que, conforme suas tentativas vão fracassando, o dia parece se esvair com mais rapidez. A tarde cai e lhe resta uma última esperança: o Duque, um amigo que é uma espécie de "corretor da miséria". Vejamos agora a cena em que, num café, enquanto Duque conversa com um "cidadão meio velhusco", Naziazeno o aguarda, em companhia de outro amigo, Alcides:

Grande silêncio.
 Alcides voltou a ter aquela cara de sono, cara de menino grande. Olha a rua, o tórax meio curvado para diante.
 — Parece que a chuva é pra esta noite — observa, depois.
 Naziazeno "vê" o sol, uma moeda em brasa suspensa num vapor avermelhado e espesso.
 — Mas o que é que há de verdade — pergunta Naziazeno, depois dum momento — em toda essa conversa de Andrade?[22]

Os dois personagens têm uma percepção diferente do mesmo intervalo temporal: Alcides está relaxado, comenta sobre o clima, e a duração da conversa em que Duque está metido não lhe parece demasiada. Já para Naziazeno a situação se alonga demais, a ponto de questionar o que há em "toda essa conversa".
O mesmo ocorre quando Duque, enfim, dá atenção a Naziazeno e o convida para sentar com ele e o velhusco, um advogado um tanto "rábula" chamado Mondina:

Quando chegam à mesa, o cidadão meio velhusco contempla atentamente a cara de Naziazeno.
 — É um amigo meu — apresenta o Duque.

---

22 Dyonélio Machado, *Os ratos*. São Paulo: Ática, 1992, p. 79.

— Naziazeno Barbosa... um seu criado...
— Muito obrigado — diz o cidadão. — Anacleto Mondina...
Sentam-se.
Duque se acomoda. Põe outra vez um olhar de atenção no rosto do sujeito.
— Mas o que é que estava contando?
— Ah! — faz ele vivamente. — O caso daquela justificação de posse.
"— Evidentemente ele está enumerando os seus triunfos" — pensa Naziazeno, com um cansaço antecipado.
O cidadão vai falando, ao mesmo tempo que relanceia o olhar para o rosto de Naziazeno. Naziazeno está branco, os olhos no fundo. A cabeça pende um pouco, como que pesada.
— O meu amigo teve um dia bem puxado hoje — observa o Duque, com um ar de familiaridade, procurando dar uma explicação. Naziazeno levanta a face. O cidadão observa-o melhor.
— Doença em casa?...
Naziazeno tem um gesto com a cabeça:
— Não...
Duque completa:
— Negócios...[23]

O texto outra vez insinua que a passagem do tempo oprime Naziazeno. Enquanto Anacleto Mondina "vivamente" vai contando "o caso daquela justificação de posse" e Duque presta tranquila atenção no relato, Naziazeno "está branco, os olhos no fundo", e a cabeça pende, "como que pesada". Em seguida, quando saem à rua, torna-se explícito que a relação de Naziazeno com o mesmo tempo transcorrido no relógio é diferente da vivenciada pelos demais personagens:

O relógio da Prefeitura — aquele relógio que lhe parecera de manhã uma cara redonda e impassível — e que ele espia agora furtivamente, com o cuidado de não interromper a conversa, está marcando seis e vinte.[24]

Isso volta a ocorrer nas páginas seguintes, em que Naziazeno, Alcides, Duque e Mondina saem em busca de uma casa de penhores:

---

23 Ibid., p. 83.
24 Ibid., p. 84.

A penumbra da tarde, aquela sombra que cresce, progressivamente cresce, põe-no nervoso. Mesmo a sua náusea passou: ele está agora todo trepidação inquieta outra vez.[25]

Quando Mondina, para manter o papo, diz que talvez caia uma tempestade, Naziazeno olha o céu e consegue enxergar apenas que "um muro espesso fecha todo o horizonte". Então pensa: "Como já é tarde!...".[26]

A casa de penhores está fechada, e o grupo resolve ir até a residência do dono, Martinez. O plano é que Alcides recupere um anel e o deixe com Mondina como garantia para que este empreste o dinheiro a Naziazeno. Explicam a Martinez o que se passa, e este concorda. No caminho de volta à casa de penhores, fica mais uma vez evidente como o personagem central avalia de modo diverso o mesmo tempo:

> Vai travada uma conversa na fila da frente. Naziazeno distingue perfeitamente as palavras de Martinez, que fala para os dois, sem contudo voltar nem uma vez a cabeça para o lado de um ou outro. O seu passo é ligeiro e firme, o olhar sempre em frente.
> [...]
> Como se perde tempo pra qualquer coisa!... Naziazeno compara a hora que fazia, quando haviam deliberado ir até a casa de penhores, em que ainda era dia, um dia amarelo, estranho — com aquela hora. É noite. É noite...[27]

Enquanto o grupo vai conversando, como ocorre em toda narrativa, Naziazeno segue ensimesmado em sua percepção da maneira fugaz e incontrolável com que as horas e o dia foram embora.

---

25 Ibid., p. 87.
26 Ibid., p. 91.
27 Ibid., p. 96.

UM CASO DE TEMPO FANTASMÁTICO

Pode acontecer que o próprio ficcionista — por si mesmo, sem aderir à percepção de um personagem — faça com que nos defrontemos com um tempo irreal, deformado, que nem o relógio de um campanário consegue sujeitar. É o que vemos neste trecho de *O quarto de Jacob* (1922), romance de Virginia Woolf em que a história se conta através de fragmentos da existência de Jacob, desde sua infância até a morte durante a Primeira Guerra Mundial. Note como a ficcionista incorpora o tom do que é narrado:

> O relógio bateu um quarto.
> As frágeis ondas de som quebraram-se entre o tojo hirto e os raminhos de espinheiro, quando o relógio da igreja dividiu o tempo em quartos.
> Imóveis e vastos, os pântanos recebiam o aviso, "Passam 15 minutos da hora", respondendo apenas com o movimento de alguma amoreira preta.
> [...]
> Mas à meia-noite, quando ninguém fala nem corre, e o espinheiro está absolutamente imóvel, seria tolice importunar o pântano com indagações — o quê? por quê?
> E o relógio bate 12 golpes.[28]

Ficamos com a impressão de que, por mais que o relógio marque o tempo de forma implacável, o tojo, os raminhos de espinheiro, os pântanos, toda a natureza desdenha a hora oficial e segue seu rumo, sem necessidade de legitimar-se.

O LUGAR DO FLASHBACK

Para fazer o tempo voltar para trás, é comum recorrer ao flashback, um recurso narrativo que, portanto, diz respeito ao tema deste capítulo. Tratemos então dele.[29] Comecemos por uma definição:

---

[28] Virginia Woolf, *O quarto de Jacob*. Trad. de Lya Luft. Rio de Janeiro: Nova Fronteira, 1980, pp. 153-5.
[29] Como você bem sabe, ele também poderia constar do capítulo sobre o enredo e a estrutura.

|||||||||||||||||||||||||||||||||||||||||||||||||||||||||||||||||||||||||||||

¶ *Flashback* é o recurso narrativo que recupera alguns eventos ou emoções passadas que digam respeito ao personagem, direta ou indiretamente. Pode ser expresso por cenas, sumários, reflexões do personagem ou mesmo pela perspectiva assumida pelo ficcionista.

|||||||||||||||||||||||||||||||||||||||||||||||||||||||||||||||||||||||||||||

Quase toda narrativa literária ou audiovisual apresenta flashbacks. Quanto a isso, uma primeira observação: embora possam estar disseminados pela obra, em vários pontos de sua extensão, há uma incidência expressiva de flashbacks no segundo capítulo (ou segundo momento) da narrativa.

Por quê?

Como o primeiro capítulo é, via de regra, um espaço de exposição das circunstâncias de personagens, tempo, espaço e conflito, é no segundo que as coisas começam a acontecer de fato, e se faz necessário explicar ao leitor alguns elementos anteriores ao momento *atual*.

Aliás, você já deve ter utilizado esse artifício inúmeras vezes, mesmo de maneira inconsciente. Ele se incorporou de tal maneira às narrativas de todos os tempos que nós esperamos — às vezes como boia de salvação — que ele aconteça. O flashback está presente em nossas conversações cotidianas. Não é por causa de seu farto uso, entretanto, que ele é isento de ciladas, as quais podemos evitar de maneira bem simples. Basta atentar para algumas ideias básicas.

|||||||||||||||||||||||||||||||||||||||||||||||||||||||||||||||||||||||||||||

¶ *O real interesse do leitor* sempre será pela história *atual*, e não pelo flashback. O leitor irá fazer o grande obséquio de ler essas remissões ao passado e, por isso, temos de agir com sentido de economia.

¶ Não esqueça de que o flashback *interrompe* a história, o que é sempre aborrecido, especialmente se a narrativa corre bem; por isso, ele deve merecer a mesma atenção que você dedica à história *atual*.

|||||||||||||||||||||||||||||||||||||||||||||||||||||||||||||||||||||||||||||

Meu pai gostava de contar *causos*, e tinha certa graça ao fazê-lo, pois os complementava com expressões faciais, gestos manhosos e modulações da voz; com o decorrer do tempo — digamos, chegado à idade que tenho hoje —, ele passou a abrir parênteses, depois parênteses dentro de parênteses, para explicar fatos ocorridos antes da história. O inevitável: não sabia retomar o fio da meada, o que era motivo de cruzamento de olhares divertidos entre seus ouvintes. Mas sempre havia quem o ajudasse, e ele conseguia chegar ao fim, embora nem sempre esse fim tivesse algo a ver com o início. Hoje, me deixa desapontado verificar que muitas narrativas reproduzem o mesmo problema das histórias do meu pai. O ficcionista perde tempo narrando fatos passados com uma obsessão de freguês de boteco, e pior: perde-se neles, quase sempre trazendo eventos sem utilidade para a narrativa, nem sequer para torná-la mais saborosa. Isso não pode acontecer com você.

||||||||||||||||||||||||||||||||||||||||||||||||||||||||||||||||||||||||||||||

¶ Dois princípios subjazem à escrita do flashback: sua necessidade e sua oportunidade. Simples assim: você vai escrever um flashback se ele for necessário ao entendimento da história atual, ou se ele for oportuno para enriquecer essa mesma história.

||||||||||||||||||||||||||||||||||||||||||||||||||||||||||||||||||||||||||||||

Aqui vale o que digo em outros momentos deste livro, mudando as circunstâncias: se o flashback não tiver uma ou outra dessas condições, não o escreva, por mais *smart* que você imagina que ele vá ficar. Se já o escreveu, corte-o. Sei que nem tudo é tão fácil. Mas às vezes é preciso cortar para ganhar. Tal como na vida.

Caso você necessite incluir um flashback, tome cuidado com uma questão técnica: a transição entre a história atual e a cena passada deve ser dinâmica, e não burocrática. Evite fórmulas como:

Quando vejo o velho Chevrolet do meu avô, lembro-me de como ele nos convidava para passear no zoológico, dizendo: "Vamos lá, macacada, vamos ver os macacos!". Era um dia que, me recordo bem, eu ia no banco do carona, e minhas duas irmãs, no banco de trás.

Trata-se de uma transição amadora, com os previsíveis e pobres "lembro-me", "recordo". Experimente algo mais criativo:

Ficávamos sabendo que era dia de ir ao zoológico quando meu avô subia neste mesmo Chevrolet e gritava: "Vamos lá, macacada, ver os macacos!". Eu ia no banco do carona e minhas duas irmãs, atrás.

Bem mais limpo e forte, não é?

||||||||||||||||||||||||||||||||||||||||||||||||||||||||||||||||||||||||||||||||

¶ Ao escrever um flashback, procure ter o mesmo cuidado que dedicou à abertura da narrativa: determine *onde* e em que *momento* da cronologia aquilo ocorre. Com toda certeza você já leu flashbacks que o deixaram perdido, principalmente se são monólogos interiores ou pensamentos: você achou que aquilo transcorria no quarto do personagem e, depois, ficou sabendo que era na cordilheira dos Andes; ou, então, pensou que o fato narrado se dera no dia anterior e, no entanto, ocorrera dez anos antes.

||||||||||||||||||||||||||||||||||||||||||||||||||||||||||||||||||||||||||||||||

Se o flashback for uma cena, você recuperará um acontecimento que deve ter a força necessária para atrair a atenção do leitor. Mas o cuidado que peço é de não escrever uma cena tão dramática e radical que acaba por siderar a atenção do leitor, fazendo com que ele "desista" da história atual e fique esperando mais da história passada, e eis um problema técnico que você não precisa acrescentar aos que talvez já tenha.

Uma preocupação a menos

Uma preocupação de ficcionistas iniciantes é fazer com que sucessivos flashbacks tenham uma sucessão cronológica. Por exemplo: se o primeiro flashback ocorre em 3 de março, o seguinte só poderá ocorrer em data posterior, como 5 de março ou 23 de abril, e assim por diante. É uma boa proposta, porque pensa na necessária clareza de que tanto insisto neste livro; entretanto, se você pensou sua narrativa como um sistema, com todos os eventos conectados, o leitor não vai se perder, porque logo saberá onde "encaixar" aquele flashback na sucessão dos eventos.

Quando toda história está no flashback

Há casos bastante especiais, em que o narrado em flashback constitui *a verdadeira história*, como em *Memórias póstumas de Brás Cubas*. Nessa novela, o flashback é a longa recuperação da vida do personagem central, por sua própria voz. Com delícia começamos a leitura:

> Algum tempo hesitei se devia abrir estas memórias pelo princípio ou pelo fim, isto é, se poria em primeiro lugar o meu nascimento ou a minha morte. Suposto o uso vulgar seja começar pelo nascimento, duas considerações me levaram a adotar diferente método: a primeira é que eu não sou propriamente um autor defunto, mas um defunto autor, para quem a campa foi outro berço; a segunda é que o escrito ficaria assim mais galante e mais novo. Moisés, que também contou a sua morte, não a pôs no introito, mas no cabo: diferença radical entre este livro e o Pentateuco.[30]

A sequência já se sabe: depois de contar a visita de Virgília ao velório; depois de falar na natimorta ideia do seu emplasto e traçar a genealogia familiar; depois do relato de seu surrealista delírio em que aparece montado num hipopótamo, a partir do capítulo x, Brás começa a linha autobiográfica pelo seu nascimento, a qual conclui, naturalmente, pela morte.

Outra forma de uso do flashback — esta mais sofisticada — ocorre quando o ficcionista divide a ação atual em vários segmentos, intercalando-os com rememorações. A ação atual inclusive, pode ser corriqueira, servindo para reiterar as situações de tempo, espaço e personagem, bem como auxiliando na amarração dos longos flashbacks. É um recurso que pede certa experiência do ficcionista, mas pode funcionar muito bem e ser uma ajuda considerável quando precisamos que o final esteja concentrado no destino de nosso personagem. Essa conclusão, assim, será o arremate da história que o leitor passou a conhecer, mas também indicará o caminho que o personagem irá seguir a partir daí, ou o estado afetivo que o domina quando colocamos o ponto-final.

É possível que você se lembre do exuberante filme *Amadeus* (1984), de Milos Forman, que segue essa técnica. O filme começa com o velho músico Antonio Salieri apanhado em plena tentativa de suicídio, a

---

30 Machado de Assis, *Memórias póstumas de Brás Cubas*, op. cit.

gritar "Mozart, Mozart, me perdoe!". Socorrido a tempo por seus criados, é posto num asilo de loucos; nessa condição, ele recebe um padre, que vem no intuito de confessá-lo. Em vez da confissão, o que o assustado religioso escuta é um longo relato do maestro, que mostra sua relação de fascínio e ódio com seu rival Wolfgang Amadeus Mozart. A história atual, portanto, decorre no asilo — poderia ser em qualquer outro lugar — e compõe-se de pequenas cenas com Salieri e o padre; mas o que importa ao espectador é a história do passado, a qual vem pela boca de Salieri, que confidencia uma história terrível, feita de glória, conspirações e uma brutal inveja de Mozart. Terminado o relato, a ação atual volta para Salieri e acaba com ele bendizendo todos os miseráveis loucos que povoam aquele estabelecimento, assumindo o destino que lhe é imposto por sua própria mediocridade.

Um bom exemplo literário é a novela *O náufrago* (1983),[31] de Thomas Bernhard. O enredo inicia com a chegada de um amigo do náufrago (que conta em primeira pessoa) a uma interiorana pousada suíça. Ele vem determinado a recuperar, num pavilhão de caça, os manuscritos do falecido Wertheimer, o proprietário do pavilhão, seu amigo e ex-colega na escola de música do Mozarteum de Salzburg. Wertheimer — o *náufrago* — se suicidou de maneira abominável: enforcou-se na frente da residência da irmã, a qual se casara com um homem odiado por ele. A verdadeira história que o ficcionista quer nos contar está distante, vinte e oito anos antes, remontando à relação complexa do amigo com Wertheimer e Glenn Gould (1932-82) — pianista célebre, de existência real, mas cuja biografia não coincide com a que aparece na ficção de Bernhard.

No Mozarteum de Salzburg, durante o verão de 1953, Wertheimer e seu amigo foram alunos de piano do famoso Vladimir Horowitz. É quando ambos têm contato com o prodígio Gould, o que viria a desencadear a perturbação de Wertheimer e todo o enredo do livro. Por não deter o grau de mestria de Glenn Gould, Wertheimer se entregou ao desespero, potencializando uma psicopatologia preexistente — sua questão essencial — que o deixava irritadiço, possessivo, desconfiado e, sobretudo, infeliz.

---

31 O título original em alemão é *Der Untergeher,* o "perdedor", o "vencido". A edição brasileira fez bem ao usar o substantivo "náufrago", por sua carga sugestiva.

Já na abertura da novela, na pousada, vemos os elementos que conduzirão a trama:

> Mesmo Glenn Gould, nosso amigo e o mais importante virtuose de piano deste século, não passou dos cinquenta e um, *pensei* ao entrar na pousada.
> Só que, ao contrário de Wertheimer, ele não se suicidou: teve, como se diz, *uma morte natural*.
> Quatro meses e meio em Nova York, e sempre as *Variações Goldberg* e a *Arte da fuga*; quatro meses e meio de *Klavierexerzitien*,[32] como dizia Glenn Gould, sempre e somente em alemão.
> Há exatos vinte e oito anos, moramos juntos em Leopoldskron e, ao longo de todo um verão arruinado pela chuva, estudamos com Horowitz, com quem aprendemos mais (o que se aplica a Wertheimer e a mim, mas, naturalmente, não a Glenn Gould) do que nos oito anos anteriores de Mozarteum e da academia de Viena.[33]

Observe o verbo "pensei" da primeira frase, grifado por mim; será usado de maneira reiterada, servindo como deflagrador de lembranças. Essas evocações ocorrem através de sucessivos flashbacks que contam, sem ordem cronológica, a deterioração mental de Wertheimer. De vez em quando a narrativa nos traz de volta ao lugar em que atualmente se está, a pousada. É uma solução técnica brilhante, mas, atenção, não exclusiva de Bernhard. Caso você queira usá-la, faça isso, que não estará plagiando ninguém.

Os flashbacks começam após a seguinte reflexão: "Mozart já não era mais aquele que eu mais amava, quando *Glenn* falava sobre ele, pensei ao entrar na pousada".[34]

No primeiro flashback, os dois alunos já haviam concluído que nunca chegariam aos pés de Gould:

---

32 Composições de J. S. Bach. Glenn Gould gravará obsessivamente as *Variações Goldberg*, a ponto de sempre o associarmos a essa peça musical.
33 Thomas Bernhard, *O náufrago*. Trad. de Sergio Tellaroli. São Paulo: Companhia das Letras, 2009, pp. 7-8. (Grifo meu.)
34 Ibid., p. 9.

Wertheimer leiloou seu *Bösendorfer* no Dorotheum;[35] eu, para não ser mais atormentado por ele, doei meu Steinway à filha de nove anos de um professor de Neukirchen, nas proximidades de Altmünster. A menina arruinou meu Steinway em pouquíssimo tempo, um fato que não me provocou dor; ao contrário: observei aquela destruição estúpida com um prazer perverso.[36]

Transcrevo a seguir algumas das ações que acontecem na pousada,[37] para que fique evidente o artifício usado por Bernhard, que consiste na alternância entre presente e passado. (Os momentos de flashbacks são indicados pelas linhas pontilhadas.)

Agora os dois estão mortos [Wertheimer e Glenn Gould], e eu tenho que me haver com esse fato. A pousada me dava uma impressão de decadência; como todas as pousadas da região, era suja e o ar era, como se diz, sufocante. Uma nojeira total. Podia ter chamado a dona, minha conhecida faz tempo, mas não chamei. Dizem que Wertheimer teria dormido com ela diversas vezes, na pousada, claro, não no pavilhão de caça; é o que dizem, pensei.[38]

....

Sou uma pessoa medonha, repugnante, asquerosa, pensei, já pretendendo chamar a dona da pousada, o que no último instante não fiz; de repente, senti medo de que ela aparecesse cedo demais, isto é, cedo demais para meu propósito, interrompendo o fluxo do meu pensamento e aniquilando as reflexões que eu fazia ali, estas digressões acerca de Glenn e de Wertheimer que eu de repente me permitia.[39]

....

Dei alguns passos em direção à janela da cozinha, mas já sabia que não dava para ver através dela, porque, como eu disse, era uma sujeira só. [...] Retornei os poucos passos que dera até a janela da cozinha e voltei a me postar onde tinha estado o tempo todo.[40]

---

35 Célebre casa de leilões de Viena, fundada em 1707 e ainda hoje em atividade.
36 Thomas Bernhard, op. cit., pp. 9-10.
37 Que, depois, transitam para o pavilhão de caça.
38 Thomas Bernhard, op. cit., p. 31.
39 Ibid., pp. 33-4.
40 Ibid., p. 45.

Diverti-me com essa expressão, *assombro mundial*, ainda e sempre de pé no salão à espera da dona da pousada, que lá nos fundos, imaginei, provavelmente se ocupava em alimentar os porcos, a julgar pelos ruídos provenientes daquela direção.[41]

Aqui entra um flashback capital, em que sabemos como teve início a insanidade do *náufrago*:

> Wertheimer estava entrando na sala destinada a Horowitz no primeiro andar do Mozarteum quando ouviu e viu Glenn tocando e ficou parado na porta, incapaz de sentar-se; Horowitz teve que instá-lo a sentar-se, mas ele não foi capaz de fazê-lo enquanto Glenn tocava; somente quando Glenn terminou é que ele se sentou; tinha os olhos fechados, posso vê-lo ainda com nitidez, pensei, e não falou mais nada. Dizendo-o de forma patética, foi o fim, o fim da carreira de Wertheimer como virtuose. Estudamos por uma década inteira um instrumento que escolhemos e então, depois dessa década mais ou menos deprimente e de muito empenho, ouvimos dois ou três compassos de um gênio e estamos acabados, pensei.[42]

Assim, a cada flashback sabemos mais e mais acerca de Wertheimer e do drama que o aflige. Terminada a ação do passado, a narrativa retoma ciclicamente a ação atual:

> [...] erguia já minha mala do chão para colocá-la sobre o banco quando a dona da pousada entrou. Tinha ficado surpresa, disse, não me ouvira entrar na pousada, disse, não me ouvira ali; está mentindo, pensei. Com certeza me viu entrar na pousada, ficou me observando o tempo todo e não veio até o salão de propósito, essa natureza repulsiva, repugnante e ao mesmo tempo atraente, com a blusa aberta até embaixo, na barriga.[40]

A partir daí, as informações, salvo um ou outro momento, são confidências da dona da pousada ou do empregado do pavilhão de caça

---

41 Ibid., p. 50.
42 Ibid., p. 72.
43 Ibid., p. 95.

onde Wertheimer vivia por último, atormentado por suas alucinações acerca de sua inferioridade perante Glenn Gould, mesmo que este já tivesse morrido.

Até aqui, como você viu, a ação atual — na verdade, trata-se também de uma rememoração — é mínima: o ingresso na pousada, algumas breves ações ali dentro e, ainda, a chegada da dona da pensão, momento em que a narrativa atual segue até o fim.

É dispensável ressaltar o quanto, nessa obra, os flashbacks ocupam um espaço maior do que a ação atual e que isso faz sentido: é na ação passada que reside todo o interesse da narrativa. Por essa razão, o ficcionista deu um caráter tão anódino às ações que decorrem na pousada.

Mas ao amigo do suicida cabe cerrar o pano na ação atual: ele vai ao pavilhão de caça e lá, no quarto do *náufrago*, põe para tocar "as *Variações Goldberg* de Glenn, que já tinha visto no toca-discos ainda aberto de Wertheimer".

Ao colocar o amigo de Wertheimer para contar a história, justifica-se que a sucessão de flashbacks volte sempre à época "presente", para que a novela possa concluir com a revelação do trágico destino do personagem central.

Outra novela bem-sucedida em intercalar a ação atual com flashbacks é *Mês de cães danados* (1977), de Moacyr Scliar. Nesse caso, contudo, quem conta a história é o personagem central, um mendigo com uma perna defeituosa, que mora nas ruas do centro de Porto Alegre, enrolado em seu poncho, pedindo dinheiro em troca de "causos":

> Queres saber de tudo? Queres? Então paga.
> [...]
> Bota um pouco mais que eu te conto a história. [...]
> Porque só falo se me pagam.[44]

Na ação atual, o mendigo conhece um homem que, "pelo bigode, pelo sotaque",[45] ele acha que é de São Paulo. Nos dias seguintes, o paulista — assim o mendigo passará a se referir a ele — pinga muitas moedas para ouvir o outro falar:

---

[44] Moacyr Scliar, *Mês de cães danados*. Porto Alegre: L&PM, 2011. (E-book.) As próximas citações são dessa edição.
[45] Ibid., p. 8.

Ah, agora sim. Agora está bem. Essa contribuição foi substancial. Sinto-me animado, pronto para começar.

Sou de novo guri, paulista [repare: a referência está entremeada na ação passada], na fazenda de meu pai. Olha, lá vem ele, montado em seu cavalo, a peonada galopando atrás. Vão cercar a boiada. Vão separar as reses que serão depois vendidas. E abatidas. E carneadas. E assadas, e comidas. Pronto: passou a minha infância.

É. Passou.

Qual é o problema, paulista? [repare: neste parágrafo, as outras referências cortam o flashback] Passou depressa demais? Ah, e eu ia te contar a minha infância dia por dia? Hora por hora? Não está querendo mais nada, paulista! Pagas pouco e queres muito! Eu aqui no meio desta cidade infernal, esta barulheira ao meu redor, eu aqui ia desfiar a minha infância para ti, ia me alongar em detalhes! Era só o que faltava, paulista.

O que o mendigo tem para contar é sua história de vida, que não sabe "se foi assim; não posso me responsabilizar pela exatidão", mas que promete elucidar como o filho de uma tradicional família pampiana chegou àquela situação. É essa rememoração que justifica a existência da narrativa. Assim como em *O náufrago*, a ação passada supera em importância a atual, explicando a predominância dos flashbacks.

Aqui, a âncora com o presente serão as reiteradas referências ao "paulista", que estão entremeadas na ação passada e às vezes cortam os flashbacks, nunca nos deixando esquecer de que se trata de uma narrativa contada pelo mendigo ao homem de bigode e sotaque.

O título, *Mês de cães danados*, se refere a agosto de 1961, quando, após a renúncia do presidente Jânio Quadros, houve um movimento militar para impedir a posse do vice-presidente, João Goulart, o que, por sua vez, gerou a resistência que ficou conhecida como Campanha da Legalidade. É nesse contexto, quando o mendigo era um jovem universitário, que se situam os principais flashbacks. No clímax, que está na origem de sua deficiência na perna, ele tenta fugir de um policial militar. Acompanhemos um trecho, sempre de olho no jogo entre ação passada e presente, sinalizado pela referência ao *paulista*:

— Vai-te à merda — gritei e dei volta: o recuo estratégico.
— Espera aí, seu! — ele, berrando.
Comecei a descer a praça.

— Espera que eu já te agarro! — ele, correndo: o barulho das botas no calçamento. E o barulho das minhas botas: eu correndo. Nós correndo, ele gritando, o vento zunindo nas minhas orelhas, o poncho me atrapalhando, mas eu ganhando distância, ele era gordo e bufava, ficava para trás, eu sabia, estava desistindo, já desistiu, estou salvo.

Cheguei à Ladeira. E aqui, nesta rua, eu tropecei, rolei lomba abaixo. Tentei levantar-me. Não pude. A perna esquerda doía terrivelmente. Estaria quebrada?

[...]

Suspendi-me a custo, estendi a mão, tateei a coxa, o joelho, e senti a ponta aguda do osso furando a calça. E aí acho que perdi os sentidos de novo.

Quanto tempo fiquei ali deitado, paulista? Não sei.

Pode ter sido muito tempo? Pode. Anda pela cidade: verás pessoas deitadas no chão, nos portais, imóveis — adormecidas, ou desmaiadas, ou mortas. Podem ficar assim dias, paulista. Anos.

O ficcionista ainda nos guarda uma surpresa. No fim, as ações passadas e presentes se encontram, mesclando-se. O relato em flashback termina com o mendigo, logo após o episódio com o policial militar, dizendo ao irmão que devem exterminar um "pulha", um inimigo da família. O irmão então lhe diz que conhece alguém que pode fazer o serviço para eles: "eu tenho um cabra, um paulista, que pode fazer isto para nós, ele faz um serviço limpo e some".

A ação atual volta, em definitivo, para o mendigo, que dá voz à sua desconfiança:

Acho que vieste para mim, Paulista. E por isso me investigaste todos estes dias [...]. E para isto gravaste a nossa conversa, dia por dia. Para teres uma prova.

Vieste por mim, Paulista. Agora sei.

E vieste me ouvir para escrever o que eu digo, ou para delatar?

Ou vieste para me levar? E me levar para onde? Para o hospital, para o hospício, ou para a fábrica?

Ou vieste para me liquidar?

O irmão, que está bem de vida, talvez ache que o mendigo esteja envergonhando a família ao teimar em viver nas ruas e tenha enviado o Paulista (agora grafado com a inicial maiúscula). A dúvida paira após o fim da leitura, pois a novela, de modo proposital, termina de forma ambígua.

O LUGAR DO FLASHFORWARD

Embora aconteça muito raramente, o ficcionista, por razões relevantes ou por mera demonstração de virtuosismo — temos de transigir com a vaidade autoral —, utiliza esse artifício.

¶ *Flashforward* é o recurso narrativo que antecipa alguns eventos ou emoções que digam respeito ao personagem. Como o flashback, pode ser expresso por cenas, sumários, reflexões do personagem ou mesmo pela perspectiva assumida pelo ficcionista.

Não preciso me deter nisso, mas quero apenas destacar que o flashforward repete os mesmos dois princípios do flashback: ou ele será necessário, ou oportuno. Da mesma forma, lembro que o interesse do leitor sempre será pela história atual.

Um dos casos de eficiente e justificável flashforward ocorre em *A visita cruel do tempo* (2010), de Jennifer Egan. Trata-se de um romance fragmentado, composto de narrativas conectadas que retratam diversos personagens em momentos decisivos da vida. O flashforward aparece de maneira reiterada, em geral no final dos capítulos, quando ocorre um salto temporal e se mostra um evento ainda por acontecer. Dessa forma, o leitor tem um vislumbre dos efeitos da passagem do tempo na trajetória dos personagens, e isso serve tanto para dar ressonância à ação atual quanto para marcar a transitoriedade da existência humana.

Vejamos como funciona. Na narrativa que pode ser considerada a principal do romance, acompanhamos eventos da vida de Sasha Blake.[46] Durante a adolescência, ela fugiu de casa para acompanhar

---

46 A narrativa sobre a vida de Sasha merece ser considerada a principal — e assim

o baterista de uma banda de rock numa turnê pelo Oriente. Depois que o baterista a abandonou, Sasha continuou a viajar pelo mundo, agora em condições precárias. A família a descobre em Nápoles, na Itália, onde sobrevivia como faxineira numa pensão barata, e envia um tio, Ted, para trazê-la de volta. Quando ele a encontra ao acaso, andando pela cidade, ela tenta se esquivar, e ele descobre o decadente local onde ela mora e trabalha:

> Era minúsculo: uma cama estreita, uma escrivaninha, um ramo de hortelã dentro de um copo de plástico espalhando seu cheiro pelo ambiente. O vestido vermelho pendurado em um cabide. O sol começava a se pôr, escorregando por cima dos telhados e torres de igreja, e aterrissava dentro do quarto por uma única janela junto à cama. [...] No meio da janela, pendurado em um barbante, estava um círculo grosseiro feito com um cabide retorcido.[47]

O tio tenta convencer a sobrinha a voltar para junto da família; ela não responde, e ele, ao percebê-la pensativa, a olhar pela janela o sol se pondo, não insiste. Junta-se a ela na contemplação silenciosa da "confusão de cores empoeiradas". Nesse ponto, insere-se o seguinte flashforward:

> Em outro dia, mais de vinte anos depois desse, depois de Sasha fazer faculdade e se estabelecer em Nova York; depois de reencontrar no Facebook o namorado de faculdade, casar-se tarde (quando Beth já havia quase perdido as esperanças) e ter dois filhos, um dos quais sofria de um leve autismo; quando ela já era igual a todo mundo, com uma vida que a preocupava, entusiasmava e sobrecarregava, Ted, há muito já divorciado — e agora avô —, iria visitá-la em sua casa no deserto da Califórnia. Passaria por uma sala repleta da bagunça deixada pelas crianças pequenas, e veria o sol do oeste brilhar sobre uma porta de correr de vidro. [Repare como, a partir daqui, o flashforward começa a se mesclar com a ação atual, retomando-a.] E, por um instante, iria se

---

Sasha poderia ser chamada de personagem central de *A visita cruel do tempo* — porque, na relação sistêmica que perpassa o romance, as outras narrativas, de alguma forma, ajudam a contar a história de Sasha.

47 Jennifer Egan, *A visita cruel do tempo*. Trad. de Fernanda Abreu. Rio de Janeiro: Intrínseca, 2011, p. 226.

lembrar de Nápoles: [A observar como a retomada se dá pelas lembranças do personagem que, na ação futura, recorda o que viveu na ação atual da narrativa.] de estar sentado com Sasha em seu quarto minúsculo; do choque de surpresa e deleite que sentiu quando o sol finalmente chegou ao centro da janela e ficou preso dentro do círculo de arame. [Observe como a ação atual, uma vez retomada, ganha em ressonância.]

 Ele então se virou para ela, sorrindo. Os cabelos e o rosto de Sasha estavam inundados de luz laranja.

 — Viu só? — murmurou ela, espiando o sol. — Ele é meu.[48]

O romance poderia passar sem essa "lembrança do futuro"? Sim, por certo, mas eu não ficaria tão encantado com o livro, agora que a conheço. Enfim, ela não é necessária, mas oportuna para qualificar o texto.

||||||||||||||||||||||||||||||||||||||||||||||||||||||||||||||||||||||||||

¶ É preciso certo cuidado no uso do flashforward, pois, sendo um recurso invulgar, permanece muito forte na cabeça do leitor. Se o flashback é de uso plenamente assimilado, "sem dono", e você pode empregá-lo sem nenhuma reserva, o mesmo não acontece com o flashforward. Não digo que não possa usá-lo — apenas sugiro que pondere um pouco ao fazê-lo.

||||||||||||||||||||||||||||||||||||||||||||||||||||||||||||||||||||||||||

THIAGO E O TEMPO DE VLADIMIR

Meu encontro seguinte com Thiago aconteceu de maneira casual. Minha mulher e eu marcamos de conversar com uma escritora amiga no café da livraria de um shopping, num domingo à tarde. O frio ainda nos assolava, apesar da brotação das azaleias, e ficar ali não era nada mau. Assim, estávamos os três quando um casal se postou ao nosso lado. Eram Thiago e sua possível namorada. Convidamos, e eles aceitaram sentar à nossa mesa. Até imaginei que haveria algum "desencontro de idades", mas isso não aconteceu porque a conversa derivou para a literatura, e a moça, que era mesmo namorada de Thiago, também se interessava pelo assunto.

---

48 Ibid., p. 227.

Ele, ao contrário da maioria dos escritores que conheço, parecia disposto a tratar apenas dos livros dos outros, em vez de falar do seu próprio. Porém nossa amiga, com sua lendária espontaneidade, e sabendo que Thiago era meu ex-aluno, perguntou-lhe o que andava escrevendo.

Ele me deu uma olhada oblíqua. Apenas ergui os ombros, "fale se quiser".

— Estou escrevendo uma coisa que nem eu entendo — ele disse. — Acho que é um romance. O professor aí diz que é uma novela.

Nossa amiga, espontânea, queria saber qual o assunto, e queria detalhes dos personagens, do enredo. Acho que Thiago se arrependeu de ter aceitado o convite para sentar conosco. Mas contou tudo, e inclusive alguns eventos que nem eu conhecia. Fiquei sabendo que a relação do personagem Vladimir com Caroline tinha evoluído para uma possessividade neurótica de parte a parte, e o maior culpado tinha sido o próprio Vladimir. Ele não conseguia se libertar de alguns traumas que vinham da infância e da adolescência, de que se lembrava a todo momento. Fora criado por avós rígidos e dominadores, com algumas pausas de afeto. E ele tinha estragado tudo com Caroline.

— É narrada em qual pessoa? — interrompeu-o a amiga escritora. — Primeira, terceira?

— Primeira pessoa, o professor aí sabe.

— Quer dizer que o Vladimir conta tudo isso de si próprio?

— Sim.

— Ufa, isso não deve ter sido fácil. Em geral os personagens em primeira pessoa são sempre uns coitadinhos, vítimas do destino.

— É, mas eu quebrei o clichê. Acho.

— E você se inspirou em alguém?

Thiago sorriu, e nossa amiga entendeu que devia dar o relato por encerrado.

O romance/novela estava mesmo adiantado — disse que tinha chegado a mais ou menos 120 páginas —, mas meio parado, e Thiago tinha vindo passear no shopping para abrir as ideias.

— Mentira — disse a namorada, rindo. — Ele nunca relaxa da literatura. Queria mesmo vir na livraria, e eu no cinema. Quero ver um filme do Jan Troell que está passando numa retrospectiva. Fizemos um trato. Livraria e cinema.

— Comprar qual livro? — disse nossa amiga.

— As *Confissões* de Agostinho — ele disse. — O professor aí indicou.

Então me lembrei de um fragmento das *Confissões*, referente ao tempo, que costumo citar em aula e que usei como epígrafe deste capítulo. Thiago também se lembrava:

— "Se ninguém me perguntar o que é o tempo, eu sei. Se alguém perguntar, não sei." Mais ou menos isso.

Foi, como se diz, o mote para levantar o assunto, e nisso ficamos durante quase uma hora.

— Chegou o tempo — eu disse, apontando para o relógio — de ir embora, não acham? E deve estar na hora do cinema, se é que já não passou.

Estava em cima da hora, na verdade, mas, quando eu pagava a conta, Thiago veio tirar uma última dúvida:

— O senhor já viu flashback em primeira pessoa? Não acha estranho?

Eu não esperava por essa.

— Não vejo problema maior, acho. É só fazer com que o personagem se lembre de algum evento passado.

— Isso do personagem ficar se lembrando a toda hora já virou um clichê. Principalmente das coisas da infância.

— Mas não é o que acontece com a gente? Não tem como fugir disso.

Também não tinha como continuar a conversa ali, as mulheres já tinham vindo se juntar a nós, e apenas consegui dizer a Thiago que lhe mandaria um e-mail logo que chegasse em casa.

Foi o que fiz.

De: Assis Brasil <la****@gmail.com>
Data: 26 de agosto de 2017 08.38
Assunto: Continuando
Para: Thiago <th****@gmail.com>

Buenas,
O que eu queria dizer era o seguinte: somos seres feitos de evocações. Se não tivéssemos o que lembrar, nossa vida seria impossível. O Vladimir por certo terá muito o que recordar do tempo em que viveu com os

> avós, pois é isso que determina sua conduta na história. O tempo, para todos nós, e para qualquer personagem, é o ontem, o hoje e o amanhã, tudo misturado. Não hesite — mas tenha cuidado para que isso não seja uma coisa mecânica.
>
> Recuerdos,
> L.A. de A.B.

Ao desligar o computador, eu estava com a sensação de que não dissera tudo.

E mais uma vez lamentei o quanto são frágeis as palavras — e, no entanto, é delas, e apenas delas, que dispomos para escrever nossas histórias.

8.
PEQUENO TRATADO DA LIBERDADE

O ESTILO

> *Enfim, um escritor sem estilo.*
> MILLÔR FERNANDES
>
> *Eu não tenho lealdade estilística.*
> DAVID BOWIE

Estilo é o modo de escrever as palavras, as frases, os parágrafos e, enfim, todo o texto — e, importante, não está submisso às regras formais da língua.

Lembro o célebre dito de Georges-Louis Leclerc, conde de Buffon, que muitos recitam como dogma: "O estilo é o homem". Com isso, querem estabelecer uma correspondência entre o caráter de quem escreve e sua forma de escrever. Essa é mais uma das tantas frases que, de tão repetidas, as pessoas já perderam a noção de seu absurdo. Já vi pessoas anárquicas que praticam um estilo organizado, e vice-versa. Conheço pessoas austeras, secas no trato social e que, no entanto, usam um texto derramado, cheio de conotações e humor; vi pessoas feéricas, sempre dispostas ao riso, e com narrativas essencialíssimas e introspectivas.

OS EQUÍVOCOS DO "BOM ESTILO"

Durante vários anos circulou no Brasil uma curiosa publicação, *Louçanias de linguagem*, de Artur Schwab,[1] a qual foi responsável por equívocos de uma geração inteira; o livro, contudo, é bom, pois recupera recursos linguísticos muitas vezes já esquecidos e que soam

---

1 Artur Schwab, *Louçanias de linguagem*. Juiz de Fora: Esdeva, 1974.

como se fossem novos. O problema foi seu uso. Muitos professores o indicavam a seus alunos como se fossem marcas do melhor estilo. E aí víamos escolares triturando o cérebro para incluir em suas redações algumas dessas louçanias, que eram, depois, elogiadas e lidas em aula como modelos de bem escrever.

Não ficavam por aí os equívocos. Certas leituras, notadamente de autores da geração romântica, levavam-nos à ideia de que aquilo sim era escrever bem, abusando de "períodos moles, gordos, movendo-se surdamente, como um lento rolar de odres mal cheios", como diz com muita graça Eça de Queirós em *A capital*.

Felizmente não se fala mais nisso.

NA ÉPOCA ATUAL NÃO EXISTE UM ESTILO PREDOMINANTE

Esse título diz tudo. Enfim passou o pesadelo das escolas literárias, que foram mais uma fonte de amordaçamento do escritor. Por sorte, nessas escolas sempre houve quem quebrasse os padrões, abrindo novas possibilidades expressivas. Temos bem perto de nós um caso exemplar: Machado de Assis rompeu com o romantismo vigente por meio do romance realista *Memórias póstumas de Brás Cubas*. No mesmo ano, 1881, Aluísio Azevedo lançou o seu *O mulato*, que derivou para o naturalismo. Ambos tiveram êxito no arrojo, talvez Machado mais que seu colega. Mas nem sempre é assim tão fácil. Autores experimentalistas — não é bem o caso desses dois — em geral pagam o preço por suas aventuras. Veja-se o caso de Marinetti e seu futurismo, que ficou restrito a um pequeno grupo de iniciados.

Agora é um vale-tudo? Sim, mas é um vale-tudo com uma pedra de toque milenar, que é a qualidade textual — ainda que esta última expressão esteja sujeita a interpretações subjetivas.

Para exemplificar essa variedade de estilos, agrupei alguns textos que guardam características comuns.

Estilo essencial

Você o reconhece ao simples olhar: as frases são curtas e incisivas.

O primeiro exemplo é da portuguesa Filomena Marona Beja, um trecho de *A cova do lagarto* (2007):

Começara a ouvir-se o vento.
Ventania de Março a tornar-se forte, virando os caixotes de lixo, dobrando as robínias do meio da avenida.
O Tejo encrespado.
Das janelas do gabinete do Terreiro do Paço, Duarte avistava o rio. Dali, da Álvares Cabral, só o poderia adivinhar.
Adivinhava.
A rapidez da corrente. Os vapores tentando atracar, dando com o casco nos pontões.
O virar da maré devolveria à Cidade as conserveiras que todas as manhãs vinham Madragoa abaixo. Saltavam para as fragatas. Atravessavam para a Outra Banda.
Não. Não estava tempo para as embarcações se sucederem pelo rio, até às fábricas da anchova e da sardinha. Fonte da Pipa. Olho-de-Boi, Porto Brandão.[2]

Não apenas esse fragmento é escrito dessa forma: trata-se de um estilo que vai do início ao fim do livro.
Outro caso de essencialidade radical encontramos em *Seda* (1996), de Alessandro Baricco. Aqui, o capítulo 51:

Hervé Joncour entrou em Lavilledieu nove dias depois. Sua mulher, Hélène, viu de longe o coche subir a alameda da *villa*. Disse consigo que não devia chorar e não devia fugir.
Desceu até a porta de entrada, abriu-a e se deteve na soleira.
Quando Hervé Joncour chegou perto, ela sorriu. Ele, abraçando-a, disse baixinho:
— Fique comigo, por favor.
À noite permaneceram acordados até altas horas, sentados no gramado diante da casa, lado a lado. Hélène contou de Lavilledieu, e de todos aqueles meses passados à espera, e dos últimos dias, horríveis.
— Você estava morto.
Disse.
— E no mundo não havia mais nada de belo.[3]

---

[2] Filomena Marona Beja, *A cova do lagarto*. Lisboa: Sextante, 2007, p. 180.
[3] Alessandro Baricco, *Seda*. Trad. de Léo Schlafman. São Paulo: Companhia das Letras, 2007, p. 96.

Também é essencial a narrativa da mexicana Valeria Luiselli, em *Rostos na multidão* (2011):

> Nesta casa tão grande não tenho um lugar para escrever. Na minha mesa de trabalho há fraldas, carrinhos, transformers, mamadeiras, chocalhos, objetos que ainda não acabei de decifrar. Coisas minúsculas ocupam todo o espaço. Atravesso a sala e me sento no sofá com meu computador no colo. O menino médio entra na sala:
> O que está fazendo, mamãe?
> Escrevendo.
> Escrevendo um livro?
> Só escrevendo.[4]

Também nessa categoria eu incluiria *Sem gentileza* (2016), da sul-africana Futhi Ntshingila:

> Na favela de Mvelo, ela ficou conhecida como "a virgem". Presa fácil. Como uma zebra correndo em meio às gazelas: marcada.
> Sentiu pena das garotas que haviam perdido a virgindade, mas que tiveram que participar dos testes por temerem seus pais. Às vezes, achavam formas de enganar as testadoras, usando um pedaço de fígado cru bem posicionado para dar a impressão de um hímen ainda intacto. Algumas usavam o giz do quadro-negro da escola. Era um caso triste, pois pegavam doenças. As verificadoras acabaram descobrindo a prática, e as garotas eram humilhadas em frente a uma multidão de espectadores. Então, havia os predadores que caçavam virgens, pois circulavam boatos de que um homem soropositivo ficaria curado se dormisse com uma delas.
> Um genocídio de meninas e mulheres iniciou-se com o estupro que homens desesperados perpetravam. As garotas eram estupradas por toda a parte. Antes de Mvelo chegar em casa, aprendeu formas de se proteger, removendo o ponto branco de sua testa. Não precisava de uma prova exterior para ter orgulho de si.[5]

---

[4] Valeria Luiselli, *Rostos na multidão*. Trad. de Maria Alzira Brum Lemos. Rio de Janeiro: Alfaguara, 2011. (E-book.)
[5] Futhi Ntshingila, *Sem gentileza*. Trad. de Hilton Lima. Porto Alegre: Dublinense, 2016, p. 77.

É também o estilo praticado por Elvira Vigna em muitas de suas obras, a exemplo de *Como se estivéssemos em palimpsesto de putas* (2016):

> O casamento.
> É o começo mais fácil que consigo arranjar.
> Aquele negócio de sempre. Tule, glacê.
> E muita emoção aqui para o fotógrafo.
> Depois, o que resta é um álbum, a prova tipográfica do convite, uma bala de coco no papel de seda dentro de uma gaveta qualquer. Parece que não tem problema, açúcar é conservante. Dura cem anos sem estragar.
> Não durou.
> Lola abre a gaveta, olha por uma última vez assim de cima, sem pegar. Aí pega e leva, com a mão mesmo, sem se preocupar em botar tudo num saco, em arranjar algo que cubra aquilo tudo. Pudores, discrição. Não. Pega tudo, tudinho, solto mesmo, e joga na lixeira do prédio. Solto, lá, em queda livre, uuuuuuu, até lá embaixo, suicídios individuais embora no coletivo. De propósito. Para misturar com casca de laranja, jornal do xixi do cachorro e ninguém ver. Ninguém nunca mais ver.[6]

Quase sempre é um texto que utiliza capítulos curtos, por vezes curtíssimos, o que resulta numa boa harmonia visual.

Seria muito envaidecedor saber que esse estilo foi uma invenção de nossos tempos, mas ele é tão antigo quanto a própria literatura do Ocidente. Está lá na *Ilíada*, está na *Odisseia*, ambas do século VIII a.C. Observe esta passagem da *Odisseia*:

> Quando se achavam reunidos [os arautos], formando a assembleia, Telêmaco encaminhou-se para a praça, levando na palma sua lança de bronze. Não ia só; dois cães velozes o seguiam. Atena sobre ele derramara uma graça divinal e toda gente à sua chegada olhava-o com espanto. Ele foi sentar-se no lugar de seu pai e os anciãos lhe abriram espaço.[7]

Esse estilo também está no Gênese. Veja a essencialidade com que é narrada a criação do primeiro dia:

---

6 Elvira Vigna, *Como se estivéssemos em palimpsesto de putas*. São Paulo: Companhia das Letras, 2016, pp. 7-8.
7 Homero, *Odisseia*. Trad. de Jaime Bruna. 2. ed. São Paulo: Cultrix, 2013. (E-book.)

No começo, Deus criou os céus e a terra. A terra era informe e vazia: havia trevas na superfície do abismo e o espírito de Deus se movia sobre as águas. Deus disse: Que se faça luz! E a luz se fez. Deus viu que a luz era boa; e Deus separou a luz das trevas. Deus chamou à luz de dia, e chamou às trevas de *noite*. Assim, houve uma tarde, e uma manhã: e esse foi o primeiro dia.[8]

Também é o estilo dos Evangelhos, e está da mesma forma no medieval e anônimo *Cantar de mío Cid*, cantar número 117, com toda a sua intolerância religiosa e preconceito étnico:

O bispo dom Jerônimo deu uma bela arrancada e atacou o acampamento dos mouros. Pela sorte que tinha e pelo tanto que Deus o amava, seus dois primeiros golpes eliminaram dois inimigos.
Ao quebrar a lança, seguiu com a espada. Fazia proezas o bispo. Meu Deus, como lutava! Dois matou com a espada e cinco com a lança.[9]

Está nos cronistas portugueses dos séculos XVI e XVII. É uma vertente textual que perdurou por vários séculos, sendo abandonada a partir dos autores barrocos, que ampliaram as frases e as tornaram complexas ao limite do suportável. O estilo essencial voltou a ser usado a partir da primeira metade do século XX, e nos dias atuais tem grande prestígio. Imagino até que você possa ser um de seus usuários.
Vantagens desse estilo: estabelece uma comunicação direta e imediata com o leitor, em especial nas narrativas que envolvem movimentação ágil; além disso, é agradável à vista, pois há boas pausas para a respiração. Também é simpático por seu "ar contemporâneo", sem muitos rodeios.
Desvantagem desse estilo: conduz ao uso de reiteradas orações absolutas — o que você pode constatar pelos exemplos acima —, e isso pode levar a certa monotonia narrativa. Mas, como em outros casos, isso tem solução.

---

[8] *Bible de Jérusalem*. Paris: Éditions du Cerf, 2007. (Tradução minha.)
[9] Anônimo, *Cantar de mío Cid*. Praga: E-artnow, 2015. (E-book.) (Trad. de Débora Mutter.)

||||||||||||||||||||||||||||||||||||||||||||||||||||||||||||||||||||||||||||||

¶ Se você utiliza um estilo essencial, será interessante intercalar, numa sucessão de orações absolutas, algumas que não o sejam.

||||||||||||||||||||||||||||||||||||||||||||||||||||||||||||||||||||||||||||||

Nesse caso, você pode entremear orações ligadas por coordenação e subordinação; isso dará uma boa variedade ao seu texto. Maria Valéria Rezende mescla a essencialidade ao uso de orações mais complexas, daí resultando uma narrativa equilibrada, sem armadilhas nem travas à fluência. O leitor percorre as orações como se estivesse numa estrada de suaves aclives e longas planícies.

Não havia nada podre na geladeira, havia, sim, no armário acima da pia, uma caixa de leite fechada, um pacote de bolachas e uma caixinha de ameixas secas. Lauto jantar pra quem não sente fome nem sono, só uma necessidade premente de dizer tudo. Milena andou por aqui, não há mesmo nada na geladeira, mas as garrafas de água estão cheias. Tudo limpo e sem a camada grossa de pó que eu esperava. Milena tem vindo aqui, mesmo sem receber sua diária há quarenta dias! Milena.[10]

Estilo abundante

Não tenho adjetivo melhor. Assim como o essencial, o estilo abundante é reconhecível ao olhar: ocupa uma mancha gráfica compacta e, no geral, opera com frases longas. Este é o caso, por exemplo, de *O náufrago*, de que já nos ocupamos, que prefere utilizar períodos gramaticais complexos e extensos. O exemplo por excelência de radicalidade nesse estilo é Marcel Proust.[11]

Mas não será necessário recuar tanto no tempo. Trago aqui *A fúria do corpo* (1981), de João Gilberto Noll. Engana-se quem pensa que esse estilo pertence ao passado; vejo-o como uma vertente tão forte e tão praticada quanto o *essencial*.

---

10 Maria Valéria Rezende, *Quarenta dias*. Rio de Janeiro: Alfaguara, 2014. (E-book.)
11 Mario Quintana, tradutor de Proust da antiga Globo, de Porto Alegre, disse-me um dia, com seu incombustível sentido de humor, que as frases proustianas "vão por ali adiante, se enrolam todas e dão voltas na esquina".

Hoje, nesse momento em que percebo que lembrar é assegurar de alguma forma a vida, embora não deva, não queira, lembrar não, compreendo enfim que vale a pena ter vindo até aqui e que estar vivo é uma espécie de rebelião contra essa sina de se ir puxando a vida como quem puxa a corrente inesgotável de uma força que nos excede, rebelião contra essa sina de se ir vivendo como quem puxa o fantasma que nos extenua sem que saibamos que déspota é esse que nos quer assim consumidos, varando dias e noites com paixões já desbotadas e humilhadas diante da ardência do que foram, quando ainda confiávamos em que a aventura seria vivida mesmo que à beira da cova, que um dia nos introduziríamos na morada de nossos desejos como convivas de um banquete em que você ó mulher estaria ao meu-lado-mais-que-ao-lado e onde nos fartaríamos sem que a taça transbordasse porque não haveria a arrogância da celebração, sujo meu corpo com um bocado de terra seca para te dizer que é assim que caminho por essas ruas com a mancha da terra no meu peito como marca de que estou insurgido contra a tirania dessas vítimas que andam pelas ruas tantas vezes em sorrisos maltrapilhos sem reconhecerem que o algoz, se bem que invisível, se encrava insano na presença do que pretendíamos ser e a enxovalha com mentiras aliciadoras para nos levar a essa ruína de nós mesmos.[12]

Mais recente, temos a ficcionista portuguesa Ana Margarida de Carvalho, que, em *Não se pode morar nos olhos de um gato* (2016), desenvolve um estilo robusto, de frases longas, mas que não a impede de criar uma narrativa plástica e palpável.

E já estava com a fome resolvida e eles continuavam a chupar cabeças de peixe, a enrodilharem a língua, com lúbricas contorções, para lhes arrancarem os olhos ainda cheios de humidade fresca, a debulharem espinhas com dedos avaros, a escarafuncharem com conchas aguçadas nos recurvos das tenazes chamuscadas, ainda ardentes, à cata de réstias de uma massa espapaçada, na fossanguice de se apoderarem dos desperdícios uns dos outros, o criado a levar ao escravo uns restos indistintos, antes que aquela gente devorasse tudo, e o escravo de mãos atadas, com a cabeça entre as pernas, a tentar com os beiços

---

12 João Gilberto Noll, *A fúria do corpo*. Rio de Janeiro: Record, 2008, pp. 13-4.

separar as espinhas do peixe e a cuspir o que os dentes não conseguiam trinchar. Nisto o capataz puxa do saco um pequeníssimo polvo, que logo se enrosca no seu polegar, com seus oito braços de ventosas, numa docilidade lenta, e o homem com pálpebra de cicatriz aproveita a imobilidade agarrada do molusco e traspassa-o certeiro no olho que tudo fitava, pupila em forma de linha, com a ponta do facalhão. Põe-no sobre as brasas, e o animal ainda vivo mirra e dos tentáculos ondulantes escorre uma baba oleosa que a senhora ampara com a boca, segura a sua mão docilmente no braço do capataz, os seus rostos próximos, as bocas quase se tocam a devorar os tentáculos do pequeno polvo, os dentes e a boca enegrecidos pela tinta derramada do molusco e o padre atónito com esta proximidade, a pensar a senhora irremediavelmente demenciada, e o miúdo só olhos, rastejante, a escapar do enfardo à força, ele que até aí só bebera leite diluído de uma mãe moribunda, com a mãozinha a fazer bolas de areia com sangue que saíra do lenho aberto da cabeça de Nunzio, e a menina da trança ensebada a recusar o olhar do passageiro, espojado no chão a reparar a mancha escura como um escaravelho que se firmava da sua cascata de sangue na areia, todos espojados no chão.[13]

Vejamos também o início do premiado romance *Os meus sentimentos* (2013), da também portuguesa Dulce Maria Cardoso, que utiliza uma disposição gráfica toda sua:

inesperadamente

não devia ter saído de casa, não devia ter saído de casa, não devia ter saído de casa, durante algum tempo, segundos, horas, não sou capaz de mais nada,

inesperadamente paro

a posição em que me encontro, de cabeça para baixo, suspensa pelo cinto de segurança, não me incomoda, o meu corpo, estranhamente, não me pesa, o embate deve ter sido violento, não me lembro, abri os olhos e estava assim, de cabeça para baixo, os braços a bater no teja-

---

13 Ana Margarida de Carvalho, *Não se pode morar nos olhos de um gato*. Alfragide: Teorema, 2016, pp. 110-1.

dilho, as pernas soltas, o desacerto de um boneco de trapos, os olhos a fixarem-se, indolentes, numa gota de água parada num pedaço de vidro vertical, não consigo identificar os barulhos que ouço, recomeço, não devia ter saído de casa, não devia ter saído de casa,

    são tão maçadoras as lengalengas

durante algum tempo, segundos, horas, não sou capaz de mais nada, devo ter caído muito longe da autoestrada, a chuva estala no metal do carro, as rodas rolam em seco, gri-gri, gri-gri, grilos, não, não podem ser grilos, tic-tac, os quatro piscas, dentro da gota de água, são apenas os olhos que não se conseguem desviar, são apenas os olhos, o meu carro capotado num baldio, o meu saco de viagem preso num arbusto, as embalagens das ceras, os brindes das clientes e o caderno das contas espalhados na lama, um sapato num charco mais distante, os faróis mantêm-se acesos, a chuva, fios de pirilampos que esvoaçam até morrerem no chão, gri-gri, não podem ser grilos, em todo o lado pedacinhos de vidro que brilham muito, cristais que afugentam a noite,

    não devia ter saído de casa [...][14]

Não custa anotar que os exemplos acima, que utilizam o mesmo recurso textual, apresentam assuntos bem diferentes: um trata de filigranas da alma humana; o outro, uma cena de fascinante crueza envolvendo um polvo assado ainda vivo; e, por fim, um acidente de carro.

Vantagens desse estilo: permite maior certeza na elaboração de um pensamento. Além disso, aumenta a margem para aventuras de linguagem, cativando o leitor já cansado de textos diretos.

Desvantagens desse estilo: quanto mais longa é a frase, maior o perigo de errar. Errando, você obriga o leitor a "catar" onde está o sujeito, onde o predicado — e ele nem sempre os encontra. A leitura, por conseguinte, pode tornar-se penosa, contrariando o prazer que seu livro deve proporcionar. Os exemplos acima, entretanto, conseguem aliar a escrita caudalosa com a manutenção de um fio condutor sempre aceso, nunca aborrecido ou esgarçado.

---

14 Dulce Maria Cardoso, *Os meus sentimentos*. Rio de Janeiro: Tinta da China, 2013, pp. 9-10.

||||||||||||||||||||||||||||||||||||||||||||||||||||||||||||||||||||||||

¶ Se você quer experimentar um estilo abundante, e se trata de seu passo inicial em narrativa literária, será interessante intercalar, numa sucessão de orações complexas, algumas que não o sejam, que servirão como "andaimes". Depois, se assim quiser, poderá eliminá-las.

||||||||||||||||||||||||||||||||||||||||||||||||||||||||||||||||||||||||

Você já entendeu que na atualidade convivem os mais diferentes estilos de narrativas. Classifiquei-os em duas modalidades, sabendo que há, entre essas duas, outras tantas, situadas em zonas crepusculares, a desafiar ficcionistas de todos os quadrantes e incitando os leitores a conhecer novas formas de expressão.

VOCÊ NÃO PRECISA CULTIVAR O FETICHE DO "ESTILO PRÓPRIO"

Outra prática bastante comum, nos ambientes escolares, era o estímulo-exigência aos jovens de dezesseis, dezessete anos, para que tivessem "estilo próprio". Não sei se isso persiste, talvez não; e será bom que assim seja, pois, ao lado das leituras erradas, esse era um problema que causava autênticas aniquilações intelectuais. Além disso, na proposta havia um erro de caráter lógico: esse "estilo próprio", que trazia implícita a ideia de que deveria ser único, nunca o seria, porque comum a milhares de outros *escreventes*, cada um com seu "estilo próprio". Mas havia outra questão, mais sutil: ninguém tentava, nem conseguiria, demonstrar que ter um "estilo próprio" tinha alguma relevância no mundo da cultura.

É bem verdade que, ainda hoje, encontramos alguma resenha que lá vem com a frasezinha: "A escritora fulana, dotada de estilo próprio...". Querem elogiar, mas o caminho do elogio passa distante disso. Dizer, entretanto, que "fulana tem um estilo marcado pela objetividade e materialidade da frase", ou " fulano tem um estilo fortemente conotativo", isso sim faz sentido, pois entra numa questão substantiva — além de esclarecedora para o provável leitor.

Por todas essas razões, não se atormente. Buscar seu "estilo próprio" é um pseudoproblema. O leitor não está nem um pouco preocupado com isso. Se você é uma pessoa que lê muito e escreve muito, seu estilo pessoal acontecerá, sem que você precise forçá-lo. Aliás, é impossível forçar algo assim. Mais ainda: esteja atento para o fato de que, por mais que você invente, pratica o mesmo estilo uma legião de ficcionistas. Portanto, é bom estar atento a essas seduções baratas, que não vão melhorar a qualidade do seu texto.

Ninguém é prisioneiro do próprio estilo

Essa foi mais uma das grandes libertações da época atual. Você não é uma entidade ancorada no tempo. Você lê, vê filmes, vai ao teatro, escreve, reflete sobre seu próprio trabalho literário e, é claro, sua vida pessoal muda; se tudo isso muda, por que não aconteceria o mesmo com seu estilo? O que o impede? Considere as artes plásticas, considere, por exemplo, Pablo Picasso, que tem diversos períodos estéticos: fase azul, fase rosa, fase africana, fase cubista, classicista, surrealista. E isso não desmerece em nada a sua obra; ao contrário, essa peculiaridade é elogiada pelos conhecedores. No âmbito literário, na poesia, pensemos num Fernando Pessoa, que faz a delícia dos leitores com seus heterônimos: Alberto Caeiro, Álvaro de Campos, Ricardo Reis, cada qual com a sua identidade.

Outro caso emblemático é James Joyce. A primeira obra em prosa do ficcionista irlandês, *Dublinenses* (1914),[15] apresenta contos num estilo "mais comportado". Veja o exemplo de "Os mortos", último texto do livro e considerado o melhor. Esse longo conto, que também pode ser classificado como uma pequena novela, começa num baile da época natalina na casa de uma tradicional família de Dublin:

> Era sempre um acontecimento, o baile anual das srtas. Morkan. Vinha todo mundo que conhecia as duas, gente da família, velhos amigos da família, os membros do coro de Julia, todos os alunos de Kate que fossem grandinhos, e até um ou outro dos alunos de Mary Jane, também. Nunca era sem graça.[16]

O personagem central é o sobrinho das anfitriãs, Gabriel Morkan, assim descrito:

---

[15] Apesar de publicado em 1914, *Dublinenses* começou a ser escrito mais de dez anos antes.
[16] James Joyce, *Os mortos*. Trad. de Caetano W. Galindo. São Paulo: Companhia das Letras, 2013, p. 7.

Era um rapaz corpulento, mais para alto que baixo. A cor exaltada de seu rosto erguia-se até a testa, onde se estilhaçava em uns poucos pedaços de tênue rubor; e no rosto sem barba brilhavam inquietas as lentes bem limpas e os aros de luzes douradas dos óculos que lhe toldavam os olhos delicados e inquietos. Seu cabelo preto e lustroso estava dividido no meio e penteado numa longa curva por trás das orelhas, onde cacheava leve sob o sulco que lhe causara o chapéu.[17]

Gabriel chega ao baile com a esposa, Gretta, mas, no cumprimento dos ritos sociais, ficam separados a maior parte do tempo, absorvidos em diferentes rodas de conversa, dançando com amigos e conhecidos. Gabriel não se sente à vontade entre aquelas pessoas, que lhe parecem sempre prontas a destilar preconceitos. Apesar disso, representa bem seu papel de sobrinho das anfitriãs. Quando volta com Gretta para casa, ele sente alívio, e "uma onda de alegria" o invade ao olhar para a esposa. Gabriel imagina que possam fazer amor. Ao chegar em casa, porém, Gretta se mostra triste e distante. No quarto, começa a falar de uma das canções do baile e não consegue conter as lágrimas. Gabriel então se enerva:

> Estacou a uns poucos passos dela e disse:
> — O que tem a música? Por que ela está te fazendo chorar?
> Ela ergueu a cabeça dos braços e secou os olhos com as costas da mão como uma criança. Um tom mais doce do que ele pretendia entrou em sua voz.
> — Por quê, Gretta? — ele perguntou.
> — Eu estou pensando numa pessoa de muito tempo atrás que cantava essa música.
> — E quem era essa pessoa de muito tempo atrás? — perguntou Gabriel, sorrindo.
> — Era uma pessoa que eu conhecia em Galway quando estava morando com a minha avó — ela disse.
> O sorriso morreu no rosto de Gabriel. Uma raiva amortecida começava a ganhar nova força em algum canto de sua mente e os fogos amortecidos de seu desejo começaram a reluzir ferozes nas veias dele.[18]

---

17 Ibid., p. 10.
18 Ibid., p. 52.

A "pessoa de muito tempo atrás" era a primeira paixão de Gretta, um jovem chamado Michael Furey. Numa noite de inverno, mesmo doente, ele foi vê-la, o que agravou sua condição e contribuiu para sua morte, ocorrida pouco tempo depois. Gabriel sente ciúmes desse amor de juventude da esposa. Mais tarde naquela noite, enquanto ela "dormia pesado", ele fica à janela, vendo cair a neve:

> Caía, também, sobre todo o solitário cemitério da colina em que enterrado Michael Furey repousava. Espessa pousava deposta em rajadas nas cruzes contorcidas e nas lápides, nas pontas do estreito portão, nos espinheiros nus. Sua alma desmaiava lentamente enquanto ouvia a neve cair leve no universo e o leve cair da neve, como o pouso de seu fim definitivo, sobre todos os vivos e os mortos.[19]

O que você diria sobre o estilo empregado por Joyce em "Os mortos", e que se estende aos outros contos de *Dublinenses*?

Observe: tanto a estruturação das frases quanto a quebra do texto em parágrafos seguem os moldes tradicionais. As frases e os parágrafos não se caracterizam pela longa extensão, e o diálogo é marcado de forma clara. O texto tampouco apresenta neologismos, e a pontuação segue a norma gramatical.

Agora, vamos dar um salto de oito anos. Em 1922, Joyce consegue publicar *Ulysses*,[20] cujo estilo é a antítese de *Dublinenses*. Marcado pela intertextualidade, presente já no título e na estrutura, que remetem ao clássico *Odisseia*, de Homero, o romance de Joyce narra uma jornada cotidiana de Leopold Bloom pela capital irlandesa, e a narração está repleta de rupturas formais. Eis algumas:

> Ele estava passando pela Escola Nacional de São José. Clamor dos pirralhos. Janelas abertas. O ar fresco ajuda a memória. Ou cantarolar. Trintadias têmnovembro essetembro vinteoitofevereiro todosmaistentrintaeum. Meninos esses? São. Inishturk. Inishark. Inishboffin. Na jogafria. A minha. O monte Bloom.
> Ele se deteve diante da vitrine do Dlugacz, encarando os rolos de salsichas, cracóvias, pretas e brancas. [...]

---

19 Ibid., p. 58.
20 *Ulysses* é o segundo romance de Joyce; o primeiro é *Retrato do artista quando jovem*, de 1916.

Um rim exsudava sangue em gotas no prato azulpombinho: o último. [...] O açougueiro olhodefurão enrolava as salsichas que tinha destacado com dedos manchados, rosassalsicha. Boas carnes ali que nem uma novilha de baia.[21]

Ao contrário dos contos de *Dublinenses*, agora estamos diante de um texto que não se caracteriza pela clareza e pela coesão, não é? Isso se deve a alguns recursos de estilo. Como você já notou, a grafia das palavras chama a atenção; salta aos olhos o uso de jogos com vocábulos, trocadilhos e neologismos.[22] Mas note: o tamanho das frases e parágrafos não causa estranhamento.

Agora, o que você me diz do último capítulo do romance?

Sim porque ele nunca fez uma coisa dessa de me pedir café na cama com dois ovos desde o hotel City Arms quando ele ficava fingindo que ficava de cama com uma voz de doente posando de príncipe pra se fazer de interessante praquela velha coroca da senhora Riordan que ele achava que tinha bem na palma da mão e ela não deixou nem um tostão pra gente tudo pras missas praela e a alma dela maior mãodevaca do mundo sempre foi tinha medo até de gastar 4p pro álcool metilado dela me contando todas as mazelas dela ela tinha era muito blablablá sobre política e os terremotos e o fim do mundo deixa a gente se divertir um pouquinho antes Deus que ajude o mundo se todas as mulheres fossem do tipo dela malhando os maiôs e os decotes que claro que ninguém ia querer que ela usasse acho que ela era toda santa porque nenhum homem ia olhar pra ela duas vezes tomara que eu nunca fique que nem ela não sei como é que ela não queria que a gente cobrisse a cara mas era um mulher benheducada com certeza e aquele palavrório dela do senhor Riordan pra cá e senhor Riordan pra lá acho que ele ficou foi feliz de se ver livre dela [...].[23]

Assim é o início do famoso "Monólogo de Molly Bloom", um dos casos mais bem-sucedidos do que se convencionou chamar de fluxo

---

21 James Joyce, *Ulysses*. Trad. de Caetano W. Galindo. São Paulo: Companhia das Letras, 2012, p. 7.
22 Essas peculiaridades foram recriadas na tradução brasileira que utilizei.
23 James Joyce, *Ulysses*, op. cit., p. 1037.

de consciência (no exemplo, estamos dentro da consciência da esposa de Leopold Bloom). São 68 páginas num mesmo bloco de texto, sem quebra de parágrafo nem sinais de pontuação.

Esses exemplos ilustram nosso ponto: um ficcionista poderá ter mais de um estilo, de modo simultâneo ou sucessivo. Mas talvez você esteja se perguntando, ao pensar em Joyce: qual estilo é melhor? O de *Dublinenses* ou o de *Ulysses*?

Não há resposta certa. Você, na condição de leitor, pode decidir. E, na condição de ficcionista, em algum momento você também acabará pensando sobre seu estilo.

|||||||||||||||||||||||||||||||||||||||||||||||||||||||||||||||||||||||||||||||||||||||
¶ Lembre-se de Joyce, que seguiu um caminho nítido: os textos iniciais são "comportados" e, conforme ele ganha experiência, passa a ousar mais e mais. Então, talvez você conclua que é uma boa ideia dominar os parâmetros[24] da ficção dita tradicional para depois romper com eles.
|||||||||||||||||||||||||||||||||||||||||||||||||||||||||||||||||||||||||||||||||||||||

O interessante é que nem sempre o leitor se dá conta das flutuações do estilo de seu ficcionista preferido. Já debati a questão com meus alunos, perguntando qual a mudança ocorrida em *Ninguém escreve ao coronel*, de García Márquez; embora todos soubessem em pormenor o conteúdo e as intenções do romance, apenas dois ou três apontaram alguma alteração do estilo. Você pode se perguntar se já observou essas variações nos autores que leu nos últimos tempos; verá que apenas com muita concentração vai se lembrar, porque às vezes as alterações do estilo são muito sutis, por exemplo, redução no número de adjetivos; ampliação ou redução do tamanho das orações; maior ou menor uso de orações subordinadas ou coordenadas. E isso vem acompanhado de outra surpresa: às vezes nem o ficcionista se deu conta disso.

Você pode não notar essas variações, nem o ficcionista: mas elas estão lá, e são *sentidas* pelo leitor, que reagirá — bem ou mal — a elas.

---

24 Em nossa condição de ficcionistas, "parâmetros" é um termo melhor do que "regras".

O QUE FARIA VOCÊ MUDAR DE ESTILO?

O motivo principal seria a influência de algum livro que você está lendo e por cujo estilo se apaixonou. Acompanhando a evolução estético-textual de meus alunos, constato a intensa recorrência desse motivo. Outra causa é o desejo de experimentar por experimentar, para ver no que resulta. Pode ser que a mudança lhe agrade e também ao leitor. Ou não.

Desisti de encontrar relação direta, inequívoca, entre estilo e conteúdo. Já vi textos intimistas escritos em linguagem essencial; já vi textos de ação escritos com estilo abundante — e ambos funcionam. Mas confesso que aqui é impossível lhe dar qualquer sugestão. Você é que irá sentir o que cabe melhor naquele momento e, ainda, o que mais lhe agrada escrever. E se você puder, ao mesmo tempo, ser generoso com o leitor, fica perfeito.

Quando, acima, falei na hipótese de que algum leitor possa reagir mal a variações do estilo de seu ficcionista preferido, talvez você tenha se perturbado. Mas isso não deve impedi-lo de mudar quando julgar necessário. O motivo é este:

||||||||||||||||||||||||||||||||||||||||||||||||||||||||||||||||||||||||||||||||||||

¶ Quaisquer variações de estilo que você experimentar serão menos relevantes do que o conteúdo de seus livros.

||||||||||||||||||||||||||||||||||||||||||||||||||||||||||||||||||||||||||||||||||||

QUAL O MELHOR ESTILO, SENHORA MARQUESA?

Para responder, e isso vale para essenciais e abundantes, nem é preciso pensar: é o estilo simples. Não é de hoje que se diz isso. Se você se lembrar dos ficcionistas de que mais gosta, vai ver que eles trabalham com frases desafetadas e vocabulário corrente — enfim, é o que você gosta de ler, não é mesmo? Se concorda, então é só praticar esse estilo em seus próprios textos.

Você me entende: estilo simples não quer dizer estilo descuidado. Você respeita o leitor; e ele irá concluir que seu estilo simples é decorrência de muita experiência literária.

"A marquesa saiu às cinco horas" — eis aí uma frase célebre e polêmica que, inclusive, foi título de um romance de Claude Mauriac (1961). A fonte está no Manifesto do Surrealismo (1924), de André Breton; ali ele menciona que Paul Valéry lhe disse certa vez que se recusaria a escrever uma frase tão banal como essa. Aliás, o mesmo Valéry se propunha a recolher o início de romances dos quais muito esperava, apenas para mostrar suas trivialidades. A frase de efeito de Valéry contém uma questão estética: o surrealismo, como é óbvio, brigava com o "realismo", que Valéry achava simplório e ultrapassado, e que enxergava no grande romance dos séculos xix e xx — Balzac à frente.

Ultrapassada, na verdade, ficou a frase de Paul Valéry. O romance seguiu seu caminho, e a marquesa sempre foi pessoa do povo: "Maria" — ou Alice, ou Débora, ou Carmem — "saiu às cinco horas" pode ser o início de qualquer boa narrativa. Mas talvez Valéry tenha, sem querer, dado um motivo de reflexão: a "banalidade" que ele atacava é justo a simplicidade que se espera de um bom texto.

IIIIIIIIIIIIIIIIIIIIIIIIIIIIIIIIIIIIIIIIIIIIIIIIIIIIIIIIIIIIIIIIIIIIIIIIIIIIIIIII

¶ Quanto mais você se determinar a "fazer literatura", mais longe estará dela. Se você é ficcionista, se conhece as ferramentas de seu ofício, a literatura aparecerá por si mesma, na sua intrínseca naturalidade. E anote: nenhum crítico irá atacar seu texto por ser simples.

IIIIIIIIIIIIIIIIIIIIIIIIIIIIIIIIIIIIIIIIIIIIIIIIIIIIIIIIIIIIIIIIIIIIIIIIIIIIIIIII

9.
UM GUIA PARA CONDUZIR VOCÊ EM MEIO À SELVA
ROTEIRO PARA A ESCRITA DE UM ROMANCE LINEAR

Dizem que toda pessoa, ainda que muito distante da literatura, tem o furtivo sonho de escrever um romance. E quando se repete que alguém só pode considerar-se completo se tiver um filho, plantar uma árvore e escrever um livro, esse livro será um romance.

No campo da escrita profissional, muitos leitores têm como certo que o romance é o destino inevitável de seu contista predileto, e aguardam isso dele: "E então, quando sai um romance?".[1]

Mesmo com essas circunstâncias que me justificariam, hesitei antes de escrever e incluir este capítulo. Afinal, já vimos tudo, ou quase tudo, que se refere ao personagem e sua questão essencial, ao enredo e à estrutura da narrativa, à focalização, ao espaço, ao tempo, ao estilo. Sucede, porém, que senti necessidade de organizar tudo isso para mostrar o *processo* da escrita de um romance; assim, você poderá entendê-lo como uma espécie de guia em meio ao que muitos consideram uma verdadeira selva. Isso implica lembrar vários tópicos já tratados. Dessa forma, espero que sua paciência tolere os momentos de déjà vu, necessários apenas para que não se perca o fio da meada.

O primeiro tem a ver com definições que você já conhece, mas, uma vez mais, não custa relembrar:

||||||||||||||||||||||||||||||||||||||||||||||||||||||||||||||||||||||||||||||

¶ Digo *romance*, mas você já sabe que estou englobando nessa denominação genérica a *novela*. A distinção, de algum modo, veio disseminada neste livro, mas, para que falemos o mesmo português, não me sinto excessivo ao reiterar que a novela possui *um* núcleo de conflito e poucos personagens. São novelas: *O náufrago, A hora da estrela, Sargento Getúlio, A fera na selva, A morte em Veneza, Clarissa, Diá-*

---

[1] Esquecem que alguns ficcionistas se mantêm fiéis ao conto por toda a vida: Anton Tchékhov, Jorge Luis Borges, Sergio Faraco, Raymond Carver, Luiz Vilela, Alice Munro. E são ótimos nisso, superando uma legião de romancistas.

rio da queda, *Duas iguais*, e, por princípio, toda a literatura de jovens ficcionistas, tanto do Brasil como do exterior. O romance, em vez de trabalhar com um núcleo de conflito, trabalha com um *tema*, em torno do qual giram vários conflitos, cada um com seus personagens. São romances: *Os irmãos Karamázov*, *Germinal*, *Os noivos*, *Notre Dame de Paris*, *Os Buddenbrook*, *O tempo e o vento*, *A república dos sonhos*, *A sibila*. Parece que o espírito do nosso tempo perdeu o gosto pelo gênero;[2] isso não significa que foi abandonado. Sabemos da efemeridade das modas literárias.

¶ Digo romance *linear*, o que designa o romance que apresenta uma sucessão cronológica dos eventos do enredo. É o romance-padrão, que serve de base para todas as outras formas em que ele se apresente. Assim foram escritos *O inocente*, de McEwan, e *Ilusões perdidas*, de Balzac, e centenas de outros, tanto do passado quanto do presente.

||||||||||||||||||||||||||||||||||||||||||||||||||||||||||||||||||||||||||||||||

Para tratar do romance como processo, vou partir do princípio de que você decidiu pela estrutura linear. É uma boa escolha, em especial se for seu primeiro romance. E mesmo que esteja pensando em trabalhar com uma narrativa fragmentada, compensará ter fixado, em sua cabeça ou numa folha de trabalho, os eventos em ordem cronológica; será um fator de segurança se por acaso você se perder.

Também parto de alguns pressupostos irreais: você abandonou a ideia do voo cego, tem seu personagem consistente, sabe a questão essencial desse personagem, engendrou o conflito da narrativa, decidiu qual será a alteração de atitude do personagem, conhece os espaços e os tempos que os eventos vão revelar, já produziu a sinopse, já tem o resumo e o enredo definidos. Enfim, para que isso funcione, terei de supor que você saiba todas essas coisas. Talvez, então, você pense que falte apenas o *como*.

No decorrer deste último capítulo, você verá que a todo momento levarei em conta nosso conhecido fator humano, porque, não custa lembrar, antes de ser um escritor, você é um ser de razão e emoção. Recuperarei as reações que me ocorrem à medida que escrevo um romance,

---

2 Em nosso país, entretanto, a estrutura romanesca subsiste na *telenovela*, que, a propósito, deveria ser chamada de *telerromance*, por ter um tema e vários conflitos adjacentes.

tentando evocá-las com a maior fidelidade possível. Mostrarei, também, as reações dos alunos quando escrevem os próprios romances, e que são as experiências de todos os ficcionistas. Assim, você não se sentirá tão desacompanhado quando ingressar nessa aventura.

Tomarei por hipótese que você vai começar a escrever pelo primeiro capítulo. Como isso quase nunca acontece na vida real, sinta-se à vontade para fazer as adaptações necessárias.

O "começar" implica dispor-se a um futuro imediato de vários desânimos, alegrias, abandono temporário ou definitivo do texto, dúvidas, acertos, erros, retomadas. É assim mesmo que funciona a escrita de ficção. Mas não é algo que você desconheça. Todas essas situações acontecem também noutros empreendimentos da vida: na construção de uma casa; na sequência dos estudos; no trabalho; num tratamento médico; na preservação de um casamento, ou num divórcio.

O "começar" também significa a assinatura de um pacto com o leitor, que será alguém muito próximo de você mesmo. É com esse leitor que estou pressupondo que você assine o pacto. Nele, você promete que vai deixá-lo interessado até a última página, e que vai usar toda a sua capacidade criativa e dedicação, a fim de tornar isso possível.

Estudando os manuscritos legados por escritores, os acadêmicos que tratam de crítica genética usam uma expressão interessante, da qual vou me apropriar: "campanha de escrita",[3] que é o período de trabalho que o ficcionista levou para escrever certa obra. Desenvolve-se no tempo, implicando escolhas, escritas e reescritas, rasuras, emendas. Alguns acham que a expressão tem um indesejável caráter bélico; prefiro entender "campanha", entretanto, como metáfora de uma empreitada de qualquer natureza, como campanha a favor do acolhimento dos refugiados ou pela aceitação das diferenças. De alguma forma, quando você se acomoda diante do computador para dar início ao seu romance, ali começa uma campanha de escrita. Para qualquer campanha, você deve ir preparado. Seu preparo compreen-

---

3 Diretamente de *campagne d'écriture*. A crítica genética é uma disciplina de origem francesa, que tem por objeto analisar documentos literários em sua gênese, isto é, desde os primeiros projetos e esboços, para entender melhor o processo que leva à redação final — ou nem sempre.

de um bom conhecimento das técnicas, um notável grau de sensibilidade — e de persistência — para seguir em frente quando parece que dá tudo errado.

Certo?

Vamos lá.

O PRIMEIRO CAPÍTULO,[4] A PURA ALEGRIA

Escrever o primeiro capítulo é uma das mais entusiásticas experiências na vida de um escritor. Personagens novos, espaços novos, novo conflito, talvez a experiência de outro estilo. A primeira frase é escrita com um arrepio de prazer. Torna-se inesquecível, e nós a saberemos de cor pela vida afora. Todo escritor deveria fazer uma selfie com o computador ao fundo, a tela mostrando o primeiro parágrafo, pois verá na foto a própria cara da felicidade: este livro destina-se a revolucionar a literatura do Ocidente e, se possível, também a do Oriente. Ganhará os maiores prêmios internacionais. Tem de ser assim mesmo: jamais alguém me disse que escreveria um romance "mais ou menos". Ora, se o autor não confiar em seu livro, quem lhe fará esse favor?

Mas vamos organizar esse estado de graça, para ver algumas questões que não podem ser esquecidas, sob pena de toda essa euforia acabar em depressão.

O que se espera de um primeiro capítulo?

Na juventude, atuei numa orquestra sinfônica que, à época, era a melhor do Brasil, com um repertório bastante sofisticado. Em concertos populares, porém, uma das peças que mais tocávamos era o *Bolero*, de Maurice Ravel. Baixe-a da internet e ouça-a. Sua estrutura é de uma simplicidade que beira a simploriedade: trata-se da repetição de duas frases musicais, que Ravel vai transformando a cada vez, mediante uma requintada orquestração. Começa com o

---

[4] O "primeiro capítulo" nem sempre o será. Eu me expressaria com mais propriedade se escrevesse "momento inicial", pois a narrativa que você escrever, embora venha a ter diferentes momentos, nem sempre será dividida em capítulos. Deixei "capítulo", pelo valor referencial que possui, especialmente na área da Escrita Criativa.

tarol executando dois compassos que se repetem do início ao fim, num som quase imperceptível; depois é a vez da flauta tocar a melodia, introduzindo os dois temas; depois é o clarinete; depois o fagote, e assim por diante. A cada instrumento que entra, a música vai se encorpando, e, desse modo, nos últimos compassos, temos toda a orquestra (*tutti*) tocando em *fortissimo*, numa estrondosa babel de timbres e volumes.

Ravel nos ensina muito com a orquestração do *Bolero*. O ouvinte é apresentado a cada instrumento por vez, até que, no final, convivemos agradados com toda a riqueza da multiplicidade sonora.

||||||||||||||||||||||||||||||||||||||||||||||||||||||||||||||||||||||||||||||||

¶ Você pode ser generoso com o leitor, acostumando-o *aos poucos* à sua narrativa. Se possível, no parágrafo inicial apresente *apenas um personagem ou dois* que venham a ser relevantes e, nas páginas seguintes, os outros, num ritmo em que seja possível assimilá-los pausadamente, com segurança. Isso propicia a *fruição* e a *compreensão* da narrativa que apenas começa.

||||||||||||||||||||||||||||||||||||||||||||||||||||||||||||||||||||||||||||||||

Ademais, há uma antipática questão de assimetria: nós, os ficcionistas, que já sabemos todo o enredo, fazemos um duvidoso papel ao sonegar informações importantes na abertura, obrigando o leitor a penar por sua conta na confusão de personagens e situações. Já escutei de gente bem-intencionada: "É bom confundir um pouco o leitor, para que ele tenha o trabalho de descobrir". Mas olhe: o leitor não tem a mínima vontade de passar trabalho; ele quer é ler um bom livro.

Se não gostamos de ler aberturas com tantos personagens que formariam um regimento de cavalaria, e com tantas informações quanto a imensidade dos objetos de um bricabraque, por que cargas-d'água, em nome de que santo, vamos impingir tudo isso ao leitor?

Caso você pretenda escrever uma narrativa de mistério, ótimo, é bom para renovar o gênero entre nós. Mas atenção: sua história pode ser de mistério, mas seu texto não pode ser misterioso. Se você gosta de romances desse tipo, já percebeu que são sempre claros, como se pode ver no início de um deles:

Conheci Bobby Callahan numa segunda-feira; na quinta, ele já havia morrido. Estava certo de que o matariam e terminou que era verdade. Nunca trabalhei para um morto, e espero que não se repita. O presente relato, valha o que valha, é para ele. Me chamo Kinsey Millhone. Sou investigadora particular com licença para trabalhar em Santa Teresa (Califórnia), a cento e cinquenta quilômetros ao norte de Los Angeles. Tenho trinta e dois anos e dois divórcios.[5]

E a narrativa segue assim, límpida, deixando o leitor livre para dedicar-se a decifrar o enigma junto com Kinsey, sem atrapalhar-se com o entendimento do texto. Como sempre digo aos alunos, os olhos do leitor devem correr pelas linhas como se fossem magníficas Mercedes nas *Autobahns* alemãs, sem paradas para perguntar "como é mesmo, isso?".

||||||||||||||||||||||||||||||||||||||||||||||||||||||||||||||||||||||||||||

¶ Se você deseja confundir o leitor, questioná-lo, jogar com as incertezas dele, faça-o no *conteúdo*, e não no plano da *compreensibilidade do texto*.

||||||||||||||||||||||||||||||||||||||||||||||||||||||||||||||||||||||||||||

Clareza, clareza e, ainda, clareza. Se possível, mais clareza

É o que se espera de um primeiro capítulo. Você, talvez, se pergunte o que, na prática, isso significa. Bem, primeiro, pensemos num daqueles inúmeros casos em que não conseguimos passar da página inicial, chateados pela "falta de chão" derivada do caráter vago da narrativa ou, ainda, perdidos em meio a um entrevero de personagens, tempos e espaços. Um exemplo?

Considere o parágrafo inicial de uma novela:

A mão. A mão que avança pela névoa de sonhos e delírios. Não sabe que a luz surgirá logo, espantando as incongruências festivas que nunca aparecem, tisnadas com laivos de cetim. A madrugada nos assoma. Ela busca que a aurora traga as lembranças mais queridas da infância. De onde está, ela vê o vale adormecido, vítima de um mágico despertar. Ainda que as angústias não a encontrem pronta para experiências juvenis, ela sabe que deve persistir no erro para ganhar a recompensa

---

5 Sue Grafton, *"C" de cadáver*. Barcelona: Tusquets, 2014. (E-book.) (Tradução minha.)

sempre inútil de um sorriso. Trêmula, ela avança pelo caminho em que sempre se regozijou de tanto agora esperar. Agora é o sonho. É a mão.

Falando bem honestamente: você gostaria de ler isso logo ao abrir um livro? Não? Então não escreva nada parecido. Seu leitor não é um avatar de detetive misturado a caça-fantasmas.

E agora, outro início calamitoso:

Ele sempre esteve lá, ainda que eu não quisesse. Sempre com aquele olhar que me confundia. Nádia, por sua vez, no corredor, já não me dizia nada. Estivemos juntos naquele espantoso verão em que gostávamos de sentir a brisa no rosto e nem nos importávamos com aquela gente toda que depois percebemos que não era tão má como imaginávamos. Nem o nosso empreendimento comum, que nos esgotou todas as forças, era capaz de nos fazer mudar de apartamento e de cidade. O João foi o que mais sentiu. Ah, aquela cidade, da qual tanto esperávamos. Nem depois que Laura ficou largada no mundo, nem depois disso ela teve algum gesto de compaixão por nós. Naqueles tempos éramos puros, embora as bebedeiras eventuais fizessem balançar nossas convicções mais profundas. Mas é sempre assim. De modo que, quando Jorge veio e apresentou dramaticamente a carteira vazia, nós nos entreolhamos, refazendo o pacto de tantos anos e que nos unia e desunia. O pior foi quando a Inês chegou naquele carro caindo aos pedaços e eu disse: estamos ferrados.

Sentiu que nada funciona nessa abertura-tortura?

Quem são "Ele", Nádia, João, Laura, Jorge, Inês e o próprio "eu" que narra? Qual a função deles na narrativa? "Ele sempre esteve lá": lá onde? Nádia está em qual corredor? Por que o verão foi "espantoso"? Onde todos estavam naquele verão espantoso? Quem era "aquela gente"?

Atordoados, não sabemos em qual personagem devemos prestar atenção, qual será central na história, quais estão ali por acaso, quais terão funções coadjuvantes — enfim, dá vontade de largar a leitura e só a seguimos se for nossa obrigação profissional ou se o nome de quem escreveu, em virtude de sua trajetória, merece essa clemência.

Veja como Cíntia Moscovich soube iniciar bem o conto "Gatos adoram peixe, mas odeiam molhar as patas":

Embora fosse noite, e as luzes do letreiro na fachada já estivessem acesas fazia tempo, a ferragem Abramovich ainda estava aberta. Atrás do balcão, junto à caixa registradora, Saulzinho parecia absorto: limpava as unhas com a ponta de uma chave de fenda, os lábios armando e desarmando um biquinho magoado. Havia ainda o gato, enroscado numa almofada sobre o balcão, que ronronava o prazer do sono. Dono e bicho não podiam estar mais gordos.

    De repente, num gesto raivoso, o rapaz fincou a chave de fenda no balcão:

    — Não quero mais que me tratem como uma criança! — o gato acusou o impacto mexendo as orelhinhas. Saulzinho continuou: — *Saulzinho*, uma pinoia! — pronunciava o próprio nome com deboche. — Você está me ouvindo, Mishmash?

    Ao ouvir seu nome, o gato abriu um dos olhos. Saulzinho agigantava-se:

    — Meu nome é Saul! — bateu com a mão livre sobre o peito. — Saul, como o primeiro rei de Israel!

    Mishmash bateu o rabo. Saul investia, alteando o tom de voz:

    — Vida nova. Nunca mais o nhem-nhem-nhem da mamãe![6]

Percebeu a diferença? Aqui temos as coisas claras.

Acostumamo-nos com o *espaço* (a ferragem Abramovich, o balcão de atendimento dos clientes), com o *tempo* (era já noite), com o *personagem* (Saulzinho) e, principalmente, enxergamos uma possibilidade de *conflito* (que poderá ser o objetivo de Saulzinho, de superar a infantilização imposta pela mãe). A narrativa está pronta para ser acompanhada pelo leitor. Não à toa, o livro do qual o conto faz parte, *Essa coisa brilhante que é a chuva*, foi bastante premiado.

Outro exemplo encontra-se no primeiro capítulo de *Desesperados*, de Paula Fox:

Senhor e senhora Otto Bentwood puxaram suas cadeiras ao mesmo tempo. Ao se sentar, Otto olhou o cesto que continha fatias de pão francês, uma caçarola de cerâmica cheia de fígados de galinha *sautés*, tomates descascados em fatias numa travessa de porcelana com desenhos azuis que Sophie encontrara numa loja de antiguidades de Brooklyn Heights e risoto milanês numa tigela de cerâmica verde. Uma luz forte,

---

6 Cíntia Moscovich, *Essa coisa brilhante que é a chuva*. Rio de Janeiro: Record, 2012, p. 13.

um tanto abrandada pelo vidro trabalhado de uma cúpula Tiffany, caía sobre o repasto. Uns metros além da mesa de jantar, branca e retangular, o reflexo de uma lâmpada fluorescente acima de uma pia de aço inoxidável batia no chão em frente à entrada da cozinha. As velhas portas de correr que um dia haviam separado as duas salas do primeiro andar tinham sido removidas havia muito, de modo que bastava aos Bentwood se virarem ligeiramente para que pudessem ver toda a sala de estar onde, a esta hora, estava sempre aceso um abajur de coluna com uma cúpula que era uma meia esfera branca; podiam, se quisessem, enxergar as tábuas de carvalho antigo do piso, uma estante que continha, entre outros volumes, as obras completas de Goethe e duas prateleiras de poetas franceses, e o canto muito polido de uma escrivaninha vitoriana.

Otto desdobrou com determinação o grande guardanapo de linho.

"O gato voltou", disse Sophie.

"Você ficou surpresa?", Otto perguntou. "O que você queria?"[7]

Talvez um ou outro leitor se amole um pouco com a quantidade de minúcias das primeiras linhas, mas é inegável que nos situa de modo cabal dentro daquele espaço de refinamento e luxo que é a residência dos Bentwood. E repare: após a descrição do ambiente, inicia-se um diálogo banal, mas no qual as primeiras linhas já instauram a tensão. Veja como a cena continua:

Sophie olhou por cima do ombro de Otto, para a porta de vidro que dava para uma pequena sacada de madeira, suspensa acima do quintal como um ninho de corvo. O gato estava esfregando com suave insistência o corpo surrado, meio esfaimado, contra a base da porta. O pelo cinzento, do cinza de fungo das árvores, era ligeiramente listrado. A cabeça era grande, uma abóbora, bochechuda, sem vergonha e grotesca.

"Pare de olhar", Otto disse. "Para começar, você não devia ter dado comida a ele."

"Pode ser."

"Vamos ter de chamar a Associação Protetora dos Animais."

"Coitadinho."

"Ele se vira bem. Esses gatos todos sabem se virar."

"Talvez a sobrevivência dele dependa de gente como eu."

[7] Paula Fox, *Desesperados*. Trad. de José Rubens Siqueira. São Paulo: Companhia das Letras, 2007, p. 7.

"Este fígado está bom", disse ele. "Não vejo qual a importância de ele sobreviver ou não."

O gato se atirava contra a porta.

"Ignore", disse Otto. "Quer que todos os gatos de rua do Brooklyn venham vigiar a comida na nossa varanda? Imagine o que eles fariam com o jardim! Outro dia, vi um deles caçar um passarinho. Não são gatinhos, sabe? São matadores."

"Olhe como está anoitecendo tarde agora!"

"Os dias estão ficando mais longos. Espero que os nativos não comecem a tocar os seus benditos bongôs. Talvez chova como choveu na primavera passada."

"Vai querer café?"

"Chá. A chuva não deixa eles saírem."

"A chuva não está do seu lado, Otto!"

Ele sorriu. "Está, sim."[8]

Note que a abertura prepara a história que se segue. Como você deve ter intuído — e sua intuição foi despertada por elementos textuais: a descrição somada ao diálogo —, o romance retrata um casal de classe média alta cujo relacionamento (e, num sentido mais amplo, o modo de vida) se deteriora, sem que eles consigam escapar da situação.

O ESTABELECIMENTO DA FOCALIZAÇÃO

O leitor necessita saber *quem* está contando a história. Não se trata somente de definir se é em primeira ou terceira pessoa. Há circunstâncias que precisam ser consideradas para que seu texto funcione. Isso não é tão simples — mas calma, nem tão complicado —; por isso, dediquei todo o capítulo 5 a esse estudo. Talvez caiba, aqui, apenas uma observação sobre o trecho anterior. Repare como Paula Fox insinua, desde a primeira linha, uma focalização onisciente, atenta aos pormenores, mas sem nunca perder a objetividade, o que se mostra eficaz para desvelar o cotidiano do casal. E não menos importante: já no trecho "Sophie olhou por cima do ombro de Otto [...]", o texto indica

8 Ibid., pp. 7-8.

que acompanharemos a sequência da história focalizada pela mulher, o que, de fato, se confirma na progressão da leitura.

A DEFINIÇÃO DO GÊNERO DA NARRATIVA

Hoje, as formas narrativas às vezes se mesclam. Mas, sempre que isso acontece, deve ser por uma atitude deliberada do autor experiente. Aos iniciantes, recomenda-se fazer com que o leitor perceba, de saída, se aquilo pende mais para um romance de aventuras, um drama intimista, uma história infantil, uma aventura distópica, um thriller, uma novela de amor ou um conto policial. Nada mais desagradável do que começar a ler uma delicada novela de amor e, sem razão alguma, ela se transformar numa comédia pastelão. Afinal, já que qualquer narrativa é uma construção intelectual, o leitor procurará nela verdade e coerência.

Escolhi um texto clássico da língua portuguesa para exemplificar como é importante sinalizar o gênero logo no início:

> A estação de Ovar, no caminho de ferro do Norte, estava muito silenciosa pelas seis horas, antes da chegada do comboio do Porto.
> A uma extremidade da plataforma, um rapaz magro, de olhos grandes e melancólicos, a face toda branca da frialdade fina de Outubro, com uma das mãos metida no bolso dum velho paletó cor de pinhão, a outra vergando contra o chão uma bengalinha envernizada, examinava o céu; de manhã chovera; mas a tarde ia caindo clara, e pura; nas alturas laivos rosados estendiam-se como pinceladas de carmim muito diluído em água e, longe, sobre o mar, para além duma linha escura de pinheirais, por trás de grossas nuvens tocadas ao centro de tons de sanguínea e orladas de ouro vivo, subiam quatro fortes raios de sol, divergentes e decorativos — que o rapaz magro comparava às flechas ricamente dispostas dum troféu luminoso.[9]

Mais do que visto: o leitor, com essa abertura, está dentro do gênero, o romance de costumes do século XIX. Seu autor, Eça de Queirós, que odiava a geração literária antecessora, já começa por mostrar o

---

9 Eça de Queirós, *A capital*, op. cit.

romantismo decadente "do rapaz magro" — talvez enfermo do *mal do século*, que compara os raios de sol a um "troféu luminoso". Acomodamo-nos para ler um romance dotado de forte ironia, que atacará todo um período estético na figura de seu personagem central, que logo conheceremos como Artur Corvelo.

Bem diverso é o gênero deste início de Pedro Juan Gutiérrez:

> Aquele pedaço de cobertura era o mais porco do edifício inteiro. Quando começou a crise de 1990, ela perdeu o emprego de faxineira. Então fez como muita gente: arranjou galinhas, um porco e umas pombas. Construiu uma gaiola de tábuas podres, pedaços de lata, sobras de barras de aço, arames. Comiam alguns e vendiam outros. Sobrevivia no meio da merda e do fedor dos bichos. Às vezes, o edifício chegava a não ter água durante vários dias. Então, vociferava com os meninos, acordava os dois de madrugada, e com tapas e empurrões os obrigava a descer os quatro andares e subir pela escada uns tantos baldes, tirados de um poço que inacreditavelmente existia na esquina, coberto com uma tampa de esgoto.
>
> Os meninos tinham na época nove e dez anos. Reinaldo, o menor, era tranquilo e silencioso. Nelson, o mais agitado, se rebelava sempre e às vezes gritava com ela, enfurecido:
> — Não grite mais comigo, porra! O que é que você quer?[10]

Fosse Gutiérrez um escritor sem habilidade, possivelmente não conseguiria manter até o fim o mesmo tom enérgico, cru, ao retratar essa família de uma cidade em que tudo se degrada. Lendo essa abertura, sabemos o que nos espera.

E também não erraremos ao avaliar o trecho a seguir. Um romance distópico nos aguarda. A quem se deleita com esse tipo de narrativa, será uma experiência prazerosa.

---

10 Pedro Juan Gutiérrez, *O rei de Havana*. Trad. de José Rubens Siqueira. Rio de Janeiro: Alfaguara, 2017. (E-book.)

O ceifador chegou no fim de uma fria tarde de novembro. Citra estava na sala de jantar, enfrentando um problema muito difícil de álgebra, baralhando variáveis, sem conseguir encontrar o X nem o Y, quando aquela variável nova e muito mais fatal entrou na equação de sua vida.

Visitas eram frequentes no apartamento da família Terranova; por isso, quando a campainha tocou, não houve nenhuma suspeita — nada encobriu o sol, não houve nenhum indício da chegada da morte à sua porta. Talvez o universo devesse oferecer esses avisos, mas os ceifadores não eram muito diferentes dos cobradores de impostos no esquema geral das coisas. Eles apareciam, cumpriam sua função desagradável e iam embora.

Sua mãe atendeu à porta. De onde estava, Citra não conseguia ver o visitante. O que ela viu foi a reação da mãe, subitamente paralisada, como se o sangue tivesse se solidificado dentro dela. Se fosse empurrada, parecia que se quebraria em pedaços no chão.

— Posso entrar, sra. Terranova?

Foi o tom do visitante que o denunciou. Retumbante e implacável como a badalada monótona de um sino de ferro, certa de que seu repique chegaria a todos que deveriam ouvir. Antes mesmo de ver, Citra teve certeza de que era um ceifador. Meu Deus! Um ceifador na nossa casa!

— Sim, sim, claro. Entre. — A mãe de Citra se afastou para abrir caminho, como se ela fosse a visita, e não o ceifador.[11]

Observaremos agora um daqueles casos em que os gêneros parecem se misturar. A abertura do conto "Uok phlau", de Olavo Amaral, aparentemente nos oferece uma narrativa *científica*, mas que aos poucos nos submerge num universo que começamos a perceber de intensa ficcionalidade. A mudança não é abrupta nem despropositada, e por isso a aceitamos com naturalidade. Aqui, os dois primeiros parágrafos:

Dentre os grupos étnicos tidos como extintos no sudoeste da Amazônia, uma das regiões de maior riqueza linguística da América do Sul, poucos possuíam hábitos tão peculiares como os Yualapeng. Originários de um fértil vale na província de Santa Cruz, sua civilização existiu desde seus

---

11 Neal Shusterman, *O ceifador*. Trad. de Guilherme Miranda. São Paulo: Seguinte, 2017. (E-book).

primórdios em meio a uma área ocupada por caçadores-coletores de origem guarani, que mais tarde viriam a se difundir pelo território amazônico. Em contraste com o nomadismo de outros povos da região, acredita-se que os Yualapeng jamais deixaram seu vale de origem, onde escavações revelaram sinais de sua existência desde cerca de 500 d.C. até o momento de seu contato com mineradores espanhóis, no ano de 1854.

O rápido desaparecimento da tribo poucas décadas após sua descoberta, ao que tudo indica relacionado à varíola ou à gripe, faz com que a cultura dos Yualapeng permaneça em grande parte incógnita. É provável que nunca saibamos como eles lograram sobreviver tanto tempo em um mesmo lugar: se possuíam técnicas agrícolas mais avançadas do que as tribos vizinhas, ou se teriam formado em entreposto comercial para o intercâmbio de mercadorias. Em relação aos costumes e ritos tribais, os relatos são igualmente fragmentários, e os poucos objetos de arte remanescentes encontram-se espalhados em péssimo estado de conservação por museus provincianos da Bolívia.[12]

Esse é o preâmbulo para apresentar o linguista Gérard Valdès, personagem que descobre uma peculiaridade. Os Yualapeng desconhecem os verbos "ir" e "vir" — eles apenas *voltam*, e isso é suficiente para que o sábio procure "ensiná-los" que há outras formas de alguém se movimentar, e com isso a ficção é revelada e potencializada. Esse sofisticado procedimento técnico-autoral requer habilidade para o mascaramento da intenção primária da narrativa, mas também exige o manejo do domínio das circunstâncias "reais" que a inspiram; no caso, são os princípios epistemológicos de natureza linguística e etnográfica que frequentam a literatura especializada.

Não esqueça: mantenha-se firme no gênero

A caracterização do gênero é um bom indicativo para o leitor; ou o leitor segue ou cessa de ler, segundo seu gosto. Para quem escreve ficção, portanto, torna-se quase uma necessidade deixar perceptível o que se está falando. E, agora, o fundamental: não esqueça que, em qualquer desses casos, você está assegurando ao leitor que seguirá no mesmo diapasão. É o que ele espera.

---

12 Olavo Amaral, *Dicionário de línguas imaginárias*. Rio de Janeiro: Alfaguara, 2017, p. 9.

A APRESENTAÇÃO DO CONFLITO

Aqui volto a falar do conflito, mas na estrita perspectiva de quem começa a escrever uma narrativa. Isso não impede — tomara que estimule — que você consulte o capítulo 3, em que tratei do conflito, de suas possibilidades e modo de usar.

Se já o consultou, deve lembrar que é o conflito que manterá o interesse do leitor. Daí advém minha primeira proposição. Se quiser manter o leitor interessado, apresente o conflito já no início.

Sendo prático: se falamos num livro de 350 páginas, esse início será dilatado, digamos, pode estar ao longo das primeiras dez páginas.

Se o livro tem noventa páginas, o início compreende até, no máximo, as cinco primeiras páginas.

Tomemos um exemplo da italiana Elena Ferrante. Essa autora escreve sob pseudônimo, e sua identidade é mantida em segredo, mas ela não faz mistério na hora de apresentar o conflito. Veja como isso acontece no romance *Dias de abandono* (2002):

> Uma tarde de abril, logo após o almoço, meu marido me comunicou que queria me deixar. Fez isso enquanto tirávamos a mesa, as crianças brigavam como sempre no outro cômodo, o cachorro sonhava resmungando ao lado do aquecedor. Disse-me que estava confuso, que vivia maus momentos de cansaço, de insatisfação, talvez de covardia. Falou por muito tempo dos nossos quinze anos casados, dos filhos, e admitiu que não tinha o que reclamar deles nem de mim. Manteve a compostura de sempre, contendo um gesto de excesso com a mão direita quando me explicou com uma careta infantil que vozes leves, certo sussurro, o levavam para outro lugar. Depois assumiu a culpa de tudo que estava acontecendo e fechou com cuidado a porta atrás de si, deixando-me como uma pedra ao lado da pia.[13]

Essa é uma técnica infalível para conquistar o leitor, desde que você instale um conflito forte o suficiente para isso. A conquista pode, inclusive, ocorrer já na primeira linha, como Gabriel García Márquez nos prova na famosa frase inicial de *Crônica de uma morte anunciada*:

---

13 Elena Ferrante, *Dias de abandono*. Trad. de Francesca Cricelli. São Paulo: Biblioteca Azul, 2016. (E-book.)

No dia em que iam matá-lo, Santiago Nasar se levantou às 5h30 da manhã para aguardar o barco no qual chegava o bispo.[14]

Os bons escritores (e os leitores!) não se enganam quanto a isso. Por outro lado, nada mais aborrecido do que as páginas se seguirem umas às outras e "nada" suceder. Você sabe como é, não? Inquietos, saltamos algumas, para ver se aconteceu algo, e é a mesma pasmaceira, aquele "lento rolar de odres mal cheios", de Eça de Queirós. Está pronto o caminho para a frustração. Logo:

|||||||||||||||||||||||||||||||||||||||||||||||||||||||||||||||||||||||||||||||||||||

¶ Se você deseja que as pessoas se abandonem à leitura — ao invés de a abandonarem —, apresente o conflito no início.

|||||||||||||||||||||||||||||||||||||||||||||||||||||||||||||||||||||||||||||||||||||

Uma atenção ao conflito-espoleta

Há casos em que o ficcionista se utiliza de um artifício bastante hábil para preparar o surgimento do conflito central do romance. Consiste em expor, na abertura, uma situação conflitual com interesse para atrair de imediato a atenção do leitor; entretanto, a narrativa se encaminha para a introdução de outro conflito, mais potente, aquele que vai dominar o romance. Não tenho outro nome senão chamar, a este artifício, de conflito-espoleta.[15]

Um exemplo bem ilustrativo é *O amor nos tempos do cólera*, de Gabriel García Márquez. O romance inicia com um tour de force, um intenso primeiro capítulo no qual o veterano dr. Juvenal Urbino é chamado com urgência à casa do amigo e parceiro de xadrez Jeremiah de Saint-Amour, que se havia posto "a salvo dos tormentos da memória com uma fumigação de cianureto de ouro".

Ao dr. Juvenal Urbino, além da incumbência de preencher o atestado de óbito, caberá o discutível privilégio de conhecer a verdade acerca do amigo. Jeremiah lhe deixou uma carta, na qual relata que era um fugitivo outrora condenado à prisão perpétua por um crime

---

14 Gabriel García Márquez, *Crónica de una muerte anunciada*. Buenos Aires: Sudamericana, 2003, p. 7. (Tradução minha.)
15 "Espoleta", aqui, metaforiza a ação da pequena cápsula que faz disparar o projétil. Assim, seria um pequeno conflito que "dispara" o conflito central.

atroz. Revela também ter mantido uma amante escondida de todos, a quem agora deixava a casa de herança. Por fim, o médico descobre que o amigo, recém-chegado aos sessenta anos, cometeu o suicídio para evitar as agruras do envelhecimento e que essa fora uma decisão tomada há décadas.

Nesse momento, suspeitamos que a morte (e talvez a trajetória de vida) de Jeremiah de Saint-Amour constituirá o núcleo do romance. O dr. Juvenal Urbino o considerava "um santo que ignorava seu próprio estado de graça" e agora, sabendo da verdadeira identidade, sai transtornado dali. Quando Fermina Daza, a esposa com quem está casado há mais de meio século, o questiona, ele explica:

> — O que me indigna não é o que foi nem o que fez, e sim o engano em que nos manteve a todos durante tantos anos.[16]

Temos aqui o que chamo de conflito-espoleta, dado que o real motivo do romance ainda está por vir à tona. Na tarde daquele mesmo dia, o dr. Juvenal Urbino sucumbe "ao peso invencível da idade", numa morte memorável, sofrendo um súbito mal-estar que o faz rolar pelas escadas do jardim de sua residência.

Após o velório e o enterro, Fermina Daza enxerga, no centro da sala deserta, alguém que "há muitos anos havia apagado de sua vida, e pela primeira vez tinha consciência de vê-lo depurado pelo esquecimento". Esse alguém é Florentino Ariza e ali está por uma razão muito especial:

> Ele pôs o chapéu em cima do coração, trêmulo e digno, e arrebentou o abscesso que tinha sido o sustento de sua vida:
> — Fermina — disse —, esperei essa ocasião durante mais de meio século, para lhe repetir uma vez mais o juramento de minha fidelidade eterna e meu amor para sempre.[17]

Chegamos ao final do primeiro capítulo e só então descobrimos do que realmente o livro trata: o irreversível amor, apesar de cheio

---

16 Gabriel García Márquez, *O amor nos tempos do cólera*. Rio de Janeiro: Record, 1985, p. 46.
17 Ibid., p. 68.

de percalços, de Florentino Ariza por Fermina Daza. O gosto do leitor, premiado com um breve conflito inicial, está pronto para uma obra extraordinária da literatura do século XX.

O patético suicídio de Jeremiah de Saint-Amour encontra seu *pendant* na queda e na morte algo burlescas do dr. Juvenal Urbino. Quem leu o romance sabe que esse tom será observado até o final, o que ajuda a manter a unidade conceptiva da obra.

Outra boa realização de conflito-espoleta encontra-se em *O sol também se levanta*, de Ernest Hemingway, romance do qual já nos ocupamos no capítulo dedicado à questão essencial do personagem e ao conflito da história. Apenas para lembrar: Jake Barnes, o personagem central, é um veterano da Primeira Guerra Mundial. Ele trabalha como jornalista em Paris, nos anos 1920, e conhece uma mulher, Brett Ashley. Eles se apaixonam; mas, como na guerra Jake sofreu um ferimento nos órgãos sexuais, não podem consumar o amor.

No início do livro, Jake — é ele quem conta a história — faz um apanhado da trajetória de Robert Cohn, um intelectual de família rica que gostava de esportes (foi campeão de boxe nos tempos de faculdade) e que sofria por viver com uma jovem controladora: "Eu gostava bastante dele e era evidente que a mulher o fazia levar uma vida terrível".[18]

Os horizontes de Cohn se ampliam quando ele publica um livro de sucesso e ganha autoconfiança para terminar o relacionamento e vislumbrar novas conquistas. Ao mesmo tempo, Cohn "já não era tão simples nem tão agradável".

Numa dessas saídas, Cohn dirige um "olhar ávido de expectativa bem merecida" para Brett Ashley. Ela não aparenta estar interessada, mas ele a olha como se ela fosse "a terra prometida".

Aqui, o conflito se desloca. O que nos foi contado no início — a trajetória resumida de Robert Cohn, seus problemas com as mulheres e seu interesse por Brett Ashley — funciona como mola propulsora para o drama vivido pelo personagem central.

Como sabemos, Jake nunca conseguirá consumar o desejo que sente por Brett, e ainda a vê se envolver com (vários) outros homens, inclu-

---

[18] Ernest Hemingway, *O sol também se levanta*. Trad. de Berenice Xavier. São Paulo: Abril Cultural, 1980, p. 11.

sive com Robert Cohn, que, após muitos galanteios, consegue ter um rápido affair com ela. É demais para Jake. Mesmo que não demonstre, está ressentido. Pouco interessa se Brett comenta que nada significou, que ela e Cohn ficaram juntos apenas por uma semana, durante uma viagem à praia. Há tempos Jake considera Cohn um pedante, e foi logo ele que a teve nos braços, mesmo que por um curto período. É essa a motivação externa que deflagra os eventos centrais dos romance.

Além de servir para fisgar o interesse de quem lê, o conflito-espoleta tem um ganho acessório: auxilia o escritor ao fazê-lo afastar uma ideia que poderia ser dominante na narrativa e persistir no tratamento do conflito principal. Nessa perspectiva, o artifício do conflito--espoleta dispara um gatilho psicológico em quem escreve.

Mas não há outras possibilidades de atrair o leitor, além da apresentação imediata de um conflito?

Sim, há. Já lemos livros em que *nada acontece* no início, ou as coisas demoram a acontecer. É o caso dos romances de Proust, com suas longas frases, escritas por um ficcionista que não tem nenhuma pressa em nos apresentar o conflito. Então, por que continuamos lendo? Num primeiro momento, pela razão da excelência: Proust pertence ao cânone literário mundial. Os críticos e os milhões de leitores antes de nós não podem estar enganados: trata-se de um notável ficcionista, e essa convicção nos ajuda a investir nos primeiros parágrafos de sua obra maestra:

> Durante muito tempo, costumava deitar-me cedo. Às vezes, mal apagava a vela, meus olhos se fechavam tão depressa que eu nem tinha tempo de pensar: "Adormeço". E, meia hora depois, despertava-me a ideia de que já era tempo de procurar dormir; queria largar o volume que imaginava ter ainda nas mãos e soprar a vela; durante o sono, não havia cessado de refletir sobre o que acabara de ler, mas essas reflexões tinham assumido uma feição um tanto particular; parecia-me que eu era o assunto de que tratava o livro: uma igreja, um quarteto, a rivalidade entre Francisco I e Carlos V. Essa crença sobrevivia alguns segundos ao despertar; não chocava minha razão, mas pairava-me como um véu sobre os olhos, impedindo-os de ver que a luz já não estava acesa.[19]

---

19 Marcel Proust, *No caminho de Swann*. Trad. de Mario Quintana. São Paulo: Globo, 2006, p. 20.

E por aí vai.

Pouco a pouco, somos tocados por essa beleza transcendental, que justifica prosseguir na leitura. Citei Proust como amostra dentre os bons escritores que nos encantam pela linguagem superior, que, assim, passa a valer por si mesma. Essa sedução compensa, de sobra, a ausência de um conflito inicial. Claro, chegará um momento em que você pedirá a Proust que crie uma história — e ele o atenderá.

Você pode optar por esse caminho. Afinal, se deu certo com Proust, por que não dará com você? A pergunta é legítima. Mas essa talvez não seja a melhor escolha para quem começa; se você acha que ainda tem a aprender quanto às potencialidades das palavras, o mais indicado será apresentar desde logo o conflito ou, ao menos, acoplar certa tensão ao texto. Na sequência dos capítulos, você poderá mostrar quanto é capaz de manejar a linguagem.

Além de uma prosa ritmada e encantatória como a de Proust, outra estratégia autoral pode substituir a falta do conflito nas primeiras páginas. É o uso de elementos que, no seu conjunto, resultam no que denomino "sabedoria do texto".

O que vem a ser isso?

Bem, eu a definiria como a sensação que emana de inícios plenos de circunstâncias concretas, pormenores bem descritos ou que avançam de modo consistente nos domínios das ciências, das artes e das humanidades. Isso também pode convencer o leitor a nos dar um pouco mais de seu tempo; ele seguirá adiante na leitura, intuindo que não vai se frustrar, pois o ficcionista *sabe* do que está falando. "Se ele sabe tantas coisas", pensa o leitor, "é porque sabe escrever um bom romance." E esse mesmo leitor tem certeza de que o conflito aparecerá e terá a força necessária. Veja, por exemplo, uma abertura de que gosto muito, a de *Ruina y leveza*, de Julia Dantas:

> Respondo a Lucho que vamos juntos, não há a menor chance de eu ficar lá embaixo sem ele. Estamos no nível mais profundo da mina, onde terminam os túneis, diante de um estreito poço que permite a entrada de uma pessoa por vez. Os mineiros se enfiam nesses buracos para seguir abrindo caminhos no interior da montanha. Como Lucho e eu queremos descer juntos, nosso guia precisa mandar subir o colega lá de baixo para haver espaço para nós dois. O Fraile dá um grito dizendo ao amigo

que suba. Em poucos segundos emerge uma cabeça imunda e de pele ressequida mascando uma enorme bola de folhas de coca em uma das bochechas. O homem escala para fora do buraco, e os rasgos de suas roupas deixam à mostra um corpo petiço e atarracado. Podem descer, diz nosso guia. Lucho pede que eu vá antes, enquanto revira os cabelos para amarrar sua meia dúzia de longos dread locks. A descida é por uma escada de cordas e minha falta de jeito me balança de um lado a outro a arranhar os cotovelos nas paredes pedregosas. Chego ao chão.[20]

Um começo desses é muito animador, pois percebemos que a autora conhece em profundidade o cotidiano dos mineiros, o modo como mascam a coca, as artimanhas para descer "ao estreito poço, que permite a entrada de uma pessoa por vez", usando, para isso, "uma escada de cordas", que, balançando, provoca arranhões nos cotovelos de encontro à rocha. Isso transmite segurança ao leitor. Significa que a autora não apenas conhece, mas também tem domínio de seu material narrativo. Note ainda como o conflito ainda não está explicitado, mas uma sombria inquietude perpassa o texto: a claustrofobia e a precariedade da mina; o personagem que não leva jeito para descer e "balança de um lado a outro a arranhar os cotovelos nas paredes pedregosas".

Como leitor, nunca me decepcionei com narrativas que apresentam inícios como esses, que nos encaminham para histórias cheias de sabedoria. E tensões.

Como arremate

O primeiro capítulo é capaz de nos fazer subir aos cumes do prazer. Deixa-nos vivos e pulsantes; somos por inteiro energia e contentamento — mas nem todos estão preparados para o que vem depois dele. Assim como para algumas pessoas a velhice é uma surpresa na vida, também muitos autores, não sei por qual sortilégio, surpreendem-se que tenham de escrever o segundo capítulo.

---

20 Julia Dantas, *Ruina y leveza*. Porto Alegre: Não, 2015, p. 7.

QUEM TEM MEDO DO SEGUNDO CAPÍTULO?[21]

É certo: mesmo que tenha uma boa sinopse e saiba — ou pense saber — o que deseja, nesse momento o ficcionista sente recair sobre si todas as maldições infernais. Onde ficou aquela exaltação do início? Em que lugar se perdeu aquele entusiasmo?

"E agora, o que eu faço?"

Quando vejo o pavor desses destinados à precoce imolação literária, me ocorre sempre a imagem tão conhecida do cão que persegue um carro por um quarteirão inteiro; o carro para, o cão também — e não sabe o que fazer com o carro.

Um aluno me disse: "Professor, estou *envenenado* pelo segundo capítulo". Outra sensação que também já me relataram é: "Estou me *afogando* no segundo capítulo". O enredo, de repente, transforma-se num frasco de peçonha, num rio de águas profundas e perigosas. Num pântano.

Criativas e fatais metáforas, mas para elas há antídotos fortes e boas tábuas de salvação. Vejamos o porquê.

É no segundo capítulo que o personagem central se firma perante o leitor, e é no segundo capítulo que todos — ou quase todos — os personagens já são conhecidos. É nele que começamos a escrever as linhas mestras do enredo. Ele pede que ponhamos à prova o controle do material narrado.

O ficcionista deve enxergar sua história como quem observa uma planície desde uma elevação, percorrendo com o olhar os lagos, os riachos, as florestas e os cumes. Assim como o personagem é criação nossa, assim também é o enredo. Não devemos ter medo dele. Se nós o pensamos bem, se nos antecipamos a todos os alçapões que ele pode conter, não há por que sentir todas essas coisas esquisitas.

|||||||||||||||||||||||||||||||||||||||||||||||||||||||||||||||||||||||||||||||||

¶ O ficcionista não pode ser dominado por seu enredo. Ao contrário, é o ficcionista que deve dominar o enredo.

|||||||||||||||||||||||||||||||||||||||||||||||||||||||||||||||||||||||||||||||||

---

21 Não custa dizer, como antes, que aqui não penso formalmente num segundo *capítulo*, mas apenas a sequência do que o antecede, tenha esse nome ou não. Pode até ser um continuum indiferenciado do "primeiro".

Aqui entra, não custa lembrar, o *conhecimento prévio da questão essencial* do personagem, mais a motivação para seu objetivo no romance e qual o conflito que isso desencadeia. Tendo essas questões sabidas, podemos encarar com mais naturalidade o segundo capítulo e, até, com ele recuperar o prazer da escrita do primeiro.

Assim, *conhecer bem o material a ser narrado* é também a primeira e principal solução para os males do segundo capítulo.

Realizado isso — e não será pouco —, você pode retomar sua narrativa, agora com verdadeira segurança.

Outra observação importante: como vimos no capítulo em que trato do *tempo*, é no segundo capítulo que, inúmeras vezes, ocorre uma recuperação do passado, para que este venha iluminar e dar sentido ao presente. Ou seja, o flashback.

||||||||||||||||||||||||||||||||||||||||||||||||||||||||||||||||||||||||||||||||||

¶ O segundo capítulo, longe de ser o mais desestimulante e perverso, tende a ser o mais importante, pois é nele que aparecem os fatores externos que se opõem ao *objetivo* do personagem, e, portanto, entram em plena ação as forças em conflito.

||||||||||||||||||||||||||||||||||||||||||||||||||||||||||||||||||||||||||||||||||

O MIOLO:[22] O PURO TÉDIO. SERÁ MESMO?

Na Oficina, depois de ultrapassado o primeiro capítulo com sua euforia, depois de vencido o segundo com seu terror, é o momento de seguir em frente. Quando anuncio aos meus alunos que vou tratar do *miolo* do enredo, vejo discretos bocejos. Eles sabem, o romance não é feito só de inícios. Até manifestam interesse acerca dos finais, mas "o meio", segundo pensam, deverá ser penoso. E não lhes tiro a razão, pois é isso mesmo que parece. O miolo semelha um grande vazio, ou apenas uma ponte a ser atravessada o mais rápido possível — como me afirmou uma aluna.

Desfaço essa impressão dizendo que no miolo acontece "tudo". Não é uma ponte; é, isso sim, o *coração* da narrativa. Quando você

---

22 Assim alguns dos meus alunos chamam o meio da narrativa, e eu adotei.

pega um romance para ler, não é o que mais interessa? O primeiro capítulo serve para nos instigar a ler, como um bem-vindo *appetizer*; o segundo para nos deixar mais situados no enredo. Daí por diante a história ganha corpo, e justo nesse ponto concentramos toda a nossa gula. A razão é bastante simples: gostamos do miolo porque nele é que ocorre o agravamento do conflito.

O personagem é um ser que criamos e submetemos a toda série de peripécias desagradáveis. Essas peripécias acontecem no meio da narrativa. Guiado pela verdade que nós lhe demos, o personagem fará tudo o que for possível para sair dessas enrascadas e chegar ao final com o conflito da história resolvido — ou não. Como já vimos e revimos, o personagem, como todo ser humano, de alguma forma busca a felicidade, mas nem sempre a encontra.

No miolo é que acontece a articulação da questão essencial do personagem com os fatores externos

Já vimos que existe um ponto de articulação entre a questão essencial do personagem e os fatores externos a ele. Voltando ao *Hamlet* apenas para recordar: esse ponto ocorre no momento em que o fantasma do pai encarrega o príncipe de vingar sua morte. Portanto, toda a questão essencial do jovem (um complexo de insegurança, irresolução, timidez) é convocada por Shakespeare para articular-se com o conflito que se anuncia — a vingança exigida.

Esse ponto sempre haverá, seja bem demarcado, seja disseminado ao longo do romance. Neste último caso, você só precisa ter o cuidado para que a articulação seja percebida pelo leitor, mesmo que de modo inconsciente. Se pensarmos em *Madame Bovary*, você verá que a questão essencial de Emma (a insatisfação permanente com as situações que a vida lhe oferece) articula-se ao longo das primeiras cinquenta páginas, quando ela começa a ter suas primeiras decepções, ligadas ao casamento com um homem sem atrativos. Chega um momento em que esse acúmulo virá à tona de maneira irreprimível, e o leitor tem a surpreendente consciência de que o conflito já está instalado e causando seus estragos.

Construir esse momento é sua tarefa de ficcionista.

No miolo é que se agrava o conflito

Como sabemos, a função primordial do enredo é tornar o conflito cada vez mais agudo, levando-o a um estágio insuportável. É no miolo do romance que essa agudização ocorre. É no miolo que você deve submeter o personagem a todos os problemas que criou para ele.

O gráfico abaixo encontra-se em quase todos os manuais estrangeiros sobre a escrita de romances, peças de teatro e roteiros de cinema. Apesar de sua vulgarização massiva, não devemos ter preconceito: ele representa o que realmente acontece no romance linear.

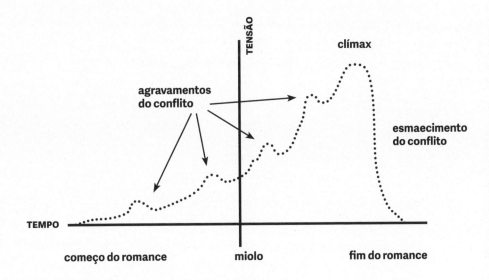

Observe a linha ascendente, com altos e baixos. Os picos significam instâncias em que o conflito se agrava até chegar ao *clímax*, em que qualquer solução parece ruinosa.

Esse gráfico decorre de tudo o que você já leu neste livro, mas não deve ser usado de modo automático. Eu o cito neste ponto porque é o último momento em que posso fazê-lo. Você poderá recheá-lo com sua experiência de ficcionista e com tudo que falei sobre a questão essencial do personagem, o conflito, o enredo e a estrutura da narrativa.

SE ENCONTRAR FANTASMAS, NÃO FUJA DELES; CACE-OS

Antes de tratarmos dos finais, sugiro que você faça uma primeira revisão do material, mas com uma intenção específica. Muitos me dizem que deixam qualquer revisão para quando o texto do livro estiver completo; preferem revisar *da capo al fine* — sem paradas que possam tirá-los do foco.

Concordo que a revisão *total* do livro, em seus aspectos de conteúdo e forma, terá sentido quando tudo já estiver "pronto"; a revisão que proponho neste momento, entretanto, visa encontrar, esquecidos, aqui e ali, vestígios de decisões anteriores, pontas soltas que você se esqueceu de deletar. Às vezes são coisas muito sutis, mas para fins didáticos ilustrarei com um exemplo.

Considere este parágrafo da página 201 de um romance de 350 páginas:

> Quando o pai de Adela sentou-se à mesa do café, perguntou como estava a preparação para o exame vestibular.
> — Tudo bem. Mas acho que vou te contrariar. Sei que você está pagando o cursinho, mas acho que vou tentar o vestibular para medicina.
> O pai levantou a cabeça, desconcertado. Mas não era para direito?
> — Cheguei à conclusão, pai, que não tenho jeito para o direito. — Adela tinha certeza de que o pai iria ficar contrariado. Juiz, ele esperava que ela seguisse a magistratura. A resposta, entretanto, foi inesperadamente tranquila:
> — Faça como quiser — ele disse. — Afinal, você já é maior, e tem direito de escolher. — E, depois de uma pausa: — Mas você sabe que a medicina é uma carreira muito exigente.
> Mais tarde, antes de sair de casa, ele disse:
> — Médica, você não vai dispor do seu tempo. Quem sabe falamos melhor à noite?

O romance seguiu seu rumo: Adela fez vestibular para medicina e foi reprovada, o que terá consequências ponderáveis para o conflito da história. Até aí tudo bem. O problema é que o ficcionista esqueceu de apagar ou transformar uma cena da página 87, na qual Adela vai ao diretor do cursinho:

— Oi, quero agradecer o desconto que vocês estão me dando.
— Você ganhou abatimento sem ser preciso — disse o diretor. — Temos de rever isso. Você não precisa de bolsa. Descobri depois que seu pai é juiz.
— É, mas eu quero mostrar para ele que posso me virar sozinha. Muito obrigada. A diferença da mensalidade eu estou pagando fazendo uns trabalhos de revisão. E juro que ainda vou devolver o abatimento. Faz isso por mim?

O que aconteceu? O autor, entusiasmado com sua história, deixou esse *fantasma* lá trás, na página 87. Esse esquecimento decorreu do fato de que o ficcionista, *durante a escrita*, mudou a personalidade de Adela; antes, ela era dona de uma atitude independente; depois, essa característica foi abandonada. Em outras palavras: o que Adela disse na página 87 não vale mais. Imagine se porventura — ou antes, por desventura — isso passa despercebido pelo processo de revisão... Os leitores, os resenhistas, todos diriam que o autor colocou uma cena incongruente no livro.

Se você planejar, diminuem as chances de incorrer em erros. Nesse caso, a cena da página 87 jamais seria escrita. Mas lapsos acontecem, mesmo com autores experientes. Quem trabalha com preparação de originais sabe como isso é comum, e eu diria mais: é quase uma fatalidade. Então, se você suspeita que pode haver fantasmas do passado em seu romance, volte atrás e cace-os.

||||||||||||||||||||||||||||||||||||||||||||||||||||||||||||||||||||||||||||

¶ Antes de escrever o final, dê uma boa revisada no seu texto, para ver se não há incongruências quanto à lógica da história. Se encontrá-las, resolva-as, resolva-as *agora*. Mais tarde você poderá esquecer de fazer isso.

||||||||||||||||||||||||||||||||||||||||||||||||||||||||||||||||||||||||||||

O FINAL DO ROMANCE: O ALÍVIO SOB UM CÉU DE DÚVIDAS

Então chegou a hora de escrever o final e, acredite, seus sentimentos serão múltiplos: por um lado, você deverá ver-se às voltas com a preocupação de não errar: "Será um bom final?", "Não vai faltar nada?", "E se eu fizesse diferente?", e, ainda, o pior: "Será que o leitor vai entender?". Você não pode estragar tudo. Você já prevê o crítico dizendo: "É um bom romance. Pena o final". Sim, só de pensar lhe vem certo pânico.

Por outro lado, você está à espera de um alívio dos meses, quem sabe anos, dedicados ao romance. Você merece recompensar a si mesmo, criando um final admirável ou, pelo menos, que não faça feio.

Para desdramatizar o assunto e deixar você tranquilo — sendo isso possível —, preparei uma frase-bomba:

||||||||||||||||||||||||||||||||||||||||||
¶ Nenhum final agrada ao leitor.
||||||||||||||||||||||||||||||||||||||||||

Mas como?

Dito de maneira tão imperativa quanto deliberadamente hiperbólica, me resta explicar.

Antes disso: imaginando que você não seja professor de literatura nem crítico ilustrado, procure trazer à mente cinco bons romances que você já leu. Lembra-se do final de todos eles? Pense bem. Difícil, não é? Dá-nos uma maldita amnésia seletiva. Como é mesmo que termina *Dom Casmurro*? Como é? E *Grande sertão: veredas*? *O vermelho e o negro*? *Guerra e paz*? *Os miseráveis*? Numa sala com quinze alunos bem preparados, eu disse o título de um romance célebre, penso que foi *Cem anos de solidão*, e pedi que lembrassem como terminava. Um ou dois se recordaram, e, quando o disseram, os outros ergueram os ombros, como se tivessem escutado uma irrelevância: "Ah, é? Termina assim, então?".[23] Vários se lembravam do início, contudo.

Mas ninguém está sofrendo de amnésia. Esses esquecimentos acontecem porque, num bom livro, o que fica em nossa memória é o personagem central, e as pessoas desenvolvem uma displicente má vontade para com os finais. Óbvio, haverá sempre alguém para dizer: "Mas o final de *A cartuxa de Parma* é inesquecível!" ou "Nunca vou esquecer o final de *O som e a fúria*!", mas são exceções — ou apenas mentiras para implicar conosco.

---

23 E não pense que sei de cor esses finais. Também os esqueço, e muito. E os esquecia mesmo quando era um jovem estudioso.

Cabe então perguntar, com todo o direito de escutar uma resposta: por que as pessoas têm dificuldade de gostar, e até de lembrar, dos finais dos romances? Uma primeira resposta já foi dada em vários momentos deste livro: a atenção dada ao personagem, que *apaga* tudo o mais. Mas há outros motivos: se o romance é mesmo bom, deixa-nos incomodados que esteja terminando, e, dessa forma, detestaremos qualquer solução do ficcionista; se é um romance ruim, detestaremos tudo, inclusive o final. Não é raro escutar o relato de pessoas que abandonam, por método, a leitura das últimas páginas. Eu mesmo fazia isso. Nem sempre, mas fazia. Lembro que, ao ler *Os Maias* pela primeira vez, deixei de lado as últimas páginas. Aquele mundo ficcional de Eça de Queirós tinha me cativado a tal ponto que eu não queria abandoná-lo. Dava-me a disparatada impressão de que, indo até o fim, eu perderia algo precioso, irrecuperável.

Não estou dizendo que você não deva se esmerar para escrever o final — muito ao contrário, conforme veremos logo abaixo. Mas talvez deva se preocupar menos com isso. Se tiver de ficar obcecado por algum aspecto do livro, escolha o personagem. Quanto ao final, saiba que, mesmo que goste ou desgoste, o leitor logo acabará se esquecendo dele.

Portanto, sossegue. Se seu romance for bom, o final tenderá a ser bom também.

Antes de irmos para o próximo item, darei três conselhos. Pense neles.

Ao final do romance, procure ser claro. Você soube ser claro no início, o que foi uma generosidade para com o leitor. Mantenha essa atitude também no final. E por quê? Porque você é generoso, sim, mas também porque não gostaria de ler romances com finais confusos. Simples assim. Não abandone o leitor nas últimas páginas. Ele precisa entender o que aconteceu com o personagem — mesmo que o personagem, ele próprio, não saiba — e, para isso, não pode ter dúvidas sobre quem é quem naquele final, quem fala o quê, em que lugar se passa a ação e em que momento acontece.

Leve em conta que o final da história nem sempre está no último parágrafo. Você deve estar se lembrado de que no romance não ocorre a transformação do personagem; o que sucede, de fato, é uma alteração da percepção do personagem acerca do conflito da história, e, em geral, esse momento é precedido por uma extrema tensão. É o *clímax*, quando o conflito se resolve — ou não —, para o bem ou para o mal. Pois bem: depois do *clímax* segue-se, às vezes, um trecho curtíssimo, que chamo de *esmaecimento do conflito*, e que pode ser apenas um parágrafo. Veja no gráfico da página 364 onde esse elemento se situa. Penso que você poderia experimentar essa solução, que pode significar um bônus para o leitor: no esmaecimento se instala um relativo alívio. *Relativo*, pois pode ser que ele traga uma nova inquietude. Os que escrevem séries — de romances, de televisão — sabem muito bem disso. Um pouco mais adiante veremos alguns finais de Ian McEwan, e todos eles são dessa fase pós-clímax.

Dedique o seu melhor para o final. Lembra-se daquele entusiasmo do início do romance? Se por acaso ele diminuiu um pouco ao longo da campanha de escrita, é hora de reavivá-lo. Às vezes nos forçamos a escrever mesmo quando nos sentimos exaustos, com baixa capacidade criativa, com sono, com fome, ou meio atordoados pela luzinha do computador. Porém, para a escrita da última cena, reserve um horário em que você se sinta no domínio integral de suas potencialidades físicas e cerebrais, não um final de noite. Você está terminando um livro, isso não é pouco! Então leve em conta o fator humano. Procure desfazer-se — se possível — dos problemas; ou suspenda-os por algumas horas. Isso é preciso. Como me disse uma amiga ficcionista e imaginativa, ela se prepara para escrever o final de seus romances com a mesma empolgação que teria se provasse um vestido para o baile anual da Ópera de Viena, com camarote ao preço de 20500 euros.

Brincadeiras à parte: *para sua satisfação íntima*, ponha toda a sua alma no final. O leitor pode não captar o quanto ele ficou bom, mas o importante é que você sabe.

MODELOS PARA O FINAL

Não vá me processar, mas esse título é uma propaganda enganosa. Não há modelos para o final. Contudo, com o tempo e com tantos finais que você ainda vai escrever — e que já leu —, encontrará algumas constâncias em uns e outros.

Vejamos agora o final de dez romances e novelas de Ian McEwan, na ordem de suas publicações originais. Por que McEwan? Não fui levado a escolher o autor britânico apenas porque acho uma injustiça ele ainda não haver recebido o Nobel. Poderia ser Haruki Murakami, Alice Walker, Kazuo Ishiguro (esse ganhou o Nobel), Gabrielle Colette. Qualquer nome desses me permitiria ir à busca de uma "estética dos finais". Talvez você esteja pensando: "Não seria mais útil examinar os finais de vários autores, em vez de um só?". Digo que não, porque são muito diferentes entre si e com isso não se aprenderia nada. Considerando um único autor, você poderá constatar a reiteração de algumas estratégias, o que lhe pode ser muito útil.

Neste momento eu apenas pediria que você lesse os finais de McEwan. Contêm spoilers.

O jardim de cimento (1978)
Não estávamos tristes, e sim excitados, numa espécie de torpor. Esquecíamos de falar baixinho até que um de nós fazia *shhh*! Conversamos sobre a festa de aniversário junto à cama de mamãe e a exibição de Julie, pedindo que a repetisse. Ela chutou algumas roupas para o lado e se pôs de cabeça para baixo num movimento felino, as pernas bronzeadas mal se movendo ao atingir a vertical. Sue e eu aplaudimos baixinho. Foi o som de dois ou três carros parando do lado de fora, as batidas de portas e os passos apressados de várias pessoas no caminho que levava à porta da frente que acordaram Tom. Através de uma abertura nas cortinas, uma luz azul giratória projetava um reflexo ondulante na parede do quarto. Tom sentou-se, piscando os olhos, e ficou observando aquele efeito luminoso. Reunimo-nos em torno do berço e Julie, inclinando-se para a frente, o beijou.

"Muito bem", ela disse, "que soninho gostoso, não foi?"[24]

O inocente (1990)
Precisou parar na esquina com a Neudecker Weg e descansar sob a sombra de um plátano. Voltariam juntos a Berlim, não haveria outra forma. O calor era intenso, e ainda faltava quase um quilômetro para a

---

24 Ian McEwan, *O jardim de cimento*. São Paulo: Companhia das Letras, 2009. Trad. de Jorio Dauster. (E-book.)

estação de metrô de Rudow. Fechou os olhos e reclinou o corpo contra o tronco. Era uma árvore nova, mas aguentou o peso. Visitariam os lugares que costumavam frequentar e se admirariam das mudanças e, claro, iriam um dia até a Potsdamer Platz e subiriam na plataforma de madeira para dar uma boa olhada no Muro, juntos, antes que o pusessem abaixo de uma vez por todas.[25]

Amor sem fim (1997)
Pus a mochila nas costas e estava prestes a lhe dizer adeus, resolvendo seu problema, quando Rachael e Leo me ladearam.
   Nunca consegui resistir ao sentimento de orgulho, de plena aceitação, quando crianças me estendem a mão. Levaram-me até a prainha lodosa onde contemplamos a água marrom que fluía sem pressa.
   "Agora", disse Rachael, "você pode contar também para Leo. Conta outra vez, devagar, aquela coisa sobre o rio."[26]

Amsterdam (1998)
Sim, um serviço religioso. Na St. Martin e não na St. James, ultimamente preferida por aquela gente crédula que lia o tipo de livros que ele publicava. Muito bem, St. Martin, e só ele falaria, ninguém mais. Nada de ex-amantes trocando olhares. Sorriu e, ao erguer a mão para tocar a campainha, sua mente já se concentrava com volúpia na fascinante tarefa de preparar a lista de convidados.[27]

Reparação (2001)
Agrada-me pensar que não é por fraqueza nem por evasão, e sim como um gesto final de bondade, uma tomada de posição contra o esquecimento e o desespero, que deixo os jovens apaixonados viver e ficar juntos no final. Dei-lhes a felicidade, mas não fui egoísta a ponto de fazê-los me perdoar. Não exatamente, não ainda. Se eu tivesse o poder de evocá-los na minha festa de aniversário... Robbie e Cecilia, ainda vivos, ainda apaixonados, sentados lado a lado na biblioteca, sorrindo de *Arabella em apuros*? Não é impossível.
   Mas agora preciso dormir.[28]

25 Id., *O inocente*, op. cit.
26 Id., *Amor sem fim*. Trad. de Jorio Dauster. São Paulo: Companhia das Letras, 2011. (E-book).
27 Id., *Amsterdam*. Trad. de Jorio Dauster. São Paulo: Companhia das Letras, 2012. (E-book).
28 Id., *Reparação*. Trad. de Paulo Henriques Britto. São Paulo: Companhia das Letras, 2002. (E-book).

Sábado (2006)
Ele se encaixa junto à esposa, junto ao pijama de seda de Rosalind, ao seu cheiro, ao seu calor, à sua forma adorada, e chega mais perto dela. Às cegas, beija a nuca de Rosalind. Sempre existe isso, é um de seus últimos pensamentos. E depois: só isso existe. E por fim, debilmente, ao cair: este dia terminou.[29]

Na praia (2007)
Na praia de Chesil, ele poderia ter gritado o nome de Florence, poderia ter ido atrás dela. Ele não sabia, ou não teria querido saber, que, enquanto ela fugia, certa na sua dor de que o estava perdendo, nunca o amara tanto, ou mais desesperadamente, e que o som da voz dele teria sido seu resgate, e que ela teria voltado atrás. Em vez disso, ele permaneceu num silêncio frio e honrado, na penumbra do verão, a observá-la em sua precipitação ao longo da orla, o som do seu avanço difícil perdendo-se entre o das pequenas ondas a quebrar na praia, até ela ser apenas um ponto borrado, desaparecendo na estrada estreita e infinita de seixos brilhando sob a luz pálida.[30]

Solar (2010)
Um metro à frente das duas, Catriona trazia uma mochila desenhada de modo a dar a impressão de que carregava um coala nas costas. Viu o pai antes das mulheres e disparou na direção dele, vindo reivindicá-lo, dizendo algo indistinto, driblando as mesas cheias. Quando se levantou a fim de recebê-la, Beard sentiu algo estranho, o coração dilatando, mas ao abrir os braços para ela, duvidou que alguém jamais acreditaria se tentasse agora chamar aquilo de amor.[31]

A balada de Adam Henry (2014)
Ficaram um diante do outro na semiescuridão e, enquanto a grande cidade lavada pela chuva entrava em seus ritmos noturnos mais suaves, e o casamento deles recomeçava com movimentos titubeantes, Fiona lhe falou, numa voz calma e compassada, de sua vergonha, da paixão daquele doce rapaz pela vida e da parte que lhe cabia na morte dele.[32]

[29] Id., *Sábado*. Trad. de Rubens Figueiredo. São Paulo: Companhia das Letras, 2005. (E-book.)
[30] Id., *Na praia*. Trad. de Bernardo Carvalho. São Paulo: Companhia das Letras, 2007. (E-book.)
[31] Id., *Solar*. Trad. de Jorio Dauster. São Paulo: Companhia das Letras, 2010. (E-book.)
[32] Id., *A balada de Adam Henry*. Trad. de Jorio Dauster. São Paulo: Companhia das Letras, 2014. (E-book.)

Enclausurado (2016) [Lembre-se: é um bebê quem narra.]
Minha mãe me muda de lugar para que possamos trocar um longo olhar. O momento pelo qual esperei. Meu pai tinha razão, é um rosto adorável. O cabelo mais escuro do que eu pensava, os olhos de um verde mais pálido, as bochechas ainda coradas por causa do esforço recente, o nariz de fato uma coisinha bem pequena. Acho que vejo o mundo inteiro nesse rosto. Belo. Amoroso. Assassino. Ouço Claude atravessar o quarto com passos resignados para descer até a porta. Nenhum clichê. Mesmo nesse intervalo de descanso, durante o longo e ávido olhar no fundo dos olhos de minha mãe, estou pensando no táxi que espera lá fora. Um desperdício. Hora de mandá-lo embora. E estou pensando na nossa cela — espero que não seja pequena demais — e, mais além de sua pesada porta, nos degraus gastos que sobem: primeiro a tristeza, depois a justiça, enfim o significado. O resto é caos.[33]

O que podemos concluir desses finais de McEwan?
Do ponto de vista técnico - textual

O predomínio de períodos gramaticais complexos ou, pelo menos, longos. Esse procedimento faz com que o final se torne mais impressionante, representando a recompensa do leitor. É como se o ficcionista mostrasse, de forma indireta, que chegou até ali mas não está cansado, e sim mantém a mesma energia do início do livro.

||||||||||||||||||||||||||||||||||||||||||||||||||||||||||||||||||||||||||||

¶ Caso você esteja disposto a isso, experimente dar maior complexidade e largueza aos últimos períodos gramaticais do romance, pois assim eles ficam mais expressivos. Se possível use mais polissílabos do que o seu normal.

||||||||||||||||||||||||||||||||||||||||||||||||||||||||||||||||||||||||||||

Além disso, acompanhando com maior atenção o desdobramento das frases, o leitor terá a tendência de gravá-las na memória. É um modo de que seus finais não sejam totalmente ignorados. Mas aten-

---

[33] Id., *Enclausurado*. Trad. de Jorio Dauster. São Paulo: Companhia das Letras, 2016. (E-book.) Observe que aqui acontece o que referi ao tratar do *esmaecimento do conflito*: há um alívio, por certo, mas relativo, pois resta uma ameaça: "O resto é o caos".

ção: o período gramatical poderá ser complexo, mas não confuso, ou o efeito será justamente o oposto ao desejado.

A regularidade de construções elaboradas. São pequenos sumários referentes à história acabada de ler — que emendam com uma cena (uma ação, uma fala) que, quase sempre, encerra o parágrafo final. Talvez esse seja o item mais relevante nesses finais de McEwan. Essas cenas têm a função de situar de novo o leitor no espaço e no tempo; pode ser uma ação minúscula, mas que será suficiente: "inclinou-se para a frente e o beijou"; "subiriam na plataforma de madeira"; "contemplamos a água marrom que fluía sem pressa"; "já se concentrava com volúpia na fascinante tarefa de preparar a lista de convidados"; "mas agora preciso dormir"; "Às cegas, beija a nuca de Rosalind"; "desaparecendo na estrada estreita e infinita de seixos brilhando sob a luz pálida"; "mas ao abrir os braços para ela, duvidou que alguém jamais acreditaria se tentasse agora chamar aquilo de amor"; "Fiona lhe falou, numa voz calma e compassada, da sua vergonha".

Do ponto de vista do tom adotado

Um marcado lirismo. O ficcionista deixa que sua subjetividade emocional se revele. Se você tiver a tentação de rechear seu romance de lirismos — o que seria uma calamidade —, reserve-os para o final. É uma característica que está presente nos nove primeiros finais de McEwan, entretanto substituída, no último, por uma clareza que beira o amargor, o que pode evidenciar certa alteração do procedimento habitual do ficcionista britânico. Estéticas mudam, e já vimos isso no capítulo do estilo.

Um inegável otimismo nos primeiros nove finais. Eles sugerem a predominância do amor como remédio para os males sofridos pelo personagem.

||||||||||||||||||||||||||||||||||||||||||||||||||||||||||||||||||||||||||||

¶ Tenha em mente, porém, que o *tom* é algo peculiar de cada autor, segundo sua visão de mundo e da própria literatura. E, ainda, que o tom às vezes muda dependendo da perspectiva com que a história é contada.

||||||||||||||||||||||||||||||||||||||||||||||||||||||||||||||||||||||||||||

Uma proposta

Você já percebeu por que me fixei num único autor. Fiz isso para mostrar um "modelo" eficiente, do qual, talvez, nem McEwan tenha se dado conta — mas que não é exclusivo dele. Proponho que você estude os finais utilizados por outro ficcionista. Será um tipo de análise instrumental, que o ajudará a constatar soluções adotadas pelo autor. Alguma delas poderá interessá-lo.

E COMEÇAR POR ESCREVER O FINAL?

Tenho alunos que gostam de iniciar a escrita de seus romances pelo final. Não se trata de escrever "de trás para diante", mas apenas de escrever o final, assim, solto, para depois recuperá-lo. É uma boa ideia? É sim, porque orienta a escrita desde o início e serve de estímulo permanente. Essa "orientação" tem a seu favor a segurança; quer dizer: caso lhe venha a tentação de mudar a rota do "seu" barco de Ulisses, você estará prevenido e vacinado contra as sereias. No decorrer do processo, você poderá mexer nesse final já escrito, para que ele dê conta de pormenores que foi preciso alterar em relação ao projeto. Apenas pormenores, porque as linhas gerais já estão traçadas a priori, e abandoná-las seria um equívoco ou, no mínimo, um reescrever sem fim.

COISAS A PENSAR

Você terminará seu romance como quiser — não há regras, e, como já frisei, seria muito estranho se as houvesse, em se tratando de literatura. Então, o que vou dizer a seguir são apenas algumas atitudes autorais que podem prejudicar o resultado que você espera do seu livro.

Escrever demais é um problema. O filme *Milk* (2008), com direção de Gus van Sant, conta a história do ativista Harvey Milk, o primeiro homossexual assumido a ser eleito para um cargo público na Califórnia. Sean Penn vive o papel-título e foi contemplado com o Oscar de melhor ator. O filme começa com cenas reais da década de 1960, entremeadas de notícias impressas sobre prisões de homossexuais em San Francisco, tudo isso para situar o espectador em relação ao contexto do filme. O ponto culminante é no final, quando ocorrem os assassinatos de Harvey Milk e seu aliado, o prefeito de San Francisco, George Moscone. Ao mesmo tempo, um longo texto se encarrega de ilustrar a marcha-protesto que reuniu 30 mil pessoas em memória de Moscone e Milk. Em seguida, o mesmo texto narra o destino dos personagens do enredo, inclusive de Dan White, o assassino, que pegou uma pena leve, suicidando-se dois anos depois de solto.

Esses textos informativos, nos finais de filmes baseados em fatos reais, justificam-se porque têm a função de satisfazer a curiosidade dos espectadores referente ao que aconteceu depois do episódio trazido à tela.

Antes que você se pergunte por que estou falando de coisas que você já sabe, explico: certos finais de romances se parecem com os finais desses filmes; isto é, o ficcionista sente-se na obrigação de dizer tudo o que acontece depois do fim, encompridando a narrativa, enfadando o leitor e, ainda pior, colocando a perder o final. Você e o leitor não precisam passar por isso. Há uma recomendação esperta de que gosto muito e que, quando a repito para os alunos, provoca riso, e logo a seguir um debate que, por vezes, avança além do horário da aula:

IIIIIIIIIIIIIIIIIIIIIIIIIIIIIIIIIIIIIIIIIIIIIIIIIIIIIIIIIIIIII
¶ Quando acabar seu romance, pare de escrevê-lo.
IIIIIIIIIIIIIIIIIIIIIIIIIIIIIIIIIIIIIIIIIIIIIIIIIIIIIIIIIIIIII

Li recentemente um romance em que o parágrafo final dizia (estou alterando um pouco, para evitar riscos de reconhecimento):

Anthony, depois da morte brutal de Clara, reconstituiu sua vida e aceitou um casamento de conveniência; mas isso não o impediu de ser feliz. Ainda teve dois filhos, que fizeram amizade com Robert e Lena-Lou. Quanto à fábrica de calçados, ele pôs as ações à venda na Bolsa e se dedicou a fazer longos cruzeiros marítimos.

Sem dúvida, esse parágrafo está sobrando. O romance já acabou antes dele.

Termine com uma cena. Não quero lhe negar o direito de concluir com um sumário. Mas pense: é muito mais forte terminar com uma cena. Lembre-se dos finais de McEwan.

Em vez de *contar* como terminou a história do romance, *mostre*. O leitor que tire suas conclusões.

Antes de passar a escrever um novo tópico, fui até minha estante e peguei quinze romances ao acaso, de autores diferentes. Queria escolher um final com uma cena, para exemplo. Na pequena pilha sobre minha mesa de trabalho havia de tudo: Balzac, Jane Austen, Zola, Schnitzler, Benedetti, Ricardo Piglia, Murakami, Nadine Gordimer, Hemingway, Katherine Mansfield, Gutiérrez, Doris Lessing, Vila-Matas. Abri todos na última página: *todos* terminavam numa cena. Comprove. Faça o mesmo que eu fiz.

Isso deve indicar algo, não?

E aqui podemos consolidar uma ideia:

||||||||||||||||||||||||||||||||||||||||||||||||||||||||||||||||||||||||||

¶ Nunca termine um romance num sumário, mas sim numa cena.

||||||||||||||||||||||||||||||||||||||||||||||||||||||||||||||||||||||||||

Exceto se você usar a magnífica solução de Clarice Lispector no final do conto "Uma galinha": "Até que um dia mataram-na, comeram-na e passaram-se anos".[34]

A frase contém uma microcena — "mataram-na, comeram-na" — e um microssumário — "e passaram-se anos". Esse "passaram-se anos" não diz o que aconteceu com os personagens do conto — a menina e seu pai — que antes protegeram a galinha da morte. Mas isso não interessa mais, e o conto se realiza justo com essa ausência.

Não é preciso dizer o que leitor já sabe. Às vezes, por insegurança, o ficcionista resume longamente os eventos *já narrados*, mas sem nenhuma razão para que sejam lidos de novo, ainda que estejam escritos de outra forma. Melhor não fazer isso, pois seria subestimar a inteligência do leitor. Abro exceção para microssumários ao modo de McEwan, pois encaminham a cena final.

---

34 Clarice Lispector. "Uma galinha", *Laços de família*. Rio de Janeiro: Rocco, 1998, p. 30.

Evite considerações genéricas de natureza filosófica, estética, ideológica, política, religiosa e outras do gênero. Se você quiser fazer essas reflexões — e tem todo o direito de fazê-las —, faça-as ao modo de Klaus Mann que, em *Mephisto* (1936), disseminou por todo o romance suas reflexões antinazistas, evitando colocá-las no final.

O RISCO MAIOR AO TERMINAR UM ROMANCE

Lembra-se de que num romance trabalhamos com um tema e vários conflitos-satélites — portanto, com várias histórias? Pois daí advém o risco de que o romance apresente vários finais, tantos quantos são os conflitos. Isso é péssimo, pois nenhum leitor gosta de algo que termine aos pedaços. Não tenho uma dica infalível para resolver isso, a não ser: siga seu instinto, faça experiências; talvez leve tempo, especialmente se você não previu o final em seu planejamento. Não será má ideia considerar o conflito mais forte e fazer com que ele acabe o romance, ou então, para amenizar a existência de vários finais, criar uma cena unificadora, como o sepultamento do jovem Yliusha, em *Os irmãos Karamázov* — dotando-a, naturalmente, do tom e das preocupações da literatura contemporânea.

PENSEMOS, AGORA, NO FINAL DA NOVELA

Vimos também que a estrutura da novela possui um único conflito e, portanto, poucos personagens. Ela partilha alguns elementos com o conto, como a brevidade, a concentração do conflito e, ainda, um final que poderia ser chamado de *gran finale*. Portanto, o final da novela terá encaminhamento diferente do final do romance. Se neste caso o leitor não tem lá muito interesse de como termina, ele, entretanto, estará atentíssimo ao final da sua novela.

O que significa esse *gran finale*?

Pense em *A fera na selva*, de Henry James. Nesse final, sabemos de tudo o que aconteceu desde o começo da narrativa e, principalmente, por que e como aconteceu, pois ele resume e deslinda para nós — com a colaboração de nossa sensibilidade, é claro — a ignorância de

John Marcher em nunca haver entendido o amor visceral que May Bartram tinha por ele, a ponto de morrer por essa causa. Perante esse final, preparado desde a primeira linha, ficamos com a sensação de narrativa completa e eficiente, capaz de ficar para sempre em nossa memória. Essa sensação também temos ao final da leitura de *Um coração singelo* ou *O grande Gatsby*.

Mas há outra forma de concluir uma novela: é através da não resolução do conflito, o que faz com que ele fique repercutindo na cabeça, possibilitando várias interpretações, de acordo com nossa percepção do que lemos, como é o caso de outra obra de Henry James, *O desenho no tapete*, mas também de *O sol também se levanta*, de Ernest Hemingway, ou de *Luna caliente* (1983), de Mempo Giardinelli.

E O "FINAL EM ABERTO"?

Escuta-se muito repetir, inclusive em escolas, que tal ou qual narrativa tem o "final em aberto" — até como uma espécie de elogio. O que acho disso? Cuidado, pois pode se tratar de um equívoco em ação. Por quê? Ora, porque você pensou em seu romance como algo que tem um sentido, não um sentido qualquer.

Então, se final em aberto significa um final em que o ficcionista não soube ser fiel à sua própria intenção, meu conselho é: não caia nessa, para sua própria saúde literária. Pois, caso contrário, arrisca frustrar toda a narrativa, como se você não soubesse terminá-la ou a tenha escrito de maneira caótica.

Agora, se pela expressão "final em aberto" entendermos que o subtexto da sua história fique a cargo do leitor, trata-se de um procedimento recomendável e sofisticado, que encontramos em narrativas bem pensadas e executadas. Um exemplo? Voltemos a *Breve romance de sonho*, no qual, ao terminarmos, não sabemos o que vai acontecer com o casal, mas já temos elementos suficientes, dados pelo mesmo ficcionista, para ter uma ideia do que pode suceder. Como vimos no capítulo relativo ao *enredo*, isso deriva do caráter sistêmico da narrativa — e os finais possíveis, no plano do enredo, sempre serão coerentes.

THIAGO E O OUTONO

A primavera veio com seus aguaceiros e enchentes. O verão foi uma nuvem opaca de umidade que se instalou sobre a cidade, sufocando seus habitantes. Ao mesmo tempo, chegaram as férias, uma viagem para espairecer e rever amigos. Com o início das aulas recuperei a esperança dos dias amenos, com suas tardes douradas de luz oblíqua e, junto, a expectativa de conhecer os novos alunos.

No meu último encontro com Thiago, ele havia dito que *desapareceria* para terminar a novela. E que viria no outono, no começo das aulas, para me entregar o volume de originais já pronto.

Assim foi.

Estava no meu gabinete, na universidade, quando pressenti sua chegada. Levantei os olhos, e ele:

— Olá, professor. — Sentou-se, abriu a mochila e tirou de dentro um envelope pardo, dos grandes. Pôs o envelope sobre a mesa. — Aqui está o livro, pronto. Os originais.

— Ótimo. — Abri o envelope, peguei o volume encadernado. Olhei a última página: 232 páginas. Olhei a primeira página, o título: *Eu, sem palavras, em meio ao campus*. Um pouco longo, mas pode funcionar. E a primeira pessoa do singular presente desde a capa. Coloquei com respeito o volume de lado e perguntei como tinham sido as férias.

— Escrevendo.

— E sua namorada, aquela que encontramos no café da livraria?

Ele me olhou como se eu tivesse perguntado algo do tempo das Guerras Púnicas.

— Ah, ela vai bem. Com o novo namorado.

Mudei logo de assunto.

— E do livro? Você gostou do resultado?

Thiago olhou para fora, para o céu, onde passava um helicóptero da polícia.

— Não. Não ficou nem sombra do que eu imaginava. Mas dizem que é assim mesmo.

— É assim mesmo. Entre o pensar num livro e sua realização há sempre uma distância enorme.

— Em que sempre saímos perdendo.

— Quase sempre.

— Mas já estou com outra ideia para um romance — ele disse, então se levantou e me estendeu a mão. E deve ter visto em mim a surpresa com sua atitude. — Não repare, eu vim só para lhe entregar o livro e lhe dizer muito obrigado. O próximo romance é uma história em que o personagem central é um professor velho. — Olhou-me, um pouco desconcertado pelo que dissera. — Um velho professor. E é contado em terceira pessoa. Isso é uma evolução, não é mesmo? — entendi a ironia da última frase.

Eu sorri.

— E a história, como é?

— Isso vou pensar depois. Agora estou me concentrando no personagem. Acho que esse é dos bons, ele é único, e talvez consistente.

— Talvez?

— É o que parece — Thiago parou, como se procurasse as palavras. — Quero dizer, ele tem tudo para ser consistente. Agora é comigo. E quanto à história, como o senhor diz, um bom personagem — ele gesticulou, imitando sinais de aspas — "cria" sua própria história. Não é mesmo?

— Sim.

Depois que ele saiu, dei um tempo para que descesse pelo elevador e fui até a janela. Ele andava pelo centro do campus, com sua mochila agora mais leve.

Ele começa sua carreira. Não sei o que pensará dessa novela daqui a algumas décadas. Talvez não goste, como é comum acontecer. Talvez se lembre de um professor velho, digo, de um velho professor.

Sentei-me à mesa de trabalho e peguei os originais. Na abertura, havia uma dedicatória para mim, sóbria e amável.

Li os dois primeiros capítulos. Uma prosa sintética, cheia de conteúdo humano e em que tudo fazia sentido. Ali estava Vladimir, com suas dúvidas, lutando para ser feliz. Ao mesmo tempo, ali estava Thiago. Ali estava eu, o leitor, como a terceira base desse tripé que sustenta e legitima qualquer experiência ficcional.

Aos poucos começavam os ruídos nos corredores. Olhei para o relógio. Hora da aula. Continuaria a leitura nos dias seguintes.

Ao entrar na sala, ao ver meus novos alunos, entendi, como nunca, que aquele era o meu lugar, o que justifica minha vida. Depois da saudação, eu lhes disse que iniciaríamos pelo personagem, a razão de ser de qualquer narrativa.

Eles se entreolharam, procurando ver se concordavam com aquilo.

— Vamos começar — eu disse — fazendo um exercício de construção de um personagem. — Dei uma frase genérica, creio que foi "O personagem abre a janela", e pedi que escrevessem por vinte minutos.

Eles se concentraram diante de seus monitores.

Começaram a escrever.

Gosto desse momento, sempre repetido e, no entanto, sempre tão novo e estimulante, em que os alunos me dedicam uma confiança irrestrita e assustadora, que talvez eu não mereça. Sempre me ocorre esse pensamento, na primeira aula. No decorrer do ano isso se aplaca. Um pouco.

Vejo-os.

Ali estão, jovens, com suas angústias maiores que o mundo, com suas incertezas devastadoras, dando o primeiro passo nessa caminhada que nunca acaba, a mesma que faz com que Thiago, mal concluído o *Eu, sem palavras, em meio ao campus*, já pense noutro livro, no qual ele conseguirá melhor resultado, conquistando aos poucos o domínio desse ofício que nos leva a tantas aflições e recompensas, e a que chamamos simplesmente de escrita de ficção — mas sabemos que é muito, mas muito mais do que isso.

UMA PALAVRA FINAL

Ao concluir a Oficina, alguns alunos esperam que eu diga algo solene. Em vão. Detesto solenidades. Aqui, usarei palavras semelhantes às da última aula:

Caso você tenha aprendido alguma coisa de útil neste livro, você só será ficcionista por inteiro no dia em que o tiver apagado da memória.

AGRADECIMENTOS

Uma obra complexa e extensa não se escreve sozinha. Muitos me ajudaram, e quero aqui registrar os agradecimentos à Pontifícia Universidade Católica do Rio Grande do Sul, à sua Escola de Humanidades e ao seu Programa de Pós-Graduação em Letras. Há 34 anos ininterruptos, sob diferentes títulos, essas instituições apoiam meu trabalho na área da Escrita Criativa. Sem isso, não existiria este livro.

Quero mencionar também pessoas prestimosas que, de uma ou outra forma, deram sua contribuição: Ana Munari, Arthur Telló, Carlos Tomé, Débora Mutter, Gabriela Silva, Leonardo Brasiliense, Lia Cremonese, Luis Felipe Mendes dos Santos, Maria Eunice Moreira, Paulo Ricardo Kralik Angelini, Robson Pereira. Menção especial a Luís Roberto Amabile, colaborador incansável e inteligente — e com isso digo pouco.

E Valesca, sempre.

ÍNDICE REMISSIVO

1Q84 (Murakami), 239

abertura pelo personagem *ver* apresentação do personagem
Abreu, Caio Fernando, 159
Abreu, Capistrano de, 32*n*
ação, personagem apresentado em, 72
ações externas, 31, 49, 159, 232
Agostinho, Santo, 222*n*, 286-7, 321
agravamento do conflito, 159, 162-4, 168, 184, 200, 254, 282, 364-5
Aldrin, Edwin E. "Buzz", 92
Aldrin, Lois, 93
alteração de atitude do personagem, 113, 116, 119-20, 126, 129-31, 133, 189, 194, 342; *ver também* transformação do personagem
Alves, Castro, 61
Alvo noturno (Piglia), 46
Amadeus (filme), 309
Amado, Jorge, 170-1
Amanda (escritora), 16-7
Amaral, Olavo, 353
Amor dos homens avulsos, O (Heringer), 84
Amor nos tempos do cólera, O (García Márquez), 356
Amor sem fim (McEwan), 372
Amsterdam (McEwan), 372
anacronias, 178
Andrade, Mário de, 293
Antígona (Sófocles), 137-8, 151
Apanhador no campo de centeio, O (Salinger), 211
Apollo 11 (nave espacial), 92
Apollo 15 (nave espacial), 92
apostos, 177, 254

apresentação do conflito, 355-6, 359-60; *ver também* conflito da narrativa
apresentação do diálogo, 248, 252-3; *ver também* diálogos; falas dos personagens
apresentação do personagem, 63, 65-6, 68, 71-3, 103
Aquela água toda (Carrascoza), 278
Aristóteles, 263
Armstrong, Neil, 92
Arte (canal francês de TV), 92
arte, técnica e, 28
artes narrativas, 60
artificialidade de narrativas, 169
aspas, uso de, 248, 251-2
Assis, Machado de, 14, 21, 31-4, 32*n*, 113, 150, 157, 215, 324
atitude do ficcionista, 18-9
Aura (Fuentes), 223
Austen, Jane, 40, 378
Auster, Paul, 169
autobiografia, 116, 119, 211, 221-2
autoficção, 219, 221
autores experimentalistas, 324
auxílios didáticos, 261
Averbuck, Clarah, 272
Azevedo, Aluísio, 324

Babelia (revista), 219*n*
Bach, Johann Sebastian, 25-6
Bachelard, Gaston, 256, 260, 282
Balada de Adam Henry, A (McEwan), 373
Balzac, Honoré de, 21, 193-4, 197-8, 200, 203-4, 206, 233, 236, 340, 342, 378
Baricco, Alessandro, 225, 325
Barreira (Bettega), 181, 283
Barreto, Lima, 14, 301
barroco, 328

Bartleby, o escriturário (Melville), 165
Baudelaire, Charles, 258-9
Béatrix (Balzac), 21
Beauvoir, Simone de, 263, 264n, 265
Beethoven, Ludwig van, 291
Beijo da mulher-aranha, O (Puig), 247
Beja, Filomena Marona, 324
Benedetti, Mario, 82, 378
Bensimon, Carol, 51, 79, 272
Bernhard, Thomas, 43, 310
Bettega, Amilcar, 181, 271, 283
big bang, 24-5
Billy Budd (Melville), 61
Blechtrommel, Die (Grass), 164
Bolaño, Roberto, 65
Bolero (Ravel), 344-5
"bom estilo", equívocos do, 323
Borges, Jorge Luis, 14, 70, 78, 287, 341n
Bouilhet, Louis, 29
Bouvard e Pécuchet (Flaubert), 90, 173
Bowie, David, 232, 323
Brasília, plano-piloto de, 170
Brasiliense, Leonardo, 186
Breton, André, 340
Breve romance de sonho (Schnitzler), 60n, 115, 187, 299, 380
Brueggemann, Alice, 5
Buarque, Chico, 93
Buddenbrook, Os (Mann), 342
Bukowski, Charles, 14, 210
"Burro, O" (Morosoli), 86

Caballé, Anna, 219n
"Cadeira, A" (Saramago), 298
Calvino, Italo, 87-8, 152
"campanha de escrita", 343
Camus, Albert, 110
Canção dos loureiros, A (Dujardin), 213, 215
Cândido ou O otimismo (Voltaire), 233
cânone literário mundial, 359
Cantar de mío Cid (épico medieval), 328
Capital, A (Eça de Queirós), 270, 324
Capote, O (Gógol), 112
caracterização indireta do personagem, 79, 81, 84-7, 89
caráter único do personagem, 41, 43, 47-9, 59, 76-8, 158
Cardoso, Dulce Maria, 331

Carpentier, Alejo, 21, 244-5, 291
Carrascoza, João Anzanello, 278
Cartuxa de Parma, A (Stendhal), 368
Carvalho, Ana Margarida de, 330
Carver, Raymond, 65, 180, 185-6, 341n
catástrofe, 99, 171
Catatau (Leminski), 166
causalidade, princípio da, 160
Cem anos de solidão (García Márquez), 368
cena (definição e usos), 180, 193, 378
Centre Flaubert (Universidade de Rouen), 173
Cerco, O (Carpentier), 136, 291-2
Cervantes, Miguel de, 171
Chamadas telefônicas (Bolaño), 65
Chopin, Frédéric, 61
"Chora em meu coração" (Verlaine), 265
CIA (Central Intelligence Agency), 92
Ciclo das águas, O (Scliar), 172
Cidade de Ulisses, A (Gersão), 189
Cimento dell'armonia e dell'invenzione, Il ver *Quatro estações, As* (Vivaldi)
cinema, 33, 60, 169, 231, 245, 259, 299, 320-1, 365; ver também filmes
Cinzas do Norte (Hatoum), 182, 184
circunstâncias dos conflitos, 146
circunstâncias negativas, conflito entre duas, 137
clareza, importância da, 346-50, 369
Clarissa (Erico Verissimo), 33, 341
clímax, 315, 365, 370
coadjuvantes, personagens, 91, 146-8, 150-1, 159, 167, 244, 347
Cocteau, Jean, 62
coerência interior do personagem, 49
Colette, Gabrielle, 371
Collins, Michael, 92
Comédia humana, A (Balzac), 21
Como se estivéssemos em palimpsesto de putas (Vigna), 327
competência do ficcionista, 15, 20-1, 185, 245, 257
complexidade do personagem, 27, 46, 63, 89, 91, 96, 98, 134, 150, 282
Confesso que vivi (Neruda), 222
"Confissão" (Vilela), 246-7, 249
Confissões (Santo Agostinho), 222n, 286, 321
conflito da narrativa, 54, 63, 73, 92, 94-6, 108-9, 113, 116, 119-20, 153, 176, 182, 193,

230, 292, 342, 355-6, 358-60, 363-4, 366, 370; *ver também* tensão
conflito-espoleta, 356-9
conflitos dos personagens, 100, 102
consciência do personagem, 208, 236, 243
consistência do personagem, 33, 38-9, 41, 43, 47-9, 52, 55, 59, 120, 158, 196-7
construção metódica do personagem, 58
construções elaboradas, regularidade de, 375
contemporary omniscient ver onisciência contemporânea
conto, definição de, 27
Convidada, A (Beauvoir), 263-4
Cony, Carlos Heitor, 284
Coração singelo, Um (Flaubert), 30-4, 164-5, 380
Cortázar, Julio, 166
Costa, Lucio, 170
Costa, Maria Velho da, 241
Cova do lagarto, A (Beja), 324
Crime e castigo (Dostoiévski), 31-4, 49, 51, 57, 114, 124, 169, 173
crítica literária, 17, 102, 134, 215, 258, 268, 291, 343, 359
Crônica de uma morte anunciada (García Márquez), 355
cronistas portugueses (séculos XVI e XVII), 328
Cruz, Afonso, 42
"cultura geral", 15

D. Giovanni (Mozart), 139, 151
Da Ponte, Lorenzo, 139
Dacosta, Luísa, 71
Daguerre, Louis, 258-9
Dalí, Salvador, 62
"Dama do cachorrinho, A" (Tchékhov), 126, 129, 150
Dantas, Julia, 360
Dantés, Marcela, 290
Darín, Ricardo, 33
Darwin, Charles, 58-9
De mim já nem se lembra (Ruffato), 289
De olhos bem fechados (filme), 60
definição do gênero da narrativa, importância da, 351, 354
Delfos (Espaço de Documentação e Memória Cultural — PUC-RS), 172

Dench, Judi, 33
descoberta do personagem, espaço como, 278
descrição física, 73-6, 78-9
Desenho no tapete, O (James), 380
Desesperados (Fox), 348
diálogos, 41, 124, 176, 180, 184, 224, 245-9, 251-3, 255; *ver também* falas dos personagens
Diário da queda (Laub), 37-8, 341-2
Dias de abandono (Ferrante), 355
Dictionnaire (dicionário francês de literatura), 177
discurso direto, 184, 251-2, 254
discurso indireto, 245, 252-4
discurso indireto livre, 253-4
"Distância" (Carver), 65
Divórcio (Lísias), 154
Do amor e outros demônios (García Márquez), 253
dois personagens centrais, possibilidade de, 89
Dom Casmurro (Machado de Assis), 150-1, 157, 368
Dom Quixote (Cervantes), 171
Dostoiévski, Fiódor, 31-2, 34, 49, 57, 114-5, 153, 173
Dourado, Autran, 109, 250
Duas iguais (Moscovich), 342
Dublinenses (Joyce), 334, 336-8
Dujardin, Édouard, 213, 215
Dumas, Alexandre, 159

Eco, Umberto, 90, 210
Édipo em Colona (Sófocles), 137
Édipo rei (Sófocles), 137
Egan, Jennifer, 317
Eles eram muitos cavalos (Ruffato), 217-8
empatia pelo personagem, 213
Enclausurado (McEwan), 374
encobrimento do caos, 156
enigmático, personagem, 66
enredo, definição de, 159
Ensaio sobre a cegueira (Saramago), 250
Esaú e Jacó (Machado de Assis), 90
escolas literárias, 324
Escolha de Sofia, A (Styron), 138, 151
"escrita do eu" *ver* autoficção
escrita, invenção da, 174

esmaecimento do conflito, 365, 370
espaço na narrativa, 259
espaço-tempo na literatura, 283, 285
esquecimentos de finais, 368
Essa coisa brilhante que é a chuva (Moscovich), 348
essencialidade *ver* estilo essencial
"Estações tempestuosas" (Carver), 180
"estado de ação", descrição em, 261, 263-5
estado moral do personagem, relação entre espaço e, 265
estilo abundante, 329, 333, 339
estilo essencial, 324-9
"estilo próprio", fetiche do, 333
estilo, definição de, 323
Estrangeiro, O (Camus), 110-1
estrutura fragmentada, 169
estrutura linear, 169, 342
estruturalismo, 209n
Evangelhos, 328
eventos do enredo, 179, 342
existencialismo, 110-1, 264
expansão da sinopse, 178
experiência psicológica, situações deflagradoras de, 103

falas dos personagens, 209, 247, 250-2, 254; *ver também* diálogos
Falcão maltês, O (Hammett), 185
"falhas de continuidade" em obras literárias, 296
Faraco, Sergio, 341n
fator humano, 16, 225, 342, 370
fatores externos ao personagem, 95-8, 104, 108-9, 116, 119, 132, 162-3, 168, 198, 363-4
fatores internos, 95n
fatos aleatórios, criação de, 36
Faulkner, William, 96
Fera na selva, A (James), 192, 341, 379
"Feriados de Páscoa" (Proust), 286
Fernandes, Millôr, 323
Ferrante, Elena, 355
Féval, Paul, 34, 268-9
"ficção", etimologia da palavra, 24
ficcionalidade, 19, 353
ficcionista como ser feito de conflitos, 152
Ficções (Borges), 70
Field, John, 61

Figaro, Le (jornal), 286
"Filhas do falecido coronel, As" (Mansfield), 96
filmes, 20, 60-1, 130, 146, 148-9, 158, 180-1, 237, 254, 309, 320, 334, 376-7; *ver também* cinema
"Fim de alguma coisa, O" (Hemingway), 260
final da novela, 379-80
final do romance, 365, 367-70, 372, 374, 376-8
"final em aberto", 380
Fitzgerald, F. Scott, 72, 103-4, 108, 158
flashback, 176, 193, 292, 305-9, 311-7, 319, 321, 363
flashforward, 317-9
Flaubert, Gustave, 29-30, 32-3, 160-2, 173, 267, 269
Flores (Cruz), 42
fluxo de consciência, 213, 217-9, 337-8; *ver também* monólogo interior
focalização, conceito de, 209; *ver também* primeira pessoa, narrativas em; segunda pessoa, narrativas em; terceira pessoa, narrativas em
focalização externa, 209, 231-2
focalização interna, 167, 209-10, 219, 222, 225-30
focalização onisciente, 209-10, 232, 234-6, 350
Fogueira das vaidades, A (Wolfe), 96
Fonseca, Rubem, 15
Ford, John, 134
formação escolar do ficcionista, 155, 211-2
fotografia, invenção da, 258-9
Fox, Paula, 348, 350
França pós-Napoleão, retrato balzaquiano da, 200
Freud, Sigmund, 18-9, 62, 95, 243
Friedman, Norman, 209n, 218n, 233n
Fuentes, Carlos, 223-4
Fuga para a escuridão (Schnitzler), 19
Fuks, Julián, 66, 115
Fúria do corpo, A (Noll), 329
futurismo, 324

Gabriela, cravo e canela (Amado), 33
Galera, Daniel, 41, 120, 129, 149
"Galinha, Uma" (Lispector), 378

García Márquez, Gabriel, 245, 253-4, 338, 355-6
Garcia, José Martins, 223-4
"Gatos adoram peixe, mas odeiam molhar as patas" (Moscovich), 347
"geleia geral" na origem das histórias, 24-6
gêneros literários, 23, 27, 353
Gênese, Livro do, 327-8
genética, crítica, 343
Genette, Gérard, 209n
Germinal (Zola), 342
Gersão, Teolinda, 189
Giardinelli, Mempo, 380
Giardino Armonico, Il (grupamento camerístico), 27-8
Gil, Gilberto, 25
Goethe, Johann Wolfgang von, 33, 94, 98, 275, 276n, 288, 349
Gógol, Nikolai, 112
Gordimer, Nadine, 169, 190, 378
Goulart, João, 315
Gould, Glenn, 310-1, 314
gran finale, 379
Grande Gatsby, O (Fitzgerald), 33, 380
Grande sertão: veredas (Guimarães Rosa), 48, 368
Grass, Günter, 34, 164
Greene, Graham, 16
Guerra e paz (Tolstói), 368
Guimarães, Josué, 159
Gutiérrez, Pedro Juan, 352, 378

Habitante irreal (Scott), 242
Hamlet (Shakespeare), 92, 97-8, 109, 135-7, 140, 163, 167, 174-9, 196, 364
Hammett, Dashiell, 185
Hanks, Tom, 33
Hanói (Lisboa), 147-8
Hatoum, Milton, 182, 184
Heidegger, Martin, 100
Heine, Heinrich, 61
Heinrich von Ofterdingen (Novalis), 157
Hemingway, Ernest, 14, 39, 144, 260, 295-7, 358, 378, 380
Herder, Johann Gottfried von, 276n
Heringer, Victor, 84
Hidalgo, Luciana, 301
história atual *versus* flashback, 306-10, 313-8

História do cerco de Lisboa (Saramago), 76
história, definição de, 23
Holder, Éric, 234
Homem de Neandertal, 174
"Homem dos ratos, O" (Freud), 94
Homero, 219, 327, 336
Homo sapiens/Homo narrans, 22, 174
Hora da estrela, A (Lispector), 36, 341
Horas nuas, As (Telles), 167-9
Hugo, Victor, 21, 74
humanidade do ficcionista *ver* fator humano
Humboldt, Alexander von, 166

Ilíada (Homero), 219, 327
Ilusões perdidas (Balzac), 193-4, 196, 198, 200, 202, 204, 233, 342
Imitação da morte (Garcia), 224
"inciso", uso do, 254
incongruências no texto, 367
inconsciente, o, 62, 95
inevitabilidade e surpresa, narrativas sustentadas por, 37
Inocente, O (McEwan), 120, 122, 124, 230, 237, 342, 371-2
Insustentável leveza do ser, A (Kundera), 140
integração da descrição à narrativa, 262, 273
inteireza narrativa, 178, 193, 204
intencionalidade, espaços descritos com, 270
"Intérprete de males" (Lahiri), 74
Iracema (Alencar), 33
Irmãos Karamázov, Os (Dostoiévski), 33, 153, 342, 379
Ishiguro, Kazuo, 371

James, Henry, 158, 192-3, 379-80
Jangada de pedra, A (Saramago), 233n, 293
Jardim de cimento, O (McEwan), 371
Jogo da amarelinha, O (Cortázar), 166
Joyce, James, 213, 217-8, 334, 336, 338
juízo prévio sobre o personagem, 67
Juventude não é tudo, A (O'Neill), 62

Kertész, Imre, 300
Kidman, Nicole, 60

Kierkegaard, Søren, 100
King, Stephen, 159
Kosmos (Humboldt), 166
Kundera, Milan, 41, 140-1

Lacan, Jacques, 94
Lacerda, Rodrigo, 68, 290
Lahiri, Jhumpa, 74
lapsos na escrita, 367
Laub, Michel, 37-8
Leclerc, Georges-Louis, 323
Leite, João, 20
Leminski, Paulo, 166
Lessing, Doris, 378
léxico regional, 86
linearidade da história *ver* estrutura linear; romance linear
linha de tempo, 179
Liquidação (Kertész), 300
lirismo, 375
Lisboa, Adriana, 147
Lísias, Ricardo, 154
Lispector, Clarice, 36, 159, 378
"Litoral, sintoma, encontro — quase ensaio" (Pereira), 92
Livro do desassossego (Pessoa), 29
Lolita (Nabokov), 273, 286
Lopes, Hilda Simões, 263
Louçanias de linguagem (Schwab), 323
Lua, pouso humano na (1969), 92
Lucialima (Costa), 241-2
Lueji (Pepetela), 293
Luft, Lya, 159
Luiselli, Valeria, 326

"Maçãs vermelhas e lustrosas" (Carver), 185
Machado, Dyonélio, 301
Macunaíma (Andrade), 33, 293
Madame Bovary (Flaubert), 33, 76, 160, 266, 268, 364
Mademoiselle Chambon (Holder), 234
Maias, Os (Eça de Queirós), 44, 369
Mallarmé, Stéphane, 95
Mandarim, O (Eça de Queirós), 36
Manifesto do Surrealismo (Breton), 340
Mann, Klaus, 379
Mann, Thomas, 141, 142n, 143
Mansfield, Katherine, 96, 378
manuscritos, 173, 343

Mãos de Cavalo (Galera), 129, 149
Marinetti, Filippo Tommaso, 324
Marquesa saiu às cinco horas, A (Mauriac), 340
Martin, George R. R., 293
Mauriac, Claude, 340
Mauron, Charles, 94-5
McEwan, Ian, 120, 225, 230, 237-9, 342, 370-1, 374-6, 378
melhor gênero para iniciantes, 27
Melhor tempo é o presente, O (Gordimer), 190
Melville, Herman, 61, 165
Memórias póstumas de Brás Cubas (Machado de Assis), 30-4, 164-5, 215, 309, 324
memórias, livros de, 221-2
Mephisto (Mann), 379
Mês de cães danados (Scliar), 314-5
metáfora, 95, 139, 152, 236, 343, 362
metonímia, 14, 75
Meus sentimentos, Os (D. M. Cardoso), 331
Michelangelo, 55
microssumários, 378
Milk (filme), 376-7
Milk, Harvey, 376-7
minicontos, 27n
miolo do enredo, importância do, 363-5
Miseráveis, Os (Hugo), 368
"Missa do galo" (Machado de Assis), 113
"Mito individual do neurótico — Poesia e verdade na neurose, O" (Lacan), 94
mitologia grega, 137
Moby Dick (Melville), 48
modalidades do conflito, 133-4
modo completo, descrição dos espaços de, 280
Moisés (Michelangelo), 55
"momento inicial", 344n; *ver também* primeiro capítulo, importância do
monólogo interior, 176, 213, 215-9, 308, 337; *ver também* fluxo de consciência
monotonia narrativa, 328
Montanha mágica, A (Mann), 143
Morosoli, Juan José, 86
Morrison, Toni, 56
Morte ao entardecer (Hemingway), 14, 39
Morte em Veneza, A (Mann), 21, 141, 142n, 143, 341
"Mortos, Os" (Joyce), 334, 336

Moscone, George, 377
Moscovich, Cíntia, 347
motivações de personagens, 54, 105, 107, 109, 111, 163, 359, 363; *ver também* questão essencial do personagem
Mounier, Emmanuel, 100
Mozart, Wolfgang Amadeus, 139, 232, 310-1
Mulato, O (Azevedo), 324
multiplicidade interior de personagens, 40-1, 49, 204
Munro, Alice, 225, 341n
Murakami, Haruki, 21, 171-2, 225, 239-40, 371, 378

Na praia (McEwan), 373
Nabokov, Vladimir, 273, 286
Nadar, Félix, 259
Naná (Zola), 81-2
"não querer nada", personagens que parecem, 109
Não se pode morar nos olhos de um gato (Carvalho), 330
Naparstek, Ben, 171
"Narrateur-Dieu", 234n; *ver também* focalização onisciente
narrativa, definição de, 23
Nasa (National Aeronautics and Space Administration), 92
Nassar, Raduan, 159
naturalismo, 81, 324
natureza, arte como reprodução da, 259
Náufrago, O (Bernhard), 310-1, 313-5, 329, 341
Náusea, A (Sartre), 111
"Navio negreiro, O" (Castro Alves), 61
"Nem às paredes confesso" (canção), 93
neologismos, 336-7
Neruda, Pablo, 222
new journalism, 96
Ninguém escreve ao coronel (García Márquez), 338
Nobel, prêmio, 11, 34, 56, 191, 300, 371
Noivos, Os (Manzoni), 90, 342
Noll, João Gilberto, 329
Nome da rosa, O (Eco), 90
Notre Dame de Paris (Hugo), 74, 342
Noturnos (Chopin), 61
Novalis (Georg Friedrich Philipp), 156-7
novela, definição de, 27n, 341

Novo espírito científico, O (Bachelard), 256
Novos, Os (Vilela), 247
Ntshingila, Futhi, 326

O'Neill, Eugene, 62
Oates, Joyce Carol, 225
Objecto quase (Saramago), 298
objetivo do personagem, 113, 168, 363
ocultamento e desvelamento, arte do, 157
Odisseia (Homero), 219, 327, 336
Oficina de Criação Literária (PUC-RS), 11, 29, 58, 102-3, 134, 147, 172, 177, 213, 225, 274, 363, 368, 383
onisciência contemporânea, 236, 239, 241-4
ópera, 60, 139, 216
orações absolutas, 328-9
orquestras sinfônicas, 344
Otelo (Shakespeare), 134
otimismo (em final de romances), 375; *ver também* final de romances
Outra vida (Lacerda), 68-9, 290

Pai Goriot, O (Balzac), 48
País, El (jornal), 219n
Paisagem com dromedário (Saavedra), 85
parágrafo final, 369, 375, 377
parágrafo inicial, 70, 345-6
Paris Review (revista), 56
Passeador, O (Hidalgo), 301
Pepetela (Artur Carlos Maurício Pestana dos Santos), 293
percepção subjetiva do tempo-espaço, 287, 289, 294, 299, 301, 305
Perdido, O (Treichel), 80
Pereira, Robson, 92
Perigoso leitor de jornais, Um (Tomé), 279
períodos gramaticais complexos, 329, 374
personagem central, 21, 26, 30, 33, 37, 43, 62-3, 66, 73-4, 90-1, 96, 109-11, 116, 129, 137, 140, 143-4, 146-7, 150-1, 159, 162, 165, 167, 173, 184, 189, 195-6, 200, 203-4, 212, 223-4, 230, 244, 280, 284, 301, 304, 309, 314, 334, 352, 358, 362, 368, 382
personagem, qualidade e consistência do, 33, 38-9, 41, 43, 47-9, 52, 55, 59, 120, 158, 196-7
personalidade do personagem, 39
Pessoa, Fernando, 29, 334

Piglia, Ricardo, 46, 378
Pignatari, Décio, 25
"Pistoleiros, Os" (Hemingway), 295
planejamento de narrativas, 169, 172-3
plot, 158
poesia, 157, 197, 261n, 334
"Point of View in Fiction: The Development of a Critical Concept, The" (Friedman), 209n, 218n, 233n
Poliana (Porter), 152
pontuação, 336, 338
Precisamos falar sobre o Kevin (Shriver), 154
"Prefácio — Mulher diante do espelho" (Dacosta), 71
pré-história da humanidade, 174
"pré-história" da história (*story*), 174-6
primeira pessoa, narrativas em, 30, 37, 42, 73, 167, 182, 210-3, 215, 217, 219-22, 225-8, 230, 235, 310, 320-1, 381
primeiro capítulo, importância do, 306, 343-4, 346, 361, 363-4
Primo Basílio, O (Eça de Queirós), 34, 268
profundidade do personagem, 34, 38, 70
progressão dramática, 104
"Projeto de um romance" (Austen), 40
"prosa poética", 261n
prosopopeias, 261n
"protagonista", personagem, 41, 62-3, 103, 134; *ver também* personagem central
Proust, Marcel, 14, 285-7, 329, 359-60
"Próxima linha, A" (Bettega), 271
psicanálise, 58, 93n, 94
"Público moderno e a fotografia, O" (Baudelaire), 258
Puig, Manuel, 247
pura ação, romances de, 34

Quadros, Jânio, 315
qualidade textual, 324
Quarto de Jacob, O (Woolf), 305
Quatro estações, As (Vivaldi), 27-8
"Que será (À flor da pele)" (canção), 93
Queirós, Eça de, 36, 44, 268-70, 324, 351, 356, 369
Queiroz, Rachel de, 14-5, 55-7
questão essencial do personagem, 91-8, 100, 105, 107-9, 113-4, 116, 119, 132, 143, 147, 149, 153-4, 158, 163, 168, 176-7, 193, 195-8, 207, 280-1, 310, 341-2, 358, 363-5
Quignard, Pascal, 44-5, 240, 277-8
Quincas Borba (Machado de Assis), 33
Quinze, O (Queiroz), 14

radionovelas, 158
Ramos, Graciliano, 212
Ratos, Os (Dyonélio Machado), 301-4
Ravel, Maurice, 344-5
realismo, 324, 340
realista, descrição, 259
Rebouças, Thalita, 159
Recordações do escrivão Isaías Caminha (Lima Barreto), 14
Reparação (McEwan), 372
representação artística, 259
República dos sonhos, A (Piñon), 342
Resistência, A (Fuks), 66, 115
Retórica (Aristóteles), 263
Retorno de Casanova, O (Schnitzler), 107-8
Retrato de Dorian Gray, O (Wilde), 296
retrato forte do personagem central, 73
revelação de intimidade de personagens, 229
Revillion, Monique, 274
revisão do livro, 366-7
Revue Française (revista), 258
Rezende, Maria Valéria, 329
Ribeiro, João Ubaldo, 21
Risco do bordado, O (Dourado), 250
risco maior ao terminar um romance, 379
rocambolesca, narrativa, 204
Rodrigues, Amália, 93
romance linear, 165, 341-2, 365
romance, definição de, 27n, 342
Romances sans paroles (Verlaine), 265
Romancista como vocação (Murakami), 21
romantismo, 15, 261n, 269, 275, 277-8, 324, 352
"Rosa para Emily, Uma" (Faulkner), 96
Rosa, Guimarães, 96
Rostos na multidão (Luiselli), 326
Roth, Philip, 169
Ruffato, Luiz, 217, 289
Ruina y leveza (Dantas), 360

São Bernardo (Ramos), 212-3
Saavedra, Carola, 85

Sábado (McEwan), 373
Salazar, António, 298
Salieri, Antonio, 309
Salinger, J. D., 211
Saramago, José, 76, 233n, 250, 293, 298
Sargento Getúlio (Ribeiro), 33, 341
Sartre, Jean-Paul, 100, 111
Schiller, Friedrich, 276n
Schnitzler, Arthur, 18-9, 67, 107-8, 115, 187, 215-6, 378
Schwab, Artur, 323
Scliar, Moacyr, 15, 172, 314
Scott, David, 92-3
Scott, Paulo, 242
Seda (Baricco), 325
segunda pessoa, narrativas em, 208, 222-5
segundo capítulo, importância do, 361-4
Sem gentileza (Ntshingila), 326
"sem história", romances, 30
Senhorita Else (Schnitzler), 216
sentido da história, personagem e, 35, 49, 53, 58-9, 63, 70, 80, 89, 96, 164, 168
sentido de realidade, 146-7
sentidos (sensações corpóreas), 274, 285
ser consistente em ação, personagem como, 120, 382
sexualidade, 119-20, 122, 124, 126-7
Shakespeare, William, 21, 97-8, 109, 135-6, 174-7, 179, 364
Shriver, Lionel, 154
Sibila, A (Bessa-Luís), 342
simplicidade de um bom texto, 340
Sinfonia heroica (Beethoven), 291
sinopse, 172, 176-8, 342, 362
Sinuca embaixo d'água (Bensimon), 51, 79
sistema, elaboração do enredo e, 166, 168
situação crítica, contos e, 27
situação inicial do personagem, 119, 132
"Sobre pessoas normais" (Dantés), 290
Sófocles, 137
Sofrimentos do jovem Werther, Os (Goethe), 33, 98, 151, 215, 275-6, 288
Sol também se levanta, O (Hemingway), 144, 358, 380
Solar (McEwan), 373
Solo de clarineta (Erico Verissimo), 55
Som e a fúria, O (Faulkner), 368
sonho, criação artística e, 62
spoilers, 68, 371

Stanislavski, Constantin, 211
story, 174
Sturm und Drang (movimento protorromântico alemão), 276
Styron, William, 138
Suave é a noite (Fitzgerald), 72, 103-4, 144
sucessão de cenas, técnica de, 185
"Sul, O" (Borges), 70, 287
sumário (síntese de cenas), 185, 187, 189-93, 306, 317, 375, 378
Superfície das águas, A (H. S. Lopes), 263
surpresa e inevitabilidade, narrativas sustentadas por, 37
surrealismo, 62, 334, 340

talento, conceito de, 20-2
Tambor, O (Grass), 34
Tchékhov, Anton, 120, 126, 150, 341n
teatro, 60-1, 200, 211, 216, 247, 300, 334, 365
técnica, arte e, 28
telenovela, 60, 342n
Telles, Lygia Fagundes, 167-8, 225
tempo "oficial", 288-90, 292
tempo percebido pelo personagem, 287, 294, 299, 301, 305
tempo da escrita, 294, 296-7
tempo da leitura, 294
tempo da narrativa, 288, 294
tempo irreal, 305
tempo real, 180, 295-6, 298
tempo-sem tempo, 299
Tempo e o vento, O (Erico Verissimo), 55, 342
Tenente Gustl, O (Schnitzler), 215
tensão, 103-4, 108, 113-4, 165, 185, 189, 300, 349, 360, 365, 370; *ver também* conflito da narrativa
teoria da relatividade geral, 287
"Terceira margem do rio, A" (Guimarães Rosa), 96
terceira pessoa, narrativas em, 68, 167, 209-10, 220, 225-31, 233, 236, 350, 382
Thiago (escritor), 29-30, 34-5, 39, 41, 48, 52-4, 57, 63, 172, 219-20, 256-7, 319-21, 381-3
Tolkien, J. J. R., 293
Tom Jones (Fielding), 33
tom peculiar de cada autor, 375
Tomé, Carlos, 279
Tonio Kröger (Mann), 33

Tous les matins du monde (Quignard), 44
tragédias clássicas, 137
transformação do espaço, focalização e, 271
transformação do personagem, 113-6, 206, 369; *ver também* alteração de atitude do personagem
transmutação, 59-61
Trappist#1 (estrela), 166
travessão, uso do, 248, 251-2
Trégua, A (Benedetti), 82, 113
Treichel, Hans-Ulrich, 80-1
triângulo amoroso, 47, 90
troca de focalização, 228-9
Troell, Jan, 320

último parágrafo *ver* parágrafo final
Ulysses (Joyce), 336, 337n, 338
unicidade, princípio da, 47
"Uok phlau" (Amaral), 353

Valéry, Paul, 340
Van Sant, Gus, 376
Van Steen, Edla, 55
Vargas Llosa, Mario, 245
variações de estilo, 338-9
Velho e o mar, O (Hemingway), 14
Ventre, O (Cony), 71, 284
verbos *dicendi*, 253

Verissimo, Erico, 55, 57
Verlaine, Paul, 265
"Verme, O" (Bolaño), 65
Vermelho e o negro, O (Stendhal), 368
verossimilhança, 95, 147, 194, 217, 221
Vida em segredo, Uma (Dourado), 109, 164-5
"vida própria", personagem com, 55-7
Vigna, Elvira, 327
Vilela, Luiz, 246-8, 341n
Villa Amalia (Quignard), 240, 277
Vinte e quatro horas na vida de uma mulher (Zweig), 76
Visconde partido ao meio, O (Calvino), 87, 152
Visita cruel do tempo, A (Egan), 317
Vivaldi, Antonio, 27-8
vivência do ficcionista, 14
Voltaire (François-Marie Arouet), 233-4

Walker, Alice, 371
Walters, Wernon, 92
westerns, 134
White, Dan, 377
Wilde, Oscar, 296-7
Wolfe, Tom, 96
Woolf, Virginia, 159, 217-8, 305

Zola, Émile, 81, 378
Zweig, Stefan, 76

1ª EDIÇÃO [2019] 6 reimpressões

ESTA OBRA FOI COMPOSTA PELA SPRESS EM ADELLE E IMPRESSA EM OFSETE
PELA LIS GRÁFICA SOBRE PAPEL PÓLEN NATURAL DA SUZANO S.A.
PARA A EDITORA SCHWARCZ EM JANEIRO DE 2024.

A marca FSC' é a garantia de que a madeira utilizada na fabricação do papel deste livro provém de florestas que foram gerenciadas de maneira ambientalmente correta, socialmente justa e economicamente viável, além de outras fontes de origem controlada.